제2판

놀이 되기의 영유아교수학습

관계와 귀기울임으로 만들어가기

김은희

창지사

들어가기

만들어가는 놀이 되기를 위한 운동과 실험

만들어가기

2018년 9월 나는 대학 부속유치원과 인연을 맺었다. 국가수준의 교육과정을 충실히 수행해 왔던 유치원에서 교사의 업무는 국가수준 교육과정과 평가 지침에 따라 교육과정을 계획하고, 영역별 활동과 일과를 준비하기 위해 교구를 만드는 일이 대부분을 차지하고 있었다. 열심히 만든 교구를 유아들이 가지고 놀지 않았을 때, 가장 회의감을 느낀다… 고 하면서도 이전부터 그래 왔으므로 지속되어 온 것이다. 나는 부임 다음 날 교구 만들기를 중단하자고 제의하였다. 그리고 지하 시청각실을 매력적인 기호를 발산하는 매체들이 가득한 아틀리에 공간으로 바꾸는 일을 교사들과 함께해 나갔다. 한 달여 만에 아틀리에가 만들어졌다. 유아들은 그 공간에서 물감, 점토와 도구, 철사, 자연물, 빛 등 다양한 자료들과 마주친다. 유아들은 예전부터 그래 왔던 것처럼 새로움을 만들며 자유롭게 움직이며, 표현하고, 탐구하는 놀이에 빠져든다. 유아 간뿐 아니라 물질, 공간과 상호 영향을 주고받으며 내부작용(intra-active)하는 다양한 놀이가 지속되었다. 드림캐처되기, 점토되기, 벽화되기… 놀이에서는 물질 또한 주체가 된다. 놀이하는 유아들은 교사 지시를 기다리는 '나'가 아니라 스스로 질문하고, 제안하고, 나누면서 새로운 놀이에 몰입하는 '세계-의-존재(being-of-the-world)'가 되어(becoming) 간다. 유아는 자유로운 놀이에서 자발성을 가진 되기의 존재로서 세상과 조우하고, 세계와 만나는 과정에서 놀이를 변형시키고 만들어가며 배운다.

23년 전, 부속유치원을 처음 설계할 당시 관여하여 '자연과 빛이 있는 공간', '관계를 중요하게 생각하는 환경'으로 디자인할 수 있었다. 함께 모일 수 있는 공간

(piazza)을 중심으로 교실들이 모여 있는 방사선 구조로 디자인되었다. 현관을 들어서면 열려 있는 피아자에 극놀이, 가게놀이, 의상놀이, 삼각거울을 가져다 놓았다. 언제나 열려 있는 공간에서 유아들은 생각, 가치, 상상이 담긴 이야기를 소통하며 공간을 해석하고 의미를 부여하면서 공간과 사람과 관계하고 놀이한다. 의상놀이는 누가 시작하였는지 유아들은 '히어로'가 되어 간다. '나눔을 실천하는 히어로'. 부모들과 함께한 나눔 바자회에서 영감을 받은 것일까? 유아들은 상상을 타고 세계로, 우주로, 미래로 날아다닌다. 수없이 다양한 나눔을 실천하고 다닌다. 동생들에게도 전염되는 놀이로 부상하여 유치원 전체를 물들인다. 가게는 유아들의 생각으로 떡 가게가 되고, 무엇이든 다 파는 가게가 되어 몇 날 며칠 붐비지만 이후 어떤 가게로 발전할지는 아무도 모른다. 삼각거울 속 세상은 유아들을 어디로든 데려간다. 이처럼 실내, 실외, 교실 등 모든 공간 속에서 다양한 아이디어는 날아다니고 섞이고 풀어지고 물들이면서 유아들은 공간의 주인공이 되고 자신들만의 놀이에 주체가 된다. 함께 놀이하면서 유아들은 서로 다른 문화적 배경을 가진 다양한 생각들과 만난다. 물질, 공간이 타인의 관점과 생각을 수용하고 협의하며 존중하고 배우는 기회를 만든다. 유아들은 놀이 공간 안에서 서로를 존중하며 사랑을 실천하는 인성도 기른다. 놀이는 공동체 몸 문법을 배우며 경쟁과 도구적 세계관에서 벗어나 타인과 더불어 살고 배려함을 기르며, 진정한 배움, 더 큰 배움의 세계로 안내한다.

놀이 중심 교육은 **가르침 중심의 의도된 재현의 교육이 아니라** 타자나 물질과의 우연한 마주침과 접속을 통해 무한한 **생성이 반복되는 배움 중심**의 교육에 초점이 있다. 놀이는 예술 작업처럼 창조적 생성이라는 가치를 지닌다. 놀이의 가치와 발생 메커니즘은 '미지의 세계에 대한 기대, 새로운 세계와의 만남, 우연한 만남으로 발생하는 지속적인 새로운 나의 생성'이라 할 수 있다.

놀이에서 중요한 것은 **지각과 감응을 통해 변형하는 역량을 지닌 몸**이다. 놀이는 그간 유아교육에서 중요시해 왔던 의식적인 인식 능력이나 언어적 표상 등을 강조하는 지성이 이끄는 정신의 교육이 아니라, 타자나 외부 세계와의 마주침에 지각하고 감응하는 몸이 자신에게 새로운 변이를 생성해 내는 몸이 이끄는 감각의 교육이다.

놀이 중심 교육은 기존의 익숙한 삶 속 **하나의 이상적인 '이기'에서 탈주**하여 유아의 신체, 물질, 공간과 환경을 포함하여 타자와의 접속, 전염과 공명을 통하여 자신만의 고유한 결을 찾아가고 만들어가는 **새로운 '되기'**이다. 되기는 타자보다 나아지는 것을 추구하기보다는 기존의 자신보다 더 나아지는 것, 자기 삶의 가능성을 넓혀

가는 경험이라고 볼 수 있다. 유아의 일상에서 되기는 '우주와 놀이'하는 것이며 자신만의 세계 만들기 놀이라고 볼 수 있다. 이렇게 볼 때 놀이는 세계와의 접속을 통해서 자신의 정체성을 무한히 확장해 가는 '되기'이다.

그간 목표 지향적 지식중심주의에 대항하여 가르치고 배우는 일의 다원성과 복잡성을 인정하고 만들어가는 레지오 방식의 교육(이하 레지오 에밀리아 접근법, 레지오 접근법 또는 레지오로 사용)을 국내 현장에 적용해 왔다. 적용과 변형의 여정에서 여전히 실천과 이론을 위협하는 대안 없는 지배 담론을 느낄 때, Deleuze와 Guattari의 합작품이자 Deleuze 사상의 총체로 나타나고 있는 **'노마디즘(nomadism)'**을 만났다. 근대 이래 포스트 휴머니즘과 함께 이성에 토대를 둔 이분법적 경계는 점차 해체되어 가고 있다. 타자, 감성, 신체, 욕망, 자연과 같은 그간 소외되었던 가치들이 재조명되고 있다. 이러한 변화를 읽어 낼 수 있는 노마디즘은 근대의 홈 패인 사유로부터 탈주하는 새로운 사유 방식이다. 기존의 가치와 방식에 얽매이지 않고 끊임없이 새로운 자기를 창조해 가는 유목적, 생성적 삶의 자유를 포착하는 매끄러운 사유이다. 노마디즘은 현대를 살아가고 있는 우리가 원하든, 원치 않든 삶의 방향으로 다가오고 있다.

노마디즘에 의하면 교육을 통해 길러야 할 인간상은 '노마드' **'유목인'**이다. **'되기'**의 교육방법을 통해 **'리좀'**적으로 구성해 가는 교육과정 내용을 지향한다. 노마디즘에서 교육은 유연한 사고와 태도로 끊임없이 생산적이고 창의적인 삶의 방식을 추구하는 사람이 되기를 바란다(Deleuze & Guattari, 2001:1980). 리좀적 교육과정은 획일성과 전체성으로 길들여짐에서 벗어나 창의성과 다양성을 인정하는 자유로운 사고가 가능하다. 교육방법 측면에서 '되기'는 지속적으로 스스로 변형되어 가는 생성의 운동이다. 다른 존재가 되어 보는 것, 특히 약자, 소수자 되기는 타자에 대한 배려심을 가지는 윤리적 존재가 되게 한다. 놀이 되기의 생성 관점의 철학은 동일성의 교육, 차이의 교육을 넘어서 끊임없는 새로움의 생성 즉, 만들어가는 '되기'의 교육을 추구한다.

관계의 렌즈를 재구성하기

레지오 방식에 영감을 받은 공동체원들이 추구해 온 교육은 유아·교사·부모·지역사회가 상호 관계 속에서 문화와 지식을 공동 구성하는 사회적 구성주의를 표방하였다. 이는 설정된 목표를 향해 개인의 성취를 판단하는 인지발달 이론과 구성주의에 대항하는 것이었다. 그럼에도 불구하고 사회적 구성과 대화, 문화와 언어에 치중하여 물질의 행위 주체성과 내부작용적 되기에 대해 인식하지 못하였다(Lenz Taguchi, 2010:2018).

거시 차원에서 현재까지 이루어진 변형 여정과 실천을 재고하고 분석된 도전점을 다시 짚어 보면서 만나게 되는 공통점은 '관계'였다. 유아교육 기관에서 진정한 관계란 과연 무엇이며 우리는 진정한 관계를 맺고 있는가? 어떤 관계가 이루어지고 있으며 어떻게 형성하고 지원해야 하는가?에 대해 관계의 본질적 의미를 탐색하고자 실천 연구를 시도하였다(김은희, 2008; 2009; 2015). 공동체 유치원과 실천 연구를 시작하면서 교실 일상에서 이루어지는 유아의 관계와 그 의미를 탐색하고 교사들이 가지고 있는 추상적인 '관계'를 재개념화시킬 수 있는 '관계의 렌즈'가 필요하였다. 관계의 렌즈는 요소·차원이 상호작용하는 매트릭스로 구성된다. 관계의 차원은 끌어안기, 애착, 열정적인 경험, 존재감 인식, 동일시, 상호성과 우정, 소속감, 돌봄 등이다. 요소에는 유아, 교사, 환경 및 매체, 부모, 지역사회를 포함한다.

관계의 렌즈로 들여다보면서 유치원 일상에서 이루어지는 유아의 관계와 그 의미를 탐색하였다. 관계는 개인 내, 개인 간 등 단순한 사람들 간의 관계를 넘어서 모든 살아 있는 개체와 물질과의 사이에서 일어나는 관계까지 포함한다. 내부작용하는 세계는 사물, 인공물, 공간, 환경 등 우리가 지배하고 있는 세계의 모든 살아 있는 유기체와 물질이 행위 주체가 된다. **인간과 물질 모두는 수행 주체로 연관되어 상호 의존적 관계**를 가진다. **우리를 둘러싼 모든 것은 상호 감응을 주면서 변화하고 끊임없이 되어 가는 얽힌 되기의 과정**에 있다. **이를 '내부작용(intra-active)'**이라 한다(Davies, 2014:2017; Lenz Taguchi, 2010:2018).

차원별, 요소별로 유아를 중심으로 존재하는 관계의 의미를 논의하였다(김은희, 2008). 관계의 렌즈로 들여다보면서 달라진 교사의 생각, 관계에 대한 개념 변화, 교육에서 관계의 역할에 대한 생각 변화도 볼 수 있었다(김은희, 2009). '세계 의 존재'인 유아(정선아, 2016)에게 유아·교사·부모·환경 및 매체·지역사회 간 관계는 필요조건이다. 실천과정에서 교사들은 각자의 이론을 만들며 자신을 공동 학습자로 인식하고, 교육에 대한 철학과 교사 역할에 대한 전문적 정체감이 커감을 볼 수 있었다. 관계의 렌즈가 현장에 적용되면서 '관계'에 대한 우리의 피상적 이해를 '실천적', '변형적'으로 바꾸어 놓았다.

언제나 환경, 공간, 물질, 매체와의 마주침이 관계를 유발함에도 불구하고, 그간 우리는 유아·교사·부모 간 관계만을 강조해 왔다. 레지오 접근법에서는 환경이 유아들의 학습에 중요한 행위 주체임을 인식하고(Edwards et al., 1998; Reggio Children,

2008) 환경을 '제3의 교사'라 하였다. 그러나 물질을 수동적으로 보아 환경과 매체를 주체로 보지 않았고, 관계에서 드러나는 차이와 다양성에 초점을 두기보다 대인 간 관계에 집중하였다. 이는 내부작용적 언어와 논리가 없었기 때문이었다.

발현적 귀기울이기

교사들과 합의를 통해 부임 2주 후부터 시작한 일은 매주 가정으로 발송하는 지배 담론이었던 주간 교육계획을 주간저널로 바꾸는 일이었다. 일일 교육계획을 일일기록으로 바꾸고, 5일간의 일일기록에서 의미 있는 에피소드를 추출하여 주간저널로 만들었다. 교육과정 계획과 저널을 위한 기록을 모두 해야 하는지에 대해 잠시 혼란이 있었지만, 유아의 자유로운 놀이와 변화된 환경이 불러온 매일 만들어지는 차이 생성의 물결은 교사들로 하여금 일상에 귀기울이는 기록을 시작하게 하였다.

유아의 일상과 놀이에 귀기울이기와 가시화는 교사의 가르치기와 배우기에 임하는 자세에도 변화를 불러왔다. 부모의 자발적인 참여도 불러올 수 있었다. '되기'는 현재 자신을 얽어매고 있는 지층에서 탈코드화하여 새로운 자기를 구성해 가는 지속적인 생성·창조의 경험이므로 열린 방향성을 지닌다. 교사들은 교육받을 유아의 모습을 미리 예측하여 '교육적 인간상'을 제시하는 '학교교육'이나 '제도교육'의 관행이 얼마나 가르침 중심인지를 깨달아 가고 있다. 나아가 미리 정한 목표에 도달하기 위해 세밀한 설계도를 작성하고 설계도에 따라 교육하고, 실제로 시행한 교육이 설계도와 얼마나 일치하는지 확인하는 그런 작업이 얼마나 학습자 중심이 아닌지도 알아 갔다. 놀이 중심 교육은 놀이의 성격상 특정 놀이 경험이나 교육과정에서 유아가 어떤 경험을 했고 어떤 의미 있는 배움으로 이어지는지 확인할 수 있을 뿐이다. 요컨대, 우리는 교육을 통해 어떤 인간이 길러질지, 어떤 미지의 세계가 펼쳐질지 미리 알 수 없다.

그간 유아교육 현장들은 국가수준에서 결정되어 흔히 적용되는 정형화된 주제와 교육과정에 대한 대안으로 프로젝트를 시작하였고, 변화를 위한 도구로 기록을 실행해 왔다. 기록의 실천은 레지오 교육 철학과 접근의 핵심으로서 유아들의 백 가지 언어에 귀기울이는 교육(pedagogy of listening)이다. 기록은 유아의 학습과정에 귀기울여 유아의 학습뿐 아니라 교사의 지원 역할까지 가시화한다. 이러한 기록과정은 유아들의 학습을 더욱 도전적으로 만들고, 교육과정을 연구하고 발현하면서 교사의 전문적 발달 또한 가져온다. 따라서 기록은 교육 실제에서 수행의 주체(performative agent), 변화와 배움을 위한 방법론적 도구가 된다(Lenz Taguchi,

2010:2018).

2011, 2012, 2013은 국가수준의 평가, 유아교육과 보육의 통합을 화두로 교육과정의 책무성과 자율성을 논하며 영유아교육 기관들이 교육 실천에 많은 혼돈을 빚고 있었다. 당시 한 유치원 평가에서 "기록은 보여 주기 위해서 하는 것 아닌가? 교사가 기록을 하는 동안 유아는 방치되는 것 아닌가?"라는 한 방문 평가자의 질문은 기록에 대한 연구를 시도하게끔 하는 동기가 되었다. 교수학습과 소통을 지원하는 통합적 절차로서 기록과 기록 공유에 대한 이해를 돕고자 연구를 시작하였다. 맥락에 관계없이 사회적으로 용인된 지식체를 교사가 모자이크하여 반복 전달하며 구체적인 기술과 해결책을 찾는 재현의 교육을 추구하는 유아교육 전통에 찬성하고, 가치가 불분명한 측정과 수량화로 유아교육 기관과 교육 그리고 유아를 객관적, 기술적으로 바라보는 평가를 비판 없이 수행하는 평가자라면 당연한 질문인지도 모른다. 하지만 그러한 질문은 실천 현장에서 유아와 교사에게 필요한 것이 무엇인가에 근거한 이해보다는 전통에 뿌리를 둔 제한된 교육적 세계관에서 비롯된 '문화적 매듭'이며, '잘못된 이분법적 사고에 기초한 지나친 단순화'라고 할 수 있다. 영유아교육 현장에서 기록은 왜 필요하며, 어떤 실천적 의미를 갖는지, 기록의 역할과 도전점은 무엇인지를 탐색하고자 하였다. 첫째, 3세 교실에서 기록과 기록 공유는 교사가 스스로의 주관성을 인식하고, 자신의 가르치기를 반성하며, 새로운 실천 이론을 구성하는 기회가 되었다(김은희, 2011b). 둘째, 4세 교실에서 기록 실천은 민주주의 삶을 위한 가르치기, 교사의 지속적 연구, 교육과정의 반성적 실천, 학습 공동체로 거듭나게 하는 민주주의 교육 실천으로서의 의미를 보여 주었다(김은희, 2012). 초임 교사는 프로젝트를 시작하면서 기록을 매개로 교사 간 공동체를 통해 자신의 교육 패러다임을 바꾸게 한 '시행착오를 통한 앎'을 이야기한다. 교사 자신이 생각하는 트리에서 벗어나 '유아들만의 의미를 담은 트리'를 함께 만들어가면서 '수행에 기초'한 교과학습(subject), '능력 있는 유아 이미지(self)', 유아 간 '사회적 상호작용(social interction)'을 통해 공동 구성하는 프로젝트를 시작할 수 있었다. 이는 Dewey(1936)가 말한 '민주주의 삶을 위한 가르치기'의 3S이다. 이처럼 기록 공유는 지배 담론에 도전을 준다. 셋째, 기록은 가시성·해석성·공유성의 역할을 하였다. 회고식·군집식·몰아가기식·결과 중심 기록의 문제가 드러나지만, 대항 담론이 되는 의미 모색·상호작용적·귀기울이기·해석과 연구에 관심을 두는 기록 또한 볼 수 있었다. 이를 토대로, 기록문화 실천을 위한 프락시스를 제안하였다(김은희, 2013).

그간 교사들이 유아들과 함께하는 프로젝트나 놀이 또는 일상에서 흔히 행해 온 기록은 객관적으로 기술하고, 교사의 관점으로 해석·분석하며, 우리가 알고 있는 지식이나 이론에 빗댄 의미화를 통해 교육과정을 발현해 왔다. 이처럼 기술하고 해석하여 성찰하는 기록 방식은 우리가 이미 알고 있는 내용에 적합하게 끼워 맞춘 **일상적 경청**으로서 스스로를 특정한 진리에 갇히게 한다. **발현적 귀기울이기는 우리가 알지 못하는 새로움, 물질, 인간, 타자에 대한 존경에 기초**한다. 내 자신이 기꺼이 영향받고자 귀기울이는 경청의 윤리가 내재된다. 유아들이 만들어 내는 **조건화되지 않은 진리인 의미(sense)**를 도입하여 놀이 사건은 특정 진리에 갇히지 않을 수 있다. 특히, 그동안 소홀히 흘려왔던 놀이 사건 속 유아들의 **난센스(nonsense)에 귀기울이면, 유아들이 만들어 내는 의미, 문제, 학습, 문화를 읽을 수 있다**(Deleuze, 1969:1999; Olsson, 2009:2017). 또한 인지적 구성과 대화에 초점을 두었던 기록을 배움이 일어나는 공간과 상황 속 **유아와 물질 사이 내부에 발생하는 학습 사건에 초점**을 둔다. 왜냐하면 학습은 단순히 유아의 머리 내부에서 일어나는 것이 아니라 유아의 몸, 담론, 공간에 존재하는 담론 조건, 물질, 재료, 시간-공간 관계 등의 사이 내부에서 발생하는 내부작용 현상이기 때문이다. 기록은 이론/실제, 담론/물질의 구분을 넘어서 존재론적 인식의 차원으로 들어서는 것이다. 배움이란 서로 다른 유기체, 물질, 담론들이 상호작용하는 내부작용 속에서 생산되므로 배움이 일어나는 사건을 말이나 사진으로 기록하여 가시화하면 배움의 현상을 파악할 수 있다. 교사의 역할은 공간, 시간, 사물들이 어떤 경험을 유발하는지 민감하게 의식하고 유아들과 어떤 방식으로 내부작용하면서 놀이가 흘러가는지 어떤 지원이 가능한지 교육적 순간을 파악하는 것이다. 기록을 통한 귀기울이기에 있어서도 지속적인 실험의 필요를 느낀다. 왜 그뿐이겠는가? 본 책을 써내려 가면서 그리고 이후에도 부단한 운동과 실험이 필요하리라.

변형 지향적 교사 되기

Deleuze(1968:2004)는 **하나의 이상적인 상태를 추구하는 이기(being)보다는 계속해서 차이를 생성하는 되기(becoming)의 과정 즉, 변형에 주된 관심**을 갖는다. 되기는 나를 얽어매고 있는 의식적 주체, 사회적 기표, 생물학적 유기체로부터 벗어나 모든 것이 될 수 있는, 자유로운 존재가 되기 위한 방법이다. 흔히 우리 현실의 세계는 '생성·존재→탈주→생성·존재'로 안정적인 '이기'를 지향한다. 우리의 삶은 마주침을 통해 회절되면서 **'탈주→생성·존재→탈주'의 과정**을 무한히 반복하는 되기의 과정이다.

그간 레지오 에밀리아 접근법을 적용하여 유아교육의 변형을 추구해 온 학습 공동체 기관들과 실천 연구를 실행하면서 미시 차원에서 교사와 교육과정의 변형(김은희, 2001), 중간 차원 즉, 기관 수준의 교육과정 변형(김은희, 2004), 거시 공동체 차원의 변형 여정과 실천(김은희, 2007), 공동체적 부모 참여의 발달(김은희 외, 2007) 등을 살펴보았다. 학습 공동체 기관들이 협력적 교사교육에서부터 기관 간 학습 공동체, 기관 내 학습 공동체, 다학문적 접근, 레지오 모형교실 운영, 인터넷 커뮤니티, 현장-대학 간 학습 공동체, 거시교육 공동체 구성, 공동체적 부모 참여의 여정을 통해 가져올 수 있었던 변형 실천과 여정은 수많은 도전, 긴장, 좌절이 있었지만 궁극적으로 교육과정은 점진적으로 변형되며 성취감 있고 할 만한 일이었다. 인생은 탐구와 성장의 여정이므로(김은희, 2007). 산재해 있는 도전점들 또한 **계속적인 변형 여정**을 위해 필요한 과정이라 생각한다.

'학교교육'은 여전히 지배적인 표준의 모방을 강조하는 '재현의 교육'을 지향한다. 학습자 개개인의 고유한 욕망을 허용하거나 권장하기보다 사회가 집단적으로 결정한 것만을 욕망하게 한다. 레지오 방식을 적용해 온 공동체 기관들의 변형 지향 교육은 '재현의 교육'을 통해 코드화되고 영토화된 교육 체제 아래서 꿈틀거리고 있는 탈주적 욕망을 발견하고, 새로운 삶을 생성할 수 있는 본래 역량의 회복을 꿈꾸어 왔다. 그간 국내 공동체 유치원, 어린이집들이 운동과 실험을 통해 우리 맥락과 문화에 맞도록 변형해 온 교수학습 방식(김은희, 2006; 2007; 2011a)은 탈구조주의와 만나 회절되면서 내부작용적 관계로 재구성되고, 발현적 귀기울이기로 관점을 넓히면서 놀이 되기로 흘러갈 것이다. **놀이 되기의 교육적 해석은 열린 방향성 '자유로움'을 전제하고, 새로운 자기 생성 '자발성'을 강조하면서, 몸의 중요성을 역설하므로, '즐거움'이 있는 놀이적 가치**를 지닌다. 우리 **삶의 진정한 변화를 추구하는 것은 되기의 가치** 실현과 밀접히 관련된다.

본 책의 놀이 되기는 오랜 시간 진행되어 온 변형 지향적 운동과 실험에 따라 레지오 에밀리아 접근법의 철학과 Deleuze의 탈구조주의를 근간으로 한다. 책의 구성은 크게 1부와 2부로 나누었다. 1부는 Ⅰ장에서 **사회 변화에 따라** 유아 중심·놀이 중심 교육이 국가수준 교육과정으로 자리매김할 수밖에 없는 **영유아교육의 방향**과 교수학습의 경계 넘기를 다룬다. Ⅱ장 **만들어가기**는 노마드적 본질을 가진 유아의 놀이에 대한 이해, Ⅲ장 **관계 맺기**는 유아·교사·부모·지역사회 간 관계를 넘어 환경과 공간, 물질의 주체성을 더하여 관계의 렌즈를 재구성한다. Ⅳ장 **귀기울이기**는 그간 인지적 구성과 대화에 초점을 두어 온 기록의 객관적인 기술, 해석, 분석을 경계

한다. 유아들이 내부작용하면서 만들어 내는 놀이 사건에서 발현되는 난센스와 의미(sense)에 귀기울이기를 강조한다. 성인에 의해 조건화되지 않은 귀기울이는 발현적 귀기울이기로 나아간다. 홈 패인 공간과 매끈한 공간의 필연적인 상호 얽힘, 기록의 과부호화를 막는 방법론으로서 회절 방식을 소개한다.

2부는 그간 변형 지향적인 프로젝트 적용뿐 아니라, 교사가 지원하는 놀이, 매끄러운 자유놀이까지를 모두 적용할 수 있도록 하였다. Ⅴ장은 **철학적 가정**, Ⅵ장은 놀이와 배움의 관계에 대한 **이론**, Ⅶ장은 **교육과정 운영**을 위한 특성을 다룬다. 놀이 중심 가르치기와 배우기는 놀이의 교육과정 되기(play becoming curriculum), 교육과정의 놀이 되기(curriculum becoming play)가 순환되는 즐거움이 충만한 배움이다. 따라서 본 책에서는 자유놀이(free play), 교사가 지원하는 놀이(guided play), 놀이를 통한 배움(playful learning) 즉, 프로젝트의 다양한 놀이 스펙트럼을 모두 지향한다. 특히 2부의 교수학습 이론과 교육과정 운영 특성에서 자유놀이가 반복적으로 심화 확장되면서 변형되어 흘러가는 리좀적 프로젝트는 놀이 중심 교수학습 원리를 기반으로 미래 사회를 살아갈 영유아에게 필요한 역량을 키우는 통합교육 접근 방식의 놀이 접근(OECD, 2006; 임부연, 2018; 정선아, 김희연, 2011)으로 평가된다. 놀이를 통한 배움으로서 프로젝트는 기존의 홈과 미래 지향 역량으로서의 매끈함이 공존하는 이중성을 가지고 있다. 앞으로의 세계를 살아가기 위해서는 답이 없이 자유롭게 항해하는 매끄러운 사유도 중요하지만 홈 패인 사유와 홈 패인 사유에서 시작하여 차이를 생성해 나가는 방식도 알아야 하기 때문이다. 교육은 지속적인 운동과 실험, 그리고 변형의 연속이므로.

만들어가는 놀이를 통한 배움 '놀이 되기'가 그리는 생성 관점의 배움은 목적지에 이르는 오직 하나의 길만 있는 전통적 교육의 이미지를 '항해 모형'으로 전환하기를 권한다. 따라서 배움은 도달해야 하는 목적지도, 목적지에 이르는 경로도 미리 계획하거나 예측할 수 없다. 놀이를 통한 배움은 우연의 교육이자 감각의 교육이며 지속적인 되기의 교육이다. 놀이를 통한 배움이란 자신의 몸과 욕망이 원하는 방향이면 어디로든 자신의 존재를 확장해 나가기 때문에 배움의 경험 자체가 기쁨으로 충만할 수밖에 없다. 놀이 중심 교육은 무엇보다 **'기쁨과 즐거움의 교육'**을 전제하고 요청한다.

‘유아 중심·놀이 중심 2019 개정 누리과정’에서 강조하는 만들어가는 ‘놀이 되기’가 유아교육 현장 교사나 대학 예비 유아교사의 ‘이기’의 교육을 ‘되기’의 교육으로 바꾸어 놓기를 소망한다.

지속적으로 운동하고 실험하는
변형 지향적 교사 되기를 소망하며
저자 김은희

차 례

Ⅲ장 관계 맺기 · 79

Ⅳ장 귀기울이기 · 183

2부

Ⅴ장 철학적 가정 · 229

VI장 놀이와 배움의 관계에 대한 이론 · 243

VII장 교육과정 운영 특성 · 273

I
사회 변화와 영유아교육의 방향

하늘에서 구름이 내려오는 거야~
구름 위에 배가 떠다녀~!

1 4차 산업혁명과 포스트 휴머니즘 담론

2016년 1월 20일 스위스 다보스의 세계경제포럼에서 발표한 '4차 산업혁명'으로 전 세계에 사회·산업·문화적 르네상스를 불러올 과학적 기술의 대전환기가 시작되었다(Schwab, 2016). **4차 산업혁명**은 발달된 인공지능(AI), 로봇, 사물인터넷, 빅데이터 등의 디지털 기술이 물리학, 생물학, 사회, 경제 전반에 융합되어 초지능(superintelligence), 초연결(hyperconnectivity), 가상(virtual)적으로 기존 경계를 붕괴시키는 기술혁명을 말한다. 현재 유튜브 등에서 넘쳐 나는 4차 산업혁명과 함께 다가올 변화는 첫째, 제조업의 변화, 둘째, 로봇의 발달, 셋째, 사이버 세계와 현실 세계의 융합, 넷째, 의료 서비스의 변화, 다섯째, 일자리 감소와 기본 소득금 지급 등이다.

미래 사회의 구조 변화는 다양하게 예측되고 있다. 한국전자통신연구원 보고서(ETRI, 2015)에 따르면, 미래 사회의 기술 발달에 따라 사회 구조는 지능화, 가상화, 초연결화의 트렌드를 예측한다. **지능화**는 인간과 기계의 관계로서, 머신러닝, 딥러닝, 빅데이터 등의 기술로 기계가 인간처럼 사고하도록 진화되어 로봇 기자 등 일자리 지형의 변화가 예견된다. **가상화**는 현실 세계와 가상 세계의 융합 현상으로서, 일상이나 사회 경제 활동 전반, 증강 현실(augmented reality), 가상 현실(virtural reality) 체험 기술이 발달하여 스마트폰 활용 디지털 정보, 가상 랩 프로젝트 등이 활성화될 것이다. **초연결화**는 인간과 인간의 관계가 연결되는 사회의 변화로서, 디지털 네트워크와 모바일 정보 기기는 인간의 교류 범위를 무한정 확대, 사회 전반에 걸친 글로벌화, 지구상에 일어나는 모든 정보를 공유, 논의할 것이다. 향후 10년에서 20년 사이 직업의 약 47%가 자동화나 로봇에 의해 대체될 것으로 예측되고 있다(Frey & Osborne, 2013).

이러한 사회 구조 변화의 예측에 따르면 현재 유치원 어린이집에 다니고 있는 영유아가 학교를 졸업하고 직업을 가지게 될 때는 현재 직업의 반 이상이 없어질 수도 있다. 학교가 지금처럼 계속 지식을 가르치는 일에 전념한다면 머지않아 없어질 직업을 위한 교육을 하는 셈이라는 담론이 지배적이다. 이제 **지식의 시대는 저물고, 통찰의 시대가 도래**하였다. 학교는 지식을 전수하는 곳이 아니라, 학습하는 방법(learn to learn)을 배우는 새로운 시대에 적합한 교육을 해야 한다(박형주, 2017). 학교의 인재 양성 전략은 복합적 문제 해결력과 융합적 사고, 기계로 대처할 수 없는 **감성**적 지능을 가진 인재 양성이 최우선 정책이라 보고 있다(김진숙, 2016). 4차산업혁명에 대응하는 교육 개혁의 방향은 미리 정해진 지식을 배우는 주입식 교육에서 탈피하여 자기 주도 학습 역량이 중요하며, 여러 사람과 협력하여 새로운 것을 스스로 만들어 낼 줄 아는 **창의**적 문제 해결 역량, 소통 기반 학습 역량이 요구된다(이주호, 2016). 이경민(2017)은 온라인 자료 검색 사이트(riss.kr, scholar.google.co.kr)에서 '4차 산업혁명 시대의 인재상, 혁명 시대의 인재상'에 대한 연구물을 검색하여 분석하였다. 분석 결과에 따르면, 4차 산업혁명 시대 핵심 역량은 새로운 지식과 소양을 갖춘 창의적이며 합리적인 문제 해결 역량, 소통과 협력의 리더십을 갖춘 사회적 역량, 자신과 타인의 고유 특성을 알고 존중할 수 있는 **인성** 역량에 대한 담론이 형성되고 있다.

오늘날 모든 학문 영역에서 전통적인 인간상과 그 가능성에 대한 인식이 변화되고 있다. 특히 바이오테크놀로지와 인공지능의 발전은 **포스트 휴먼(post human)** 시대가 도래하고 있음을 적나라하게 보여 주고 있다(Stefan Herbrechter, 2009; 김연순, 김응준 2012). 휴머니즘(hunamism)은 인간의 탈역사적이고 초자연적인 본질을 강조하며 인간을 비인간과 다른 이성적이고 특권적인 존재로 보는 입장이다. 이러한 시각은 인간이 지구의 주인이 되어야 한다는 믿음이 팽배해지게 하였다. 휴머니즘의 역사는 서양에서 600년도 채 되지 않았고 동양에서는 1세기도 되지 않았다. 자연과 더불어 살았던 인간은 자연을 정복하기 위해 혼종적인 세계관을 폐기해 버렸다. 인간을 중심으로 세상 만물 사이에 위계가 생기고 인간 종 중심주의가 세계를 휩쓸었다. 평등한 공존과 혼종의 윤리는 휴머니즘으로 크게 흔들리기 시작했다. 이러한 휴머니즘에 대해 지극히 비판적인 태도를 보이는 것이 **포스트 휴머니즘(post humanism)**이라 할 수 있다.

포스트 휴머니즘은 인간도 자연이라는 인식론의 전환과 더불어 시작됐다. 자연이 변화한다면 인간도 변하면서 함께 진화한다는 사실을 인정한다. 후기 인본주의자나 탈인본주의자를 의미한다. 인간을 바라보는 관점이 전환되고 중심이 이동한다. 20세기 중후반에 인간은 자연에서 얻은 자원으로 엄청난 편리를 추구하면서 발전했다. 자연의 자원이 무한한 것인 양 끊임없이 캐낸 결과 지구 전체 생태계의 위기가 도래하였다. 이제는 인간이 자연이나 우주의 주인이 결코 아님을 쉽게 느낄 수 있다. 포스트 휴머니즘은 인간을 중심으로 역사를 보지 않는다. 인간이 우주의 중심이라는 세계관은 쇠퇴하고 종말되기 시작했다.

포스트 휴머니즘에는 여러 갈래가 있다. 이상의 설명은 **반휴머니즘**의 입장이다. 반휴머니즘은 인간이 주체라고 보는 개념에 근본적인 반성과 성찰이 필요하다고 본다. 이와 대립하는 **트랜스 휴머니즘(trans humanism)**은 오히려 휴머니즘의 강화를 추구한다. 기술과학의 힘을 빌려서 인간의 지적, 신체적, 심리적 약점을 보완하려는 실용주의적 태도를 취하고 있다. 트랜스 휴머니즘의 입장에서는 최첨단 과학기술과 AI를 적극적으로 활용하며 오히려 만물에 대한 도덕적 책임을 강조한다. 포스트 휴머니즘은 기계와 인간이 절대적으로 다르다는 특권 의식을 뒤로 하고 인간과 기계의 공존을 모색한다. 코로나19로 바뀐 인간의 비대면(untact) 일상을 조명하여 '호모 언택트'를 말한다. 인간의 일상에 다가오는 '디지털 트랜스포메이션'에서 여실히 드러난다.

근대 과학기술 진보의 결과로 도래되는 포스트 휴먼 사회가 '인간'과 '인간적 삶'의 본질에 대한 질문에 답하는 것이 현재 우리의 당면 과제이다(백종현, 2015). 4차 산업혁명, AI, 유전자 편집, 포스트 휴머니즘, 호모 언택트 등의 말이 일상적 삶 도처에서 범람하고 있다. 알파고, 유전자 변형 토마토, 가상의 헐크나 아이언맨, 디지털 트랜스포메이션 등은 모두 4차 산업혁명과 코로나19와 함께 언급될 수 있는 것이지만 표면적인 결과일 뿐 분명한 것은 그들이 가진 함축적인 의미에 있다. 그 의미는 궁극적으로 '인간'을 향해 있다. 따라서 인간에 대한 새로운 이해가 중요하다(신승환, 2019; 최재천, 장하준, 최재붕, 홍기빈, 김누리, 김경일, 2020).

이렇듯 예측 불가능한 사회에서 누리과정 개정을 포함하여 교육 개혁이 필요하다는 담론이 활발하다(김진숙, 2016; 박형주, 2017; 이경민, 2017; 이주호, 2016). 교육은 4차 산업혁명과 포스트 휴먼 시대에 매우 중요한 주제가 되고 있다. Schwab(2016)은 우리 정신과 마음, 영혼을 함께 모아 지혜를 발휘해야만 우리에게 닥칠 문제들을 의미 있게 다룰 수 있다고 하였다. 그러기 위해서는 여전히 우리 안에 내재해 있는 맥락적(contextual), 정서적(emotional), 영감적(inspired), 신체적(physical) 지능을 키우고 적용하여, 파괴적 혁신이 가진 잠재성을 잘 파악하고 끌어내 활용해야 한다고 하였다. "대리석에는 조각상이 이미 깃들어 있다."는 시인 Rilke

의 말처럼 '미래는 변화하기 위해 훨씬 전부터 우리 내부에 들어와 있었으며' 그것을 꺼내어 활용하는 것은 우리의 몫이다.

과거는 지식과 기술로 능력을 평가하였고, 현재는 창조적 사고력을 중시하고 있다면 미래는 통섭형 인간을 원한다. 통섭형 인간이란 과거에 가치를 두었던 지식, 기술, 경험과 현재 중요하게 생각하는 **창의적 사고력**뿐 아니라 **대인 능력**까지 고루 갖춘 사람을 말한다. 4차 산업혁명 시대, 포스트 휴먼 사회에서 가장 강력한 무기는 가장 **인간적인 것**이 아닐까?

미래 인간에게 요구되는 능력은 AI나 로봇에 부족한 프로세스 중심 사고, 문제 창조 교육, 경험을 통한 관계 중심 교육을 통해 가능하다. 현재 교육 현장에서 강조하는 창의성 교육, 융합·융복합형 교육, 인문학 교육 강화는 프로세스 중심의 사고, 문제 창조형 교육, 관계 중심형 교육으로 변화될 것이다. 그동안 교육은 학습자의 배우는 즐거움을 빼앗고, 교사의 자기 효용감을 상실하게 하였다(Fullan & Langworthy, 2014).

이제 미래 지향적 교육은 학습자가 중심이 되는 자기 주도적 학습, 일상에서 경험하는 현실 문제를 인식하고 해결해 나가는 맥락 기반의 학습과 그 과정에서 길러지는 창의적 문제 해결, 관계 중심의 소통 기반 협력 역량을 기르는 한편, 자신과 타인 자신이 살고 있는 지역사회와 인류를 생각하는 지속가능 학습이다. 유아의 일상놀이 속에서 만들어가는 배움은 학습자의 알아 가는 과정에 대한 수행 평가가 수반될 때 가능하다. 영유아들의 일상 들여다보기, 영유아의 일상에 귀기울이는 기록을 통해 만들어가는 교육과정이 요청된다.

OECD(2018)에서도 환경, 경제, 사회 측면에서 급속한 변화를 예견하고 2030을 향한 학습 프레임 워크로 개인의 안녕(well-being)과 사회적 안녕을 위한 새로운 해결책으로 교육목적을 확대하고, 미래 준비를 위한 지식, 기술, 가치와 태도, 역량이 필요하다고 하였다. 또한 인간과 자연이 화해할 수 있는 희망적 대안을 모색해야 한다(최재천 외, 2020).

현재 교육과정 담론의 흐름은 첫째, **교육과정의 재개념화**(김희연, 정선아, 2006; Cannella, 2002; Beyer & Apple, 1988), 둘째, 현상학, 실존주의, 미학, 해석학과 질적 연구의 확대 등 **교육과정 탐구 양식의 다양화**(Pinar, 1995:2001; 김영천, 2012), 셋째, 구조주의에서 Derrida, Foucault, Pinar, Greene, Deleuze 등 새로운 **탈구조주의(post-structural curriculum)**가 출현하고 있다. 이러한 교육과정 담론은 유아교육에서 새로운 국가수준 교육과정 개정의 필요성을 불러왔다.

교육과정 담론의 흐름과 탈구조주의 담론이 불러온 유아교육과정 개정의 동향은 첫째, **역량 중심 교육과정**, 교육내용의 적정화, 국가수준 교육과정 대강화에 대한 요구가 대두된다. 둘째, AI 시대가 도래함에 따라 포스트 휴먼 시대 인간의 능력에 대한 우려를 해결하기 위해 가르침 중심이 아니라 학습자가 생성을 반복하는 **배움 중심 교육과정**으로 이동되는(김재춘, 배지현, 2016) 새로운 교육문화의 변화를 가져왔다. 셋째, 인간의 본성, 세계, 자연과 사물을 어떻게 이해하느냐에 대한 **실존주의(existentialism) 철학**(방인옥, 박찬옥, 이기현, 김은희, 2013)과 **'인간 중심 교육과정'**(박찬옥 외, 2015), '사회 재건주의'(이기숙, 2013) 교육과정과 사회 문제 해결을 교육과정의 주요 관심사로 탐구한(Pinar, 1995: 2001) **실용주의 철학을 반영한 Dewey의 진보주의 교육**을 돌아보게 한다.

상기한 교육과정 담론의 흐름에 따라 2019 개정 누리과정의 유아교육과정 구성 방향은 다음과 같다.

- 많이 배우는 것에서 즐겁게 배우고, 빠르게 변화하는 미래 사회에 적응할 수 있는 힘을 기르는 **'역량 중심'** 교육과정을 반영하여 영역별 교육내용을 '경험 중심'으로 표현
- 역량 중심 교육과정에 주안점을 두는 **교육내용 적정화, 교육과정 간결화**
- AI 시대, 디지털 리터러시, 융복합적 사고와 같은 미래 지향 교육내용을 반영하여, 진정한 '미래'를 향해 **자연, 인간, 생명, 예술 문화** 등을 강조
- 포스트 휴먼 시대 휴머니즘적 관점과 본성을 발휘해야 할 것이며, 미래의 휴머니즘이 가지는 기계로 환원되지 않을 인간 본성으로서 독창성과 고유성에 주목, 유아의 강점인 **상상**력, **감수**성, **창의**력을 강조하여 유아기의 발달 및 본성에 충실한 인간 중심 및 경험 중심 교육과정에 기반
- 새로운 교육문화를 반영하여 가르침 중심에서 유아가 경험하고 배우는 **'배움 중심'**의 교육과정으로 변화
- 유아기 학습의 특징이자 유아교육의 기본 정신인 '놀이'를 유아교육과정 구성의 핵심으로 보아 **'놀이 중심'** 유아교육과정의 실행
- 유아기의 학습은 교과 지식의 구조화된 내용과 사실을 배우는 것이 아니라 경험을 통해 내적으로 구성되는 의미 있는 내용을 유아 스스로 배우고 구성하는 **'유아 중심'**의 교육과정으로 이동

- 교육과정의 제한된 해석을 확장하여 **탈구조주의** 교육과정 담론의 생성 관점의 배움에서 새롭고 다양한 의미로 다채롭게 열어가는 놀이성의 언어 표현에 주목

2019년 7월 19일 정부는 「유아·놀이 중심의 2019 개정 누리과정」을 확정·발표하였다. 개정 누리과정은 국정과제 '학생 중심의 교육과정 개편(2017. 5.)', 정부혁신의 일환으로 '유아교육 혁신방안(2017. 12.)'에서 제시한 '유아·놀이 중심 교육과정 개편'이며 미래 핵심 역량을 반영한 교육과정으로의 전환이다. 이러한 개정 누리과정의 주요 특징은 다음과 같다(교육부 보도자료, 2019. 7. 19).

첫째, 유아 중심·놀이 중심 교육과정

교사 주도 활동을 지양하며, 유아가 충분한 놀이 경험을 통해 몰입과 즐거움 속에서 자율 창의성을 신장하고, 전인적 발달과 행복을 추구할 수 있도록 한다.

둘째, 국가수준 교육과정으로서 구성 체계 확립

누리과정의 성격을 국가수준 공통 교육과정으로 명시하고, 미래 사회 핵심 역량을 반영한 인간상과 목표를 밝혀 교육과정으로서 구성 체계를 확립한다. 추구하는 인간상은 건강한 사람, 자주적인 사람, 창의적인 사람, 감성이 풍부한 사람, 더불어 사는 사람이다. 누리과정의 목표는 다음과 같다.

- 자신의 소중함을 알고, 건강하고 안전한 생활 습관을 기른다.
- 자신의 일을 스스로 해결하는 기초 능력을 기른다.
- 호기심과 탐구심을 가지고 상상력과 창의력을 기른다.
- 일상에서 아름다움을 느끼고 문화적 감수성을 기른다.
- 사람과 자연을 존중하고 배려하며 소통하는 태도를 기른다.

셋째, 내용 구성의 간략화를 통한 현장 자율성 확대

교육과정의 5개 영역(신체운동·건강, 의사소통, 사회관계, 예술경험, 자연탐구)은 유지하되, 연령별 세부 내용(369개)을 연령 통합(59개)으로 간략화하고 다양한 교육방식이 발현될 수 있도록 현장 자율성을 확대하였다.

넷째, 교사의 누리과정 실행력 지원

교사의 과다한 일일 교육계획 작성을 경감하고, 주제와 유아 놀이를 일치시켜야 하는 부담감 등을 완화해 교사의 자신감 회복을 도우며 자율성과 책무성을 강조하여 누리과정 실행력을 지원하는 데 중점을 두었다.

2 영유아교수학습의 경계 넘기

실제 가르치기/배우기는 하나의 학습 모델 혹은 하나의 교수 모델에 한정되지 않는다. 영유아에 대한 이미지, 철학, 인식론, 학습에 대한 이해, 교육과정에 대한 이해, 교육과정 유형, 학습의 주체에 대한 이해에 따라 가르치기/배우기는 달라진다. Habermas(1971)는 『지식과 인간의 관심(*Knowledge and human interest*)』에서 인간의 지식 추구는 관심사와 직결된다고 하였다. 차원별로 유아·놀이 중심 교육에서 관심을 두는 교수학습에 주목해 보자.

1. 영유아에 대한 이미지와 교수학습

유아에 대해 지금까지 우리가 갖고 있던 강한 이미지는 '자연인으로서의 유아'와 '문화, 정체성, 지식의 재생산자로서의 유아'였다(Dahlberg et al., 2007). 지금까지 당연한 것으로 받아들여 왔던 유아, 유아기, 유아교육 기관과 유아교사에 대한 진리들은 분석되고 해체된다(Cannella, 1997; Dahlberg, Moss, & Pence, 2007). Olsson(2009:2017)은 지속적인 사회 변화로 인하여 영유아에 대한 이미지가 달라짐에 따라 다음과 같이 세 가지 관점을 논한다.

첫째, '자연인으로서의 유아'는 생물학적으로 미리 결정되어 있다고 보는 유아관이다. 발달과 학습과정은 정해진 발달 단계에 따라 본유적이고, 자연적이며 생물학적 현상으로 본다. 발달심리학의 과학적 이론을 통해 유아의 발달은 규정된 기준에 따라 예측, 준비, 감독과 평가가 가능한 것으로 본다. 따라서 발달은 초기부터 규정되어 있고 학습은 탈맥락화되어 이루어지며, 유아가 규정된 도식에 따라 발달하지 않을 때 문제가 있는 것으로 간주된다.

둘째, '문화, 정체성, 지식의 재생산자'로 보는 유아관에서 유아는 비어 있는 백지 상태이다. 이 관점에서 유아는 항상 '준비되지 않은' 상태이며, 문화와 정체성 그리고 지식을 채워야 하는 결핍된 유아다. 따라서 유아는 성인들로부터 전수된 문화, 정체성, 지식이 포함된 정해진 내용들을 학습하고 적응하고, 내면화해야 한다. 나아가 보편적인 단계에 따라 정해진 순서대로 발달하고, 배운 내용들을 가능한 한 정확하게 재현하도록 한다. 따라서 근대 사회의 유아교육 기관들은 구체적인 교육목표, 내용, 형식을 갖고 있었다.

셋째, 최근 탈구조주의와 해체주의의 영향을 받은 유아교육 연구자들은 **'유능하고, 자율적이며 유연한 유아'**를 논한다(Dahlberg, 2003; Dahlberg & Moss, 2005). '유능하고, 자율적이며 유연한 유아'란 변화하는 사회 속에서 독립적이고, 문제 해결력을 갖고 있으며, 자기-반성을 통해 자율적으로 학습할 수 있는 유아를 말한다. 따라서 유아는 배우려는 욕망과 능력을 갖고 있고, 스스로 질문하고, 문제를 해결하고 답을 찾도록 지원받는다.

사회 변화가 초래한 새로운 유아에 대한 이미지는 교육적 노력이 유아에게 영향을 주는 것이 아니라 교육이 유아의 내적 욕망에 도달해야 함을 강조한다. 교사와 유아교육 기관은 유아들이 배우고 싶도록 느끼게 하고 자율적이고 유연하게 문제를 해결하면서 학습한다는 새로운 논리에 적응해야 한다. '유능하고, 자율적이며 유연한 유아'의 이미지에서는 개별 유아가 자신만의 성장 역량을 갖고 있다고 보므로, 정해진 목표와 규준보다 유아 개인의 성장 역량에 귀기울인다. 주체의 행위 가능성을 축소시켜 온 그간의 유아교육 접근에 대해 해체를 시도한다. 유아와 교사 모두의 가능성을 인식하고 교육적 기록을 실천하면서 주체로서의 자율성을 회복하고자 한다. 지속되는 사건으로서의 교육 환경 속에 유아와 교사, 물질, 공간조차 되기의 과정 속에 있다고 본다(Olsson, 2009:2017).

2. 철학에 따른 세 종류의 교육

Deleuze(1968:2004)의 『차이와 반복(*Différence et Répétition*)』의 철학은 세 종류, 즉 재현의 교육, 차이의 교육, 생성의 교육에 대해 사유하게 해 준다. 김재춘과 배지현(2016)은 이 세 종류의 교육을 철로 모형 vs 도로 모형 vs 항해 모형으로 논하였다. 방인옥, 박찬옥, 이기현, 김은희(2013)는 인간의 본성, 세계, 자연과 사물을 어떻게 이해하느냐의 철학적 관점에 따라 항존주의(perennialism), 이상주의(idealism), 사실주의(realism), 실용주의(pragmatism)와 실존주의(existentialism)로 분류하였다.

첫째, 재현의 교육(철로 모형)은 **동일성의 재현을 추구하는 교육**이다. 인간의 본성은 변화하지 않으며 본질적으로 동일하다고 보는 Hutchins, Adler의 **항존주의(perennialism)**, 가치 체계의 고정성을 주장하고 물질적 가치보다는 정신적 가치를 최고의 가치로 보는 Platon, Fröbel, Hegel 등의 **이상주의(idealism)**, 학교가 해야 할 일은 있는 그대로의 세계에 대해 가르치는 것이라고 본 Aristoteles, Bacon, Locke, Comenius의 **사실주의(realism)** 철학이 여기에 해당한다(방인옥 외, 2013). 재현의 교육은 교육이 추구해야 할 이상으로서 하나의 동일성을 상정하고 이를 닮아 가기를 지향한다. 재현의 교육에서는 모범·정답과 같은 동일성이 얼마나 재현되는가에 따라 배움의 가치가 결정된다. 이는 교육과정의 철로 모형에 해당한다. 모든 기차가 반드시 철로를 따라 달려 출발지로부터 목적지까지 탈선하지 않고 주어진 경로를 충실하게 따라가는 이미지이다. 철로 모형은 교육의 목표가 선명하며, 교육의 과정이 일직선의 계열을 따라 정답에 접근해 가는 교육의 과정이며, 정해진 기준에 따라 학습자의 배움과 앎은 평가된다. 우리의 학교교육에서는 오랫동안 동일성의 가치를 중요하게 여겼다. 학습과정에서는 '하나의 정답'이라는 동일성을 추구하고, 학습자는 하나의 기준에 비추어 우수 또는 열등한 학습자로 평가된다. 이같이 교육이 동일성만 추구하면서 차이를 억압할 때 우리는 개별 인간에게 존재하는 차이를 인정하거나 존중하지 못한다는 점에서 인본주의적, 윤리적 책임을 다하지 못하는 것이다. 우리에게 익숙한 홈에 갇힌, '홈 패인 사유 방식'이다.

둘째, 차이의 교육(도로 모형)은 **차이를 인정하고 다양성을 존중하는 교육**이다. **실용주의(pragmatism)** 철학에서 진리는 인간의 경험 속에서 발달한다. 인간 생활 속에서의 효과를 진리의 기준으로 삼기 때문에 영원 불멸한 진리를 인정하지 않는다. 변화는 실재의 본질이므로 교육을 계속적인 성장의 과정으로 본다. 이러한 교육을 주장하는 사람은 Pierce, Dewey, Kilpatrick 등이다(방인옥 외, 2013). 차이의 교육은 교육과정의 도로 모형에 해당한다. 도로 모형은 철로와 달리 목적지에 이르는 복수의 길이 있음을 가정한다. 예컨대 국가수준 교육과정에 도달하기 위한 교육의 내용과 방법에 대한 다양성을 인정하되, 이러한 다양성이 국가수준 교육과정이 미리 상정한 목표를 달성하는 데 기여해야 한다. 예로 최근 유행하는 '문제 중심 학습(Problem-Based Learning: PBL)'을 들 수 있다. 교육학의 이론과 실제에 도입된 PBL은 문제의 구조적인 성격을 더 강조했고, 학생들은 PBL에서 교사가 구조화해 제시한 문제의 답을 찾기 위해 다양한 문제 해결 방식을 시도하는 형태로 변질되었다. 교육과정의 도로 모형은 철로 모형보다 열린 모형이라 볼 수 있다. 방법상의 다양성에도 불구하고 도로 모형 역시 철로 모형과 마찬가지로 재현적 교육의 성격을 완전히 벗어나지 못한다. 따라서 잃어버린 차이의 가치를 복구하기 위해 차이의 교육을 실천하고자 노력할 필요가 있다. 각자 삶의 맥락이 다르고, 흥미와 관심이 다르며, 배움의 속도와 방법에 차이가 있는 것을 최대한 수용하면서 다양한 방식으로 '다양성의 존중'이 필요하다. 여전히 홈 패인 사유를 벗어나지 못한다.

셋째, 생성의 교육(항해 모형)은 동일성의 교육, 차이의 교육과도 다르다. **실존주의(existentialism)**는 말 그대로 존재에 관한 철학이다. 실존주의자들은 세계를 하나의 개별적인 주체성으로 취급한다. 19세기부터 시작된 Sartre, Jaspers, Nietzsch가 주장하는 실존주의 철학은 인간 본성의 재검토에서부터 시작되므로 본질보다도 인간 존재 그 자체를 존중한다(방인옥 외, 2013). 특히, Deleuze의 생성의 교육은 **'생성'을 지향하는 교육**이다. 생성의 교육은 현존하는 차이를 인정하고 존중하는 것을 넘어서 **새로움을 창조**하는 것을 중시한다. 생성의 교육은 학습자의 몸과 정신에 역동적으로 차이를 발생시킴으로써 학습자가 시시각각 다른 존재로 변형해 가는 것을 강조한다. 이런 의미에서 생성의 교육은 **'다르게-되기'**의 교육이다. 생성의 교육에서는 특정한 정답이나 가치가 존재하지 않는다. 학습자들은 기호와의 우연한 마주침을 통해 배움의 대상에 서로 다른 호기심과 관심을 느끼고, 이 대상을 둘러싼 문제-장의 특이성에 감각적으로 반응하면서 배워 간다. 배움의 기회로 우연한 마주침을 강조하는 생성의 교육은 미리 의도된 길을 따르지 않고 넓은 바다를 항해하는 배와 같은 이미지이다. 이런 점에서 '항해 모형'이라고 부를 수 있다. 생성의 교육은 배움을 통해 우리가 알지 못하는 것을 적극적으로 생성하려는 운동, 지금과는 다른 차이를 창조하려는 실험, 우리를 고정된 홈 속에 가두려 하는 동일성의 강요로부터 끊임없이 탈주하려는 생성의 노력, 즉 '다르게-되기'이다. 학습자는 예술가와 같다. 예술가들은 독특한 차이를 생성하기 위해 언제나 상투성을 거부한다. 학습자가 느낀 다양한 호기심과 관심에 따라 새로운 문제를 적극적으로 창조한다. 단순히 관심을 확대해 나가는 것이 아니라, 상투적인 것을 최대한 차이화하는 것을 지향한다. 이러한 항해 모형을 따를 때 우리는 진정한 다양성과 창조의 교육을 실천할 수 있다.

3. 세계와의 관점에서의 교수학습

첫째, 발달주의 패러다임: 별개로 존재하는 세계에 대한 재현의 교육

발달주의 교수학습의 관점에서, 세계는 유아나 학습자에게 재현되거나 제시된다. 우리는 언어의 도움을 받아 기존 세계를 재현하려고 애쓴다. 학습자는 학습 자료나 매체에서 나온 이 재현의 지식 구성체를 재생산한다. 지식의 본질은 실제(reality)를 재현하는 것이다. 학습할 내용을 알고 있는 교사와의 만남으로 학습이 이루어진다. 가르치기의 차원에서 볼 때, **도구적 혹은 교사 중심 접근법**이다. 이 관점에서 '저 밖의' **세계는 우리와는 별개로 존재**한다. 별개로 존재하는 세계 자체에 대한 진리의 구현을 추구하여 재현한다. 인간은 '발견자'이며 '발표자'에 불과하다. 즉, 인간은 과학적 담론으로 구성된 다양한 언어로 세계를 재현함으로써 세계를 명확하게 알게 한다. 발달주의 관점에서 놀이는 발달을 위한 수단이고 발달 과업을 성취하는 수단으로 보아 놀이의 결과에 주목한다. 예를 들어 언어놀이는 언어 발달, 신체놀이는 신체 발달, 역할놀이는 사회성 발달로, 놀이는 발달 성취의 도구가 되었다.

둘째, 구성주의 패러다임: 학습자 스스로 세계에 제시된 지식을 구성하는 탐구의 교육

유아는 **세계-내-존재(being-in-the-world)**로서 세계의 지식을 주체적으로 습득한다. **학습자 스스로 세계를 탐구**하기 위해서 기존 세계에 제시된 바를 따르는 탐구학습이다. 학습은 교사와 학습자 간의 도구 교환으로는 성립될 수 없으며 학습자의 적극적 탐구의 결과로 본다. 이 관점에 따르면, 배움이란 학습자의 자연스러운 호기심에 따라 동기 유발되며, 학습자의 연령에 따른 능력에 맞춰 충분한 성숙 정도에 따라 학습이 진행된다. 학습이란 낮은 단계의 인지가 점점 더 높은 단계로 진행되는 과정이다. 이러한 구성주의 학습 이론에 따르면, 학습자는 연령 증가와 성숙 정도에 따라 점진적 단계를 거치며 자신의 이론을 구성하고 발달시킨다(Bredekamp et al.,

2000; Gestwicki, 2006). 이 관점에서는 단계적으로, 학습자의 인지 능력과 성숙 수준에 따라 학습 대상(object)이 구성된다. 기록 작업에서도 특정 내용이나 능력을 배우는 과정에서 학습자의 발달과 관련하여 학습자의 위치를 결정하는 내용들로 기술된다. 또한, 학습되는 대상은 대부분 알기 쉬운 언어 이론을 통해 기존 세계에 있는 문제들(matters)이 재현된다. 따라서 지식 구조와 기술의 재생산에 근거하여 지식이 구성된다.

셋째, 사회적 구성주의 패러다임: 유아·교사·부모 간 공동체 속에서 지식을 공동 구성

학습자 스스로 세계에 제시된 지식을 탐구하는 교육과는 전혀 다른 학습에 대한 사회적 구성주의 패러다임이다. 레지오 에밀리아 교육에서는 이러한 학습과정을 실행해 왔다. 유아는 세계에 관한 자신의 언어를 구성하는 능력을 가지고 있다고 본다. 유아들은 **의미 만들기에 협력적으로 참여**하고 학습 공동체 속에서 문화와 지식의 공동 구성자가 된다(Dahlberg & Lenz Taguchi, 1994; Dahlberg et al., 2007; Reggio Children, 2001; Rinaldi, 2006). 레지오 에밀리아 교육은 구성주의적 관점에서 유아의 개별 혹은 집단의 자유놀이를 주요한 운영 방식으로 채택하고 있는 놀이 교육과정이다. 그러나 유아는 역시 **세계-내-존재**로서 유아의 능동성과 주체성을 강조하는 자유놀이는 세계에 대한 지속적인 지식을 발견하고 탐구하는 도구가 된다. 유아는 학습자의 학습과 지식 이론의 구성에서 능동적 실행자로 받아들여지지만, 행위 주체자는 이 관점에서도 여전히 인간 언어와 재현이다. 따라서 세계 그 자체는 계속해서 이전부터 존재해 왔고, 수동적이며, 학습자와 분리되어 있다. 유아는 역시 세계의 지식을 '발견하고, 발표하는' 자로 머무른다(Lenz Taguchi, 2010). 학습자가 구성하는 인간 언어와 담론은 여전히 인간이 세계를 이해하고 행위하는 방법에 해당한다. 더구나 의미의 실행 생성자로 물질을 포함시키지 않는다. 물질과 몸은 그저 담론에 지나지 않으며, 스스로 행위 주체성을 갖기보다 수동적 객체로 남아 있다. 여전히 물질로서의 몸이나 물질은 생산의 힘으로만 남아 있어 인간/물질을 이분법적으로 본다. 물질세계에 대한 탐구를 허용하지만 물질의 주체성에는 주목하지 못하고, 인간과 물질의 상호 의존적 과정을 간과한다. 유아의 경험 자체인 자유놀이에 주목하지만, 유아를 '독립적이고 자립적인 존재'로서 주목할 뿐 세계의 일부에 해당하는 '세계의 존재'로 주목하지 않는다.

넷째, 존재론적 인식론의 관점: 인간과 물질 간 얽힌 되기(entangled becomings)의 학습, 내부작용 교육(Lenz Taguchi, 2010:2018)

모든 존재를 함께 생각하는 무한한 존재의 생성 가능성을 전제한다. 존재론적 인식론에서 유아는 **세계-의-존재(being-of-the-world)**로서 세계와의 상호작용 즉, 놀이에서 발현하는 존재 이미지로 구축되고, 놀이는 유아 존재 그 자체가 된다(정선아, 2016). Deleuze, Barad에 영향을 받은 후기 구조주의자들(Olsson, 2009:2017; Davies, 2014:2017; Lenz Taguchi, 2010:2018; Sellers, 2013:2018)은 학습자와 세계를 '얽힌 되기(entangled becomings)'로 본다. Barad(2007)는 『우주를 중간에서 만나기(*Meeting the Universe Halfway*)』 서문에서 세계와 우리의 관계는 세계의 일부에 해당하며, **세계에는 독립적이고 자립적인 존재란 없다**고 하였다(Barad, 2007; Lenz Taguchi, 2010:2018 재인용). 이는 재현의 실증주의적 패러다임과 모든 것을 담론으로 이해하는 사회적 구성주의 패러다임 둘 다에 의문을 제기한다. 인간은 다른 존재나 물질, 자료와 마찬가지로 세계의 물질적 대상이며 모든 유기체의 진화적 변화는 세계의 질료와 유기체 사이-내부(in-between)에서 내부작용(intra-active)하는 가운데 지속적으로 일어나고 있다. 모든 존재를 앎과 분리할 수 없다고 보는 존재론적 인식론이다. **세상과의 만남**이 교육의 과정이며 세상 속 물질, 담론, 사람 간 상호 관계, **내부작용 속에서 배움**이 이루어진다. 유아는 놀이에서 지식을 구축하기도 하지만, 물질세계가 유아의 사고에 작동하여 세계의 일부가 되도록 하므로 이론/실제, 담론/물질의 구분을 넘어선다. 앎이란 세계와 멀리 떨어져 재현함으로써 이루어지지 않으며 세상에 직접 참여하는 놀이를 통해 이루어진다고 보아 상호적으로 변화하는 관계를 전제한다. 따라서 놀이의 과정과 변형, 생성에 주목하여 '어떻게 알아 가는가?', '어떻게 되어 가는가?'에 주목한다.

4. 학습에 대한 이해와 교수학습

학습자는 학교에서 행동, 지식, 사고 능력을 학습한다. 교사는 학습자에게 새로운 행동을 학습하게 하고, 기존의 행동을 변화시키거나, 교과서에 있는 지식을 기억시키기도 하고, 스스로 지식을 구성할 수 있도록 만들어 주기도 한다(김대현 외, 2008).

첫째, 행동학습-행동주의

행동학습은 계획적인 경험의 결과로 발생하는 지속적인 행동의 변화이다(김영채, 2001). 여기서 계획적인 경험의 결과란 성숙과 같은 자연 발생적인 변화가 아니라 의도된 행동의 변화를 의미한다. 행동의 변화는 자극-반응의 반복적 연합을 통해 새로운 행동을 할 수 있게 된다. 또는 다른 사람의 행동과 그 결과를 관찰하여 새로운 행동을 할 수 있게 되는 것이다.

둘째, 기억을 통한 학습-정보처리이론

기억을 통한 학습은 감각 기관을 통해 들어오는 자극(지식)을 두뇌에서 처리하고 그 결과를 기억 속에 저장할 때 발생한다. 따라서 반복을 통한 행동학습과는 달리 인간 두뇌의 정보처리 과정을 강조한다. 특히 여러 유형의 기억, 정보의 저장과 인출, 쇠퇴 또는 망각에 초점을 두고 학습을 설명한다. 세 단계의 기억과정을 거쳐서 정보나 지식을 다시 이끌어내지 못하면 쓸모없는 지식이 되고 만다.

셋째, 의미 구성을 통한 학습-구성주의

지식정보화 사회에서는 기존의 지식을 기억하는 것보다는 새로운 지식을 스스로 구성하는 능력을 더욱 요구한다. Mezirow(1991:1996)는 학습은 과거의 해석을 통해 자신의 경험에 새롭게 의미를 부여하고 아울러 미래 행동의 지침을 획득해 가는 것으로서, 의미 만들기(meaning making)를 통해 재구성하는 것이라 정의하였다. 지식 구성과정에 대한 학습 이론은 구성주의에서 찾을 수 있다. Piaget(1969)의 구성주의 학습 이론은 개인의 인지 구조 속에서 어떻게 지식이 구성, 재구성되는지를 보여주는 이론이다. 따라서 인지적 구성주의라 불린다. 한편 Vygotsky의 사회적 구성주의 학습 이론에 따르면 학습은 개인의 인지 구조 속에서 구성되는 것이 아니라, 사회 속에서의 공동 구성되는 것으로 본다.

넷째, 되기의 학습-탈구조주의

Deleuze는 사유를 재현에 종속시키는 고전적인 이미지는 진정한 사유의 의미를 기만하는 것이라고 하였다. 사고를 만들어 내는 출발점인 기호는 **끝없는 생성, 되기(becoming)의 과정**이다. 재현, 재인은 우리가 본 것을 어떤 다른 것에 연관시킴으로써 무궁무진한 생성의 가능성을 방해하고 제한한다. Deleuze는 사유를 창조되는 것이라고 보았다. 우리가 익숙하지 않은 것과 마주칠 때 또는 익숙한 것이 낯설게 다가올 때, 마음속에서 기호와의 마주침이 이루어지며 우리로 하여금 다양하게 사유하게 하고 다르게 구성할 수 있는 가능성을 제시한다. 지식에는 안전하고 안정적인 기초라는 것이 없기 때문에 우리는 발명하고, 창조하고, 실험한다. 이것은 사고를 비재현적이고 유목적으로 이해하는 리좀적 사고방식을 뜻한다.

리좀적 사유에는 유목적 주체(nomadic subject)가 내재되어 있다. 따라서 '지금-되기(present-becoming)'가 중요하다(Deleuze & Parnet, 1987). Deleuze는 재현, 즉 홈 패인 공간(the striated)을 탈주해야 한다고 주장한다. 교사는 유아가 누구인지 탐색하기보다는 유아가 새롭게 생각할 수 있도록 해 주는 수많은 마주침들의 '접속(and)' - 궤적, 힘, 탈주선 그리고 그것들이 어떻게 교차-을 탐구한다. 우리의 관심인 '되기'는 결과가 아니라 진행되고 지속되는 변형의 과정이기 때문에 유목적이라는 새로운 사유는 교사로 하여금 재현과 재인, 동일성 대신, 학습과정이 어떻게 만들어지고 기능하며, 사회에 어떠한 영향을 미치는지에 초점을 맞춘다.

5. 교육과정 이해에 따른 교수학습

교육과정의 세 가지 대비되는 개념들을 비교하면서 상호 관련성과 차이를 살펴본다.

5.1 교육내용 vs 학습 경험

첫째, 교육내용

교육내용에 초점을 두는 교육과정은 각급 학교에서 배우는 교과의 종류, 중요도, 시간 배정 등이다. 이런 의미의 교육과정은 학교에서 배우게 될 교과의 목록이나 해당 교과의 강의 과목으로 생각한다. 한 강좌에서 가르칠 내용을 계획해 적어 놓은 교육계획, 수업계획으로 보기도 한다. 이와 같이 교육과정을 교과의 목록이나 교과의 강의요목인 교육내용으로 생각하는 입장은 역사적으로 가장 오래되었고 널리 알려져 있는 **가르침에 초점을 둔 교수학습**을 채택한다.

교육과정을 교육내용으로 볼 때와 학습 경험으로 볼 때 학교와 교사의 역할과 책임은 달라질 수밖에 없다. 교육과정을 교육내용으로 본다면 학교와 교사는 가르칠 교과의 목록을 점검하거나 만들고, 각 교과 속에 들어갈 내용을 위계적으로 조직하는 역할과 책임을 가진다. 교육과정의 운영에 있어서도 교육청의 통제를 강하게 받게 된다.

둘째, 학습 경험

교육과정을 학습 경험으로 보는 입장은 아무리 훌륭한 내용으로 구성된 교육과정도 학습자들에게 학습되지 않는다면 아무런 의미가 없다고 생각한다. 학습자들의 바람직한 행동 변화가 교육의 목적이라면, 교육과정은 학습자들이 갖는 경험 속에 있다는 것이다. **배움에 초점을 두어 교수학습**이 행해진다.

교육과정을 학습 경험으로 본다면 학습자들의 흥미, 관심, 필요 등을 바탕으로 학습자들의 삶을 살피고, 학교를 하나의 생태계로서 파악하려는 노력이 학교와 교사에게 요구된다. 학습자의 주도적 학습이 강조되고, 학교와 교사는 교육과정의 개발, 운영, 평가에 엄청난 연구와 노력을 기울인다. 따라서 학교와 교사의 교육과정 자율성은 높아지고 관할 교육청의 통제력은 약해진다. 이러한 경험에는 관계가 내재되어 있다. 유아·교사·부모·지역사회 구성원의 대인 간 공동체적 관계뿐 아니라 학습자의 교실 및 학습 공간, 매체, 환경 등과의 관계 또한 중요하게 다룬다. 따라서 교실 안에서 귀기울이는 관계가 중요하다. 배움에서는 말하기보다 듣기가 더 결정적이다. 유아들의 자발성과 주도성이 강조되는 놀이 중심 교육과정을 포함한 최근의 수업 혁신에서는 교사의 귀기울이기와 관찰–기록–지원이 강조되고 있다.

5.2 문서 속에 담긴 교육계획 vs 실존적 체험과 그 반성

첫째, 문서 속에 담긴 교육계획

문서 속에 담긴 교육과정은 교육목적과 교육내용의 체계, 그리고 이를 효과적으로 전달하기 위한 교육**방법, 평가, 운영 등에 대한 종합계획**을 가리킨다. 즉, 교육과정은 학교교육을 통해서 도달해야 할 교육목표의 체계와 배워야 할 교육내용들의 범위와 위계로 구성되며, 학습자들이 이와 관련된 학습 경험을 가질 수 있도록 기회를 제공하는 교육방법, 평가, 기관 운영의 일반적 지침들로 구성된다. 이러한 정의는 교육과정을 학습 성과, 학습 내용, 학습 경험보다는 학습을 위한 종합계획으로 본다는 점에서 포괄적이며, 예비 교사들이나 현직 교사들이 교육부, 교육청, 학교에서 만든 문서에 들어 있는 내용을 잘 이해하는 데 도움을 준다는 점에서 실용적이다.

둘째, 실존적 체험과 그 반성

교육과정(curriculum)을 생생한 체험과 그 반성으로 보는 관점은 경주에서 정해진 길이나 체험의 과정(course)을 뜻하는 라틴어 'currere'의 어원에 기초를 두고 있다. 즉, currere로서의 교육과정은 교육자나 학습자 자신이 외부의 사물이나 사건을 접하고 읽고 생각하고 느끼며 배우는 체험과 그 반성의 과정을 가리킨다. Pinar(1975)는 교사나 학습자가 자신이 갖는 교육 경험의 본질을 분석하여 그 실존적 의미를 찾는 작업으로 currere의 방법론을 강조하였다. 이러한 관점에서의 교육과정은 교육자나 학습자가 삶에서 갖게 된 체험들을 자신의 존재의 의미와 연관지어서 해석하고, 그것을 통하여 자기 반성적인(self-reflective) 삶을 살아가도록 하는 과정이다. 그 이론적 토대로서 Dewey(1933)는 학습자의 의미 있는 학습과 교사의 임파워먼트를 위해 교사의 반성적 사고를 강조하였다. Dewey의 이론에 기초하여 Schön(1983) 또한 기술적 합리성을 강조하는 교사교육에서 벗어나 전문적 교사로서 '반성적 실천자'가 되도록 교사의 실천적 지식 형성을 강조하였다.

탈구조주의에 해당하는 Henderson(2001:2016)은 특정 목표와 교수 기술을 강조하는 전통교육의 기술적 반성도 필요하지만 계속적인 성장의 삶을 지향하는 변형교육을 위해 교사의 **반성적 탐구(reflective inquiry)를 통한 가르치기의 예술**을 강조하였다. Mezirow(1996:2003) 역시 도구적 학습이 교사교육의 지배적 모델이어서는 안 되며, 비판적 반성을 통해 의미 구조를 계속적으로 확대하면서 자신의 삶에 대한 진정한 인식과 판단에 따라 주도적으로 삶을 사는 성인 학습자의 변형학습, 전환학습(transformative learning)을 강조하여 주목받아 왔다. 이러한 관점에서 실습 학기 수업에서 예비 유아교사들이 실습이라는 실존적 체험과 반성을 통해 주도적인 예비교사로 전환해 가는 과정에 대한 연구(김은희, 2017)가 있다.

5.3 목표-성취-평가 vs 주제-탐구-표현

여기서 교육과정은 수업이나 학습 계획보다는 학습자의 학습과정을 뜻한다.

첫째, 목표-성취-평가

구체적인 교육목표에 따라 과제를 설정하고, 생산성과 효율성을 기준으로 수업과 학습과정을 달성한 후, 그 결과를 양적으로 평가하는 '목표-성취-평가' 모델이다. 이는 학교를 '공장'의 일관 작업 체제로 은유하는 교육과정의 틀이다. 이러한 틀은 교재나 국가수준의 **정형화된 지식을 효율적으로 습득**하는 것을 목적으로 한다.

둘째, 주제-탐구-표현

'주제-탐구-표현' 모델의 교육과정은 교재나 국가수준의 정형화된 지식을 효율적으로 습득하는 것을 목적으로 하지 않는다. 흔히, 학습자가 흥미나 관심을 갖는 **특정 주제를 중심으로 주도적이고 협력적으로 탐구하는 학습**과정을 추구한다. 학습의 결과 또한 성취 평가로 측정하는 것이 아니라 기록이나 책 만들기, 연극 등의 형태로 표현하여 학습 경험을 문화적·사회적·실용적으로 의미 있고 가치 있는 것으로 만드는 실천을 추구한다. 현재, 학교 개혁을 지향하는 세계 여러 나라에서는 학교를 학습자 개인의 잠재력과 자율성이 존중되는 '온실'로 보아 '목표-성취-평가' 모델의 교육과정을 '주제-탐구-표현' 모델의 교육과정으로 개혁하는 운동이 전개되고 있다.

이는 주제에 대해 정해진 목표와 방향을 가진 구조적인 프로젝트와는 다르며, 탈구조화, 재구조화의 순환과 변형이 일어나는 수행을 강조한다.

6. 학습의 주체에 대한 정의와 교수학습

학습이 무엇인지에 대한 학자들의 정의는 좁은 의미와 넓은 의미로 나눌 수 있다. 좁은 의미의 학습은 **학습자를 주체**로 본다. 넓은 의미의 학습은 **학습자뿐 아니라 교사, 부모, 교직원, 지역사회 구성원까지 포함**한다.

첫째, 좁은 의미에서의 학습

좁은 의미의 학습이란 학습자가 '정해진 학습 목표를 달성해야 하는 상황에 참여하여 의도한 학습 목표를 성취하는 활동'으로 한정 짓고 있다. 좁은 의미의 학습을 정의할 때는 **학습의 주체를 학습자로 한정**한다. 학습의 상황은 의도적인 것에 국한한다. 학습의 상황, 즉 학습의 조건을 의도적이고 계획적으로 선택하고, 선택된 학습 상황을 마련한다. 학습을 통한 행동의 변화는 사회 규범에 비추어 볼 때 정당해야 한다. 이러한 학습은 학습자들이 정해진 학습 목표를 성취하기 위하여 계획적으로 제공된 학습의 상황에서 듣고, 해 보고, 느끼고 말하는 등의 활동을 모두 포함한다.

둘째, 넓은 의미에서의 학습

넓은 의미에서의 학습이란 '유기체가 자신을 둘러싸고 있는 환경과의 상호작용을 통해 그 유기체의 행동에 변화가 일어난 경우'라고 할 수 있다. 이렇게 넓은 의미에서의 **학습의 주체는 학습자뿐 아니라 교사, 부모, 교직원, 지역사회 구성원, 나아가 물리적 공간과 환경까지 포함**된다. 제공된 학습의 조건도 비의도적인 것과 의도적인 것을 모두 포함한다. 나아가 물질, 공간, 행동의 변화도 언제나 바람직한 것에만 국한시키는 것이 아니라 바람직하지 않은 행동의 변화까지 포함시켜 학습의 성격을 규정하고 있다. Hilgard(1966)는 학습을 좀 더 넓은 의미에서 보아 학습이란 "주어진 환경 속에서 계속적인 경험으로 일어나는 행동의 변화"라고 하였다. 단, 행동의 변화는 타고난 반응 경향, 성숙 또는 일시적인 상태의 변화로는 설명될 수 없다. 이와 유사하게 Morgan과 King(1966)은 학습이란 "경험과 연습의 결과로 일어나는, 비교적 지속적인 변화"라고 하였다.

Ⅱ 만들어가기

구름이 나오는 물총이야~

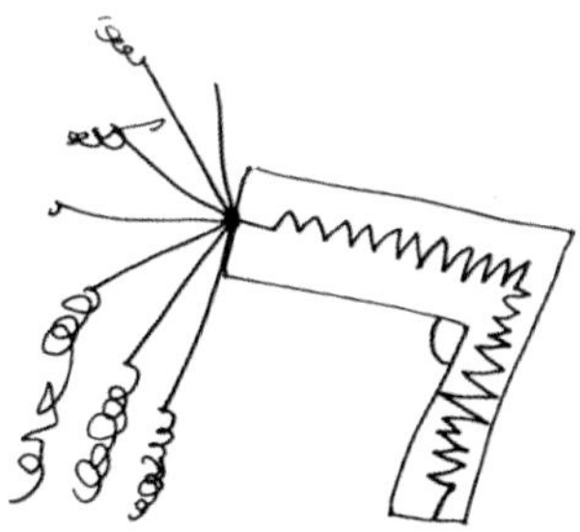

꼬불꼬불, 고래 물총 두 개!

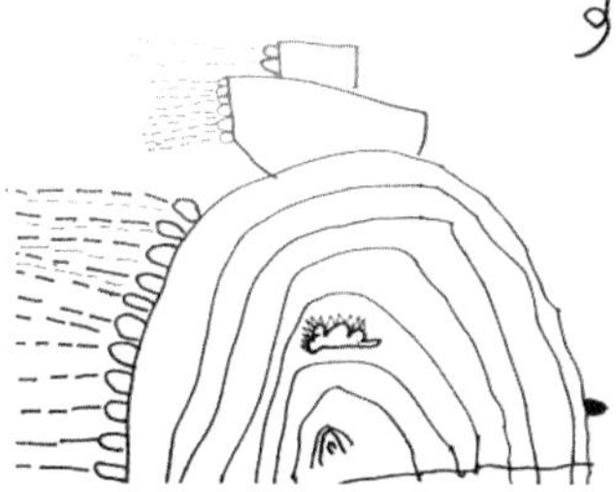

무지개가 나오는 물총이야!

1 노마디즘과 놀이 중심 유아교육

21세기는 변화의 세기이다. 지능화, 가상화, 초연결로 특징짓는 미래 사회의 삶은 여러 면에서 **다양하고 새로운 가치를 창조**하기 위해 분주하다. 특히 SNS를 통해 정보를 공유하고 관계를 맺는 데에 익숙한 디지털 노마드, 그리고 문화 노마드로 살아가고 있는 영유아와 청소년들은 노마드적 존재로서 점차 탈코드화되고 비규정화되어 가는 경향이 있다. 그들의 삶은 형성된 장과 규정된 조건에서 벗어나 그 어떤 규정에도 얽매이지 않는 스스로 다른 삶을 만들어가려는 자유로운 삶의 가능성을 보여 준다. 이렇듯 살아가는 일이란 끊임없이 새로운 욕망을 생성하는 과정이다. 인간은 살아가면서 기존의 배치를 해체하고 **새로운 배치를 형성하는 변형을 끊임없이 반복**한다.

레지오 방식에 영감을 받아 가르치고 배우는 일의 다원성과 복잡성을 인정하고 개인적 지식 구성에 대항하여 만들어가는 교육에 관심이 있었던 구성주의자들은 개인이 속한 사회와 맥락 속에서 의미를 만들고 구성해 가는 사회적 구성에 관심을 가졌다. 이제 **사회적 구성주의에 Deleuze와 Guttari의 철학을 연결**시키려는 시도를 하고 있다. 인공지능학적 인식론에서 지식은 인간의 머릿속에 있는 것으로 보지 않았으며, 객관주의자나 자연과학자들이 주장하듯 독립적인 외부 세계에 있다고도 믿지 않았다. 텍스트 속에 있다고도 보지 않는다. **지식이란 지각하고, 생각하고, 행동하는**

존재들이 있는 순환적인 사회 실제 속에 있다고 주장한다. 탈구조주의자들은 '안다'는 것은 '진짜' 실체에 대한 객관적 재현을 의미하는 것이라는 생각에 반대한다. 인지는 이전에 주어진 **세상의 재현이 아니라** 우리가 만들어가고 있는 **세상과 마음의 상연**(enactment)이라고 주장한다(Dahlberg & Moss, 2017).

Deleuze의 사상은 Foucault와 Derrida의 사상과 함께 현대 사회를 진단하고 해명하는 데 매우 적절한 것으로 인정되어 세계의 많은 학자들이 빈번하게 인용하고 있다. 가장 창의적인 안목을 가진 사람으로 평가되어 사상의 난해함에도 불구하고 2005년 이후 우리나라의 인문학적 담론에서 가장 많이 언급되고 있다(오길영, 2005). 이처럼 공감하고 연구하는 학자가 많다는 것은 Deleuze의 견해가 **현대 인류가 직면하고 있는 문제의 진단과 해결**에 유의미하기 때문임이 분명하다.

Deleuze는 '21세기의 형이상학자'라는 찬사를 받을 정도로 현대 형이상학에 새로운 이정표를 세운 철학자다. 욕망은 접속된 대상들의 배치 속에서 생성되는바, 긍정적인 욕망관에 기반을 둔 **노마디즘(nomadism)**을 주장한다. 노마디즘은 Deleuze가 Guattari와 함께 지은 저서이자 전개한 사상이 누적된 종합이라 할 수 있는 『천 개의 고원(*Mille Plateaux*)』(Deleuze & Guattari, 1980:2003)에서 언급한다. 21세기 사회 변화에 따라 이분법적 경계를 해체하고 소외되었던 가치를 조명하는 문화 코드이자 철학적 사조이다. Deleuze는 인간 욕망을 부정적으로 보는 지적 전통을 거부한다. 대신에 **관계적이고 유동적인 세계관에 근거를 두는 긍정적이고 생산적인 욕망**을 주장하고, 이 견해를 중심으로 철학을 구축한다. 그가 구축한 형이상학은 **'차이', '반복', '생성', '리좀' '탈영토화' '매끄러운 공간'** 등의 키워드로 쓰인 **'생성의 철학'**이라 할 수 있다.

교육에서 Deleuze의 철학이 필요한 이유는 '정답'이라는 동일성을 천편일률적으로 따르는 것을 미덕으로 여기는 교육 일상에 차이 생성의 동력을 불어넣고자 하는 것이다. **삶을 표준화시키는 유아교육을 새로움과 특이성들을 생성하고 유동시키는 창조의 놀이로 새롭게 이해**하고 싶은 것이다. Deleuze의 철학을 징검다리 삼아 교육이 지닌 창조적 본성을 되살리려는 것, 이로써 **'생성의 교육'**을 그려 보려는 미학적 실험이 오늘날 교육에서 Deleuze가 필요한 이유다(김재춘, 배지현, 2016).

Deleuze에게 있어서 바람직한 삶은 정체된 틀에 박힌 안정된 삶이 아니다. 교육을 통하여 학습자에게 권유하는 바람직한 삶은 유목민처럼 탈주선을 따라 다른 삶의 방식, 사유, 가치를 찾아 끊임없이 이동하는 삶이다. 이런 삶을 살아가기 위해서는 욕망이 지속적으로 생성되어야 하고, 욕망이 생성되려면 새로운 배치가 끊임없이 이어져야 한다.

유목주의 입장에서 보면 **기존의 학교교육**은 다수-지배자의 제도권적 관점을 학습자에게 내면화시켜 정착민처럼 특정한 사고방식, 가치관, 태도, 행동 양식에 고착되어 순종적으로 살아가게 하기 때문에 바람직하지 않다(목영해, 2010). 제도권 학교교육은 국가수준 교육과정, 평가, 교육행정 조직, 규격화된 학교 시설 및 설비와 함께 교육적 배치를 규격화·고정화한다. 기존 제도권 교육의 이성적 인간, 도덕적 인간은 국민, 시민, 전문 인력까지 모두 교육적 배치의 일부가 되어 학교교육을 규격화·고정화하므로 생산적이고 창의적인 욕망이 일어나지 못하게 하는 인간상이다. 영토 속의 정착민처럼 주어진 틀 내에서 **순종적으로 살아가는 인간상**이다(목영해, 2010). 욕망을 생성하는 배치가 안정되고 고착된 상태가 **영토화**이다. 따라서 사람들은 유동적이고 창의적인 욕망에 바탕을 둔 사고방식, 가치관, 태도, 행동 양식을 추구하는 **바람직한 삶을 살아가기 위해서 탈영토화를 시도하는 유목민**이 되어야 한다.

노마디즘에 의하면 교육을 통해 길러야 할 **인간상**은 **'유목인'**이 적절하고, **교육내용은 리좀 체제로 구성**되는 것이 바람직하며, **교육방법은 '되기'**가 적절하다고 본다(목영해, 2010) 따라서 교육은 판에 박힌, 규격화된, 제도권에서의 순종적인 삶을 거부하는 사람이자 **유연한 사고 및 태도를 가지고 끊임없이 생산적이고 창의적 삶의 방식을 추구하는 사람**이 되기를 바란다. 노마디즘에 의하면 수목적 지식의 교육내용은 적절하지 못하다. 수목형 지식은 현재 학교에서 사용되고 있는 교과서에 담겨 학생을 가르치고 있는 지식으로서, 공리를 근간으로 보편타당한 불변성을 강조하는 것이기 때문에 한곳에 머무르는 정착민에 적절한 교육내용이다. 유목민들이 가지는 생산적이고 창의적인 욕망은 수목형 체제의 것이 아니라 리좀형 체제의 것이다. 이러한 욕망에 충실한 바람직한 삶 또한 리좀적 형태의 것이기 때문에 **교육내용으로는 리좀형 지식**이 적절하다(Deleuze & Guattari, 2003:1980).

리좀적 체제는 다음과 같은 특징을 갖는다. 모든 종류의 접속이 가능하고 서로 결합하여 다양하고 색다른 것을 창출하는 첫째, **접속**의 원리와 둘째, **다질성**의 원리, 셋째, 부분적인 변화가 곧 전체의 변화가 되는 다양성을 갖는 **다양성**의 원리, 넷째, 관련 없는 존재가 접촉하여 **탈영토화** 차원의 새로운 것을 구성하는 탈기표적 단절의 원리, 다섯째, 재현은 하되 똑같은 내용을 반복하지 않고 여러 차원에서 **변형** 가능한 원리를 갖는다. 리좀적 체제의 특징을 갖는 교육과정 지식에 대해 최명선(2006)은 기존의 수목형 지식으로 이루어진 교육과정은 교사와 학생들을 길들여 타율적으로 만드는 반면, 리좀형 지식의 교육과정은 **획일성과 전체성으로 길들여짐으로부터 벗어나 창의성과 다양성을 인정하는 자유로운 사고**가 가능하게 되는 것이다.

탈구조주의가 주장하는 **'되기'는 교육방법** 측면에서 유목주의 전개에 큰 함의를 가진다. **되기는 다른 존재의 생성을 이루면서 지속적으로 변형시켜 가는 운동**이다. 예컨대 늑대가 등장하는 한 가족놀이에서 늑대에 관한 그림이나 사진을 접하는 데 그치지 않고 늑대에 관한 그림자놀이, 라이트 테이블 위 빛놀이, 2차원 구성놀이, 극놀이, 역할놀이 등으로 흘러가면서 늑대의 입장에서 늑대처럼 느껴 보고, 행동해 보면서 늑대가 되고, '인간'이라는 영토, **'인간'이라는 파인 홈에 안주하지 않고 탈주선**을 탄다. 놀이 '되기'를 통하여 기존의 고정된 관점, 가치관, 생활 방식으로부터 탈주하게 된다. **'되기'는 답이 없는 미래 지향적 배움의 방법**으로 적절하다. 정보화 시대에서 부각되는 가상 현실, 상상 속에서 유아는 늑대가 될 수도 있고, 아이가 될 수도 있고, 집이 될 수도 있다. **현실 차원의 '되기'를 넘어서 체험 차원의 '되기'**가 가능하게 된다. 그림자 극놀이, 빛놀이 매체나 공간과의 내부작용 속에서 가상놀이 경험은 유아에게 놀이 공간일 뿐 아니라, 유아로 하여금 다른 삶의 영토, 삶의 방식, 사유, 가치를 찾아가고 이동하는 데 적절한 **'매끄러운 공간'**이 된다. 특히 늑대되기, 아기되기, 달팽이되기 소수의 약자되기를 통해 기존의 고정된 관점, 가치관, 생활 방식으로부터 탈주한다. 이 점에서 되기의 철학은 교육에 있어서 돌봄(care)의 윤리로 나아간다. **다른 존재가 되어 본다는 것, 특히 약자인 소수자가 되어 본다**는 것은 타자에 대한 배려심을 위하여 반드시 가져야 하는 피 배려 대상과의 상호작용성을 갖게 한다. '약자 혹은 소수자되기'는 학습자로 하여금 **윤리적 존재**가 되게 하는 것이다.

되기는 어떤 규정에 얽매이지 않는 자유로운 삶에 기반한 후기 근대교육을 연구하는 데 시사하는 바가 크다. Deleuze의 '되기'의 교육은 첫째, **열린 방향성**을 전제하고, 둘째, **새로운 자기 생성**을 가져오며, 셋째, **신체, 몸, 감각의 중요성**을 역설하며, 넷째, **놀이적 가치**를 가진다(김재춘, 2010). 이는 현재 유아교육 개혁의 방향으로 놀이 중심 교육이 강조되는 것과 같은 맥락을 이룬다.

이러한 논의는 우리가 그간 믿어 왔던 유아의 발달, 지식에 대한 환상을 포기하고, 내부작용 관계와 귀기울이기의 관점 넓히기를 통해 지속적인 차이를 만들어가자는 것이다. 따라서 놀이 되기의 교육적 해석은 '자유로움을 전제하고, 새로운 자기를 생성하는 '자발성'을 강조하면서 몸의 중요성을 역설하므로 '즐거움'이 있는 놀이적 가치를 지닌다.

놀이 중심 유아교육은 **새로운 삶의 가능성**을 이야기한다. 만들어가는 교육은 몸, 실재, 사회적 담론이 상호 얽힌 **관계 속에서 지속적인 변형의 과정을 지향**한다. 아직도 패러다임화된 지배 담론을 '정답'이라 보고 동일성을 재현하는 것을 미덕으로 여기며, 정형화된 기준에 따라 계획, 실행, 평가, 감독하면서 유아와 학습을 통제하는 교사 중심적 방식에서 **학습자 중심**으로의 변화 가능성을 갖고자 한다.

Deleuze(1968:2004)는 『차이와 반복』에서 서로 대척점에 있는 가르침 중심의 교육과 배움 중심 교육을 이야기하였다. 가르침 중심의 교육은 동일성이 반복적으로 재현되는 '홈 패인' 공간에 갇혀 사는 습관적인 삶이다. 이에 비해 **배움 중심** 교육은 차이가 생성되는 '매끄러운' 공간 위에서 어디로 흘러갈지 알 수 없는 흥미진진한 주인의 삶이다. 매끄러운 공간을 살아갈 때에는, 매순간 새롭게 사유해야 하고 가 본 적 없는 낯선 '노마드적' 삶이 주는 두려움에 맞서야 하지만, 가능성이 많은 다양한 방향으로 유아 스스로 창조와 상상을 통해 역량 있는 동적, 노마드적 삶을 살도록 교육하는 우리가 살고 있는 세상의 가능성을 신뢰하는 윤리이다.

놀이 중심·유아 중심 누리과정은 아이들이 열린 유아교육 공간에서, 세상이 뿜어내는 기호에 각자의 방식으로 반응할 수 있는 놀이-되기의 시간과 아이들이 마음껏 놀이할 수 있는 자유가 존중되는 유아교육으로 나아가는 데 혁신의 동력이 될 수 있을 것이라 기대한다(임부연, 2018). 놀이 중심 교육은 '가르치고 기르는' 전통적 교육과 사유 방식에 도전하는 새로운 교육을 상상한다. 홈 패인 공간에서 탈출하여 매끄러운 공간에서 자신만의 특이하고 새로운 삶을 기획하는 상상력을 발휘하는 유아를 기대한다. 새로운 삶은 반복적인 일상에서조차 매 순간 차이가 생성되고 있음에 주목하는 것이다.

Deleuze의 배움론에 따르면, 교사는 학습자에게 교육내용으로서 기호를 배우도록 한다. 학습자가 각자 호기심과 관심을 갖게 되는 기호의 이끌림을 통해 사유하고 차이를 생성하도록 해야 한다는 것이다. 배움 또는 사유를 통해 우리가 새로운 삶을 창조할 수 있다고 본다. 그는 "사유하는 것은 삶의 새로운 가능성들을 발견하는 것, 만들어 내는 것이다."라고 하였다(Deleuze, 1962:2001). 이처럼 사유하면서 새로운 삶을 창조하고 또 다른 삶을 추구하면서 새로운 사유를 실험할 때 우리는 자유와 기쁨을 누리게 된다.

유아가 생성의 배움을 수행해야 하는 이유는 새로운 삶과 사유가 가져다 주는 **진정한 자유와 기쁨을 경험**하기 위해서다. 우리가 미리 형성된 가치만을 추구하거나 기존의 가치만을 따라야 할 때, 우리는 결코 투쟁하는 환경으로부터 벗어날 수 없으며 그것이 주는 고통과 회의감을 견뎌야만 한다. 그러나 창조 앞에서는 기존 가치의 이득을 선점하기 위해 투쟁하거나 누군가를 이길 필요가 없다. 배움을 통해 삶의 새로운 가능성을 창조할 때 우리는 이기기 위해 누군가와 투쟁하는 대신 끊임없이 새로움만을 길어 올릴 수 있는 세계에 몰입할 수 있다. 유아는 창조하는 배움을 통해 사유의 적극적인 힘을 실험하고 배움을 통해 새로운 삶을 긍정함으로써 창조와 새로운 삶이 주는 기쁨을 향유할 수 있다(김재춘, 배지현, 2016).

미래 사회의 삶은 국가, 가정, 교육 기관, 일상의 삶을 예측하고 경계 짓기 어렵다. 미래 사회를 살아갈 영유아에게 현재 어른이 생각하는 '유아상', '발달' 의미 있는 '학습'은 환상에 불과하다. 진정 유아가 미래에 가능성 많은 다양한 방향으로 나아갈 수 있도록, 창조와 실험을 통해 스스로 방향을 찾아 갈 수 있도록 해야 한다. 교사가 '진리'라고 믿는 내용을 적합하다고 믿는 방식으로 가르치기보다 유아의 일상에 귀기울이면서 새롭고, 놀랍고, 흥미로운 것을 유아가 발견하고, 놀이하도록 지원할 때, 유아들은 놀이 속에서 감응하고 새로운 방식으로 생각하고 배우고 행동할 수 있다. 이것이 '홈 패인' 재현, 재인, 동일성의 교육이 아니라 **세상과의 마주침을 통해 차이와 새로움을 무한히 생성해 가는** 노마드적인 '매끄러운' 교육 공간에서 만들어가는 **놀이교육**이다. 유아는 문제 해결력을 가지고 자기 반성을 통해 자기 학습과정에 책임을 질 수 있는 유능하고, 자율적이며, 유연한 존재이다. 이제 교육적 노력에 의해 유아가 영향을 받는 것이 아니라, 교육이 유아의 욕망에 어떻게 도달하느냐가 중요하다. 영유아교육 기관과 교사는 유아가 **자유롭게** 배우고 싶도록 하고, **자발적으로** 문제를 구성하고, **즐겁게** 놀이하면서 함께 문제를 해결해 나가도록 지원하는 새로운 논리에 적응해야 한다.

2 유아 놀이에 대한 이해

2018년 가을 학기부터 2019년 겨울까지 유치원의 피아자, 작업 아틀리에, 빛 놀이방, 소리 놀이방에서 놀이하는 유아들과 함께하면서 **마주침이 일어나는 공간**들을 유아들에게 만들어 주지 않았다면, 그리고 유아들의 놀이에 귀기울이지 않았다면, 아이들이 얼마나 **역동적이고 다양한 행위 주체**인지 그리고 그들의 놀이가 얼마나 발현적이고 살아 움직이는 것인지 새롭게 읽어 내지 못했을 것이다.

> 우리는 기호가 의미하는 것을 기호가 지칭하는 존재나 대상을 동일시하는 재인과 혼동한다. 우리는 가장 아름다운 마주침을 그냥 지나쳐 버린다. … 이 마주침을 깊이 파고들기보다는 수월한 재인을 더 좋아한다(Deleuze, 1964:1997).

아틀리에라는 열린, 매끈한 공간에서 읽을 수 있었던 유아들은 매력적인 수많은 기호들과 우연하게 마주치며 끊임없이 놀이를 생성해 가는 유능하고 자율적이며 유연한 존재임을 확인시켜 주었다. 유아들의 놀이는 '의도된 활동이 아니라 **우연한 마주침을 통한 경험**'이었다. 유아들이 물질, 공간, 환경과 마주치면서 이루어지는 놀이는 지성이 이끄는 '정신적, 의식적 교육'이 아니라 **몸이 이끄는 '감응, 감각의 배움'**임을 알 수 있었다. 유아들의 놀이는 '재인식하고 재생산하는 재현의 교육'이 아니라 **지속적으로 '차이를 생성하는 창조의 경험'**이었다. 아이들이 작업아틀리에, 소리 놀이방, 빛놀이방, 피아자, 도서 공간과 마주치며 함께 펼쳐 낸 놀이는 교사가 제시하는 이상적인 상태를 추구하거나 고정되어 있거나 공간과 시간과 놀이 방법이 정해져 있는 예측 가능한 '놀이-이기(being)'가 아니었다. 차이를 가지면서 반복되고 끊임없이 생성되는, 복잡하고 다층적이며 그 안에서 배움을 향한 운동과 실험이 함께 회절해 가는 **'놀이-되기'**였다.

놀이하는 유아들과 함께하면서 새로운 차이가 지속적으로 생성되고 창조되는 열린 **공간**으로서의 유아교육 기관, 세상이 발신하는 기호에 아이들이 각자의 방식으로 반응할 수 있는 놀이-되기의 **시간**, 아이들이 마음껏 **놀이할 수 있는 자유**가 존중되는 유아교육, 그리고 리좀적, 탈주적 주체로서 차이 생성의 교육을 실천하고 **귀기울이는 교사-되기**가 바로 교사로서 우리가 해야 할 윤리적인 행위임을 다시금 깨달을 수 있었다.

놀이 중심 교육에 대한 관점 변화는 인간 삶의 의미와 사유에 대한 관점의 변화가 필요하다. 유아들이 보여 주었던 운동과 실험에 감응하면서, 그간 매체나 환경의 중요성을 강조하면서도 **물질이 갖는 행위 주체성**이나 **내부작용적 관계**에 대한 언어와 논리가 우리에게 없었음을 알 수 있었다. 또한 유아 간 지식의 구성이나 대화에 초점을 두어 문화와 언어를 중시하였던 우리의 학습 중심 기록 작업의 무모함도 되돌아보게 되었다. 우리의 의미 만들기는 우리가 배워 온 진리인 거대 담론으로 들여다봄으로써 지나친 과부호화나 논리의 비약을 조장할 뿐 아니라, 유아가 세상과 마주치면서 **회절**되어 가는 아름다운 미시 지각과 **리좀**적으로 펼쳐 가는 천 개의 새로움의 고원을 보지 못하고 드러내지 못하였음도 알 수 있었다. 놀이를 통한 운동과 실험은 앞으로도 계속될 것이며 더 많은 깨달음과, 놀이 담론도 지속적으로 변형되고 통합되겠지만, 첫해 아이들의 놀이-되기에서 경험해 온 유아들의 놀이를 정리해 본다. 다음의 놀이성은 각각 독립적으로 분절되는 것이 아니라 서로 얽혀서 놀이 속에 녹아 있으며, 새롭게 놀이를 읽어 내는 혜안을 갖게 하였다.

1. 놀이는 활동이 아닌 경험이다

제1차 유치원 교육과정부터 3-5세 연령별 누리과정(2012)에 이르기까지 국가수준 유치원 교육과정에서 나타난 '놀이' 개념을 텍스트 연결망 방식으로 원문을 분석한 연구(박선혜, 박은혜, 2014) 결과, 놀이를 가장 많이 설명한 단어는 '활동'으로 나타났다. 이는 놀이 개념이 주로 유아 활동의 외형적 형태 차원을 은유하는 수준에서 접목되었음을 말해 준다. 이러한 맥락에서 놀이 개념은 활동의 내적 성격을 말하는 것이 아니라 활동의 단위가 된다.

> … 놀이가 유아교육과정에서 가장 핵심이 되는 것임에도 불구하고 역사적으로 국가수준 유치원 교육과정 원문에 놀이를 설명할 때 가장 빈번하고도 중요하게 언급되고 있는 단어가 활동이라는 것은 유치원 교사의 직전 교육과정과 단위 유치원의 교육활동, 그리고 교사의 수업을 통하여 '놀이=활동' 으로 이해되었음을 의미한다. 그렇다면 교사들이 교육과정 내에서 교육내용과 교육방법을 혼동하거나, 국가수준 유치원 교육과정과 지도서를 구분하지 못하고, 교육과정을 개정할 때마다 더 많은 활동을 제시해 달라고 요구하는 현상이 교육과정 문서 자체가 가지고 있는 문제점은 아니었는지에 대한 추후 검토가 필요하다(박선혜, 박은혜, 2014).

유치원 평가 및 어린이집 평가인증 통합지표에도 "교육활동은 유아의 전인 발달을 지원할 수 있도록 다양한 경험이 통합적으로 이루어져야 한다. 또한 유아가 자연스러운 상황에서 자발적으로 놀이 및 활동에 참여할 수 있도록 교사는 유아의 연령에 적합한 활동을 제공하여야 한다."라고 되어 있다(교육부, 2017). 유아교육 현장의 놀이는 교사가 제공하고 지도하는 교육활동으로 위치하고 있다. 놀이를 교사가 계획하는 교육활동으로 규정함으로써 유아의 **놀이가 갖는 복잡성과 다양성**이 축소·왜곡되고 있어(반미령, 이경화, 2018), 유아교육 기관에서 유아의 놀이가 소외되고 있으며, **교사가 계획하고 주도하는 수업이 '놀이 활동'으로 간주되면서 놀이의 본질적 의미가 왜곡**되고 있다는 비판 또한 제기된다(김정원, 2016; 이경화, 2014).

놀이 중심 교육의 진정한 의미는 많은 혼란을 불러일으키고 있다.

교사가 계획하는 놀이 '활동'은 놀이인가? 놀이 '지도'는 어떻게 재개념화되어야 하는가? 유아교육 현장의 놀이 '활동'에서 유아는 고유의 운동성으로 능동적으로 놀이하는 행위 주체자이기보다 외부의 지시나 요구에 맞추어 **놀이하는 행위 대행자**로 위치하고 있는 것은 아니었는지 성찰이 필요하다. 유아의 자발성에 의한 과정 자체에 목적을 두는 놀이가 **의도적이고 계획된 '활동'과 '지도'**를 추구하는 교육과 어떻게 화합될 수 있을까? 그간 유아교육 현장의 자유선택활동 시간의 놀이는 교사가 만든 규칙에 따라 놀아야 하는 것으로 인식되고 운영됨으로써 유아의 자유로운 놀이 선택의 '권리'를 제한하였다는 '진정한 놀이의 부재'에 대한 논쟁(유혜령, 2001:2004)이 있어 왔다. 또한 구조화된 자유놀이의 제한점을 지적하고 비구조적인 자유놀이의 필요성을 제안해 왔다(임부연 외, 2008). 이에 대해 전적으로 비구조화된 자유놀이만이 교육 현장에서 이루어진다면 그것이 진정한 교육 현장인지에 대한 의문을 제기하기도 하였다. 유아의 놀이가 교육 현장에서 어떻게 녹여져야 할까?

영유아교육에서 놀이는 매우 중요한 위치를 차지하고 있지만, '놀이' 개념에 대한 상식적이고 모호한 정의만을 가진 채 유아교육에 적용해 왔다. 너무나 보편적이고 자연스럽게 사용되는 용어이므로 심도 있게 논의되지 않았는지도 모른다. 우리는 유아가 '놀이를 통해 배운다.'라고 전제하면서도 놀이 vs 학습, 놀이 vs 일을 이분화하여 사고한다. 유아교육에서 강조해 온 '놀이 중심 교수법'은 아동을 중심에 두는 이상적인 교육 형태라 하면서도 진정한 영유아의 놀이를 방해한다고 비판받아 왔다. 어쩌면 '유아 중심'이라는 말처럼 너무나 보편적이고 자연적인 유아의 권리로 생각해 왔으므로 질문해 본 적이 없는지도 모르며, **진정한 놀이에 대한 의미 탐색**이 필요하고 **놀이의 본질을 방해하지 않고 교육과 조화를 이룰 수 있는 놀이 모습**에 대한 탐구가 필요하다(김은희, 2014).

우리는 좀 더 다른 각도에서 놀이는 교사가 계획–실행–평가하는 것이 아니라, 유아가 생활하는 일상 세계로 들어가서 경험적 차원에서 바라볼 필요가 있다.

놀이는 유아의 삶이고, 본질이다. 유아는 놀이하며 세상을 만나고 배운다. 유아들의 일상이 어떻게 놀이로 이어지며 놀이 경험에서 유아들이 만들어가는 배움의 의미가 중요하다. 탈구조주의자들은 **인간, 물질, 담론 간의 다양한 관계가 내재된 경험으로 놀이**를 바라본다. 경험은 항상 실제(實際) 세계에서 일어난 것이고 그것의 주체는 개인이다. 따라서 경험에는 관계가 내재한다. 관계에는 경험하는 주체로서의 마음과 경험되는 대상으로서의 객체인 사물이 다 포함된다.

그간 놀이에서 교사들이 추구해 온 유아의 지식 구성과 대화에 초점을 두기보다 유아가 경험하는 직접적이고 구체적인 놀이 경험의 과정으로서 유아의 세계 인식 방식에 대한 이해, 존재에 대한 이해 등 주관적인 의미 만들기(sense–making)에 대한 근원적인 귀기울이기와 의미화가 필요하다. 따라서 놀이의 교육적 가치보다 **생성되는 의미**, 놀이를 통한 결과적 구성물보다는 관계 맺는 **과정**에 주목한다. 놀이 '활동'의 가치 중립적인 목표보다 **관계 맺는 개별성, 복잡성**에 초점을 두는 놀이 **맥락 속에서 놀이**의 의미를 추구한다. 놀이는 논리 수학적 지식, 상징적 전환, 물리적 표상, 사회적 지식 등의 지적 능력의 발달을 '위한 것'으로 인식하기보다 **놀이 그 자체**를 이해해야 한다(Huizinga, 1993).

놀이의 주체는 놀이하는 사람이 아니라 오히려 놀이가 놀이하는 사람을 통해서 표현될 뿐(Gadamer, 1996)이다. 놀이의 의미를 찾아가는 길은 유아들의 생생한 **놀이 사건** 바로 그 안에 있다. 따라서 놀이의 장(場), 맥락에서 펼쳐지는 놀이(Play as context) 그 자체의 복잡하고 다차원적인 **놀이성의 의미를 살피는 일**은 가치 있고 필요하다. 지식은 세상의 재현이 아니라 우리가 만들어가고 있는 세상과 마음의 얽힌 '되기'이므로(Dahlberg & Moss, 2017).

Deleuze(1964:1997)는 『프루스트와 기호들(*Proust and Signs*)』에서 진리에는 필연

성과 필연성의 표식이 결여되어 있으며, 진리는 전달되지 않고 누설되며 해석된다고 하였다. 진리는 의도적인 것이 아니라 자발적인 것이다. 프랑스어의 expérience는 경험과 실험이라는 뜻을 동시에 지니고 있다. 경험주의 시각에서는 경험, 실험, 탐험, 탐색, 개척, 주/객체 통합을 알아차릴 수 있으며 배움이란 현상은 **창조와 발명의 창발적(創發的) 사건**으로 일어난다(김재인, 2013).

Deleuze(1968:2004)의 『차이와 반복』을 보면 우리의 경험을 통해서 세계는 차이 나는 반복의 방식으로 나와 만나진다. **배움이란** 이미 있어 온 고정된 내용을 '재-인식'하는 것이 아니고, 아직 '있지 않은 앎', **이전과는 차이 나게 경험되는 감응**, 세계가 이전과는 다르게 만나지는 방식을 경험하는 일이다. 즉 지성의 명확한 이미지와 분명한 관념이 아니라 사물이나 사건의 감각적 인상, 그 **우연한 마주침(encounter)의 경험에서 각자에게 '폭력'처럼 누설되고 강요되는 진리**를 경험한다.

활동과 경험의 차이는 경험에 자발적인 관계 맺기가 내재해 있다는 것이다. 여기서 말하는 관계는 놀이 경험 속 유아와 교사 간, 유아들 간 관계뿐 아니라, 유아가 자료, 물질, 공간, 환경과 상호작용하는 **내부작용적 관계** 속에서 배움이 일어나고 놀이가 전개된다. 따라서 기관에서는 놀이가 자유롭게 일어날 공간의 열림과 충분한 시간의 개방성, 놀잇감의 다양성이 확보되어야 한다. 자신의 방식으로 충분히 자유롭게 놀이하는 유아의 **놀이 경험에서 배움의 흔적 찾기로서 교사의 귀기울이기**와 놀이 지원이 중요하다. 기록은 유아의 호기심과 관심에서 시작된 놀이 경험을 따라가면서 놀이가 어떻게 자연스럽게 배움으로 이어지는지 의미를 만들어가는 과정이다.

2. 놀이를 통한 배움의 스펙트럼은 다양하다

놀이 중심 유아교육을 강조하는 2019 개정 누리과정 고시문의 교수학습에서는 다음과 같이 유아를 지원한다고 되어 있다.

가. 유아가 흥미와 관심에 따라 놀이에 자유롭게 참여하고 즐기도록 한다.
나. 유아가 놀이를 통해 배우도록 한다.
다. 유아가 다양한 놀이와 활동을 경험할 수 있도록 실내외 환경을 구성한다.
라. 유아와 유아, 유아와 교사, 유아와 환경 간에 능동적인 상호작용이 이루어지도록 한다.
마. 5개 영역의 내용이 통합적으로 유아의 경험과 연계되도록 한다.

바. 개별 유아의 요구에 따라 휴식과 일상생활이 원활히 이루어지도록 한다.
사. 유아의 연령, 발달, 장애, 배경 등을 고려하여 개별 특성에 적합한 방식으로 배우도록 한다.

발현적 놀이-교사와 유아가 함께하는 놀이-교사가 안내하는 놀이-교사가 계획하는 활동의 수직선상에서 **놀이와 배움의 스펙트럼은 다양하다.** 교사가 계획하는 활동은 교수자 중심으로 계획된 수업과 지식을 강조하는 형태이다. 교사가 안내하는 놀이, 교사와 유아가 함께하는 놀이는 주의 깊게 잘 계획된 놀이라 할 수 있다. 진정한 학습자 중심의 유아 놀이는 귀기울이기를 통해 발현되는 발현적 놀이이다(임부연, 김은영, 2018). 또한 임부연(2018)은 놀이교육에 있어서 자유놀이(free play), 다양한 놀이(play and game), 교사가 놀이를 활용하는 즐거운 수업(playful learning)의 통합적 연계를 제안하였다. 그 외에도 놀이는 **자유놀이(free play), 교사가 계획한 놀이(planned play), 유아와 교사가 함께하는 놀이(guided play)** 등 다양한 유형으로 분류되고 있다. 놀이교육의 지속적인 관심과 연구, 역량 중심 교육과정 실행 노력에서 궁극적 지향점은 '놀이-학습의 이원론'을 극복하고 '놀이가 배움을 이끌거나' 놀이를 통해 교육의 내용이 추출되는 방식의 놀이가 중심이 되는 교육(playful learning) 과정을 지속적으로 논의하는 것이다. '발현적 교육과정'을 지향하는 레지오 에밀리아 접근법, 프로젝트 접근법 등은 놀이를 통해 즐겁게 배우는 놀이 중심 교육의 궁극적 방향으로 시사점을 던지고 있다(유승희, 2002; 정선아, 김희연, 2011; OECD, 2006). 궁극적으로 미래 지향적인 역량 중심 교육과정은 교사와 유아가 즐거운 놀이-배움을 통해 교육내용을 주체적으로 추출할 수 있는 열린 교육과정을 제안한다. 역량 중심 교육과정에서 추구하고자 하는 '실행적 힘을 가진 인간상'을 구현해 내는 방향으로 교육과정이 즐거운 배움으로 가는 여정에서 완결된 '이기'의 존재가 아닌 **완성되어 가는 '되기'**의 존재로 나아가도록 힘을 모을 필요가 있다(Sellers, 2018). 유아들이 가진 놀이 역량으로 '놀이가 교육과정으로 되기(play becoming curriculum)'로 구성되고 또 교사가 가진 놀이의 신념으로 '교육과정이 놀이 되기(curriculum becoming play)'의 과정이 순환적으로 구현될 때 '놀이교육'은 계속적인 실험이며 운동이 될 것이다. 이에 대해서는 Ⅶ장 교육과정 운영 특성에서 자세히 다룬다.

3. 놀이는 우연한 마주침에서 시작된다

> Deleuze의 「프루스트와 기호들」에 의하면, 세상에 존재하는 모든 물질, 대상, 존재는 기호를 방출한다. … **기호는 물질적인 세계와 소통하며 사유를 자극하는 신호**이다(Bogue, 2001).

Deleuze는 배움(apprenticeship)은 '이념을 탐험하는 경험' 또는 '기호와 마주치는 공간을 만들어가는 것'이라고 하였다. 어느 날 유치원 1층 공간이 '피아자(piazza)'라는 매력적인 공간으로 탈바꿈하였다. 유아들은 능동적으로 공간을 탐색하고 관계 맺는 시도가 이루어진다. 원의 환경은 관계를 중요하게 생각한다. 현관을 들어서면 열려 있는 광장에는 극놀이, 가게놀이, 의상놀이, 삼각거울 등의 놀이 공간이 유아들을 기다린다. 언제나 열려 있는 놀이 공간들은 매력적인 기호를 내뿜는다. 유아들은 공간에서 생각, 가치, 상상이 담긴 이야기를 소통하며 공간을 해석하고 의미와 가치를 부여하면서 공간, 물질, 사람과 관계하고 놀이한다. **배운다는 것은 어떤 물질, 대상, 존재든 해독하고 해석해야 할 기호를 방출하는 것처럼 여기는 것**이다. 자유로운 공간 탐색을 마친 뒤 유아들은 이 공간 속에 자신들의 생각을 넣고자 하는 강한 욕구와 자신감을 드러낸다. 다양한 아이디어가 날아다니고 섞이면서 유아들은 인형극 공연이 이뤄지는 무대에 관심이 모여진다.

> **학습자가 배워야 할 것은 기호**이다. 기호는 바로 재현하는 것이 아니라, 시간이 흐르는 동안 배워 나가는 대상이다. **배움은 '기호들과의 마주침'**이다(Deleuze, 1964:1997).

기호는 연속적으로 변이하는 다양체이자, 문제를 제기하는 특성을 함축하고 있다. 따라서 기호를 배운다는 것은 첫째, 마주침에 따라 각자 서로 다른 호기심과 관심을 가지기 때문에 상투적으로 재인식하거나 고정된 의미를 파악하기보다 그 대상과 관련된 새로운 의미를 지속적으로 생성한다. 둘째, 마주침은 의문을 갖게 하므로 **기호를 배운다는 것은 현재 상황을 낯설게 느끼고 새로운 문제를 불러일으키는 사건에 직면하는 것**을 말한다. 평범한 개념을 낯설게 보고 상투적인 개념에 대해 새로운 문제를 제기한다(김재춘, 배지현, 2016). 유아들은 활짝 열려 있는 가능성이 무한한 공간에서 자신들의 생각을 마음껏 풀어 나가면서 자신들의 이야기로 공간의 의미를 해석하고 가치를 부여한다.

재미있고 신나는 이야기를 만들자.
관객들이 인형극을 보러 와서 재미있게 즐길 수 있는 동화같은 이야기…
친구들이 차를 타고 할머니 집에 가는 건 어때?
오 좋아 좋아! 추석에 할머니를 만나려고 시골집에 가는데 길을 잃어버려서 여우를 만나는 거야.

배움이 곧 기호와의 마주침이란 유아가 대상의 현상학적 특성을 분명하게 느끼고 의식하는 것이기보다는 대상에 대해 모호한 감각들, 즉 미세 지각을 느끼는 것이다. 대상을 직접 만남으로써 느껴지는 강한 끌림 또는 뭔지 모를 매력에 학습자가 민감하게 감응하고 이끌리면서 신체에 새로운 감각과 다양한 운동을 만들어 내는 것이 기호와 마주치는 배움의 행위라고 할 수 있다. 공간 탐색이 끝나면 유아들은 경험과 이야기를 자유롭게 공간 속에 표현하기도 하고, 집중하여 이야기를 경청하는 청중으로 참여하기도 한다.

> 기호를 통해 배워야 할 내용은 대상의 정확한 재현이 아니다. … 우리는 기호가 의미하는 것을 존재나 대상과 혼동한다. 우리는 흔히 가장 아름다운 마주침들을 그냥 지나쳐 버린다. 마주침을 더 깊이 파고들기보다 수월한 재인을 좋아한다(Deleuze, 1964; 서동욱, 이충민 역, 1997).

기호를 통해 발견해야 할 진리는 대상과 일치하는 정확한 의미를 파악하는 데서 오지 않고, 대상에 대한 새로운 의미를 생성하는 호기심과 관심으로부터 온다. 어떤 내용이든 학습자가 현존하는 것에 감응을 느낄 때 **새로움을 생성하도록 만드는 사건에 직면**하게 된다.

유아는 공간 속에 자신의 생각, 가치 그리고 상상이 담겨 있는 자신들만의 이야기를 타인과 소통하고, 공간 혹은 타인과 지속적으로 관계를 맺으며 주체적으로 놀이를 이끌어 간다. 유치원 곳곳에서 유아들을 기다리는, 유아들을 위한 공간은 유아들이 자신들의 생각을 공간에 담아 보고자 하는 강한 욕구를 자극하고 표현하는 시도를 격려한다. 유아들은 주어지고 좁혀진 환경이 아닌 유아를 기다리며 활짝 열려 있는, 가능성이 무한한 공간 속에서 자신들의 생각을 마음껏 풀어 나가면서 자신들의 이야기로 공간의 의미를 새롭게 해석하고 가치를 부여하며 '공간의 주인공'이 되어 가고 있다.

1층이 바뀌었어요.
원래는 책이 있었는데??
내 생각에는 미술 작품 같아. 미술 작품을 전시한 거야.
우리들이 놀 수 있는 놀이터 같은데?
여긴 도대체 뭐 하는 곳이지?
바뀐 공간이 너무 궁금해!

자유로운 피아자 공간 탐색을 마친 뒤 유아들은 이 공간 속에 자신들의 생각을 넣고자 하는 강한 욕망과 자신감을 드러낸다. 다양한 아이디어가 날아다니고 섞이면서 유아들은 그중에서 자신들만의 극놀이 공연이 이뤄질 수 있는 무대에 초점이 모여졌다.

우리가 만든 시나리오랑 배경이
잘 보이게 걸어야 해.
그런데 얘들아 문제가 있어!!
우리는 인형극을 하는데 인형이 없잖아.
인형이 움직이는 게 너무 재미있었어!
움직이는 인형을 만들고 싶어.
우리 몸처럼 자유자재로 움직이는 인형으로
인형극을 하면 훨씬 재미있게 볼 수 있을 거야!

유아는 인형극 공간을 탐색하며 공간과 관계 맺고, 공간 속에 자신들만의 생각, 가치관, 이야기를 반영하면서 공간에 새로운 의미를 부여하고자 한다. 자유로운 공간 탐색이 끝난 뒤 유아들은 이 공간 속에 자신들이 느끼고 경험하고 생각하는 것들을 극으로 표현하기로 하고, 청중으로 참여하기도 한다. 유아들은 서로 존중하는 태도를 갖고, 경청하며 이야기에 집중하면서 서로 다른 관점을 경험하고 생각을 나눈다. 이처럼 소통과 내부작용을 자극하는 공간 속에서 유아들의 다양한 아이디어는 날아다니고 섞이고 그것을 공간 속에 풀어내고 물들이게 되면서 점차 공간의 주인공이 되어 자신들만의 놀이를 이끌어 가는 주체가 된다(**피아자에서 유아, 공간의 주인공 되기**, H유치원 5세 고운반).

4. 놀이는 생성의 반복이다

Deleuze의 배움 개념은 '배운다'는 것에 대해 완전히 다르게, 새롭게 인식하고 사유할 수 있게 해 준다. 배움은 동일성을 재현하는 활동이 아니라 사유와 삶에 끊임없이 **새로움을 생성하는 반복**임을 강조한다.

> 반복한다는 것은 행동하는 것이다. 그것은 유사한 것도 등가적인 것도 아닌 유일무이하고 독특한 것과 관계하면서 행동하는 것이다(Deleuze, 1968:2004).

위에서 반복은 다시 시작할 수 없는 새로운 것을 반복하는 것이다. Deleuze에게 반복이란 언제나 '차이'의 반복이다. 동일성이 되풀이되는 현상을 '재현(representation)'이라 말한다. 즉 차이는 반복되는 것이고, 동일성은 재현되는 것이다. 동일성을 재현하는 반성(reflection)의 대안으로 마주치면서 **차이를 만드는 회절(回折, diffraction) 방식**이 제안되고 있다. 회절은 개입(intervention)이 핵심이다(Barad, 2007). 회절은 마주치는 모든 것이 개입하면서 매번 차이가 만들어지는 과정, 그 자체를 말한다.

모든 놀이과정에서 유아들이 리좀적으로 차이를 생성하며 흘러가는 과정이다. 마치 장애물을 만난 파도의 굽어짐과 퍼짐과 같이, 유아들은 놀이과정에서 물질과 마주치면 즉시 놀이를 변형한다. 진행 중인 놀이에 실제로 관여하는 회절은 생성되는 차이의 반복을 묘사하는 데 적절히 사용된다. 회절은 우리의 습관화된 사고를 아주 강하게 간섭하고 들어가서 놀이를 생성의 관점에서 새롭게 보도록 도울 수 있다(Davies, 2014:2017).

그런데 얘들아 문제가 있어!! 우리는 인형극을 하는데 인형이 없잖아. 인형이 움직이는 게 너무 재미있었어. 움직이는 인형을 만들고 싶어. 우리 몸처럼 자유자재로 움직이는 인형으로 인형극을 하면 친구들이 훨씬 재미있게 인형극을 볼 수 있을 거야.

고운반 친구들은 인형극 무대를 꾸미기 위해 인형을 만들기로 하였다. 우리가 함께 보았던 인형극에서 아이디어를 착안하여 '움직이는 인형'을 만들자는 공동의 목표를 세운다. 합의된 목표는 유아들로 하여금 자신들이 알고 있는 생각을 내뱉게 하고 아이디어를 공유하면서 자신들만의 가설을 세우고 실험하고 경험하면서 수정하거나 다시 도전하는 운동을 반복하게 한다. 처음 입이 부분적이고 단편적으로 움직이는 인형에서 – 내 몸처럼 자유자재로 움직이는 인형으로 – 팔과 다리에 실과 막대를 연결하여 관절이 있는 진짜 사람처럼 움직이는 인형으로 새로움을 생성하며 회절해 간다. 목표가 반복적으로 발전하면서 유아들은 스스로 놀이로 빠져들었다. 아이들은 '같은', '동일한' 놀이를 하는 것이 아니라 입이 움직이는–자유자재로 움직이는 – 관절이 있는 진짜 사람처럼 움직이는 인형 만들기 놀이, 즉 '차이'를 가지고 지속적으로 생성되는 놀이로 되어 간다.

고운반은 인형극 무대를 꾸미기 위해 인형을 만들던 중 우리가 다 함께 보았던 인형극에서 아이디어를 착안하여 '움직이는 인형'을 만들자는 공동의 목표를 세웠다. 이러한 목표는 유아들로 하여금 자신들이 알고 있는 지식을 내뱉고 아이디어를 공유하면서 자신들만의 가설을 세우고 실험하고 도전하도록 하였다. 차이 생성이 반복되는 일련의 과정을 통해 유아들은 자신들이 원하는 인형을 만들고, 놀이의 주인공이 되어 놀이를 즐기면서 배우는 능동적인 주체가 되어 간다.

첫 번째 마주침과 회절, 입이 움직이는 인형을 만들었어.

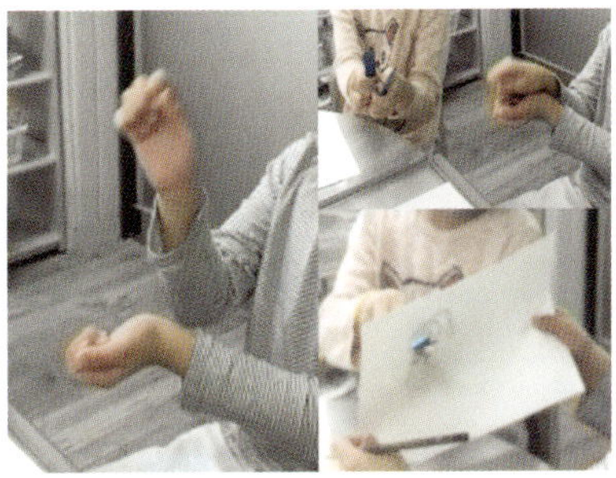

그런데… 움직이는 게 가능할까?
입은 이렇게 손으로 움직이면 돼.

유아들은 종이에 사람, 동물 등을 그린 후, 나무 막대를 입 부위 종이 뒷면에서 앞으로 끼워 넣고 움직여 본다. 초기 유아들의 시도는 매우 단편적이고 직관적이다. 하지만 만든 인형을 움직이면서 유아들의 고민은 또래와 공유되고 아이디어가 덧붙으면서 점차 차이를 더해 가며 복합적인 방법으로 발전해 간다.

두 번째 마주침과 회절, 가설의 수정, 우리 몸처럼 자유자재로 움직이는 인형을 만들자.

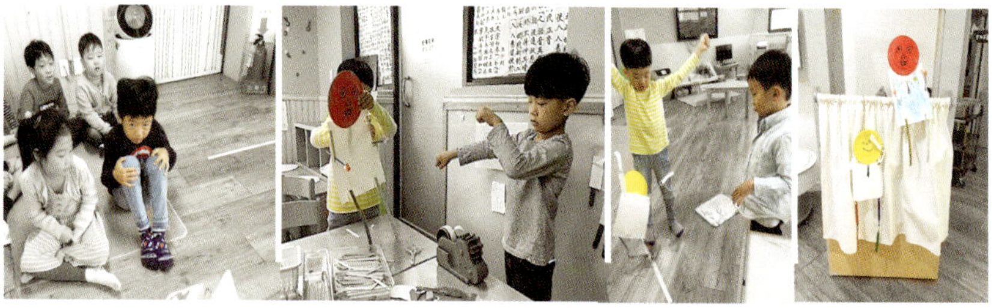

입만 움직이는 게 좀 아쉬워.
일어설 수도 있고
손으로 잡을 수도 있고
자유자재로 움직였으면 좋겠어!

팔과 다리에 실을 연결해서
잡아당기면 잘 움직일 거야.

팔과 다리를 따로따로 만들어서 연결해야 해.
우리도 팔꿈치 관절이 있어서 움직이잖아!

또래와의 공유는 미처 인식하지 못하였던 문제를 발견하고 문제를 해결하기 위한 창의적인 아이디어를 내놓는다. 초기 단편적인 인형의 움직임은 자신의 신체와 비교하면서 '자유자재의 움직임'이라는 차이 나는 목표를 세우게 되었다. 인형의 팔과 다리에 실과 막대를 연결하여 각 부분이 움직이도록 조종하는 유아들의 성공은 새로운 움직임으로 발전하면서 유아들이 보다 더 스스로 놀이 속으로 빠져들게 하는 계기가 되었다.

계속되는 마주침과 회절, 유아들의 도전, 진짜 사람처럼 움직이는 인형을 만들자.

계속해서 발전해 나가고 있는 유아들의 목표와 도전을 응원하고 유아들의 이야기를 귀기울여 들으며 유의미한 순간을 함께 만들어가고 있다.

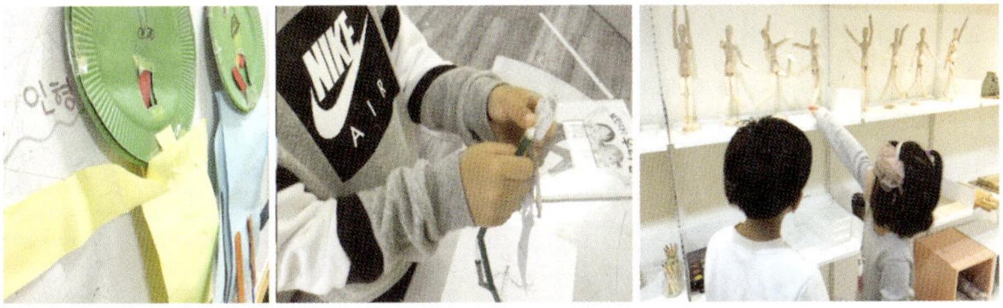

그런데 이 인형도 문제가 있어. 그건 바로 팔이 찢어진다는 거야.
그건 팔이랑 어깨가 연결되어 있어서 그래.
우리 몸은 뼈랑 근육이 있어서 자유롭게 움직이는데,
종이 인형은 관절이 없어서 그래.
얘들아 여기 봐! 여기 진짜 사람 인형이 있어.
이걸 보고 진짜 사람처럼 움직이는 인형을 만들자!

(**자유자재로 움직이는 인형, 재미있잖아!**, H유치원 5세 고운반)

고운반 아이들이 만들어간 놀이는 동일한 행위를 반복한 것이 아니라, 아이들의 생산적인 욕망들이 반복적으로 배치되면서 놀이로 표출되었다. 이러한 일련의 과정에서 유아들은 놀이를 주도하고, 놀이를 즐기면서 자유롭게 배우는 능동적인 학습자의 모습을 보여 준다.

이후 피아자에서는 서로 다른 연령의 친구들과 놀이 공간, 공간에 배치되는 매체들과 수없이 내부작용하면서 의상놀이 영역은 '나눔을 실천하는 히어로' 놀이로, 가게에서는 '무엇이든 다 파는 가게' 놀이로 인형 극장에서는 '화가가 사는 낡은 집이 있는 동네 이야기'로 매력적인 **차이 생성을 반복**해 가고 있다.

Deleuze(1968:2004)는 이미 정해진 길을 따라 목적지에 이르기 위한 교육보다는 광활한 대지 위의 매끄러운 공간을 자유로이 가로지르면서 매 순간 새 길을 만들어 내는 교육에 관해 말하였다. 엉킨 실타래처럼 수많은 의미가 집적되어 있는 '무의미'의 세계인 카오스로부터 하나의 의미를 끌어내어 작품을 완성시켜 가는 예술가의 작품 활동처럼 우리의 삶과 배움도 무한한 차이 생성을 반복하면서 되어 가는 끝없는 재창조 과정으로 본다.

놀이 중심 교육은 '가르치고 기르는' 홈 패인 공간에서 탈출하여 매끄러운 공간에서 자신만의 특이하고 새로운 삶을 기획하는 상상력을 발휘하는 유아를 기대한다. 새로운 삶의 출발점은 반복적인 일상에서조차 매 순간 차이가 생성되고 있음에 주목한다.

5. 놀이는 얽힌 내부작용이다

Lenz Taguchi(2014:2018)는 사회적 구성주의 패러다임의 교육에서는 학습하고 지식을 구성하는 유아를 능동적 존재로 보지만, 지나치게 인간 주체들이 사회적으로 구성해 가는 언어와 문화의 재현에 초점을 두었음을 지적하였다. 유아가 속한 물리적 세계, 물질적 환경은 이전부터 '제3의 교사'로 중요하게 생각해 왔지만, 여전히 수동적으로 보아 인간을 주체로 보며 학습자와는 분리되어 있는 것으로 다루었다. 유아를 대상으로 하는 교육에서 인간 중심의 문화와 언어에 치우친 강조는 인지 중심의 구성주의나 발달심리학의 생물학과 유전처럼 환원적이 될 수 있으므로 유아기에 대한 만족할 만한 분석을 위해서도 적절한 출발점이 되지 못한다는 지적은 우리에게 큰 깨달음을 준다.

레지오 에밀리아 접근법의 적용을 통해 스웨덴 유아교육의 변화 발전에 많은 영향을 준 스웨덴 학자 Olsson, Davies, Lenz Tgauchi는 유물론적 페미니즘과 존재론적 인식론에 기초하여 학습을 단순히 사람 간의 관계를 넘어서서 모든 살아 있는 개체와 물질 간의 관계로 나아가고자 하였다. 페미니스트 과학자인 Barad, 철학자인 Deleuze와 Guattari의 영향이다. 즉, 인간의 행위 주체성에 대한 독과점적인 지위를 내려놓고 인간/비인간의 이분법을 넘어서서 **물질의 행위 주체성** 또한 인정하면서 물질과 유아 사이의 관계에도 초점을 맞추고자 하였다. 놀이에서 유아와 물질 즉, 놀이 공간 및 매체와의 상호 얽힌 **내부작용(intra-active)**은 우리가 흔히 말하는 '활동'이 아니라 **인간/비인간, 담론/물질 간 다양한 관계가 내재된 '경험'**으로 놀이를 바라보게 한다. 마주치는 놀이 공간/매체와 내부작용하는 놀이과정에서 유아의 놀이를 바라보는 기록 작업을 통해 유아들의 놀이를 가시화하고 기록 또한 물질화하여 내부작용하면서 놀이 실제를 지원하는 교사의 역할을 이야기한다.

다음의 기록에서 유아들은 물질, 공간, 환경과 마주칠 때마다 내부작용하며 감응에 따라 놀이를 변형해 간다. 유치원에서 부모들과 함께한 '나눔 바자회'에서 경험한 '나눔' 실천은 유아들에게 깊은 감응을 주었다. 유아들은 다소 낯선 의상놀이 공간을 탐색하면서 그 공간에 자신들이 감응한 '나눔을 실천하는 히어로' 놀이로 채워 나가고 싶어한다. 나눔히어로놀이는 나눔이 필요한 상황과 장소와 대상을 불러오면서 유아들의 몸을 하늘로, 바다로, 철로 위를 가로지르며 세계로, 우주로 회절되며 탈주선을 만들어간다. 유아들의 놀이는 피아자, 교실, 아틀리에 환경 속에서 타자, 공간, 물질과 만나 유아 각자의 특이성이 운동하고 실험하고 내부작용하면서 서로 개입한다.

사랑하는 마음을 나누는 사랑맨 옷을 만드는 건 어때?
원피스에 하트를 잘라서 붙이면 사랑맨 의상 완성~
나는 사랑을 나눠 주는 사랑맨이야

이건 바로 번개맨이야. 번개처럼 빨리 달려가 나눔을 실천할 수 있어.
하하하 내가 진짜 번개맨 히어로가 된 것 같아.
도와줘요 번개맨~~~ 쌩~ 번개맨 출동~ 어떤 도움이 필요하신가요?!

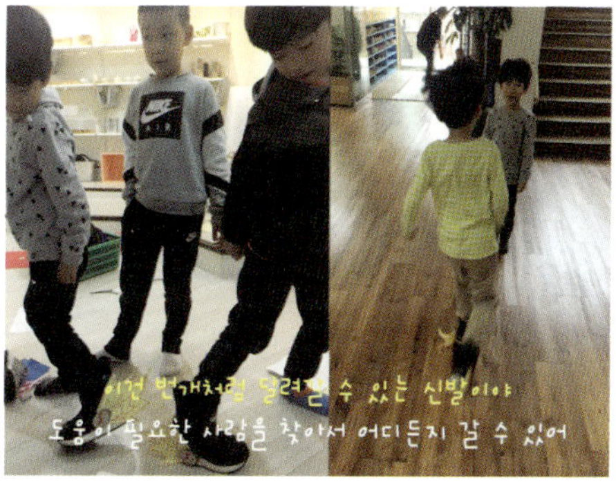

그런데 히어로는

사람들에게

힘을 나누고 용기를 나누고

히어로도 나눔을 실천하는 거네?!

의상 영역 무대도 있고 의상과 소품도 있고

우리들만의 나눔히어로 공연을 열자

주인공은 한양 유치원을 대표하는 나눔히어로이니까 한양이라고 하자

한양이의 강력한 무기는 용기와 힘이 넘쳐서 나눔을 실천할 수 있어

그럼 용기를 나눠 주고 힘을 나눠 주는 공연을 하면 좋겠다!!

용기와 힘이 넘치는 건 호랑이니까

한양이의 마크는 호랑이로 하면 좋겠다!

한양이는 망토가 있으면 좋겠어 호랑이니까 가면도 만들자.

그런데 용기는 어떻게 나눠 주지?

우리 나눔 주머니에서 꺼내 주면 돼~

친구야 힘을 내, 잘해봐, 용기를 줄게!

나는 한양을 대표하는 나눔 히어로~

친구들아 나눔과 도움이 필요할 때는 나를 불러줘!

내가 언제든 달려와 나눔을 나눠 줄게!

우리의 나눔을 다른 사람들에게 알려 줄 수 있어서 너무 뿌듯했어.

다른 사람들에게 나눔은 이렇게 좋은 거라고 알려줄 수 있어서 좋았어.

나도 친구들한테 용기를 나눠 받아서 너무 좋았어.

우리도 공연을 할때 힘내라고 응원을 했어. 그럼 우리도 나눔을 한 거네?

그런거지! 우리가 모두 힘을 합치고 협동을 했잖아.

우리 모두가 나눔을 한 거야!

6. 놀이는 지성이 이끄는 정신의 교육이 아니라 몸이 이끄는 감응, 감각의 교육이다

Comenius, Rosseau, Montessori 등은 교육에서 감각의 중요성을 강조하였다. 그러나 그간 대체로 교육에서는 지성을 중시하였고 감각이나 몸은 부차적인 것으로 간주되었다. 지성은 사고에 초점을 둔 객관적인 의미를 포착하지만 **몸이나 감각은 매 순간 즉각 지각하고 감응하며 새로운 의미를 창조**한다. 특히 영유아가 변화를 체험할 수 있는 일차적인 조건은 '감각할 수 있는 몸'이다. 몸은 배움을 열어 주는 포문이고, 배움은 몸의 강렬한 변이를 가동시키는 강력한 엔진이다. 배움과 몸의 이 같은 야생적인 공모를 통해 학습자는 끊임없이 다른 존재로 변이한다(김재춘, 배지현, 2016).

몸이 없이는 이념적 차이가 물질적으로 표현될 수 없고, 감각적인 세계가 실재할 수도 없으며 현실화되어 드러날 수도 없다. 배움에서 몸과 감각이 지니는 이러한 가치에 주목할 때 우리는 교육적 몸 신체에 대한 새로운 관점을 가질 수 있다. Deleuze(1964:1997)의 기호와의 마주침을 통한 배움은 지성이 이끄는 정신의 교육이 아니라 몸이 이끄는 '감각의 교육'을 강조한다. 주변 세계가 발산하는 기호의 강도적 흐름이 '몸'을 터전 삼아 끊임없이 차이를 수행할 때 새로운 감각과 사유가 발생한다고 본다. 또한 학습자가 자신의 몸을 통해 새로운 감각과 사유를 발생시키는 경험을 배움으로 본다. 특히, 영유아와의 놀이에서 우리가 익히 보아 온 익숙한 현상이다.

유아들의 놀이를 통한 배움은 상투적인 개념으로 파악되지 않는 기존의 재현이 담아낼 수 없는 차이적인 감각을 몸에 발생시킴으로써 새로운 사유 방식, 새로운 표현 스타일을 즉각 창조한다.

그러나 그간 우리의 유아교육 현장에서 흔히 감각이 활용되는 방식은 **'재인(recognition)'에 구속되어 있고 '공통감(common sense)'의 적용으로 제한**되는 경향이 있었다. 예를 들어 유아교육 현장에서의 감각교육은 나뭇잎이 물들어 가는 나무를 보고 가을임을 알아차리고 심지어 물들었다는 색깔까지도 공유해야 하는 억지스러운 경우가 있다. 만일 우리가 기호와의 마주침을 통한 차이 생성의 반복을 교육현장에 실천한다면 먼저 공통감과 재인에 구속되어 있는 감각을 해방시키고, 각자의 감각이 지닌 차이적, 역동적 본성을 적극적으로 활용해야 한다. 누구나 동일한 방식으로 감각하는 것이 아니라 유아마다 차이적이고 특이한 방식으로 감각하도록 지원한다.

사물에 상투적인 개념을 부여하면서 재인을 강조하기보다 사물을 다르게 보고 새로운 개념을 창출하도록 고무한다. 새로운 감각을 생성하고 이를 표현할 수 있는 새로운 스타일들을 적극적으로 실험하도록 격려한다.

교육의 예술성을 강조한 Eisner(1994)는 교육에서 '언어'라는 표상 형식 외에도 "시각 예술, 춤, 음악, 시, 구성물 등과 같은 다양한 표상 형식을 사용하여 학습자의 상상력과 지적 능력을 증대시킬 것"을 주장해 왔다. Deleuze(1981:2008)는 다양한 표상 형식의 사용을 강조하는 Eisner의 주장을 넘어 **학습자가 각자의 방식으로 새로운 감각, 차이적인 관점을 표현할 수 있는 새로운 '표현 스타일(styles of expression)'을 창조하도록 유도**한다. 이는 배움을 행하는 학습자의 몸이 엄청난 생성의 역량을 지니고 있음을 알려 준다. **몸은** 차이적인 감각을 끊임없이 발생시키는 **차이 생성의 토양**이다. 또 몸은 새로운 감각들이 새로운 관점, 스타일로 전이되도록 하는 차이 생성의 도화선이다. 이러한 관점에 따르면, 유아교육 기관과 교사는 학습자의 '몸'이 비옥한 차이 생성의 토양, 강력한 차이 생성의 도화선이 될 수 있도록 구체적인 실천 전략을 마련해야 한다.

다음 기록에서 3, 4세 유아들은 아틀리에를 넘나들면서 다양한 물질이 방출하는 기호와 마주친다. 무지개반 아이들은 이전에 접해 본 경험이 없는 점토들을 만나면서 내부작용한다. 커다란 점토 덩어리를 마주한 유아들은 조심스럽게 손가락, 손바닥, 손으로 점토와 만나 긁고, 다지고, 구멍 뚫고… 손이 진흙을 느끼고 흙은 손과 유아의 감응을 불러온다. 점토 덩어리의 유연성이 가진 반응과 저항은 손이 점토의 물성과 점토가 가진 가용성을 점진적으로 느끼게 한다. 손을 사용하는 데 두려움을 느끼는 유아들로 인해 교사가 제안한 나무막대, 숟가락 등의 도구는 손과는 차이 나게 누르고, 찌르고, 퍼올리고… 점토에 적용되면서 탐색하고, 유아들의 생각과 합쳐지면서 '탐색놀이'를 만들어간다. 우와 말랑말랑하다. 여기는 좀 딱딱하네. 동그랗게 만들어 봐야지. 저기 있는 나무막대 써도 돼요? 나도 나무막대 써 볼래. 막대로 누르니깐 들어간다.

유아들은 아틀리에에 있는 매체들을 탐색하면서 점토를 경험하기 시작했다. 우와 말랑말랑하다. 동그랗게 만들어 봐야지. 유아들은 찌르고, 자르고, 다지고, 꽂고, 구멍 뚫고, 모양을 만든다. 점토 덩어리의 반응과 저항은 손이 점토의 개념을 느끼게 한다. 손이 진흙을 느끼고 흙도 손과 사고를 형성한다. 점토 도구를 사용하면서 이전보다 다양한 탐색이 이루어진다. 점토와 다양한 도구의 만남은 재미있는 놀이를 생성하고 손과 몸도 따라 감응한다. 점토와 함께하는 탐색은 '점토와 함께 되기 놀이'로 발전해 간다.

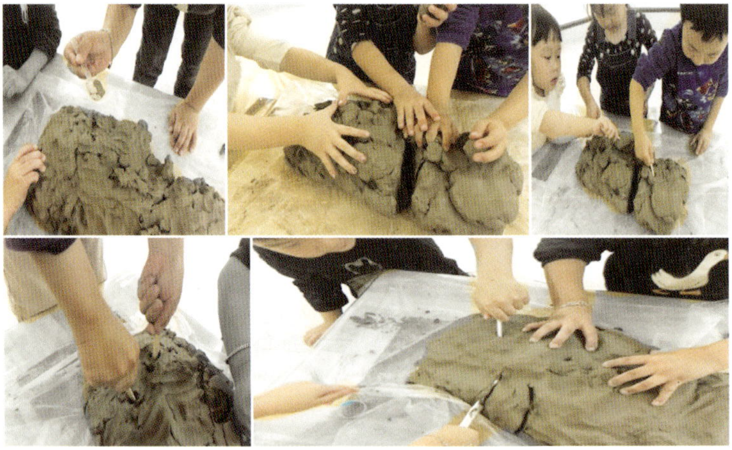

점토와 매체의 만남은 즐겁다. 점토라는 물질과 도구는 능동적으로 담론과 실재를 구성하는 행위 주체가 된다. 점토는 유아의 손이나 도구와 내부작용하고 다양하게 형태를 바꾸는 능력을 갖춘 역동적 물질이 된다. 손으로 느끼고, 주무르고 조형하면서 유아들의 몸은 점토의 유연성, 가용성을 배운다. 손이 지각하는 점토의 가용성은 도구들과 만나 가용성을 확장시킨다. 유아들의 손과 도구는 또 상상과 만나면서 재미있는 놀이를 불러온다.

회오리다~ 나는 나무 막대로 아이스크림 만들어야지!

나는 공룡을 만들 거야.

점토와 함께하는 '되기'놀이는 친구들에게 전염되면서 재미있는 놀이로 흘러간다. 유아들은 지속적으로 즐겁게 탐색하며 가작화한다. 점토의 유연한 조형성은 재미있는 생각을 불러온다. 이건 케이크야, 빨대를 꽂아서 초를 만드는 거야 라고 말하며 다채로운 역할놀이로 변형된다. 유아들의 손은 점토, 다양한 도구와 만나면서 '점토와 함께 되기' 과정에 있다. 유아들의 몸과 손은 아틀리에 공간의 매체들과 만나면서 사이 내부에서 발생하는 얽힘에 따라 계속 넓어지고 깊어질 것이다. (몸이 감응하는 점토놀이, H유치원 3, 4세 무지개반)

점토, 손, 도구의 마주침이 만들어 낸 탐색놀이는 점토가 유아들에게 친숙하게 느껴지고 손과 몸이 점토에 감응하면서 회오리, 아이스크림, 공룡 등 '다양한 형상 만들기' 놀이로 이어진다. 손은 점토의 유연한 조형성을 감각하여 빨대, 막대 등의 익숙한 매체들을 불러와 진흙 케이크와 만나 초가 되고, 생일 케이크가 되고 생일 파티 사건이 만들어진다. 누군가 나무막대에 점토 기둥을 말아 아이스크림을 만든다. 종일반 친구들에게 언제나 생각나는 '엄마', '아빠'는 점토로 만든 형상에도 상상을 타고 등장한다. 아이들의 점토놀이는 이제 자신들이 제일 좋아하는 '생일 파티'로 탈주한다. 유아들의 손은 점토나 주변 도구들과 내부작용하면서 점토로 만들기, 점토와 친해지기, 점토의 물성을 넘어서 일상을 다시 아틀리에 공간으로 불러온다. 앞으로 점토는 어떻게 변형되며 흘러갈지 기대된다.

이처럼 놀이는 지성이 이끄는 정신의 교육이 아니라 신체가 이끄는 감각의 배움이다. 우리가 세계를 새롭게 바라보고 감응할 때 또 다른 새로운 세계를 생성할 수 있다. '몸'이 무언가를 감지하는 용량을 감응(affect)이라 한다(Olsson, 2009:2017). 유아는 어떤 것에 매혹되고 깊이 이끌리기 때문에 놀이하려고 하거나 되려고 한다. 혼자놀이, 집단놀이에서 흔히 볼 수 있는 감염 혹은 전염을 **'감응'**이라고 부른다. 감응은 타자와의 접속을 통해 타자의 이념 안으로 침투하여 나의 존재 전체가 변화하는 것을 말한다(이진경, 2002). 진정한 '되기'의 실현은 습관에 굳어 코드화되어 버린 동일성의 감옥에서 벗어나 외부의 다양한 실재가 내뿜는 기호와 차이들에 접속하고 새로운 감응을 얻는 것이다. 이러한 감응들로부터 서서히 기존의 나를 깨트리고 나로부터 탈주를 계속적으로 시도하는 노력이 바로 '감응의 교육'(송혜린, 노상우, 2014) '놀이'이다.

7. 놀이는 '이기'가 아니라 지속적인 '되기'이다

그간 유아교육 현장에서의 놀이는 흥미 영역별 활동을 골고루 균형 있게 **하기(doing)**, 교사가 계획하여 제공해 주는 놀이 활동에서 지식 **알기(knowing)**가 발달적 목표였다. 놀이 시작과 종료의 시간과 단위가 구분되는, 예측 가능한 '놀이-**이기(being)**'였음을 부인하기 어렵다. 유아의 놀이에 대한 연구에서 유아교육 현장에서의 놀이 실제는 실증적, 과학적 접근에 경도되어, 놀이 자체의 의미보다 놀이를 통해 무엇이 구성되는지에 초점을 맞추는 경향이 있음을 꾸준히 지적하여 왔다(김춘화, 2005; 손영수, 2001; 유혜령, 2004; 임부연, 오정희, 최남정, 2008). 놀이를 심리학적, 사회학적인 관점으로만 접근하면 놀이의 교육적인 가치에 치중하게 되므로 놀이의 개별성보다 보편적이고 가치 중립적인 목표와 활동 중심으로 놀이를 바라보게 된다. 놀이를 활동으로 보아 변인, 범주 중심으로 이해하고 상황과 맥락을 고려하지 않음으로써 놀이 자체의 본질이 무엇이며, 놀이 경험은 유아에게 무엇을 의미하는지, 유아의 세계 인식에 어떤 의미를 구성하는지 초점을 두지 못하였다(유혜령, 2004).

모든 존재는 차이와 반복의 원리에 의해 어떤 특정한 '이기(being)'로 고정되지 않고 차이를 생성하면서 끊임없이 변이한다는 존재론을 Deleuze는 전개한다(배지현, 2012). 여기서 **차이란 동일한 것으로 결코 환원되지 않는 무한한 생산을 의미**한다(Villani & Sasso, 2003:2012). 이처럼 **놀이는** 하나의 이상적인 상태 '이기'를 추구하는 것이 아니라 **계속 차이를 생성하면서 새로운 '되기(becoming)'를 추구**한다. 되기는 자신만의 고유성과 특이성을 지닌 개인이 타자와의 접속을 통해 새로운 자기를 창조해 나가는 과정으로, 현재의 자기에서 탈주하여 새로운 자기를 생성한다는 방향성을 지니는 탐구의 과정이다. 배움은 매번, 그리고 항상 '-이기'의 상태로 머무르고자 하는 앎을 와해시키고 새로운 '-되기'를 수행하는 활동이자 운동이다. 이러한 '-되기'라는 배움의 운동이 정지되면 우리는 '-임'이라는 앎의 상태에 머무르게 되고, 더 이상 신선함과 삶을 유지할 수 없게 된다(김재춘, 2010, 2012; 김비아, 2007).

되기는 현재 자신의 삶을 얽어매고 있는 지층에서 탈영토화하여 **새로운 자기를 구성하려는 방향성을 지닌 끊임없는 생성·창조의 경험**이다(김재춘, 김비아, 2012). 습관에 굳어 코드화되어 버린 동일성에서 벗어나 외부의 다양한 실재가 내뿜는 기호와 차이들에 직접 접속함으로써 새로운 감응을 얻는 것, 그것이 진정한 되기이다(송혜린, 노상우, 2014).

에버그린 학교 4세반 유아들은 교실의 역할놀이 공간에서 가족놀이를 자주 한다. 교실, 역할놀이 공간의 다양한 가족놀이 매체들, 실외의 시설물들, 빛과 그림자, 라이트 테이블 등 학교의 다양한 실재가 내뿜는 기호와의 마주침과 접속을 통해 유아들은 가족되기, 엄마되기, 아빠되기, 무서운 늑대되기, 착한 늑대되기, 할머니와 할아버지되기, 환상적인 늑대되기, 할머니·할아버지 늑대를 위한 수프 만들기 등 새로운 생성과 창조의 끊임없는 되기를 펼친다. 아틀리에라는 공간이 생기면서 4, 5세 종일반 유아들은 아틀리에를 자주 탐색하게 된다. 특히 마음대로 구부리고 펴서 모든 것을 만들 수 있는 색 철사에 관심을 가지면서 하나의 매체가 얼마나 많은 상상력과 가능성을 주는지 경험하게 된다.

색철사는 토끼가 되고, 네모, 세모 … 다양한 모양이 된다.

색철사로 놀이하던 유아들은 드림캐처는 무엇일까? 호기심을 갖게 된다. 유아들은 인디언이 되고, 거미줄처럼 생긴 그물에 나쁜 꿈이 걸려 좋은 꿈만 꾸게 해 준다는 상상도 하게 된다. 드림캐처의 그물과 거미줄이 닮아 있다는 유아들의 발견은 매력적인 놀이를 만든다.

거미줄처럼 끈끈하고, 튼튼해서 우리의 나쁜 꿈, 무서운 꿈이 절대 우리에게 오지 못하도록 막을 수 있는 드림캐처를 만들어 보고 싶어.

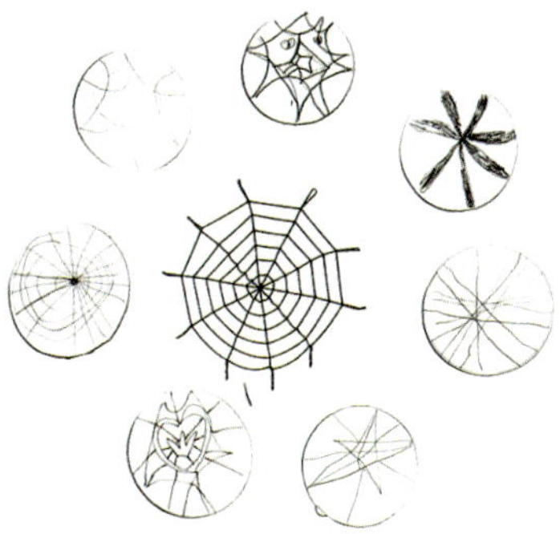

이 그물은 진짜 거미줄 같지?
절대 꿈이 지나가지 못할 거야.
근데 좋은 꿈은 지나올 수 있어.
내 거미줄에는 하트가 있어서
좋은 꿈들이 '아, 여기가 예쁜 꿈이
지나가는 길이구나~'라는 걸 알 수 있어.

유아들은 재활용 공간을 뒤져 찾은 흰색 면 재질의 옷을 찢어 끈을 만든다. 옷끈을 이용해 위로, 아래로 주문을 외치면서 직조해 나가던 유아들은 재미있는 생각들을 불러온다. 한 가지 색보다 여러 가지 색을 사용하면 드림캐처가 더 예뻐지지 않을까? 친구의 제안은 다양한 색에 대한 탐색으로 흘러간다. 유아의 놀이에 대한 몰입은 점점 유아의 세상을 넓히고 새로운 것들을 배운다.

… 우리의 꿈을 지켜주길 바라는 마음을 담아 유아들이 만든 드림캐처에 아름다운 비즈, 커피 캡슐, 단추들이 다채롭게 매달린다. 그렇게 드림캐처는 완성되고 … 유치원을 오고 가는 사람들 모두 드림캐처의 도움을 받을 수 있도록 빛이 잘 드는 창가 앞에 걸기로 하였다. 모두 오늘 밤도 좋을 꿈 꾸기를 바라는 친구들의 마음은 창가에 걸린 드림캐처가 되어 친구, 가족들과 매일 만나고 있다(**구리철사에서 드림캐처 되기**, H유치원 4, 5세 은하수반).

8. 놀이는 리좀적으로 펼쳐진다

지식에는 안정적인 기초가 없기 때문에 우리는 발명하고 창조하고 실험한다. 이것은 비재현적이고 유목적으로 사고하는 방식 즉, 리좀적 사고이다.

> 리좀은 시작도 끝도 없다. 리좀은 항상 중간에, 사이에, 간주 중에, 중간적 존재로 머문다. 나무는 계열적이지만 리좀은 매우 독특한 형태의 상호 연계적인 성격을 지닌다. 나무는 동사형의 '-이기' 또는 '~임(to be)' 에 해당하지만 리좀의 구조는 '그리고, 그리고 … 그리고' 로 이어지는 접속사이다. 이러한 접속사는 동사 '임' 을 흔들어 뿌리째 뽑을 만큼 충분히 강한 힘을 갖고 있다(Deleuze & Guattari, 1999).

의상놀이 공간과 마주치면서 5세 유아들은 바자회에서 감응되었던 '나눔'을 떠올린다. 나눔은 할수록 우리의 마음이 커져서 멀리 있는 사람들에게도 전해질 수 있고 그렇게 된다면 모두가 행복한 세상이 될 수 있다는 생각과 이야기는 **'나눔히어로놀이'**로 모아진다. 히어로놀이를 위한 이야기는 히어로 의상과 가면 만들기로 발전하면서 상황극놀이로 흘러간다. 내가 되고 싶은 히어로 상황극은 도움이 필요한 친구와 동생들을 떠올리면서 집을 지어 주는 사람, 친구의 정리를 도와주는 사람, 쓰레기를 함께 치우는 사람, 무거운 물건을 옮겨 주는 사람으로 변형된다. 유아들은 나눔을 위해 나눔을 모을 수 있는 나눔 주머니, **나눔 저금통**을 만든다. 어떤 방법으로 나눔을 모을까? 나눔 히어로 이야기는 수많은 탈주선을 그리며 이웃 반으로 옮아가 수많은 고원(plateau)을 생성한다. 이웃 반에서는 **나눔 히어로 본부**를 만들고, **나눔 천사 옷**, 몸이 작은 동생들이 입을 수 있도록 짧게 만들기, 훨훨 날면서 도움이 필요한 친구를 찾기 위한 날개 달기 등의 새로운 놀이로 변이한다. 히어로가 나눔을 실천할 수 있도록 다양한 배경을 불러와 TP지에 그린다. OHP로 투사하여 피아자의 의상놀이 공간은 **지구**가 되고, **우주**가 되고, **불타는 집**에 소방관 히어로가 날아들며 재영토화된다. 유아들은 동생들과 함께 놀이하면서 발견된 문제를 향해 놀이 약속을 협의하고, 만들고, 놀이 설명서와 함께 동생 반을 찾아간다. 유아들의 나눔은 **교통 표지판**을 만들어 안전을 지켜주는 실제 세계로 변이된다. 한편, 나눔 저금통에 모아진 나눔은 재활용품 장식물로 변형되어 크리스마스 트리에 주렁주렁 매달리면서 유아들의 **나눔을 퍼뜨리는 나무 트리**로 탈바꿈하였다.

이와 같은 리좀적 사유에는 경계 없이 항해하는 유목적 이미지가 내재되어 있다. 잠재성의 연결, 예측 불가능한 생성의 연결, 연결은 지속되고, 상호 연결되고, 연결과 해체를 반복하면서 지금-되기(present-becoming)를 수렴하고 발산한다(Deleuze & Parnet, 1987). 한계없이 변형해 가는 새로운 리좀적 놀이는 자유놀이 시간에 제안된 몇 가지 놀이 유형 중에서 선택하고 사전에 계획된 제한된 시간이나 공간 속에서 익숙한 재현과 재인 그리고 동일성이 난무하는, 홈 패인 공간 속의 놀이에서는 불가능할 것이다. 홈 패인 공간을 탈주하고자 하는 노력, 자유롭고 허용적인 충분한 놀이 시간 및 비규제적인 매끄러운 공간에서 리좀적 놀이는 펼쳐진다.

Deleuze와 Guattari(1980:2003)는 보다 더 생명력 있는 비전을 가진 자아를 열어 줄 수 있는 **운동과 변형이 능동적으로 일어나는 생성의 과정**들로 나아가기를 바란다. 삶과 세계는 지속적으로 접속하고, 분리되고, 결합하고, 변형되는 복잡한 배치이므로 삶을 발현과 잠재성의 관점에서 보면 보다 더 발현적인 교육으로 나아갈 수 있다.

유아들은 **이미 세상 속에 있고 결과물에 관심을 갖지 않는다.** 교사는 궤적, 힘, 탈주선 그리고 그것들이 어떻게 교차하는지를 유아의 놀이에서 탐구해야 한다. 유아들의 놀이과정을 따라가면서 유아들의 힘이 학습과정을 어떻게 지속시키는지에 귀를 기울이고 기록한다. 학습이라는 여정에서 만나는 교사와 또래 유아들뿐 아니라 그림, 기록, 놀이 도구, 배치된 가구, OHP, 빛, 이야기, 노래하고 걷고 극놀이를 할 때의 소리와 소음을 비롯한 모든 자료와 물질은 유아의 주체성을 통합하는 통로가 될 뿐 아니라 세상 그 자체의 주체성을 통합하는 통로 역할을 한다. 유아에게 또래와 모든 것들은 세상이며, 유아는 나름의 속성과 힘을 지닌 세상을 여행하는 것이다. 유아, 교사, 사물들은 모두 여행자이다(Dahlberg & Moss, 2017).

Olsson(2009:2017)은 놀이 여정에서 교사는 모든 학습과정을 묘사하고, 해설하고, 해석하고, 반성하는 동안 자신을 외부에 위치시키는 것이 아니라 배움이 일어나고 있는 그 시점에 자신을 놓아야 한다고 하였다. 교사가 해야 할 일은 발달 연령이나 학습 목표들에 맞추어 미리 계획된 프로그램을 기술하거나 기관에서 일어나는 흥미로운 상황들의 의미를 해석하기보다는 **새로운 것들이 만들어지고 있는 놀이 사건에서 교육적 순간을 파악하는 데 주의를 기울여야** 한다. 실험이 발생할 수 있는 과정에서 **예측하지 못했던 복잡한 연결이 만들어질 수 있는 환경을 지원**해 주는 것이 진정한 교사의 역할이다. 교사가 이러한 역할을 할 때 교육 실천은 유아들이 의미를 만들어가는 과정이 담긴 내러티브가 된다.

9. 놀이는 배움을 향한 운동과 실험이다

배운다는 것은 '필연적으로 기호들과 관계하는 것'(Deleuze, 1964:1997)이며 배움을 위해 '기호들과 부딪히는 마주침의 공간'을 만들어가는 것이 필요하다(Deleuze, 1968:2004). 기호에 감응하는 강도적 차이는 우리의 몸으로 감지된다. 특히 놀이하는 유아는 머리로 계획하느라 시간을 보내지 않는다. 몸과 감각으로 즉각적으로 시도한다.

아래 4세 반 유아들은 실외 놀이터에서 모래를 파면서 놀이한다. 누군가 가져온 물 한 바가지가 모래와 만나면서 다양한 기호들을 방출한다. 이 매력적인 기호들을 유아들은 몸으로, 감각으로, 감성으로 느끼고 다양하게 운동하고 실험하면서 다양한 배움이 이루어진다. 모래에 물을 붓고 삽 등의 도구로 파는 물놀이는 물웅덩이를 만든다. 물웅덩이가 불러오는 물의 움직임과 물의 흐름이 지속적으로 반복되면서 점차 차이를 만든다. 새로움은 4세 아이들로 하여금 다양한 실험을 이어 가게 한다. 유아들은 한 가지 방법만 시도하지 않는다. 파기, 붓기의 몸놀이를 통해 스며들고, 흘러가고, 고이면서 만들어지는 물길은 웅덩이가 되고, 시냇물이 되고, 댐이 된다. … 유아들은 이 끊임없이 창발되는 즐거운 현상을 지속적으로 몸으로 감각하고 실험하면서 모래 놀이터는 커피 농장으로, 댐으로, 음식점으로 변형해 간다. 자신들만의 의미를 만드는 놀이에서 유아들은 감각 경험, 신체 조절, 물질의 변화뿐 아니라 수량, 길이, 깊이를 경험한다. 유아 간 협력, 창조적 표현 등도 배운다. 유아들의 한 시간가량 지속되는 놀이를 지켜본 교사는 만약 교사인 내가 유아들이 원하는 놀이가 잘 이루어지도록 개입하여 물이 흘러가지 않는 순간에 바로 도움을 주었다면 이렇게 긴 시간 몰입하는 즐거운 놀이는 불가능했을 것이다 라고 말한다. 이렇게 놀이는 스스로의 배움을 향한 운동이자 실험이다.

세계에서 최고로 큰 커피 농장을 만들기 위한 운동과 실험놀이

기온이 높아지자 실외 모래 놀이터로 나가는 일이 많아지고 있다. 유아들은 요즘 모래 놀이터에서 관심을 가지고 있다. 유아들은 모래를 파서 길을 만든 후 양동이로 물을 부어 길을 따라 내려가는 물을 관찰하는 놀이를 즐긴다. 깊숙한 땅에 비해 작은 물 한 동이는 급히 스며들기 마련이다. 유아들은 물이 사라지지 않도록 부지런히 물을 퍼 나르며 자발적으로 놀이에 즐겁게 참여한다.

모래와 물을 이용한 자연놀이

재훈이가 오늘도 물길을 만들자며 주도적으로 모래놀이 도구로 땅을 파기 시작하자 다른 유아들도 하나둘 모여 함께 땅을 파기 시작한다. 땅을 파는 친구들과 물을 붓는 친구들로 나누어진다. 놀이가 반복되면서, 친구들이 물을 너무 많이 붓자 물이 넘친다. 재훈이는 놀이 진행에 문제점을 느낀다.

재훈아, 땅을 파서 뭐하려고?
길을 만들어서 물을 부을 거야.
그래? 나도 할래.
나는 물을 떠다 줄게(친구들이 계속해서 물을 붓는다).
물을 넣는 것도 중요하지만 길을 먼저 만들어야지!
그럼 여기에 땅을 더 파!
그래 그럼 함께 길을 넓히고 나중에 같이 물을 붓자!

길을 어느 정도 만든 후, 처음 시작점에 물을 부을 웅덩이를 만들었다. 유아들은 함께 양동이를 하나씩 집어 들고 물을 받은 후, 한 번에 물을 쏟아 부었다. 웅덩이와 길의 시작점의 깊이가 고르지 않아 웅덩이에만 물이 고여 있게 되었다. 유아들은 고인 물을 보며, 어떻게 하면 물이 흐를 수 있을지 고민하면서 이야기를 나눈다. 유아들의 단편적인 이야기는 합쳐지면서 이론을 만들어 낸다. 유아들이 만들어 낸 이론은 바로 실험된다.

물이 내려가질 않아. 개미 수영장 같아.
물이 계속 차오르고 있어. 어떻게 하면 물이 흐르게 될까?
여기를 더 파면 막힌 부분이 없어서 내려갈 것 같아.
돌이 있으면 다 빼야 해.
돌이 있으면 막히니깐 재훈이 말대로 빼는 것이 좋겠어.
이제 물이 내려갈 것 같아. 다 팠거든!

시냇물에서 커피 농장으로

유아들은 함께 운동하고 실험하면서 순조롭게 물이 흘러가도록 할 수 있었다. 유아들은 각자의 상상을 담아 하나둘 이야기한다. 유아들이 만든 물길은 시냇물이 되고, 초코물이 되고, 커피물이 되어 간다. … 유아들이 만든 물길은 유아들이 좋아하는 엄마가 합쳐지면서 '커피 농장'으로 탈주선을 타면서 놀이는 흘러간다.

이건 시냇물이야.
초코물 같기도 한데?
꼭 커피 같다. 우리 엄마는 커피 좋아하는데.
진짜 커피같아. 먹어 볼까? 음~
좋은 생각이 있어!
우리 이 물을 커피 농장으로 만드는 건 어때?

커피 농장 옆 가상놀이

어느새 커피 농장으로 변형된 물길 옆에서는 가상놀이가 이어진다. 유아들은 물을 지속적으로 부어 주면서 커피물이 흘러가기를 기다렸다. 하지만 물이 빠른 시간 내에 흡수되자 또다시 유아들은 문제와 마주친다. 이때 영준이는 웅덩이에 물을 막아 댐 공간으로 만들자고 제안한다. 댐은 물을 모아 한 번에 흘려보내면 오랫동안 커피물이 남아 있을 것이라는 제법 그럴듯한 가설을 세운다. 유아들은 함께 댐을 만들고 물을 모은다. 어느새 커피 농장 옆에서 멋진 음식점놀이를 하고 있던 세인은 자신의 음식점으로 초대하여 친구들과 함께 놀이하기를 권유한다.

으악 이게 뭐야. 커피가 다 마를 것 같아.
커피가 안 흘러가는데?
다 팔려서 그래. 얼른 커피를 더 만들어야겠어.
얼른 여기를 막아 봐!
여기에 물을 부어! 그다음 한 번에 흘려보내는 거야!
우리가 음식점에서 케이크를 파는데
커피랑 같이 팔아도 돼? 좀 줘.

형님들에게로 전염되는 모래놀이

유아들의 가설대로 댐을 만들어 한 번에 흘려보내지만 길이 점점 넓고 길어지면서 물이 지속적으로 흐르고 고여 있지 않자 유아들은 위협을 느낀다. 이때, 만 5세 형님들을 만난다. 형님들은 동생들의 놀이에 흥미를 보이며 말을 건다. 형님들은 함께 놀이하자고 제안하였고, 인력은 늘어났으며, 형님들과 도움이 필요한 부분을 이야기 나누며 더욱 큰 커피 농장으로 만들어가는 함께하는 협력놀이로 전환되어 갔다. 이제 교실로 돌아갈 시간이 되자 유아들은 무척이나 아쉬워했다. 한 시간 가량 열심히 일궈 온 커피 농장을 정리하기 아쉬웠던 모양이다. 하지만 유아들은 커피 농장을 형님들께 맡기고 들어가기로 한다. 유아들은 모래 놀이터라는 공간에서 모래와 물로 만들어가는 '놀이 되기'를 경험하였다. 유아들은 한 시간 가량 몰입하면서 주체적으로 놀이하였으며 그 안에서 지속적으로 문제와 만나고 실험하는 의미 있는 놀이를 경험할 수 있었다. 유아들의 놀이를 지켜보며 교사는 **'만약 교사가 유아들이 물이 제대로 흘러가지 않는 순간에 바로 도움을 주었다면 어땠을까?'** 생각한다. 유아들은 바로 해결책을 찾아 원하는 다음 방향으로 진행했겠지만 이내 싫증을 냈을 수도 있다. 끝까지 유아들의 놀이를 지켜보며 스스로 해결할 수 있도록 지원해 준 결과 유아들은 여러 가설과 시행착오를 경험하며 재미있는 놀이를 지속해 갈 수 있었다. 자신들의 놀이 경험이 만든 결과물을 소중히 여기고 들어가는 순간까지 아쉬워하였다. (**커피 농장을 만들자**, H유치원 4세 푸른반)

10. 놀이는 욕망의 표출이며 학습을 시작하는 힘이다

유아들은 일상에서 각자 나름의 욕망(desire)을 표출한다. 유아들의 욕망은 놀이로 표현되며 놀이 그 자체가 배움이 된다. 교사는 교실 일상에 유아들이 욕망을 표출할 수 있도록 다채로운 교육 환경을 배치하고 충분한 놀이 시간을 허락하면서 어떤 욕망이 존재하는지 경청해야 한다. **욕망은 요구 사항이 아니라 학습을 시작하는 힘**이 되므로.

유희실을 재구성한 소리 놀이방에서 유아들은 다양한 악기의 소리를 탐색하면서 놀이한다. 또한 한켠에 놓인 커다랗고 기다란 플라스틱 관을 통해서 소리가 전달되는 것에 즐거움을 느끼는 것을 지속적으로 볼 수 있다. 교사는 친구가 바로 옆에 있는데, 유아들은 왜 굳이 소리관을 통해 소리를 전달하는 것에 호기심과 관심을 느낄까? 궁금해진다. 바로 옆에서 이야기를 하지만 유아가 소리관 없이 그냥 이야기할 때와 소리관을 통해 이야기할 때 소리의 변화가 일어난다. 또 소리관을 통해 소리가 전달되는 것이 즐거움으로 작용하는 것 같다. 유아들이 관에 입을 대고 "아~"하고 소리를 지르면 소리관 안에서 소리의 울림, 소리 진동의 세기가 바뀌는 것에도 재미를 느낀다. 소리 놀이에 대한 유아들의 재미는 단지 소리관 입구에 대고 말하기로, 소리관의 형태를 다양하게 변형시키면서 소리를 전달하려는 시도들로 이어진다. 유아들은 소리관 안에서 일어나는 소리의 변화에 낯섦과 호기심을 느낀다. 교사는 유아들의 놀이 욕망을 바라보고 경청하면서 학습으로 이어지도록 지원하기로 하였다. 교사는 유아들이 '소리의 전달'에 의식적으로 관심을 가지도록 낯선 질문을 던져 본다. "너희가 가까이 있어서 소리가 들리는 것 아닐까?" 교사의 질문에 유아들은 소리관을 소리방 밖으로 끌고 나간다.

지우는 친구의 이야기를 듣고 소리방을 빠져나가 소리관 입구로 뛰어간다. 그리고 소리관에 대고 이야기해 본다.

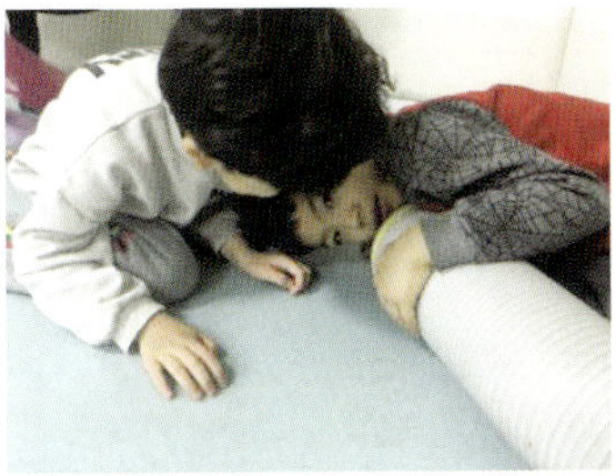

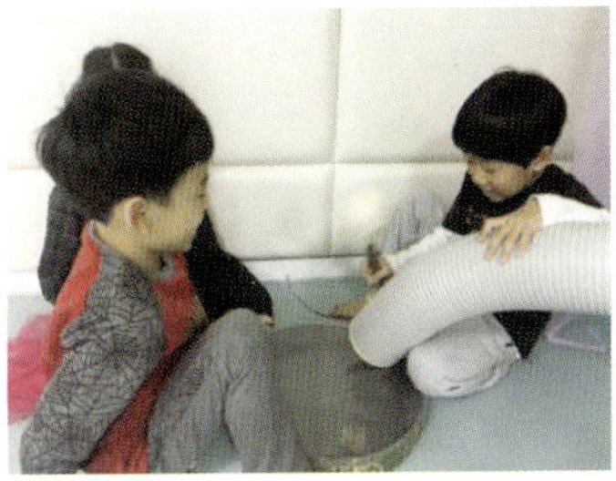

지우: 야~~~~ ~~~ 들려?
주형: 아니!
지우: 선생님 들린대요?

지우: (소리관에 대고) 주형아~ 우리 이따가 자유시간에 같이 놀자~ / 주형: 그래!
지우: 이제 끊어 / 주형: 응! 하하하하하

아이들은 소리를 내는 친구와 점점 멀리 떨어져도 소리관을 통해 소리가 전달되는 것을 놀이 속에서 배운다. 소리관을 통해 소리가 전달되는 현상에 대해 유아들은 각자 이야기한다.

소리가 호스를 통해서 가는 거야.
소리가 호스 안으로 들어가면 호스에서 회오리 바람이 불어서
소리가 엄청나게 커지는 거야.
소리가 처음에는 작았어.
그런데 호스로 들어가서 호스를 지나가면서 점점 소리가 많아지게 돼.
그래서 소리가 멀리 있어도 크게 들리는 거야.

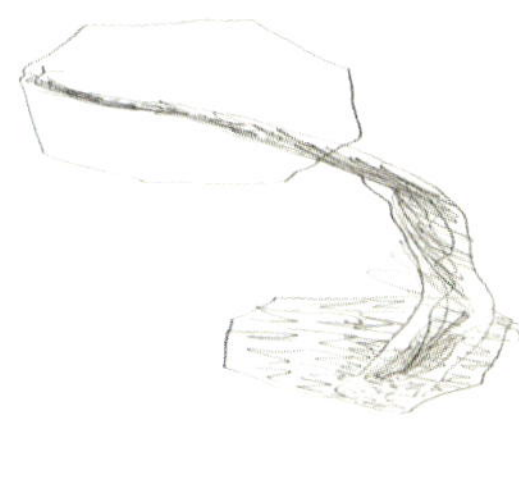

전기가 운반을 해 주는 건가? 뭔가 찌릿찌릿하게 들려.
소리관을 이렇게 들면 소리가 위로 올라갔다가 아래로 미끄러져.
소리관을 올리면 소리가 더 잘 들릴 것 같은데?

소리가 전달되는 현상에 대해 각자의 의미는 다르지만, 유아들은 소리관이 어떠한 역할을 하는 것이라고 생각한다. 소리관을 통해서 소리가 전달되는 현상에 대한 '소리가 길어진다.'는 재미있는 이야기를 만든다. '소리가 어떻게, 왜 길어지는 것일까?' 유아들은 자신만의 재미있는 상상을 담은 이야기로 소리관을 따라 전달되는 소리의 현상을 풀어 나간다.

관으로 들으면 소리가 좀 더 길게 난다고. 멀리하면 점점 더 소리가 길어져.
어디에 유령이 있는 거지?
소리는 볼 수 없어.
소리는 귀로 들을 수가 있어.
멀어질수록 소리는 더 길어져.
소리는 잡을 수 없어.
소리관을 길게 해서 소리가 길게 나와.
소리가 어떻게 길어질까?

소리는 어떻게 멀리 나갈까?

소리관을 통해 멀리 있는 친구에게도 크게 울리는 나의 목소리. 과연 소리관 속에서 무슨 일이 일어나길래 내 목소리가 이렇게 멀리~ 크게~ 전달되는 걸까? 소리 놀이방에서 유아들은 상상력을 동원하여 소리가 전달되는 과정을 온몸으로 표현한다.

야, 내 말 잘 들려?
어~ 잘 들려. 도대체 소리가 어떻게 소리관으로 전달이 되는 거지?
내가 소리라면~ 이렇게 긴 소리관 안으로 들어가서
아주 천천히 움직여서 친구한테 갈 것 같아.
그럼 소리관을 이렇게 빙빙 돌리면 소리가 빙빙 돌아가는 건가?

교사는 놀이에서 과학적 개념을 아는 데에 의미를 두는 것이 아니라 소리가 전달되는 현상에 유아가 관심을 가지고 각자의 의미를 더해 가는 운동과 실험 속에서 나름의 이론을 만들어가기를 기대한다. 유아들은 구체적인 형태가 없는 소리이지만 특정한 물체가 계속해서 연결된다면 소리도 그 안에서 물체를 따라서 전달될 수 있다고 생각을 하고 있는 것 같다. (멀어지는 호스, 길어지는 소리, H유치원 5세 파란반)

11. 놀이는 난센스로 시작한다

오늘의 날씨는? 흐림

교실에 '날씨 그리기' 공간이 생겼다. 유치원에 오는 길에 본 오늘의 날씨 또는 유치원에 오기 전에 부모님을 통해 알게 된 오늘의 대기질에 대한 생각을 곧잘 그림으로 그린다. 교사는 유아들과 현재 날씨는 어떤지 이야기 나누다 옥상으로 올라가 날씨를 관찰해 보기로 하였다. 유아들의 관찰과 관찰 속 이야기에는 난센스가 대부분이다. **유아들의 난센스는 그들만의 의미를 담아 진리를 만들어간다.**

오늘 날씨는 먹구름이 가득해~
맞아 너무 흐린 날씨야!
미세먼지가 많기 때문이야! 먹구름 날이야!
외계 생명체가 삐삐바빠뽀뽀 하늘이 흐리다!
외계 생명체는 이렇게 말해요! 생명체도 흐리다!
미세먼지는 몸에 안 좋으니까 외계 생명체라고 하는 거야!
종이로 사람들 이렇게 얼굴 감싸서 갈 수 있게 하고 싶어요~

하늘 병원(하늘을 고치는 병원)

유아들은 미세먼지로 가득한 아픈 하늘을 고쳐 줄 수 있는 병원이 있었으면 좋겠다고 생각한다. 자신의 생각을 친구와 이야기 나누면서 자신이 상상한 하늘 병원을 그림으로 표현한다.

음.. 나는 하늘 병원을 그릴 거야!
하늘을 고치는 병원이야!
오늘은 미세먼지가 많아서
하늘이 흐리잖아.
그래서 많이 아파서 어두워~
하늘을 다시 맑게 하기 위해서는
병원을 만들어 고쳐 줘야 해~

메리크리스 병원(나무를 고치는 병원)

하늘이 좋지 않아서 공기를 맑게 하는 나무가 아프면 안 된다고 유아들은 생각한다. 나무를 고칠 수 있는 병원이 있으면 좋을 것 같다는 나름의 상상을 그림으로 그린다.

OO이가 하늘 병원을 그렸잖아.
그런데 공기를 맑게 하는 나무가 아프면
공기가 더 좋아지지 않을 것 같아서
나무를 고칠 수 있는 병원을 그리고 싶었어!
그래서 내가 그리는 병원의 이름은
메리크리스 병원이야!
왜냐하면 나무(트리)이름이 멜리거든!
이 메리크리스 병원 앞에 있는 트리 이름이 멜리고
여기서는 다른 나무들도 고쳐서
건강하게 만든 다음에
공기를 더 맑게 해줄 수 있게 하는 거야.

매일 다른 날씨를 경험하는 유아들은 그저 오늘의 날씨에 대한 그림만을 그리지 않는다. 오늘의 흐린 날씨와 미세먼지에 대한 자신의 생각을 이야기로 만들어 나간다. 날씨에 대한 한 유아의 이야기는 다른 유아들에게 더욱 흥미로운 이야기로 와닿고 다시 새로운 생각으로 이어진다. 병원이라는 공통된 상상의 주체가 존재했지만 그 속에서 유아들은 자신들만의 의미(sense)를 담은 서로 다른 이야기를 펼친다. 이후에도 매일의 날씨는 아이들에게 하늘되기, 구름되기, 미세먼지되기 등의 좋은 놀이의 소재가 될 것이다. (오늘은 흐림, H유치원 5세 고운반)

Ⅲ 관계 맺기

정말 신기해!!

무야 잘 자라줘서 정말 고마워!
우리가 심은 무가 이렇게 자랐다니…
정말 신기해!!

우리가 뽑은 무로 무엇을 할까?
난 맛있게 요리를 하면 좋겠어.
난 우리가 심은 무가 어떤지
실험을 해 보고 싶어~

1 놀이하는 유능한 유아

유치원에서는 교사가 계획하는 활동을 최소화하고 놀이의 즐거움이 있는 놀이 경험이 되도록 지원하고 있다. 유아들이 하고 싶은 것을 많이 허락하는 자유놀이 시간을 늘리고 있다. 매일매일 즐겁게 하는 놀이. 교사는 매일 유아들의 놀이를 들여다보며 놀이를 따라간다. 유아는 자신들이 매일 하는 놀이에 대해 어떤 생각을 가지고 있을까 궁금해진다. 놀이에 대한 유아들의 생각을 들어 보기로 하였다. '놀이는 무엇이라고 생각해?', '놀이할 때 기분이 어때?', '놀이할 때 친구나 선생님이 어떻게 해 줬으면 좋겠어?'라고 질문하였다.

질문. 놀이가 뭐야?

재미있는 거!

신기한 거! 신나는 거!

웃긴 거! 특별한 거!

상상력이 많아지는 것!

아픈 게 사라지는 게 놀이야!

재미있게 즐겁게 놀이하는 것이에요.

여러 가지를 경험해 볼 수 있어! 다 똑같지 않아!

놀다 보면 더워져. 그게 놀이야!
힘들어. 힘들어도 하고 싶으니깐! 시간이 진짜 빨리 가는 게 놀이거든.
우리가 만들면서 점점 더 재미를 얻어 가!
놀이는 새로운 거야! 계속 새로운 걸 쌓아 가니깐!
우리가 생각하는 것을 뭐든 할 수 있는 거. (5세, 고운반)

어른들이 우리에게 선물을 주는 것이라 생각해요. 자유롭게 놀이를 할 수 있어서요.
재미있는 것, 즐거운 것이죠. 왜냐하면 기분이 좋아지니까요.
놀이를 생각하는 기분은 좋아요. 왜냐하면 놀이를 하면 재미있잖아요. (5세, 파란반)

하루하루 보내는 게 놀이인 것 같아요.
그림 그리고 블록놀이하고 간식 먹는 게 놀이인 것 같아요.
역할놀이나 가게놀이나 라이트 테이블이나 OHP 테이블을 사용할 때 평화로운 것 같아요.
비행기 접기하고, 블록놀이하고, 옛날 사람놀이하고……. 그게 놀이인 것 같아요. (3세, 아름반)

친구들이랑 같이 놀고 싸우지 않고 행복하게 노는 것.
저런 놀잇감으로 노는 거. 놀이는 장난감이랑 같이 노는 거라고 생각해요. (3세, 뭉게반)

유아들은 놀이는 **즐거운** 마음으로, 스스로 **만들어가는 모든 것**이 놀이라고 생각한다. 또 자신들이 좋아하는 놀이를 **자유롭게** 할 때 기분이 좋다고 이야기한다. 유아들이 생각하는 **놀이는 즐거우면서** 스스로 **자발적으로 자유롭게** 놀이하는 **특별하고 행복한 것**임을 알 수 있다.

질문. 놀이를 하면 너희들은 어때? 어떤 느낌이 들어?

기분이 좋아요!
상상력이 풍부해지는 것 같아요.
재미있는 거 같아요. 실뜨기처럼요. 실뜨기도 놀이니까요! (5세, 고운반)

좋아요! 즐거워서요.
함께 놀이할 때가 좋아요. 안 심심하니까. (4세, 초롱반)

친구가 뺏고 그럴 때나 친구가 모르고 제 몸을 블록으로 쳤을 때가 있었어요.
재밌고 좀 속상할 때도 있고, 그렇지만 좀 좋아요.
놀이할 때 어벤져스 놀이하는 게 즐거워요……. 마음이 편해져요.
친구들 궁금증 해결하는 게 즐거워요.
친구랑 그네 타는 게 재밌어요.

내가 진짜가 된 것 같았어요. 놀이를 할 때는 내가 마치 진짜 그 사람이 된 것 같아요.
하늘을 나는 놀이를 하면 내가 진짜 하늘을 날고 있는 것 같은 생각이 들고,
우주에 가는 놀이를 하면 내가 마치 우주에 있는 것 같아요.
맞아, 우리가 진짜 별 위에 있는 것 같았어.
어린이 나라 할 때 교실에 별을 달았잖아요. 그때 진짜 별이 있는 것 같았어요.

혼자 노는 것도 놀이가 될 수 있어요.
그네, 미끄럼틀, 종이접기, 아니면 집에서 노는 거.
나는 혼자 놀 때가 재밌어요. (친구들이) 나랑 마음이 달라서요.

나는 다 같이 노는 게 재미있어요. 좋아요!
정말 아름다워요!
유치원에서 놀이할 때가 좋아요. 엄마랑 아빠랑 선생님이랑 놀 수 있으니까요! (5세, 파란반)

놀이하는 유아는 **상상**하고 **재미**와 **즐거움**을 느낀다. 때로는 친구와 갈등이 생기기도 하고 원하는 대로 되지 않아서 속상하기도 하지만 그래도 놀이하는 과정은 유아들에게 **긍정적인 경험과 감정**을 준다. 그리고 좋아하는 친구와 놀이하면 마음이 편안해진다. **놀이는** 내가 직접 경험하지 못한 것을 간접적으로 경험하면서 **마치 실제를 경험하는 것처럼 느끼게 해 준다.** 놀이는 유아들에게 불가능한 것을 가능하게 해 주고 어디든지 갈 수 있게 해 주고 무엇이든 할 수 있게 해 주는 것 같다(5세, 파란반 교사).

놀이의 형태는 다양하다. 친구와 함께 놀이할 수도 있고, 혼자 놀이할 수도 있다. 놀이할 때 자신과 마음이 같지 않으면, 갈등이 생겨 **혼자 놀이할 때가 좋다고 이야기하는 유아도 있고**, 혼자 놀면 심심해서 **친구들과 함께 놀이하는 게 좋다**고 이야

기하는 유아들도 있다. 그러나 혼자 놀이할 때나 함께 놀이할 때나 놀이를 긍정적으로 생각한다(5세, 파란반 교사).

질문. 선생님이 어떻게 놀이를 도와주면 좋겠어?

더 재미있는 것들을 많이 줬으면 좋겠어요.
좀 더 놀이 시간을 길게 주면 좋겠어요.
많이 못 해본 놀이를 하면 좋아요.
놀이 시간이랑 이야기하는 시간이 길었으면 좋겠어요!
재미있게 놀 수 있는 시간, 자유롭게 놀 수 있는 시간을 많이 줘요. (5세, 고운반)

생일 케이크 만들 때에도 선생님이랑 같이 생각을 해서 만들었잖아요. 같이 놀아 주는 거예요.
우리가 하는 영역에 사진도 찍고, 뭐하는 건지 보고, 선생님이 궁금한 걸 물어봤으면 좋겠어요.
우리가 잘 모르는 걸 찾아서 말해 주고 그러면 좋겠어요.

…… 보호자가 있어야 해요.
친구를 때리지 않고, 밀치지 않고, 부시지 않고, 존중하는 놀이가 필요해요.
같이 놀아요. (선생님이) 화난 친구에게 가서 말려 줬으면 좋겠어요. (4세, 파란반)

안아 줬으면 좋겠어요.
뽀뽀해 줬으면 좋겠어요.
같이 놀이했으면 좋겠어요.
더 재밌는 장난감을 가지고 오면 되잖아요.
우리를 도와주면 좋겠어요!

블록 있는 곳에 양쪽에 놀잇감이 있잖아요.
거기서 하나만 꺼내서 놀았으면 좋겠어요. (4세, 초롱반)

유아와의 이야기 후, 교사들은 자신들의 생각을 기록하였다.

유아들은 놀이하며 공통적으로 재미있고 **즐거움**을 느낀다. 유아들은 모두 각자의 **자주적**인 색깔, 개성이 있기 때문에 좋아하는 놀이, 놀이 형태 등도 다양하다. 유아들은 평소 하는 **즐겁고 재미있는** 것들을 **자유롭게 상상하고 표현하고 탐구**할 때 다 놀이라고 느낀다. 유아들에게 놀이란 비언어적인 표정에서도 볼 수 있었다. 즐겁고 재미있는 일상적인 것……. 유아들이 교사에게 바라는 역할은 **교사가 놀이를 이끌어 나가는 것이 아니라, 함께 놀이하거나 도와주는 역할을 원하고 있음을 알게 되었다.** 앞으로 유아의 주도적이고 자발적인 놀이 동기와 맥락을 반영하여, 교사 또한 유아들과 함께 즐겁게 놀이하며 놀이가 흘러가도록 도와주는 참여자이자 지원자로서의 역할을 잘해야겠다. **교사로서 유아들에게 '활동'이 아닌 '놀이'를 지원해 주고 지지해 주는 역할에 대해서 고민하게 만드는 시간이었다**(3세, ○○반 교사).

블록놀이, 그림 그리기 등 유아들이 단순히 평소에 하는 놀이들을 나열하는 것이라고 생각할 수도 있지만 깊이 들어가 보면 **일상 자체가 놀이임**을 알 수 있다. 또한 유아들이 **새로운 물질, 놀이 공간, 놀잇감에 관심이 많고 이를 탐색하고 새로운 놀이가 이루어질 때 즐겁다**는 것을 알게 되었으므로, 앞으로 유아들이 원하는 **공간과 놀잇감에 대해서도 유아들의 놀이 맥락에서 지원해 줘야겠다**(3세, ○○반 교사).

유아들은 놀이할 때 교사도 함께 놀이하길 원하기도 하고, 다툼이나 갈등이 생겼을 때 화난 친구가 진정할 수 있도록 도와주면 좋겠다고 이야기하였다. 유아들이 자유롭게 놀이를 즐길 수 있도록 유아 **각자의 개별성을 고려해서 지원해야겠다**(4세, ○○반 교사).

유아들은 **교사도 한 명의 놀이 구성원으로 생각**하고 있다. 지식을 전달하는 역할이 아니라, 자신들과 함께 생각을 나누고 고민하고 그 과정을 함께하면서 놀이의 즐거움을 함께 느끼는 역할로 생각하는 것 같다. 앞으로 유아들의 놀이를 따라가면서 격려하고 지원뿐만 아니라 **함께 놀이 속에 참여하고 고민하면서 놀이를 함께 만들어가도록 노력해야겠다**(5세, ○○반 교사).

개정 누리과정은 '유아와 놀이'를 중심에 둔다. 상기 유아들의 놀이 이야기에서도 묻어나듯이 **유아는 놀이하며 배우는 유능하고 자율적이며 유연한 존재**임이 틀림없다. 2019 개정 누리과정에서 추구하는 인간상은 다음과 같다(교육부, 보건복지부, 2019).

- **건강한 사람**
- **자주적인 사람**
- **창의적인 사람**
- **감성이 풍부한 사람**
- **더불어 사는 사람**

놀이이해자료에서는 인간상과 연계하여 놀이하며 배우는 유능한 유아에 대해 다음과 같이 제시하고 있다(교육부, 보건복지부, 2019c).

- **유아는 자신의 몸과 감각을 마음껏 움직여 세상과 소통하고 배운다.**
- **유아는 하고 싶은 것을 스스로 선택하여 적극적으로 탐색하고 다양하게 시도한다.**
- **유아는 세상에 호기심을 갖고 상상한 것을 창의적으로 탐구하며 자유롭게 표현한다.**
- **유아는 재미와 기쁨, 아름다움을 느끼면서 감정을 표현하고 해소한다.**
- **유아는 주변 모든 사람, 모든 것과의 관계 속에서 도움을 주고받고 소통하며 세상을 살피고 돌본다.**

놀이는 유아에게 삶이고 본질이며, 유아는 놀이하며 세상을 만나고, 배운다. 유아·놀이 중심 교육은 유아의 삶인 놀이를 새롭게 보면서, 놀이하며 배우는 유아를 유능한 존재로 본다. 따라서 일상에서 유아의 호기심과 관심이 놀이로 이어지고, 유아의 충분한 놀이 그 자체가 다채로운 배움으로 이어지도록 교사는 지원한다. 자유롭게, 자발적으로 참여하여 즐겁게 놀이하면서 배우는 유아를 상상한다. 유아 스스로 **자발적**인 흥미와 욕구로 놀이에 참여하고, 놀이에서 **차이 생성의 반복**과 변형의 **자유**가 존중되는, 놀이를 통해 **즐거운** 배움이 일어나는 만들어가는 놀이 되기를 교육과정의 중심에 둔다. 따라서 유아는 배움의 주체이며, 놀이는 배움의 방식, 내용, 과정이다. 유아는 풍요롭고 다채로운 놀이를 만들어가며 배우고 성장한다.

2 함께 배우는 교사 되기

탈구조주의 이념에 근거한 배움 논의는 기존 교육학에서의 배움에 대한 논의와는 사뭇 다르다. Deleuze의 배움론은 교육과 교육과정에 대한 새로운 접근을 시사한다. 첫째, Deleuze의 배움론은 '재현의 교육'이 아니라 **'차이 생성의 교육'**이다. 둘째, 지성이 이끄는 '정신의 교육학'이 아니라 몸이 이끄는 **'감각의 교육'**이다. 셋째, 하나의 이상적인 상태를 추구하는 '이기'의 교육이 아니라 계속해서 차이를 생성해 가는 **'되기'**의 교육을 제안한다. 이에 대해서는 Ⅵ장 교수학습 이론의 Deleuze 배움론에서 자세히 다룰 것이다. 본 장에서는 놀이 중심 교육에서 유아와 교사 간 함께 배우는 교사 되기를 지향하는 교사 역할에 대해 다루고자 한다.

놀이 중심 교육에서 교사의 역할에 추가되어야 할 점은 성인뿐 아니라 유아도 가르치는 주체가 될 수 있다고 보는 성인과 유아 관계의 호혜성(reciprocality) 개념이다. 호혜성을 교사와 유아 간 관계의 기본으로 볼 때 교사의 소통과 상호작용 방식은 변화된다. 레지오 교육에서도 교사의 역할은 **함께 배우는 교사**이다. Deleuze는 "나처럼 해 봐."라고 말하는 교사와 "나와 함께해 보자."라고 말하는 교사를 구분한다. "나와 함께해 보자."라고 하는 교사만이 배움을 촉진하는 진정한 교사라고 말한다.

> 우리는 "나처럼 해 봐."라고 말하는 사람에게서는 아무것도 배울 수 없다. 오로지 "나와 함께해 보자."라고 말하는 사람들만이 우리의 스승이 될 수 있다. 이들은 따라 해야 할 몸동작들을 보여 주는 대신 다질적인 기호들을 발신하는 방법을 안다(Deleuze, 1968:2004).

Deleuze는 '나처럼 해 봐.'라는 교사의 말은 따라 해야 할 몸동작들을 보여 주는 동일성을 재현하는 가르침의 행위로 본다. 다른 한편 '나와 함께해 보자.'라는 교사의 말은 '다질적인 기호들을 발신하는 방법'을 보여 주는 교사의 행위로서 차이 생성의 반복을 중요하게 생각하는 다르게-되기의 가르침으로 해석한다. 교사가 학습자에게 재현하고 모방할 모델을 제공하기보다 학습자와 '함께 배우기'를 강조한다. '학습자와 함께 놀이하는 교사의 행위'는 학습자에게 다질적인 기호를 발신하는 것이다. 이 **'기호의 발신'**이 Deleuze의 가르침의 행위이자 놀이 중심 교육에서 교사 역할의 핵심이다. 이는 기존의 앎, 관점, 인식을 와해시키는 **'낯섦의 창조'**로서 곧 차이를 생성하도록 하는 교사의 중요한 역할에 해당한다.

첫째, 교사는 일상 속 유아의 욕망을 경청한다.

교사는 교실 속에 유아들이 욕망을 표출할 수 있도록 충분한 놀이 시간, 하고 싶은 것이 허락되는 일상, 풍부한 공간과 매체를 배치한다. 물질과 환경의 배치에 따라 놀이 욕망은 생성된다. 교사는 늘 일상에서 유아에게 어떤 놀이 욕망이 존재하는지 경청하려고 노력한다. 욕망은 요구 사항이 아니라 학습을 시작하는 힘이 된다.

유치원에 생일 케이크가 없어지자 파란반은 우리만의 특별한 생일을 준비하기로 하였다. 유아들은 우리들의 생일을 직접 준비한다는 사실만으로 큰 기대를 가지고 있다. 아이디어가 더해지면서 파란반만의 특별함과 생일 축하의 의미를 담은 케이크를 만들기로 하였다. 우리 반을 가장 잘 나타내는 '파란 하늘'은 눈으로 볼 수 있지만 그 경계가 뚜렷하지 않고 광활하기 때문에 파란 하늘에서 볼 수 있는 구름으로 우리 반을 상징하는 케이크를 디자인하기로 하였다. 함께 케이크를 구성하고 케이크에 우리만의 특별함을 담아 보면서 파란반의 정체성과 '우리'라는 공동체 감각을 만들어 간다.

파란 하늘하면 떠오르는
구름 모양의 케이크를
만들면 좋겠어.
와이어로 구름처럼
몽글몽글하게 보이게
만들자.

파란 하늘반은 어떻게 표현을 하지?
파란색으로 칠하면 어때?
클라이밍 하는 곳은
초록색으로 하고,
고운이(토끼)가 있는 곳은
노란빛이 나니까
노란색으로 표현하자.

빛 아틀리에에도
파란빛이 나는데…
빛을 어떻게 하지?
파란색으로 배경을 하고
파란빛을 반짝이 매체로
표현해 보는 건 어때?

친구와 함께 재미있게 노는 특별한 우리의 모습!
이걸 케이크에 담아서 우리만의 특별한 케이크를 만들자!

유아들은 우리 반만의 특별한 케이크 속에 욕망을 담는다. 싸워도 금방 화해하는 우정, 사랑의 인사를 서로 주고받는 사랑 그리고 즐겁게 놀이를 하는 파란반의 특별함이 담겨진다. 아름답고 가치 있지만 구체적인 형태가 없는 우리의 특별함을 색 철사로 구성한다. 우리들의 놀이하는 모습을 색 철사로 표현하고 케이크에 담아 보면서 '나'에서 파란반 속 '우리'를 바라보는 생각으로 변형된다. 나 혼자만이 아니라 친구들과 함께하는 특별함으로 채워진 케이크는 파란반을 잘 나타내는 상징이 되었다. 우리의 정체성과 가치가 잘 담겨져 있는 이 특별한 케이크는 생일 파티 때에도 의미 있게 쓰일 예정이고 앞으로도 계속 교실 안에 자리 잡아 친구들과 함께 삶을 살아가는 데 이정표가 될 것이다. (**우정·사랑·즐거움을 담은 파란반 케이크**, H유치원 5세 파란반)

둘째, 유아들이 만들어 내는 사건 속 난센스(nonsense)와 의미(sense)를 읽는다.

"어떻게 하면 유아들의 생각에 귀기울이고 존중하면서 흥미로운 놀이를 효과적으로 결정할 수 있을까요?"라는 흔한 현장의 질문에 나는 아이들이 끊임없이 일상의 사건에서 만들어 내는 난센스에 주목하라고 제언한다. 아래 김혜진(2019)의 교실 놀이에서 들을 수 있는 유아들의 난센스 속에서 유아들이 지속적으로 만들어가는 '의미(sense)'와 '문제', '문화'까지 읽어 낼 수 있다(Olsson, 2009:2017). 유아들이 추구하는 진리이다. 교사에게 익숙한 의미(meaning) 만들기는 이전 우리의 앎과 진리를 재현하는 방식으로 사용되므로 언어 자체에 함축된 특정한 진리에 갇히게 된다. 따라서 우리의 관점으로 바라보는 일상적 경청일 뿐 진정한 발현적 귀기울이기라 할 수 없다.

빨간색이 더 쎄!
아니야, 파란색이 더 쎄!
비슷해. 근데 노란색은 약하고 힘이 없으니까 제일 약하지!
맞아. 노란색은 제일 약해.
그래서 나도 노란색이 제일 먼저 졌어.
난 이제 나쁜 검은색이 나타났어.
아! 악마다~ 다 없애버려~
대 폭탄 공격~!!! 검은색 엄청 쎄지?
맞아~ 검정색이 제일 쎄!

Rinaldi(2006)는 발현적 귀기울이기를 위해 "판단과 편견을 유보하라."고 하였다. 새롭고 경이로운 방식으로 바라보면서 비로소 삶과의 관계가 열림을 말한다. 귀기울이는 사람과 말하는 사람 모두 새로운 것을 향한 창조적 진화에 열려 있을 때 새로운 방식의 알기(knowing)와 이기(being)가 가능하도록 개방될 수 있다. 또한 자신을 타인에게 열어 놓아야 하므로 "귀기울이는 방법을 배우는 일은 쉽지 않다. 귀기울이기를 잘하게 되면 변화를 향해 밑바닥까지 열어 놓게 되면서 변화하려는 성향이 길러진다."고 말한다.

> 진리들에는 필연성과 필연성의 표식이 결여되어 있다. 사실, 진리는 전달되지 않고 해석된다. 진리는 의도적인 것이 아니라 비자발적인 것이다(Deleuze, 1964:1997).

셋째, 사유할 수밖에 없는 '기호를 발신'하고 '낯섦을 창조'하고자 노력한다.

다음 5세 고운반 교사는 의도된 재현보다는 기호와의 마주침을 통한 차이 생성을 지향하는 함께 배우는 교사이다. 교사는 정해진 악기 이름이나 악기마다 서로 다른 소리의 연주와 소리 경험을 강조하지 않는다. 다양한 연주 방식, 악기 및 채의 종류, 같은 악기의 다른 채가 내는 소리, 동일 악기의 길이, 모양, 재질에 따라 다른 소리, 앞면과 옆면에 따라 다른 소리 등을 경험하도록 안내한다. 마주침의 대상으로 다가오는 기호가 학습자로 하여금 사유할 수밖에 없도록 강제한다(Deleuze, 1968:2004). 좋은 교사란 기호의 발신을 통해 학습자의 배움을 촉발하고 낯선 문제의 장을 창조하여 차이 즉, 새로움이 지속적으로 생성되는 배움이 되도록 한다. 교사의 편에서 미리 설정한 특정한 방법이 아닌, 학습자가 진정한 자발성을 가지고 학습하는 방법과 절차가 무엇인지 숙고하는 '함께 배우는 교사'의 모습이다. 다음 소리 놀이방에서 놀이하고 싶은 유아들의 욕망을 경청하고 낯섦을 창조해 가는 함께 배우는 교사의 기록 속으로 들어가 본다.

소리 놀이방에서 충분한 탐색 후, 유아들과 다시 한번 놀이를 회상하면서 경험을 나누는 시간을 갖는다. 교사는 유아들이 연주한 악기, 연주 방식, 악기 및 채의 종류를 기억할 수 있는 기록 사진 자료들을 활용한다.

다양한 채로 악기 두들기기

교사: 처음에 손으로 악기를 두드렸을 땐, 어떤 소리가 났어?
혜진: 쿵쾅! 쿵쾅! 했어요.

같은 악기의 다른 채가 만드는 다른 소리

교사: 꽹가리를 무슨 채로 쳐봤어? / 산영: 플라스틱 채요!
교사: 플라스틱 채로 두들기면 어떻게 소리가 났어? / 산영: 칭~
교사: 꽹가리 채로 두들기면 무슨 소리가 났어? / 산영: 캉!
교사: 징 채로 꽹가리를 쳤더니 어땠어? / 우현: 쿵! / 산영: 쾅! 했어요.

크기, 길이, 모양에 따라 다른 소리

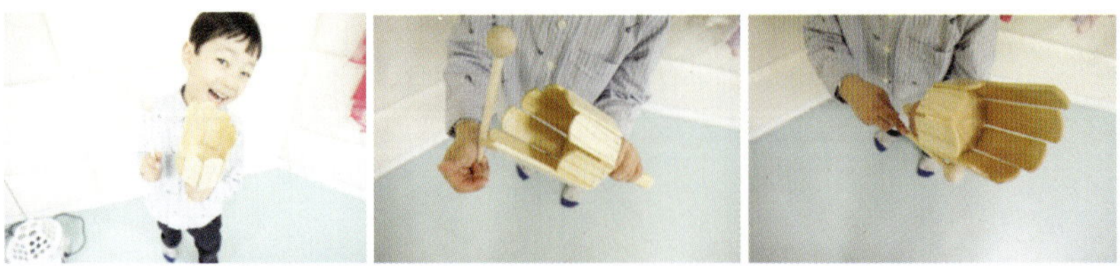

교사: 연주한 악기는 모양이나 길이가 어때?
연진: 길이가 다 달라요~
진수: 계단 같아! 계단악기~ (형태에 빗대어 악기 지칭)
진영: 짧은건 뚝딱뚝딱? 소리가 나요~
긴건 뚝뚝또또옥! 길수록 조금씩 뚝!뚝!!뚝!!!뚝!!!(↑) 커졌어요! (음이 올라감을 의미)

색과 재질에 따라 다른 소리

악기의 면에 따라 다른 소리

교사: 지연이는 북의 앞면과 옆면(테두리)을 두들겨 보니 소리가 어떻게 달랐어?
지연: (앞면) 챙~챙~ 이런 소리가 났어요.
현우: (옆면은) 칙!칙! 소리가 나요.

유아들은 두세 차례의 공간 탐색을 거치면서 소리 놀이방의 다양한 악기에 대하여 다채롭고 새로운 접근을 해 나간다. 자유롭게 악기 연주를 즐길 뿐 아니라, 소리를 다양하게 탐색한다. 소리 탐색은 정형화된 악기의 종류, 명칭에 따른 차이가 아니라, 유아들이 직접 두들기고 연주해 보며 발견해 낸다. 차이를 지속적으로 생성해 가는 탐색과정이 전개되었다. 악기의 종류, 형태와 크기, 각각의 길이나 면적의 차이가 다른 소리를 만든다는 것을 경험한다. 또한 악기가 제작된 재질에 따라서, 또는 악기를 연주하는 방식이나 어떤 방향으로 연주를 하느냐에 따라서도 다양한 소리가 발생함을 발견한다. 사실 당시 소리 아틀리에에서는 마구잡이로 두들기고 때리는 소란스러운 소리가 났지만, 그 속에서 유아들은 각자의 방식으로 새로운 발견과 연구를 경험하였다. 그 경험을 함께 구체화시키고 정리할 수 있었던 것은 교사와 유아의 놀이 나눔에 있다. 경험한 것을 다시 한번 끄집어내 유아들 스스로 서로 다른 차이를 의논하고 분류하며, 유아들이 찾은 발견들은 더욱 특별해진다. 이를 통해 유아들은 스스로 세상을 새로운 시각으로 접근할 수 있다. 유아들은 소리의 다름, 다양성에 대해 탐구할 수 있었다. 이후 유아들은 소리에 조금 더 귀기울여 이제는 어떤 상황과 방식에서 어떤 소리가 나는지 더 몰입하여 연구하고, 실험하며 놀이한다. (**소리가 다 달라**, H유치원 5세 고운반)

넷째, 정신의 교육이 아니라, 몸이 이끄는 감각과 감응으로 '되기'를 추구한다.

다양한 몸과 감각을 사용할 수 있는 매체와 함께, H유치원 5세 파란반의 3차원 구성놀이는 어벤저스–어벤저스 타워–어벤저스가 있는 숲속–음식점–피자–남산 타워–배달–계단–엘리베이터 되기로 지속적으로 흘러간다. '몸'은 다양한 기호들과의 마주침을 통해 감각들의 차이가 생성되는 터전이라 하였는가. 블록을 만난 손은 쌓기라는 힘을 손에 생성하고, 종이와 색연필을 만난 손은 엘리베이터에 대한 생각을 그리는 힘을 손에 생성한다. '몸' 특히 유아의 몸은 충분히 구체화되지 않은 연속적인 욕망이 흐르는 장소(Deleuze & Guattari, 1980:2003)이다. 일상의 흐름 속에서 주어진 조건과 자극의 강도에 따라 무한한 변형 능력과 잠재력을 가진 생성적 존재(Deleuze, 1968:2004)이다. 외부의 다양한 실재가 내뿜는 기호와 차이에 유아의 신체가 접속함으로써 새로운 감응을 얻고, 이러한 감응들로부터 내적 열림과 새로운 자기가 창조되는, '되기'를 실현해 간다. 이처럼 놀이 되기는 접속과 교류를 통해 현재의 지층에서 탈영토화하여 새로운 자기를 구성해 가는 생성적, 창조적 경험이다.

3차원 구성놀이 공간에서는 매일 유아들의 흥미와 그날의 이야기에 따라서 다양한 변화가 계속된다. 유아들의 소중한 보물을 지켜 주는 어벤저스 타워에서 숲속 보물 타워 그리고 다시 음식을 사먹을 수 있는 남산 타워로 거듭 변형되고 유아들의 이야기는 계속 발전해 간다.

이건 **어벤저스**야!
악당을 물리쳐.
우리 그럼 이걸
어벤저스 타워라고 하자.
여기서 악당을 지켜보다가 악당이
오면 출동하자.

어벤저스타워가
숲속으로 들어왔어!
그래서 숲속 타워가 됐어.
악당들이 보물을
훔쳐가지 못하게 숨었어.

그런데 타워에
음식점이 생겼어.
여기에서는 지금 맛있는
피자를 구워서 저 위에
남산 타워로 가서
먹을 수가 있어!

위로 올라가려면
길이 있어야지.
갈 수 있잖아.
이걸 타고 올라가서
음식 배달을 하는 거야.

계단으로도 위로
올라갈 수 있어.
계단을 밟고
위로 올라가
맛있는 피자를 먹자.

근데 자동차는 계단을 올라갈 수가 없잖아.
나는 남산 타워에 올라가는 **엘리베이터**를
만들 거야. 위이이잉 칙 위로 올라왔습니다.
이거는 이렇게 움직이는 엘리베이터야~

1층의 음식 타워에서 맛있는 음식을 사서 윗층의 남산 타워로 올라가 경치를 바라보며 맛있는 음식을 먹을 수 있도록 계단과 엘리베이터를 구성하였다. 특히 블록을 손으로 직접 오르락 내리락 하면서 엘리베이터놀이를 하던 유아들은 새로운 고민에 빠진다. 그건 진짜 엘리베이터가 아니야. 진짜 엘리베이터처럼 보였으면 좋겠어. 진짜 엘리베이터를 구성하기 위한 유아들의 새로운 문제가 새로운 놀이를 불러온다.

나는 진짜처럼
보이면 더 멋질 것 같아.
진짜처럼 보이는
엘리베이터?
진짜 엘리베이터는
끈이 올려주잖아.

그런데…
네 거는 어떻게 올라가?
이건 진짜처럼 보이지만
올라갈 수가 없잖아.
내가 매체만 있으면
만들 수 있어!

이 박스가 좋겠다
끈도 있어야지.
그리고 감을 수 있는
휴지심 같은 것도 있어야 해~

됐다!!! 성공이다!!
진짜로 **엘리베이터가 움직여!**
우리 이제 2층으로 올라갈 수 있어.
(그리고 계속되는 고민…)
그런데… 5층은 어떻게 올라가지?

'손으로 올리는 엘리베이터'에서 '진짜처럼 보이는 엘리베이터'로 그리고 '진짜 움직이는 엘리베이터'까지 놀이 속에서 유아들의 문제는 지속적으로 구성되며 탈주한다. 친구들과 엘리베이터의 문제를 해결하기 위해 생각을 나누고 유아들의 과학적 지식과 기술 그리고 새로운 창의적인 아이디어들이 더해지면서 엘리베이터는 진화한다. 끊임없이 우리의 생각이 자라면서 어떠한 이야기가 또 생성될지 기대해 본다. (**지속적으로 새로움을 만드는 놀이 되기**, H유치원 5세 파란반)

다섯째, 낯선 질문을 던지고 경계 넘기를 시도한다.

최근에 만들어진 소리 놀이방을 방문한 유아들은 다양한 빛과 색을 발하는 조명과 만난다. 조명의 다양한 빛이 만드는 색-색과 관련된 감정 이야기-색에 어울리는 일상의 장면-장면에 어울리는 소리 연출하기는 상황에 맞는 자유로운 몸짓과 신체 퍼포먼스로 이어진다. 이와 같이 교사는 어떤 대상과의 감각적 만남에서 발생되는 낯선 이질감과 차이 나는 통찰을 활용할 수 있다. 즉, 특정 대상에 대해 낯선 질문을 던짐으로써 마주침의 대상으로 만드는 실험이다. 교과 영역을 자유롭게 넘나드는 '경계 넘기'를 격려함으로써 유아가 차이와 새로움을 창조하는 놀이의 예술 되기를 실천한다.

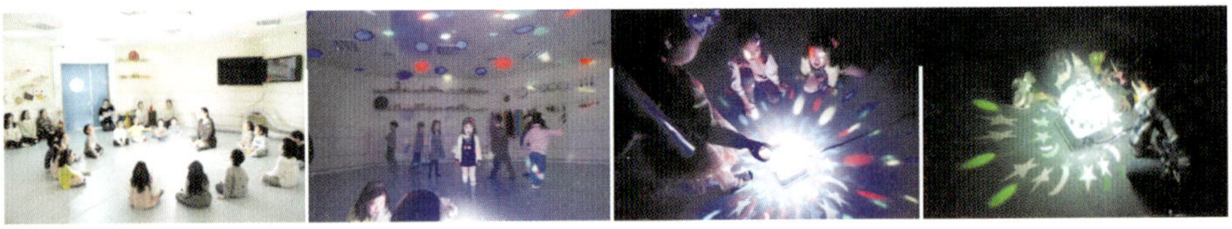

소리 놀이방에서 소리를 탐색하면서, 유아들은 달라지는 빛의 색에서 연상되는 이미지를 떠올리고 어울리는 소리를 만든다.

빨간빛

삐용삐용~

에에에에엥-

불이 났어요!

불이다~ 불~!

파란빛

어푸-어푸-
수영하는 소리가 나~
크오오오~크으
그건 무슨 소리지?
파도가 치는 소리예요.

초록빛

삐비빅- 삐빅
삐익-삑빅
초.록.불.입.니.다.
신호등이에요~
신호가 바뀌었습니다. 삐비빅.

하얀빛

와, 눈이다~!
겨울이야~
산타 할아버지~
허허허. 메~리 크리스마스~
메리 크리스마~스

미세먼지

선생님! 미세먼지가 저 위에 떠다니고 있어요!!

흥미롭게도 유아들은 빛을 보며 소리를 떠올린다. 빛이 만드는 차이 나는 색에 따라 공간의 이미지가 형성되고, 유아들은 색에 따른 이미지, 그 이미지에 따른 소리가 리좀적으로 펼쳐진다. 유아들은 재미난 상상을 더하여 퍼포먼스를 만들고 나누며 즐거워했고, 그 속에서 상황에 맞는 몸짓을 하며 자유롭게 놀이한다. 이후, 이야기를 다시 한번 회상하며, 유아들과 어떻게 놀이할지 이야기 나눈다. 빛과 소리를 함께 활용하고 신체의 움직임을 곁들여 통합적인 예술 표현, 탐구로 이어진다. 교사도 함께 공간을 탐색하고 나누는 시간이 되었다. (**빛과 소리에서 묻어나는 이야기**, H유치원 5세 고운반)

여섯째, 기호와 마주침의 공간을 만들어간다.

H유치원 5세 고운반 교사는 정체되어 있는 교실의 3차원 구성놀이에 빛을 더하기 위해 아이들과 함께 지하의 빛 놀이방을 방문한다. 빛 놀이방에서의 구성놀이는 정체되어 있던 구성놀이가 흘러가도록 하였다. 기호와의 마주침을 만드는 교사의 모습이다. 기호를 방출하여 배움을 촉발시킬 마주침의 대상은 유아나 교사 모두에게 미지의 것이다. 그럼에도 불구하고, 유아가 마주치는 공간과 대상에 대해 낯선 감응과 문제의식을 느끼게 될 때 놀이는 변형되고 놀이 그 자체는 학습자에게 배움의 차이화를 진행한다. 이와 같이 '무의식의 영역'에서 배움의 운동은 일어난다. 또한 유아와 함께 놀이하는 교사는 유아에게 기호로 다가와서 놀이에 영향을 준다.

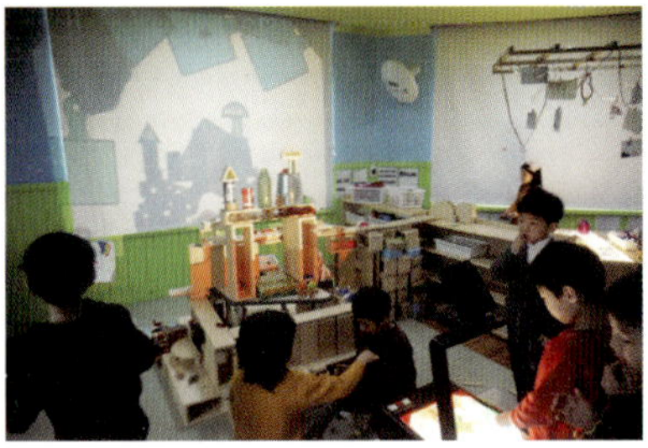

5세 교실의 블록 구성놀이 영역에서 '고운 파크'가 서울의 중심지로 만들어진 후 구성놀이 확장이 이루어지지 않았다. 교사는 어둠이 가득한 빛 놀이방이라는 새로운 장소를 유아들이 탐색하여 놀이에 대한 자극을 받으면 좋겠다고 생각한다. 빛 놀이방에 내려온 유아들은 놀이를 하기 전 교사와 놀이 방법에 대해 이야기 나눈다. 유아들은 함께 모여서 사는 집을 만들자고 하였고 교사는 아이들이 제안한다. 함께 모여 사는 집을 구성하려면 어떻게 하면 좋을지 생각해 보자고 하였다. 유아들은 OHP를 가리키며 위에도, 앞에도 쌓을 수 있다 고 하였다.

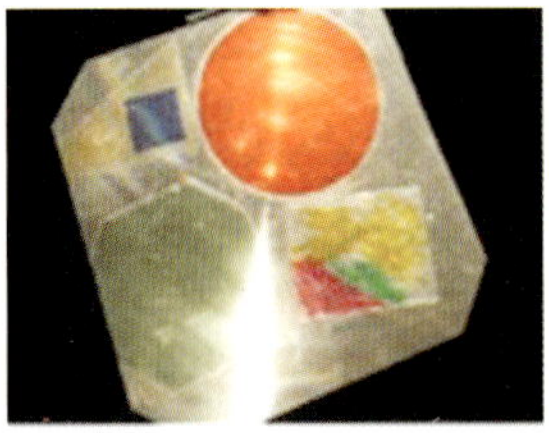

동그라미, 하트 집 등 OHP 위에 직접 구성을 한 적이 없는데, 유아들은 놀이 방법에 대해 망설임 없이 구성하기 시작한다.

함께 모여 살 수 있는 집 OHP 위 구성

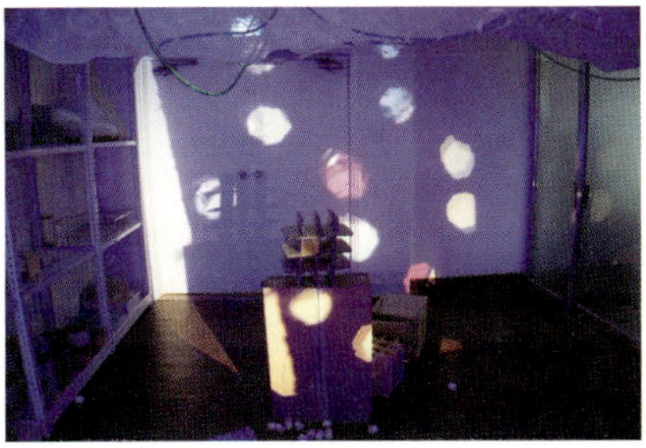

함께 모여 살 수 있는 집 OHP 전면 구성

유아들은 지관을 이용하여 그림자가 보이도록 (지관을) 높게 쌓아야 해. 셀로판지가 붙은 달걀판을 활용하며 빛을 이용한 구성을 하며 즐거워한다. 놀이가 시작되자 아이들은 각자 원하는 매체들로 구성을 하기 시작한다. 각자 다른 생각을 하고 있지만 모두 **'함께 모여서 살 수 있는 집'이라는 공동의 목표를 가지고 함께 구성**을 한다.

구성 중 재질, 무게, 높이 등이 서로 다른 매체들로 인하여 **구성물이 무너지는 문제**가 발생한다. 유아들은 교실에서 구성했던 경험을 떠올려 해결 방법에 대해 자발적으로 이야기를 나눈다. 현우는 얘들아 우리가 저번에 백두산을 만들 때 계속 무너졌잖아. 그때 무거운 나무 블록을 아래 두고 위에 가벼운 걸 올렸더니 안 무너졌잖아. 이번에도 그렇게 해 보는 건 어떨까? 곧 의성이가 그러면 내가 나무 블록을 찾아올게! 유아들은 나무 블록, 노란색 하얀색 빛이 나는 촛불 등을 찾는다.

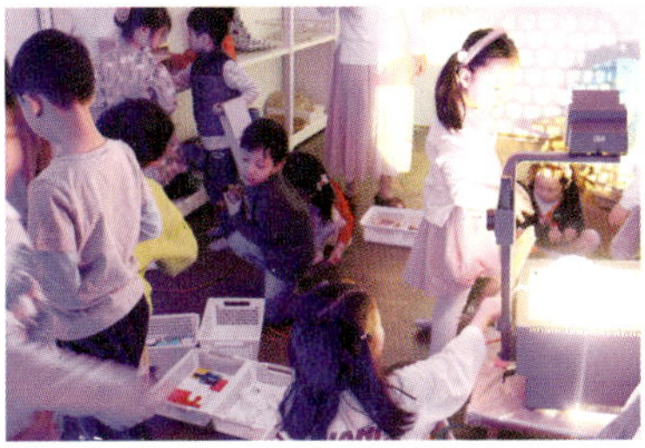

유아들은 자신이 원하는 매체를 찾으려 하지만 **어질러져 있는 빛 놀이방**에서 한눈에 찾기 어렵다는 것을 깨닫는다. 정리의 필요성을 느낀 교사는 모두 놀이하던 것을 중단하고 어떻게 해야 우리가 놀이를 할 때 매체를 바로 찾을 수 있을까? 의견을 나눈다. 아이들은 매체들을 분류하고 정리하는 시간을 갖는다.

정리를 끝낸 유아들은 색색 블록 위에 조각 블록을 올려 무지개 집을 만들거나 투과되는 매체들을 겹쳐서 올리는 등 다양한 방법을 활용해 구성해 나간다. 색 블록으로 집을 쌓고 레이스로 땅을 표현한다.

정리 후 함께 모여 살 수 있는 집 구성

OHP 전면 사람들이 모여 살 수 있는 배 구성

놀이 매체를 찾기 쉽게 정리한 유아들은 각자 원하는 공간을 구성한다. 매체들이 정리된 덕분인지 유아들은 더욱 다양한 매체를 활용해 다채로운 구성을 해 나간다. 하지만 또 다른 문제점을 발견한다. 다양한 매체들을 활용해 구성을 했지만 OHP 앞의 **구성물들이 그림자에 나타나지 않는다.** 아이들은 구성을 멈추고 다시 협의한다. 상자를 이리저리 옮기며 현우는 벽쪽으로 붙으니깐 조금 더 많은 부분이 보이는 것 같아. 그런데 위에가 많이 안 보이네. 은재는 멀어지니깐 괜찮은데 위가 잘 안 보여! 낮은 땅으로 보여!

그림자가 낮게 표현되자 높게 물체를 쌓아야 한다는 의견이 나왔고 유아들은 작은 지관을 활용해 상자 위에 구성을 시작한다. 그럼에도 유아들의 생각이 그림자로 표현이 잘 안 되어 또 다른 **매체를 탐색**하기 시작한다. 낮은 지관을 올리며 그럼 난 여기 상자 위에 이걸 쌓아서 굴뚝을 만들래! 조금 더 높게 쌓아보자! 이 안에 긴 동그라미(넓이가 좁고 길이가 긴 지관)를 넣으면 더 굴뚝처럼 보일 거 같아.

더 긴 지관을 발견해 앞서 만든 굴뚝 속에 넣고 안정적인 굴뚝을 만든다. 이때, 교사는 연기를 표현할 매체를 추가하였다. 얘들아! 여기 천으로 연기를 표현하는 것도 재미있을 거 같아! 아이들은 해 보자며 환영하였다. 우와 진짜 연기같네~ 이렇게 펄럭이니깐 진짜 연기 같아! 라며 신나 한다.

그리고 아이들은 사람들이 사는 배를 만들고 싶다며 사람들이 탈 수 있는 길을 건설한다. 또한 적을 만날 것을 대비해 지관을 활용해 대포를 만들고, 그 앞쪽에 화재가 나거나 위험한 상황에 대피하기 위한 비상 통로도 추가된다.

이 배는 사람들이 살 수 있는 배니깐 올라올 수 있는 길이 필요해.
적이 나타나거나 위험한 상황이 생길 때를 대비해서 대포도 있어. 그리고 여기 사람들이 도망갈 수 있는 길이 있는데, 미끄럼을 타고 내려가!
그래서 사람들 내려갈 때 다치지 말라고 폭신한 천을 깔았어! 라며 **가상의 이야기**를 만들어간다.

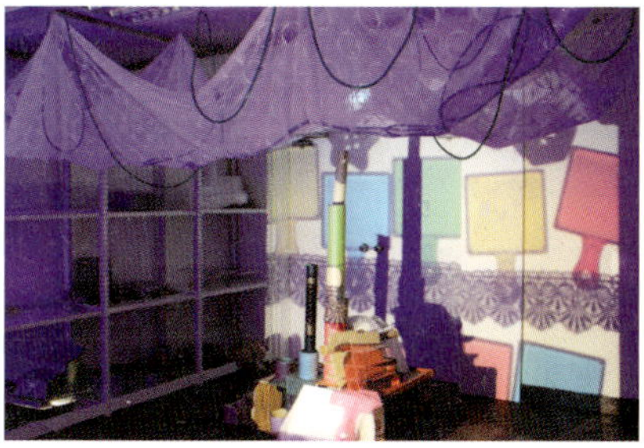

OHP 위와 앞 두 공간의 특성을 파악해 구성을 해 본 아이들은 자신들의 작품에 대해 이야기 나눈다. 의도하지 않았지만 OHP 위는 땅 그리고 OHP 앞은 땅에서 바다로 변화되어 두 공간이 존재하게 되었다. 서로 다른 이야기가 나왔다는 것에 아이들은 즐거워한다. 다음에는 또 다른 이야기를 만들거나 두 이야기가 합쳐질 수 있도록 이야기를 만들어 보자고 하였다. (**빛으로 만드는 이야기**, H유치원 5세 고운반)

일곱째, 유아의 놀이를 활동이 아니라 경험으로 접근한다.

놀이 경험은 **유아 간뿐 아니라, 서로 다른 자료, 물질, 공간, 환경, 담론들이 상호작용하는 내부작용 속에서 배움이 일어나고 놀이가 전개**된다. 그 속에는 언제나 유아들의 일상이 담긴다.

고운 파크는 우리 유치원처럼 서울에 있지요~
고운 파크에 더 멋진 타워가 있으면 좋겠어!
밤에 남산 타워는 무척 반짝반짝 빛나요!
그리고 엄청 높고 멀리서도 잘 보여~
어어! 가는 길에 자동차랑 사람이 지나가!
이건 고운 타워야~!

언젠가 한밤중에 반짝이며 빛났던 남산 타워를 떠올리며, 색깔 자석으로 새로운 타워를 구성하는 유아. 그리고는 멀리서도 잘 보일 수 있게 빛이 투과되는 색깔 블록을 찾아 가장 꼭대기에 올려놓는다. 떠올린 모습처럼 빛 그림자 영역 가장 높은 곳에는 색색의 자석과 블록으로 빛나는 남산 타워가 세워진다. 그 과정을 지켜보던 또 다른 친구는 남산 타워 주변의 새길을 구성하기 시작한다. (**지속적인 고운 파크 고운 타워 되기**, H유치원 5세 고운반)

서울 한밤중에 빛나는 고운 타워

이렇게 모든 놀이 속에는 우리들의 다양한 경험들이 담겨진다. 뿐만 아니라 개인적이고 단편적이었던 놀이 형태가 함께하는 놀이의 모습으로 변화해 감으로써, 서로 영향을 미치며 함께 공동의 목표를 가지고 흘러간다. 또한 서로의 놀이 나눔은 다른 아이디어를 만들고, 서로의 생각들이 합쳐져 놀이는 새롭고 특별한 이야기들을 지속적으로 만들어간다.

여덟째, 항해하는 놀이 흔적 찾기로서 기록을 수행하고 되돌려 준다.

유아들은 놀이과정에서 다양한 차이를 생성하면서 마음껏 항해한다. 유아들이 놀이하면서 항해하는 과정의 흔적 찾기로서 기록 작업이 필요하다. 기록은 교사가 **놀이과정에 귀기울이면서 유아의 배움에 대한 의미를 구성해 가는 과정**이다. 즉, 기록 작업은 고정된 물질이 아니라 내부작용과 되기의 과정 속에서 지속적으로 역할한다. 기록은 **생성되는 교육 실제와 연관하여 적극적으로 행위하는 도구**로서 물질적 배치와 담론 실제에 참여하는 '물질-담론(material-discursive) 장치'이다. 유아들의 놀이 되기에서 배움이 지속되도록 해 주는 '기계로(machinically)' 작동하는 장치이다(Lenz Taguchi, 2010:2018).

어느덧 고운반의 공연 공간은(그림자 스크린) 유아들이 디지털 카메라를 들고 바삐 움직이고, 화면을 들여다보며 까르륵 웃음소리가 가득하다. OHP 위에 배경을 올리고 그 가상 장면 속으로 들어가 배우들은 자유로운 상황을 연출한다. 그러나 교사는 한 가지 깊은 고민이 있다. 유아들이 매번 영상을 찍지만, 그럴 만한 이야기나 흐름 없이 자유자재라는 것이었다. 이에 유아들과 어떤 영상을 찍고 싶은 건지 스토리를 고민해 보기로 하였다.

처음 몇몇 유아들은 자신들에게 일어난 일, 속상하거나 화가 났을 때, 그리고 행복해지는 상황을 이야기하며 우리들의 감정, 경험에 대한 상황극을 찍고 싶다고 이야기하였다. 그러나 이야기를 나눌 뿐, 그에 대한 행동이나 영상 촬영은 없었다. 이후 시간이 지나면서, 유아들은 자유롭게 **장면과 역할을 나누고 새로운 이야기를 그려 간다.** 그동안 **유아들의 상호작용과 놀이 전개 등 다양한 양상들을 기록하여 그간의 이야기 흐름을 재정비·검토**해 보고자 한다.

 # 1 동물 친구들의 만남

산(구미호): 아우~

은재(고양이): 안녕~

승휘(고릴라): (가슴을 두들기며) 우우우~~

구미호와 고양이와 고릴라가 등장하며 인사를 한다. 그중에 고릴라가 구미호에게 머리를 맞대며 도발을 한다.

#2 사부 구미호, 고릴라 제자

구미호가 꿈쩍 않자 고릴라는 구미호에게 키워 달라고 애원한다.

승휘(고릴라): 키워주세요~ 키워주세요~

현우: 밤이랑 낮이 필요해!!

세윤, 은재: 내가 만들어 줄게!

+) 밤과 낮, 시간의 흐름을 표시할 장면 변경의 필요성을 제시한다.

#3 새로운 고양이 친구

은재(고양이): 야옹~

고양이는 고릴라와 함께 놀고 싶어 하지만, 고릴라는 구미호와 함께 가버린다.

그러자 슬퍼하던 고양이에게, 새로운 고양이 친구가 다가온다. 서로 머리를 부비적거리며 기뻐한다.

.... 중 략 ....

서은: 자, 촬영사들 이것(장면) 좀 바꿔 줄래? 이 잔디 좀! 잔디 좀 내려 줘.

OHP 기기 옆에 준비하고 있던 장면 연출을 맡은 유아들이 잔디 장면으로 OHP 필름지를 바꿔 준다.

지인: 비 오는 날이 곧 온대요~ 일기 예보가 틀어졌어. '비가 지금 오고 있습니다! 아~주 아주 쌩쌩하게 오고 있습니다!'

OHP 필름지를 비오는 그림 장면으로 바꿔 준다. 비 오는 배경으로 바뀐다.

지인: '비가 너~무 많이 오니 조심하시기 바랍니다!'

서은: 폭풍이 몰립니다~ (카메라를 흔들흔들-폭풍우 표현)

지인: 그래서 거기가 바닷속으로 바꼈대요~ 그래서 수영을 해야 했었죠?

OHP 필름지를 물고기들이 가득한 장면으로 바꿔 준다. 바닷속 배경으로 바뀐다.

서현: (물에서 버둥대는 몸짓을 한다.)

지인: 하지만 수영을 안 하고 그냥 뛰어다녀도 됐대요~

서현: (물속을 걸어다니는 모습을 연기한다.)

지인: 그래서 너무 웃긴 하루가 됐대요~ 그래서 하루가 끝나지 않았으면 하는 마음으로 즐겁게 춤을 췄대요~

서현: (콩콩 몸을 춤추듯 움직인다.)

지인: 그래서 너~무 너무 신나고 신나고… 신났어서 하하하 웃었대요. 비가 올 때 비 먹구름도 한번 잡아 보고.

서현: (먹구름을 향해 껑충 뛰어 잡는 시늉을 한다.)

지인: 이렇게 비가 이제 멈추니까 (비 내리는 OHP 필름지를 뺀다.) 다시 맑은 하늘이 나와서 참~ 싫었대요! (무지개 장면으로 바꾸며) 하지만 그래도 무지개가 떠서 좋았지요~ 그래서 너~무 너무 좋은 하루가 와서 좋았죠. 하지만 해가 떠서 집에 가기 싫었는데, (비 오는 장면으로 바꾸며) 또다시 비가 와서 너~무 너무 좋았대요. 그래서 비가 오는 세상을 발레리나처럼 빙~글 돌아다니고 참 좋게 놀고 있었대요. 그래서 참 좋았죠. 하지만 비가 오는 게 멈춰서 무지개가 떴어요.

서은: 매일 매일 무지개가 떠서 그 아이들이! @#$%^&*() 했어요. 그래서 맨날맨날 무지개를 먹고 살았답니다~ 이야기 끝!

유아들과 자유롭게 시작한 공연은 시간이 흐르면서 이제는 디지털 카메라에 직접 촬영 영상을 담아 가는 방식으로 놀이가 이어졌다. 예상보다 꽤 긴 시간 유아들과 공연에 대하여 다루었다. 하지만 공연이란 아주 광범위한 방식과 다양한 종류를 적용해야 하기에 유아들과 나누고 결정해야 하는 것들도 많은 듯하다. 유아들의 **놀이 전개 속에서 유아들이 더욱 흥미로워하는 점,** 그리고 **원하는 방식,** 또 과정 속에서 생기는 **시행착오들과 문제점,** 그것을 **풀어 나가는 문제 해결과정** 등 더욱 수많은 이야기가 앞으로도 펼쳐질 것이라고 믿어 의심치 않는다. 때문에 교사도 고민이 많은 것이 사실이다. 어느 부분에서 유아들의 호기심을 풀어 주고 **어디에 초점을 두어 유아들의 놀이 흥미를 높여 주어야 하는지, 어떤 자료와 발문을 더욱 지원하여야 하는지** 감이 잘 서지 않을 때가 많다. 어쩌면 교사들 또한 공연 전문가가 아니기에 그런 모습이 자연스러울지도 모른다. 따라서 교사는 재기록을 통해 유아의 놀이 흐름을 다시 한 번 점검하고 되돌아보며, 이런 결정을 내렸다. '그래, 우리도 유아와 같은 구성원이 되자.' 유아들도 제각기의 역할을 가지고, 작가와 촬영 감독, 배우, 장면 연출자, 장면 제작자, 나레이터 등 다양한 역할 구성을 가지듯 말이다. **교사도 그 과정 속에 능력을 뽐내며 하나의 역할을 맡고자** 한다. 때로는 정보 제공자, 투자자, 기획자, 광고주, 음향, 재료 공급자 등의 많은 역할을 충분히 하고 있으니, 과정 속 역할에 대해서 너무 조바심 내지 않고 천천히 유아들과 함께 만들어 나가는 마인드로 임하면 교사에게도 특별하고 재미난 놀이·교육 경험이 될 수 있을 것이다. 교사는 앞으로도 유아들의 공연 이야기를 지속적으로 지켜보며 적극적 지원과 참여에 최선을 다해야겠다고 다짐한다(**계속 놀이하고 싶은 유아, 욕망을 경청하는 교사**, H유치원 5세 고운반).

우리가 심은 모종이야~!!
비트, 적겨자, 치커리, 청상추, 꽃상추~!

3 교사 배움 공동체

변형 지향적인 교사는 교육 현장에서 지속적으로 생성되는 놀이 사건과 교육 실제를 무비판적으로 수용하기보다 미래에 대한 비젼 있는 실용주의, 교육적 책임감, 정치적 인식을 가지고 탐구 공동체에 몰입한다. 교사 간 공동체적 관계 속에서 놀이와 배움에 대해 탐구하고, 대화하며, 갈등에 대해 협의하면서 다원적 이해를 도모해 나간다(Henderson, 2016:2001). 공동체에서 교사 간 반성적 탐구는 개개인의 연구와 실천력을 확장시키고 만들어가는 교육과정의 실행 동력이 된다.

놀이 중심 유아교육은 가르치기를 예술(art of teaching)로 보아 관계와 귀기울임의 교육(pedagogy of relationship and listening)을 실천하면서 '되기의 인간(humans as becoming)'과 '만들어가는 지식(knowledge in the making)'을 지향한다. 나아가 유아·교사·부모·지역사회 간 유아에 대한 이해와 놀이와 성장에 대한 협력과 관계가 중요하다. 따라서 유아의 호기심과 관심에서 시작된 놀이를 따라가면서 지속적으로 만들어가는 '변형 지향적 교육과정 리더십(transformative curriculum leadership: Henderson & Hawthorne, 2000)'이 근간이 되는 놀이 중심 교육에서는 기관, 가정, 지역사회뿐 아니라, 교사 간 공동체적 협력이 전제될 때 가능하다.

'배움 공동체'란 배움과 전문적 발달을 목적으로 공동체를 구성하여 교사 간 공동의 실천에 대해 반성적으로 의사 결정하고 문제를 해결하는 공동체적 협력을 말한다. 배움 공동체는 유아와 교육과정에 대한 이해를 증진시키고 교육과정 운영과 평가의 개선을 지속적으로 실천하는 전문적 협력을 의미한다(김은희, 2004). '배움(learning)'이라는 단어는 공동체의 구조, 목적, 관계는 항상 변형되므로 개방적 마인드를 가지고 창의적이며 비판적인 문제 해결에 지속적으로 몰입해야 함을 의미한다. '공동체(community)'는 공동의 목적을 가진 사람들을 결합시키는 가치, 정서, 신념을 가진 체제로 정의된다. 공동체는 구성원 간의 전문적 준거와 개인적 공감에 따라 의미를 부여하고 가치에 따라 행동하지만, 학교 내 교사 문화에서 배움 공동체는 진정한 협력과 권한의 평등성, 돌봄의 윤리 또한 필요하다(Henderson & Hawthorne, 2000).

놀이와 배움을 위한 공동체 협력은 사회적 구성주의와 인본주의뿐 아니라 탈구조주의에 근간을 둔다. 기관 내 교사와 부모 등 관련 성인 학습자들이 모여 현장 실친 경험을 공유하면서 놀이와 배움을 위한 지원을 연구하는 과정에 몰입한다. 공동체 과정에서 구성원들의 세계관은 진화되고, 유아, 교사의 잠재 능력과 창의력을 실현하는 인본주의 이상이 연합된다. 교사들은 개인의 '주관성'뿐 아니라 '간주관성'에 가치를 두고(Rinaldi, 2001), '발현적 귀기울이기'와 '대화'를 협력적 탐구의 도구로 본다(Rinaldi, 2006). 교사 간 공동체의 중심 원리는 상호 협의(negotiation)로서 '관계에 기초한' 접근을 표방하는 레지오 에밀리아 교육(Malaguzzi, 1993)에서 잘 실천되고 있다. 이러한 교사 공동체는 협의를 통해 학교 문제, 교육의 질, 학교 개혁, 의미 있는 경험을 전개하고 토론한다(Rinaldi, 2006:2017). 그간 세계의 교육자들이 유아교육과정의 변형 방향으로 레지오 에밀리아 접근법에 초점을 두어 온 이유는 공동체를 통한 접근에 영감을 받았으며(Fuet al., 2002), 그러한 협력 체제가 질적 교육을 가능하게 한 원동력으로 평가되기 때문이다(Gorden et al., 2000).

국내에서도 교사 공동체에 대해 김혜선(2002), 김은희(2004, 2006, 2012), 김은희 외(2007) 등의 연구에서는 교사·부모·지역사회 간 문제를 인식하고 논의하면서 갈등을 해결해 가는 공동체 토론 문화가 교사 발달과 유아교육의 가능성을 넓혀 가는 연구 결과를 보고해 왔다. 그 외, 공동체를 통해 교사 간 관계 형성 및 전문적 발달(Hill, 2002; Moran, 1998)뿐 아니라 학습이나 물리적 환경(Fraser & Gestwicki, 2002; Haigh, 2004), 부모 공동체(Bersani & Jarjoura, 2002; Fyfe & Strange, 2004), 지역사회 연대(Fraser & Gestwicki, 2002), 통합교육(Palsha, 2002) 등 교육의 변화를 협상하고 질적 변화를 가져온 사례들이 다수 보고되고 있다. Fu 등(2002)은 레지오 접근법을 공동체를 위한 모델로 인식하고 미국 문화에 '재창안'하기 위해 가르치기와 학습을 탐구하면서 '언제나 함께 만들어가는 것'이라는 믿음과 열정을 공유하는 배움 공동체 창안을 권고하였다. 교사와 영유아교육 기관의 변화를 위해 구성원 모두가 평등하게 참여하여 탐구하고 지원하는 공동체 접근은 유아 중심·놀이 중심 교육에서 만들어가는 교육과정 운영을 위해 반드시 필요하다.

아래 유치원 교육 경력 7년차인 3세 S반 K교사는 지난 6년간 타 기관에서 교사 생활을 하였다. 학습 공동체를 통해 만들어가는 교육과정을 운영하는 G유치원에서 1년을 맞으며 이전의 교육과정 운영 방식을 돌아본다. 그간 유아교육 기관들이 실행해 온 프로젝트 운영은 교사가 주도하는 정형화된 형식으로 교사 중심의 교육과정이었다고 평가한다. 관계와 소통을 중요하게 생각하고 공동체를 실천하는 G유치원은 교사가 유아의 말에 귀기울여 기록하고 기록을 토대로 교사 간 학습 공동체를 통해 교육과정을 발현해 나가며 부모들과 소통하는 교육이라고 말한다. 자신도 발현적 교육과정의 매력을 알아 가고 있으며 현재는 기록과 유아와의 상호작용에 어려움을 느끼지만, **공동체 속에서 성장하는 교사로 변화**될 것을 스스로 기대하고 있다.

공동체 속에서 발현되는 프로젝트

G유치원 3세 S반 7년차 K교사

현장 경험이 있는 교사로서 나름 유아 중심 교육과정 '프로젝트' 를 진행하고 있다고 생각하던 내가 G유치원에서 레지오를 접하면서 '이전에 내가 한 교육이 정말 유아 중심 교육과정이 맞나?' 하는 의문점을 가지게 되었다. 그리고 그 의문점에 대한 답을 찾기 위해 그 동안 내가 진행한 교육과정을 뒤돌아보게 되었다.

나를 비롯한 현장에 있는 대부분의 교사는 프로젝트 활동을 일정한 방식(순서)에 의해 진행하고 있다. 예를 들어 주제를 선정하고, 생각 모으기, 주제망 구성하기, 질문 목록 작성 등의 패턴으로, 그리고 교사가 미리 계획한 결과를 얻기 위해 아이들을 이끌어 가고 있다. 그래서 과정보다는 결과에 더 큰 중점을 두고 진행을 해 왔다는 생각이 들었다. 그럼 이건 유아 중심이 아니라 주제 중심 교육과정이라는 말이 맞지 않나 하는 생각이 든다.

이에 반해 관계와 소통을 중요시하는 이곳 G유치원의 레지오 방식에서는 미리 예측된 계획도, 결과도 없다. 아이들의 이야기에 귀를 귀울여 듣고, 아이들과 같은 시선으로 바라봐 주면서 그 안에서 함께 고민하고, 함께 이야기 나누면서 그 안에서 해결해 나간다. 그걸 제일 잘 표현한 것이 교사의 기록과 부모와 공유하는 저널이라는 생각을 갖게 되었다. 교사는 그날그날 아이들과 진행한 활동을 기록하고 기록을 뒤돌아보면서 아이들이 진정으로 관심을 갖는 것, 아이들에게 필요한 것이 무엇인지를 계획할 수 있다.

아직은 기록의 과정이 낯설고, '이렇게 하는 것이 맞지?' 하고 스스로에게 많은 질문을 하고, '지금 진행되고 있는 주제에 별로 관심이 없는 아이들에게는 어떻게 해야 하지?' 등 많은 고민을 가지고 생각하는 공동체 입문 1년차 교사이지만, 나는 이 과정을 조금 즐겨 보려고 한다. 그리고 지금보다 좀 더 변화된 나를 만날 수 있을 거라는 기대를 한다. 그 뒤에는 학습 공동체라는 소통의 장이 있기 때문에 나는 변화될 것이라 믿는다(2014. 11. 24.).

다음은 첫해 T유치원에서 레지오 방식을 적용하면서 교사들 간 실천한 **공동체 운영 방식**과 학습 공동체 운영을 통한 교사와 유아들의 변화를 G교사가 소개하고 있다.

우리 원의 교사 간 공동체

T유치원 G교사

교사들은 정기적인 교육 협의를 마련하여 공동의 문제를 함께 나누며 개인의 사고와 견해가 수정되고 발전될 수 있는 기회를 가진다.

전체 공동체

교사들은 정기적인 전체 교육 협의를 통해 프로젝트 운영을 위한 가설적 계획을 세우고 유아의 흥미나 욕구에 부합되는 융통성 있는 목표를 설정하는 사전 정찰의 기회를 가진다. 1주일에 1회를 기본으로 하고, 경우에 따라서 융통성 있게 조정될 수 있는 여지를 두어 많게는 주 2회 적게는 2주에 1회가 되기도 했다. 프로젝트가 진행되고 있을 때에는 활동의 전개과정에 대해 함께 이해하고 의미 있게 발현될 수 있는 교육적 가치에 대해 함께 아이디어를 나누는 시간이 되었다.

연령별 공동체

필요에 의해 수시로 이루어진다. 대략 주 1회 정도였다. 기존의 생활 주제 중심의 교육계획이 이루어지지 않는 상황이었으므로, 한 가지 프로젝트가 마무리될 즈음에 다음 수업을 위한 사전 정찰의 의미가 큰 협의였고, 특히 프로젝트에 대해 여러 반이 함께 공유하는 기회를 많이 갖게 되면서 자연스럽게 연령별 협의 횟수가 늘어나게 되었다.

원감과의 협의

교육을 담당하고 있는 원감과 함께 주 1회 개별 협의의 기회를 가진다. 길게는 1시간 30분, 짧게는 30분 정도의 시간을 통해 지금 이루어지고 있는 활동의 방향과 활동의 확장, 심화를 위해 생각을 모았다. 특히 경력이 적은 초임 교사와 프로젝트에 대한 경험이 적은 교사인 경우에는 활동 진행에 대한 부담을 함께 나누고 목표를 향해 함께 방향을 바라봄으로써 순조로운 활동의 전개에 많은 도움이 되었다.

생활 속에서 자연스럽게 이루어지는 수많은 의사소통의 기회

교사들 간의 교육 협의는 정기적인 모임만으로는 충족될 수 없는 부분이 있다. 그래서 교사들은 유치원에 함께 있는 동안은 **늘 교육에 대해 토의하고 아이디어를 공유**한다. 수업이 진행되고 있는 중간에도 서로에게 의견을 묻기 위해 바쁘게 교실을 오갔고, 잠시 스쳐 지나칠 때에도 서로의 프로젝트 진행 상태, 문제점에 대한 대화가 이어졌다. 수업 중 다른 교사들을 초대 또는 방문하여 아이디어를 함께 나누었고, 때로는 다른 반 유아들을 초대하여 의견을 나누는 경우도 있었다. 그리고 활동이 끝나면 늘 탐색과정과 결과를 공유하는 기회도 가졌다. 재미있는 사실은 이러한 교사들의 모습과 활동 방식에 영향을 받은 것인지 이제는 **유아들 또한** 문제를 해결하거나 적절한 아이디어가 필요할 때, 같은 반 유아들 안에서의 해결만을 생각하지 않고

> **다른 반 유아, 교사, 원장 선생님, 기사 선생님, 조리사 선생님, 학부모 등 모든 인적 자원을 활용**하여 문제를 해결해 나가고 서로의 의견을 나누고 수렴하는 자세로 바뀌었다는 것이다. 또한 다른 반이나 유치원 전체의 문제에 대해서도 자신의 일처럼 적극적으로 아이디어를 전하고 함께 해결해 내려는 경향이 보인다. 이제 교사들에게도 교육 협의는 수업과 교사 자체에 대한 점수 내기식의 평가가 아닌 교육의 현재와 더 발전적인 다음 단계를 위한 의미 있는 모임이 되었다. 예전의 탁상공론과 같은 형식적인 협의 형태는 사라지게 되었으며, **실제 교육 현장에서 살아 움직이는 활발한 논의**가 끊이지 않았다.
>
> 교육 협의의 중요성은 말로 다 설명할 수 없겠지만 1년을 보낸 후 느낀 가장 큰 수확은 교사들 또한 유아들과 마찬가지로 활발한 사회적 상호작용과 의사소통을 통하여 함께 지식을 구축하고 학습하고자 하는 성향이 길러졌다는 것이다. 이는 전체 유치원의 수업 분위기가 되기도 했다.
>
> 또한 서로 다른 능력을 가진 교사들이 함께 협력하여 부족한 부분을 채워 줌으로써 유아들에게 좀 더 다양한 형태의 탐색 활동을 제공하게 되었다는 것도 의미 있는 일이었다. 활발한 교육 협의를 통해 교사로서의 전문성이 조금씩 발달되면서 교사로서의 자존감도 함께 커갔고, 교육의 비중이 절대적으로 커지면서 행정적인 업무나 기타 잡무에 대한 스트레스 또한 상대적으로 줄어들어 **교육에 전념하는 교사로서의 한 해**를 보낼 수 있었다.

상기한 T유치원 교사들은 공동체를 통해 늘 교육에 대해 토의하고 아이디어를 공유하였다. 교사들은 정기적, 비정기적으로 모여 프로젝트를 시작하거나 활동을 전개해 나갈 때 협의를 거쳐 포괄적인 목표를 정하고, 여러 방향의 가설적 활동을 계획하고 융통성 있는 목표를 설정한다. 놀이를 진행하면서 교사 간 학습 공동체 속에서 유아들의 생각을 다시 나누면서 학습 방향을 발현시켜 나간다. 이러한 교사 간 공동체는 놀이 중심 교육의 교수학습을 위해 반드시 필요한 교사들의 협의과정이다. 이러한 협력 속에서 교사들은 교수 행위에 대한 책임감을 공유하게 된다. 다음 유치원 1년차 초임 교사의 저널을 통해 **교사 간 공동체가 진행되면서 교수학습에 대한 공동 책임감이 발달**함을 볼 수 있다(김은희, 2006).

> 일 년을 돌이켜 생각해 보니 교사 협의가 나에게 많은 도움을 주었던 것 같다… 내가 하는 프로젝트에 대해 의논하고 조언도 듣고 도움을 받으면서… 다른 반 선생님들의 프로젝트 진행 과정을 보고 듣고 스스로 평가하는 시간을 매주 가지면서… 좋은 자극이 되었다. 내가 하지 못한 부분에 대해 알게 되고, 새로운 방법으로 시도해 보려는 노력도 하게 되었다(T유치원, 1년차 J교사).

연구 교사의 역할을 담당한 G교사의 **한 학기에 걸친 종적 저널**에서 다른 교사와의 학습 공동체 과정에서 가져오는 스스로에 대한 반성적 탐구와 갈등, 지식의 공동 구성과 실천, 교사 간 협력적 분위기, 나아가 유치원 교육 환경의 변화를 알 수 있다.

> 1학기 동안 정기적인 교육 협의를 통해 항상 긴장하며 수업을 준비하고 진행할 수 있었다. 교사들과의 협의를 통해 주제에 대해 **다양한 시각에서 바라볼 수** 있었고 다양한 아이디어를 얻을 수 있었다(7월, G교사).

> 후배 교사의 발전에 도움이 되는 선배가 되자… 개별 교육 협의에 더 충실해야겠다. 한 학기를 보내며 서로에 대해 많은 부분을 알 수 있고, 또 **신뢰하는 만큼 좋은 협력자**가 될 수 있으리라 생각한다(8월, G교사).

> 2학기에는 융통성 있게 수업을 계획하고 전개할 수 있는 좋은 여건이 마련된 만큼 유아의 관심이 모아지는 주제에 대해 소박하면서도 역동적인 활동들을 함께 고민하고 협의하고 창조하는 경험을 하며, **유아의 성장에 자극이 될 수 있는 좋은 협력자**로서 지낼 수 있기를 바라며, **변화와 힘을 가진 수업**을 만들 수 있기를 바란다(9월, G교사).

> **고민하고 갈등**하며 힘겨워 하는 동료 교사들에게 힘이 되어 주지 못하는 현재 상황에 대해 미안한 마음이 크고 좋은 협력자가 되어 주지 못해 마음이 무겁다(11월, G교사).

> 교육 협의의 중요성은 말로 다 설명할 수 없지만 1년을 보낸 후 가장 큰 수확은 교사 또한 유아와 마찬가지로 활발한 사회적 상호작용과 의사소통을 통해 **함께 지식을 구축하고 학습하고자 하는 성향**이 길러졌다는 것이다. 이는 전체 유치원의 분위기가 되었다(12월, G교사).

G교사의 저널에서는 반성적 사고의 창의적, 돌봄, 비판적, 관조적, 협력적 요소를 엿볼 수 있다(Henderson & Hawthorne, 2000). 학습 공동체를 유아교육 현장에 적용하면서 협력의 필요성 때문에 동료 간 관계가 개선되며 소속한 집단을 하나의 체제로서 강화시키려는 욕구가 나타난다. 학습에 관한 모든 결정은 혼자 하는 것이 아니라 협력적 관계 속에서 이루어진다. **'가르침을 예술'로 보는 '관계의 교육'**이다. 이러한 협력적, 반성적 실천은 좋은 결과를 가져오고 감동적이기도 하면서 동시에 도전일 수도 있다. 레지오 교사들도 교사의 역할 중에서 가장 어려운 점은 항상 도전받고, 의사를 결정하고, 끊임없이 문제가 무엇일까 긴장하게 되는 점이라고 말한다. 그러나 그 과정에서 성취감과 희열감, 자신의 성장에 매력을 느낀다. 이러한 지적 활력은 교사들을 교직에 오래 머무르게 하는 요인으로 이해된다(Tegano, 2002). 나아가 기관의 공동체 문화는 교사 스스로 잘 맞고, 할 만한 일이며, 유아의 학습을 도우면서 교사 자신도 커 간다고 믿는다(Edwards et al., 1998). 이러한 접근이 기관의 공동체 분위기 형성에 상승 작용을 가져온다.

이전에는 다른 반 수업에 관심이 적었으나, 지금은 다른 반 경험, 학습 내용, 유아 행동, 생각까지도 알게 되었다. 수업 운영에 있어서도 이전에는 단순히 교사, 유아 간의 진행에 초점을 두었다면, 지금은 **교사들 간 협력**이 더욱 긴밀하게 되었으며, **가정에도 도움을 요청**하게 되었다. **때로는 주방 아주머니, 기사님**까지 오셔서 적극적으로 진행을 도와주시기도 한다(Y유치원, B교사).

저는 교사 간의 협의가 가장 고맙더라고요. 선생님들마다 색깔이 있기 때문에 힘들었을 텐데, 조화를 이루어 나가더군요. 교사들에게 고마워요. 그리고 교수님의 지속적인 현장 연결과 다른 기관과의 공유 기회를 통해서 우리가 제대로 가고 있는지를 다시 한번 생각하게 되어서 아주 큰 힘이 됩니다(S어린이집, 원장).

공동 교사(4조)

기록 재방문

교실 교사 공동체

교사의 환경 재구성

연령별 교사 공동체

교사 간 공동체

기관 전체 공동체

쫄라맨이 사는 마을에 있는 병원인데 쫄라맨은 사람이 아니잖아요.
그래서 쫄라맨을 사람으로 만들어 주는 병원이에요!
그리고 사람으로 되면 옆에 병원인 유치원으로 가게 되는데,
그 유치원에서 다치면 그 옆에 있는 뭉게구름 병원으로 가요!
맞아요! 그리고 항상 하늘에는 고운 햇살이 있는데
사람들을 따뜻하게 햇살을 비춰 줘요~!

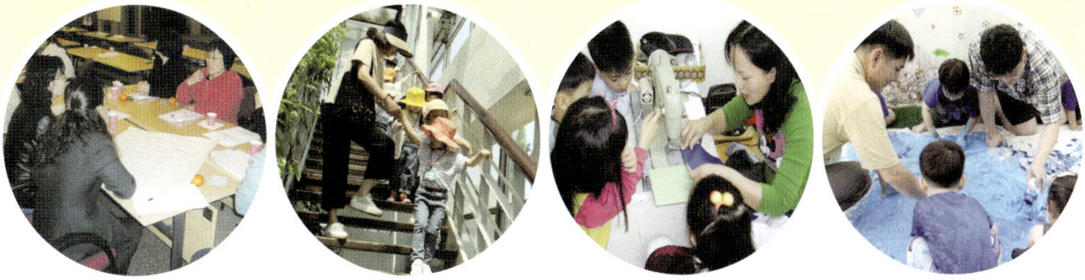

4 부모와의 공동체적 참여 방안

Rinaldi(2001)는 "**유아, 교사, 부모가 권리를 갖지 못한다면 학교가 아니다.** 이 모든 주체가 환영받고 관계를 형성할 수 있는 곳이라고 느낄 수 있는 곳이 학교와 유아를 위한 기관 설립의 필수 불가결한 요건이라 할 수 있다."라고 하였다. 본 장에서는 부모와의 공동체적 참여 방안을 제안해 보고자 한다.

1. 부모 참여 방안 모색을 위한 포럼

만일 관계가 교육과정의 근간이 될 때 질 높은 유아교육을 할 수 있다는 Malaguzzi의 견해에 동의한다면, 우리는 관계를 강화시키기 위해 부모가 교육의 한 주체로서 공동체적 마인드를 가지고 참여하기를 원하는지 면밀히 재고해야 할 것이다. 부모들의 참여에 대한 의사와 문제 및 참여를 위한 구체적 방안을 모색하기 위해 학습 공동체 참여 기관의 각반 대표 **부모들이 한자리에 모여 공개 토론회**를 가졌다(2005. 11). 20여 개 기관의 100여 명의 부모가 모인 자리에서 부모들은 10개의 소그룹으로 나뉘어 토론을 진행하였다. 부모들은 토론에 적극 참여하였고 토론 주제별 부모들이 제안한 의견을 요약하면 다음과 같다.

부모 참여를 위한 포럼 중 부모의 소그룹 토의 및 공유

토론 1 부모들이 원하는 구체적인 기관 참여 방안에는 어떤 것들이 있는가?

첫째, 주기적인 만남을 통한 대화가 필요하다. 둘째, 부모가 적극적이고 능동적인 참여를 할 수 있는 다양한 프로그램이 필요하다. 셋째, 아버지들도 적극적으로 참여할 수 있는 기회를 마련한다. 넷째, 조부모 등 다양한 연령대를 위한 참여 프로그램이 필요하다. 다섯째, 부모의 적극적 참여를 위한 부모교육이 필요하다. 여섯째, 부모 참여를 위해 하루 일과를 부모가 참관하면 좋겠다. 일곱째, 부모를 위한 공간이 마련되면 좋겠다. 여덟째, 부모 참여 시간대를 다양하게 한다.

토론 2 부모가 주체가 되어 참여할 때 나타날 수 있는 문제가 있다면, 그 문제는 무엇이며 어떻게 해결할 것인가?

첫째, 맞벌이 부부인 경우 시간대별로 참여할 수 있는 참여 방안 필요, 둘째, 부모 참여 시 아이들을 돌봐 줄 수 있는 공간 마련, 셋째, 부모들의 인식 변화가 중요하다고 하였다.

토론 3 기관 내 부모들의 공감대를 어떻게 불러올 것인가?

부모들은 기관 내 부모들 간의 친밀감, 유대감 형성을 위한 **정기적인 모임**, 회의 등을 원하였다. 엄마가 주로 참여하는 형태에서 벗어나 **아빠의 참여**를 유도하기를 잊지 않으며 **조부모 등의 참여**도 제안하였다. **맞벌이 부부**를 위한 다양한 시간대, **부모를 위한 공간 마련**, 일과를 이해할 수 있는 **부모 참관**에 대해서도 많은 관심을 보였다. **부모들은 여건이 주어진다면 기관에 참여하기를 원함**을 알 수 있었다. 다음은 부모 포럼이 끝난 후, 참여한 기관장의 반성이다.

부모들이 너무나 적극적으로 자신들의 참여 의지를 이야기하고, 참여 방안들을 제안한 부분에 대해 감명받았다. 부모들도 주체적 참여 의지가 있는 데도 불구하고 원장이 일방적으로 부모를 교육해야 한다고만 생각한 것은 아닌지에 대해 반성하였다. 이제 **적극적으로 부모가 참여할 수 있는 방안을 연구**하여야겠다(H유치원, 원장).

2. 신입 원아 부모와의 관계 형성

2.1 부모를 위한 공간

학습 공동체 기관의 부모들이 모여 가진 공개 포럼에서 부모들은 **'부모를 위한 공간'**이 기관에 있었으면 좋겠다고 하였다. 부모와의 관계 형성에 가치를 두는 국내외 영유아교육 기관에는 부모가 교사와 협력하고 개방된 의사소통을 하기 위해 부모를 위한 공간을 구성한다. 이 공간에서 부모는 유아를 데리러 오는 시간이나 방과 후 교육 정보, 행사, 각 반의 주간저널 등을 열람하면서 교실 및 기관 생활에 관한 정보를 얻는다. 그곳에는 주간저널, 일일저널 및 부모와 교사가 상호 메모를 남겨 놓을 수 있는 기록지를 별도로 마련해 둔다. 부모는 가정에서 유아에게 있었던 중요한 정보를 기록하여 남길 수도 있다. 기관 경험이나 연구를 보여 주는 동영상 또는 영상 기록물도 부모 영역에 비치해 둔다. 이러한 정보와 만나면서 부모는 유아의 기관 경험을 지원할 수 있는 매체, 자원, 사고 등에 대한 전문가적인 견해를 배운다.

2.2 나의 소개 패널(Identity panel) 만들어 공유하기

학교에 입학이 확정된 유아의 가족은 유아에 대해 잘 소개할 수 있는 다양한 사진을 가지고 온다. 사진을 기반으로 나의 소개 패널을 제작한다. 이는 **부모가 유아들을 기관으로 안내하는 방식**이라 할 수 있다. 한 장의 종이에 유아 이름, 별명, 생일,

취미, 좋아하는 음식, 성격 등을 작성한다. 이 패널을 만들면서 교사들은 새 학기에 어떤 아이들이 올 예정인지 이해하고 유아들의 관심사에 어울리는 교실 환경을 구성한다. 신입 원아가 학교를 방문하여 전이 교실에서 놀이하는 과정을 사진으로 기록하여 소개 패널을 만들 수도 있다.

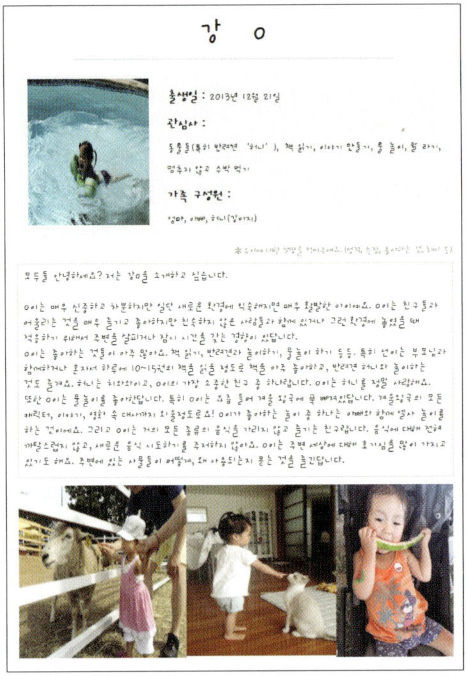

나의 소개 패널

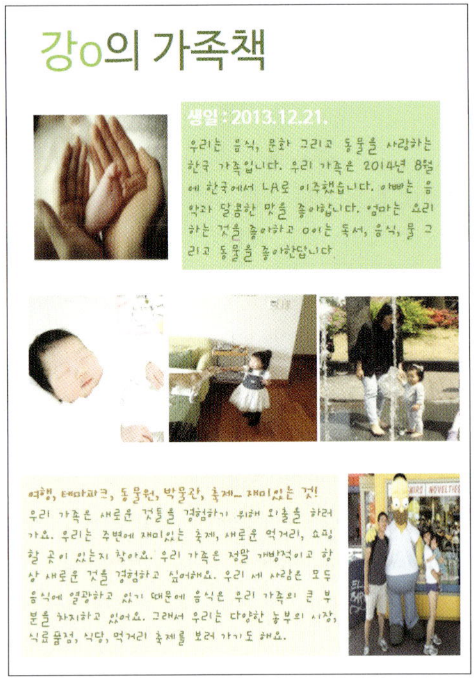

가족책

2.3 가족책(Family book) 만들기

부모는 가정에서 유아와 함께 생활하는 일상 경험 사진으로 가족책을 만든다. 이러한 '가족책'은 기관과 가정을 긴밀하게 연결해 준다. 신입 원아 부모 OT 시 졸업생과 교사의 환영 편지가 담긴 빈 '가족책' 화일을 선물한다. 부모들은 가정에서 유아와 함께 가족사진, 취미, 유아가 좋아하는 놀이, 음식, 반려동물, 주말의 가족생활, 가족과 자주 만나는 사람들, 가족이 자주 가는 장소 등에 대한 글과 사진을 담는다.

첫 등원 날 교실 입구에는 가족책을 전시할 공간을 마련한다. 가족과 가족 경험에 대한 사진은 **유아를 새로운 환경에 좀 더 편안하게 들어올 수 있도록** 한다. 가족책은 **유아가 부모에 대해 생각할 수 있는 자료를 제공하고 가정과 연결짓는 통로**가 된다.

2.4 신입 원아의 학교 방문

학기 시작 전 아이는 학교에 방문하여 기관과 교실 환경을 경험하는 시간을 가질 수 있다. 교실에서 놀이에 참여하고 놀이터에서 노는 등 자유로운 시간을 가지며 환경에 익숙해진다.

3. 부모 공동체 구성과 운영

3.1 부모 공동체 구성

학교 구성원들의 긍정적이고 신뢰로운 관계는 구성원들에게 안정감과 효능감, 자아 존중감을 제공하고 학습자의 학습 동기와 성취에 긍정적인 영향을 준다. 학교 공동체 의식은 구성원들 간에 신뢰와 협력 그리고 배려의 풍토를 낳음으로써 학교를 이기적 배타성의 공간에서 공동체적 협력의 공간으로, 공격적, 지배성을 조화로운 유연성으로, 타자와의 갈등을 평화적 공존으로 전환시킨다. 부모 공동체 속에서 구성원들은 안정감과 유대감 그리고 배려의 마음을 가지게 된다. **학교 공동체 의식**은 현대 사회의 경쟁과 도구적 세계관에서 벗어나 **타인과 더불어 살아가는 의식, 배려하는 의식**을 길러 줄 뿐만 아니라 **진정한 배움, 더 큰 배움의 세계**로 이끈다.

부모의 공동체적 참여를 위해 기관에서는 부모 대상, 교사 대상 설문을 실시한다. 부모 설문, 교사 설문 내용을 토대로 **공동체 구성의 의미와 방향을 협의**한 후 구체적인 부모 참여 방안을 계획한다. 부모와의 공동체적 관계 형성은 기관 교육의 질적 수준을 높이고 유아들의 교육 경험을 심화·확장하기 위한 것이므로 이를 **부모들에게 알리고 부모와 함께 참여 방향을 계획**한다.

운영위원회를 중심으로 **핵심 부모와의 부모 공동체** 속에서 부모들의 참여 방법과 유형을 결정하고 설문을 통해 개별 부모들이 각자 참여를 원하는 활동과 유형으로 원하는 시간에 참여할 수 있도록 한다. 학년 초, 부모들의 자발적 선택에 의한 참여가 부모의 수동적인 참여 태도를 적극적인 참여 태도로 변화시켰다. 특히 아빠들의 적극적 참여 또한 유도할 수 있다(김은희, 2007).

매 학기 부모의 공동체적 참여 내용과 방법을 반성하고 다음 학기의 계획을 세우는 기관 전체 **부모 공동체 반성 및 평가 모임**을 갖는다. 학년 수료 시에는 일 년간 이루어진 부모의 공동체적 참여 경험을 재방문하면서 의미를 재고하고 평가한다. 교사들은 부모들과 협의할 사항들을 찾아 부모와 토의가 이루어질 수 있도록 기록한다. 기록을 토대로 평가하고 평가 내용을 토대로 다음 해 공동체의 운영, 보완, 신설,

재구성을 위한 체제적 접근을 계획한다. 부모 공동체를 위한 커미티(committee)는 개별 기관의 실정, 부모의 요구, 행사 등의 맥락에 따라 다양하게 구성할 수 있다.

3.2 부모 커미티 운영

2019년부터 H유치원은 다음의 부모 공동체를 공지하고 실행하기로 뜻을 모았다. H유치원의 부모는 다음 커미티 중 한 가지를 선택하여 참여하고 커미티별 리더를 중심으로 자율적으로 만나 '커미티'별 역할을 수행한다. 각 커미티는 매 학기 종료일에 함께 모여 한 학기의 경험을 평가하고 다음 학기를 계획한다.

커미티 종류와 운영 내용

- 운영위원회 : 유치원 전반의 운영위원회 의사 결정에 참여(연 4회)
- 유치원 안내 커미티 : 신입 원아의 부모를 대상으로 유치원 교육과 철학 및 생활 전반의 내용 안내
- 어린이날 운영 커미티 : 함께 만들어가는 어린이날의 계획, 실행, 평가에 참여(연 1회)
- 식단 커미티 : 질 높은 식단을 위한 협의 및 월간 식단 내용 평가에 참여
- 일일 교사 커미티 : 교사와의 협의를 통해 유치원에서 진행되는 하루 일과 속에서 일일 교사의 역할 수행(연 4회)
- 물놀이 지원 커미티 : 물놀이를 위한 계획, 물놀이 운영 시 운영 지원(연 1회)
- 견학 지원 커미티 : 프로젝트 관련 견학지 섭외, 참여 지원 또는 유치원에서 계획한 현장 체험학습 계획, 진행 지원
- 민속놀이 커미티 : 민속놀이 계획, 실행, 조정, 평가와 그 외 프로젝트 관련 민속놀이 지원(연 1회)
- 운동회 커미티 : 함께 만들어가는 운동회의 계획, 실행, 평가에 참여(연 1회)
- 바자회 커미티 : 함께 만들어가는 바자회의 계획, 실행, 평가에 참여(연 1회)
- 김장 커미티 : 유아와 함께하는 김장 계획, 실행 지원(연 1회)
- 음악 콘서트 커미티 : 음악적 관심과 흥미를 바탕으로 재능 기부 음악회 계획 실행, 소리 아틀리에 구성 및 지원, 프로젝트 관련 음악 지원(연 1회)
- 초등학교 준비 커미티 : 초등학교 진학 관련 정보 공유, 초등 연계 수업 조언
- 학년 수료 커미티 : 한 해를 추억하고 마무리하는 수료 행사 계획, 실행, 지원
- 기록 커미티 : 만들어가는 교육과정 운영을 위한 기록에 필요시 참여하고 부모와 공유, 필요시 비디오테이프 작업 및 편집 기술 지원
- 컴퓨터 기술 및 그래픽 커미티 : 컴퓨터 기술 및 그래픽 기술에 대한 자문 및 공조
- 텃밭 및 조경 커미티 : 실내외 조경, 텃밭 조성 및 가꾸기 계획, 실행(월 1회)
- 아틀리에 지원 커미티 : 미술 아틀리에의 창의적인 자료나 매체를 수집, 구성, 활용 지원, 그 외 아트 행사, 특정 프로젝트 관련 아틀리에 지원(월 2시간)
- 요리 커미티 : 유아와 함께 요리 활동을 계획, 실행, 평가(연 5회)
- 환경 설비 커미티 : 드릴, 도구 등을 사용하는 기술 필요, 환경 설비에 대한 자문 및 환경 설비 관련 기술 지원

- 재활용 커미티 : 자원 재활용 적극 실시, 재활용 센터 구성, 분류, 운영 지원
- 법률 지원 커미티 : 법과 관련된 지식 공유 및 법률 지원 자문 역할 수행
- 의료 봉사 커미티 : 의사 또는 간호사의 직업을 가진 분들로 의료적인 지식 공유, 의료 지원 역할 수행
- 졸업 앨범 커미티 : 졸업 앨범 또는 연중 행사를 기록하고 추억을 보존할 연감(year book)의 편집, 디자인, 레이아웃, 인쇄 및 배포 담당
- 등하원 및 운영 커미티 : 하원 버스 운영 시 안전한 등하원 및 합리적이고 안전한 차량 운영을 위한 계획, 실행, 평가에 참여
- 졸업식 커미티 : 함께 만들어가는 졸업식을 계획, 실행, 조정, 평가에 참여
- 특별 활동 커미티 : 필요에 따라 특별 이벤트를 기획하고 실행할 경우 계획, 운영, 지원

요리 커미티

커미티별 부모 간 협의

4. 지속적인 소통을 위한 매개물 활용

교사와 부모, 기관과 가정 사이에 개방된 의사소통이 이루어질 때 신뢰가 형성된다. 기관은 **지속적인 기록** 실천을 통해 유아들의 학습과정과 경험 내용을 일일저널, 주간저널, 신문 등으로 만들어 부모와 소통한다. 보다 적극적인 방법으로 가정에서 **물건 가져와 소개하기(show & tell), 부모의 프로젝트 참여, 기록자로 역할하기** 등은 유아의 일상생활 경험이 학교에서의 경험과 밀접한 관계를 유지할 수 있게 한다.

4.1 기록

기록 작업은 환경의 변화, 학습의 지원, 의사소통, 모든 참여자 간의 관계 형성, 유아의 학습에 대한 반성에 기여하기 때문에, 기록이 관계에 기초한 교육을 실행하는 데 중요한 시작점임에 동의한다(Fraser & Gestwicki, 2000). 유아의 경험을 기록하는 것은 부모들에게 기관 교육을 가시화하고 교육 철학을 알게 한다. 기관은 부모가 자녀를 이해하고 유아의 기관 경험에 깊은 관심을 갖기를 원하며 이를 실천할 수 있는 기록을 중요하게 생각한다. 기록은 평가가 아니라 반성의 기회를 제공하는 것이

기 때문에 부모와 교사에게 또 다른 학습과 소통의 기회를 제공한다.

유아가 이야기하고 그것을 듣는 것이 성인이 해야 할 중요한 일이다. 기록은 성인이 진정으로 유아를 존중한다는 느낌을 갖게 한다. 기록은 유아의 학습을 재방문하고 반성하는 수단으로, 교육과정을 발현시키는 교사 간 협의의 자료가 되며, 부모는 **유아의 기관 경험을 알고 기관과 관계를 형성**하는 수단으로써 부모가 유아와 구체적으로 **기관 경험에 대해 의사소통**하는 기회를 갖게 한다. 유아를 존중하는 기관은 부모, 교사, 지역사회 모두가 유아를 위해 함께 공조하는 것을 중요하게 생각한다.

4.2 주간저널

교사는 하루를 마무리하면서 유아의 놀이 경험을 일일저널로 쓰고 기록한다. 1주일간의 일일저널을 토대로 주간저널을 만들어 매주 가정으로 보낸다. 만들어진 주간저널은 학급별로 현관이나 부모 영역에도 비치하여 부모가 모든 교실 경험을 볼 수 있도록 한다. 가정에서 부모는 유아와 1주일간의 기관 경험을 공유하고 회상할 수 있다. 부모가 저널을 통해 유아의 기관 경험을 알게 됨으로써 유아를 이해하고 경험과 관련된 적절하면서 개방적인 질문을 할 수 있다. 이러한 의사소통은 부모와 교사, 부모와 유아 사이에 강한 유대 관계를 갖게 한다.

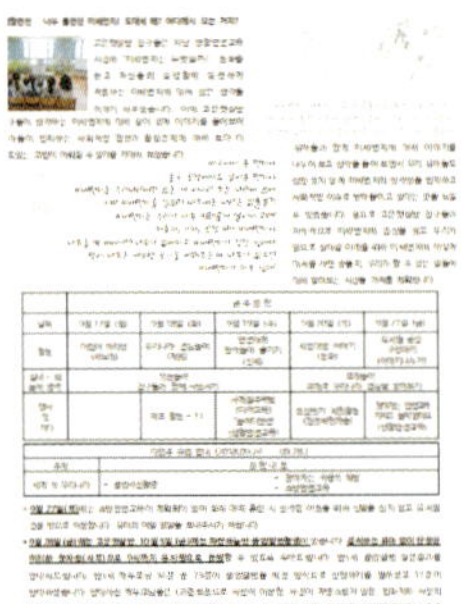

교사는 매주 가정으로 저널을 보내면서 유아에 대해 궁금한 사항들을 부모에게 질문하고 기관의 일과에서 이루어지는 유아의 흥미, 발견, 놀이 경험들을 부모에게 알린다. 부모 또한 가정에서의 질문거리나 공유하고 싶은 경험들을 기관으로 보낼 수 있다. 부모는 저널을 보면서 기관의 놀이 경험이나 유아에 대한 자신의 바람이나 아이디어들을 써서 공유하기도 한다. 공유된 정보는 상호 호혜적이므로 이를 통해 유아,

교사, 부모 간 소통과 관계가 질적으로 변화될 수 있다. 저널은 부모가 다른 방식으로는 포착하기 힘든 기관에서 자녀의 생활을 볼 수 있는 일기와 같은 역할을 해 준다.

4.3 신문이나 소식지

신문이나 소식지는 정해진 형식이나 기간에 상관없이 다양하게 발간할 수 있다. 예를 들어 소식지의 경우 짧게는 매월 또는 한 프로젝트가 마무리될 때, 길게는 학기가 끝날 때, 학급 단위 또는 기관 단위로 다양한 공유거리를 발췌 편집하여 구성한다. 신문 특유의 편집 형식에 따라 유아들의 프로젝트 경험을 기사화하거나 환경, 놀이 경험 및 내용, 교사 이야기, 부모 이야기 등으로 내용을 구성할 수 있다. 또는 기관들이 흔히 하는 방식으로 학급당 면을 할애하여 각 학급에서 유아들이 경험한 내용, 활동, 표상 등을 실을 수도 있다. 소식지나 신문의 일차적 목적은 부모나 가족과의 소통과 관계 형성에 있으므로 형식보다는 공감할 수 있는 내용에 초점을 두어 구성한다.

4.4 가정에서 물건 가져와 소개하기(show & tell)

유아들은 부모와 가정에서 생활하면서 다양한 경험의 기회를 갖는다. 여행이나 산책, 나들이를 다녀오거나 생활 속에서 유아가 관심을 갖는 물건이나 자료들을 기관으로 가져와 또래와 공유하는 기회는 자연스럽게 놀이가 다채롭게 발현되는 맥락이 된다. 유아 간 의사소통을 통해 경험을 공유하고 말하고 듣는(show & tell) 기회는 서로 간의 문화를 공유하는 좋은 계기가 된다. 예를 들면 바닷가에서 주운 조개껍데기, 박물관 입장표, 할머니 집에서 가지고 온 음식 조리법 등을 가지고 올 수 있다. 부모와 유아가 계절에 따라 다양하게 변화하는 주변 자연물들을 수집하여 교실로 가져와 교실의 아틀리에나 미술 영역 매체 선반에 비치하고 놀이에 활용하도록 한다.

벽화 지원하기

아틀리에 커미티

거북놀이 관련 농기 제작 함께하기

한마당놀이 관련 우물 제작 함께하기

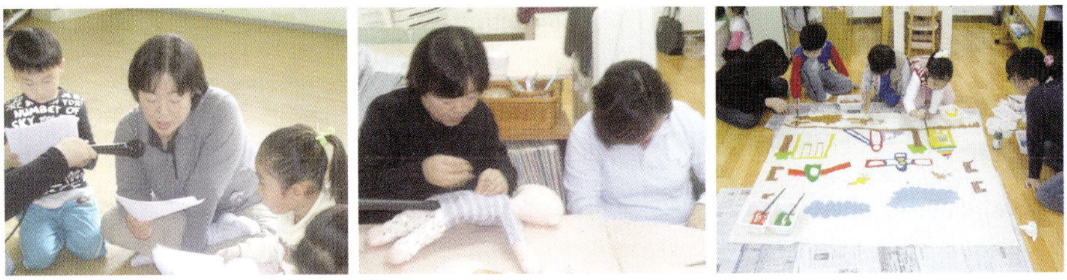

인형극을 위한 녹음, 인형 재봉, 배경 채색 함께하기

자유놀이 지원

다양한 수업으로 일일 교사 되기

부모의 환경 구성

환경 설비 커미티

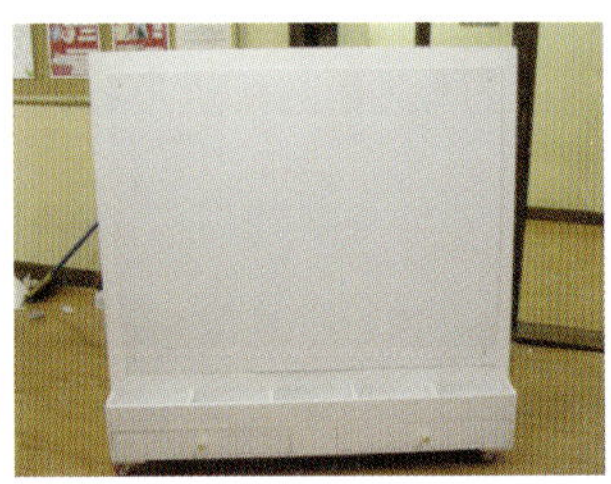

매체 제작–공동 이젤 만들기

부모의 견학 지원

5. 오픈 하우스

유아가 기관에서 생활하면서 또래와 함께 놀이하며 배우는 경험의 과정을 부모와 공유하는 오픈 하우스를 계획한다. 이는 흔히 유아교육 현장에서 해 왔던 미리 계획된 정형화된 공개 수업과는 다르다. 한 학기 내지는 반 학기 단위로 각 학급에서 유아들이 경험하고 있는 프로젝트나 놀이과정에 부모들이 함께 참여한다.

기관에서는 하루를 정하여 기관의 교실 일과를 부모들과 공유한다. **부모와 유아가 함께 등원하여 유아들이 기관에서 보내는 하루 일과를 공유하는 경험**은 유아들의 놀이와 학습에 대한 이해는 물론 기관의 일과 운영과 내용, 환경 및 매체 활용, 교사의 역할, 유아 간·매체 간 협력적 상호작용, 부모의 역할 등 교육과정 전반에 대한 이해를 갖게 하므로 관계 형성을 위해 중요하다. 아빠를 위한 오픈 하우스를 별도로 운영할 수도 있다.

Katz(1994)는 레지오 에밀리아 학교 부모의 공동체적 참여는 질적인 레지오 학교 경험에서 비롯된 것이지 높은 부모 참여의 결과로 학교 경험의 질이 높아진 것은 아니라고 하였다. 유아의 놀이와 배움 경험의 질을 높이고자 하는 **기관**의 좋은 의도는 부모를 학교로 끌어들인다. 기관은 유아의 좋은 교육을 위해 **부모** 참여를 원하며, 부모 참여는 **교사**와 **유아**와의 관계를 강화시킨다. **교실**의 좋은 실천은 부모의 관심을 포착하거나 몰입시키고 부모들이 참여할 수 있는 맥락을 제공한다. 부모의 반응은 **교사**들로 하여금 지속적으로 실험, 성장, 학습하게 하며, 더 많은 부모 참여를 초래하므로 교사가 자신의 일에 몰입하게 한다. **유아, 교사, 부모 간 관계는 이러한 방식으로 긍정적인 순환**이 이루어진다. 이와 같은 역동적인 순환은 긍정적인 학습 경험을 만들어 가는 원동력이 되어 교사 부모 관계의 다원적 힘을 생성한다.

아빠 참여 오픈 하우스

학급별 오픈 하우스

6. 유아들이 만든 행사에 참여하기

6.1 부모 초대 행사

흔히 유아교육 기관에서 부모들을 위해 해 오던 행사들은 그저 부모에게 보이기 위한 목적으로 행해져 왔음을 부인할 수 없다. 아직도 많은 유아교육 기관들은 부모의 기대와는 무관한 통념적인 '정형화된' 행사를 준비하고 행하는 데 많은 시간과 에너지를 쏟고 있다. 부모들의 질적인 유아교육에 대한 기대는 행사에 대한 기관의 인식과 사뭇 거리가 있는 것이 현실이다. **유아, 교사, 부모가 함께 설정한 공동체적 철학과 목표 아래 유아들이 만들어가는 행사**는 부모로 하여금 유아에 대한 이미지를 변화시키고 기관의 철학을 알게 한다. 부모들은 유아들의 성취감, 참여 의식, 보람, 최선을 다하는 자세에 감명을 받았다고 말한다. 나아가 유아가 만들어가는 행사는 놀이와 프로젝트의 본질에 대한 부모의 이해와 공감을 불러오고 부모 스스로 내 아이 중심의 비공동체적 사고를 돌아보고 반성을 통해 공동의 가치를 중요하게 생각하는 공동체 의식을 느끼게 하였다(김은희, 2006). 공동체 T유치원의 경우, 주변의 재활용 종이를 탐색한 3세 유아들은 우유갑을 활용한 엽서를 만들어 판매하였다. 수질 오염을 탐색한 4세반에서는 '우리가 만든 수자원공사' 패널을 전시하고 폐식용유로 재활용 비누를 만들어 판매하였다. 사막의 낙타를 탐색하던 4세 다른 반의 유아들은 친구나 부모와 함께 사막으로의 여행을 극화할 수 있도록 배경이 될 큰 낙타를 입체물로 구성하여 놀이 공간을 만들었다. 중국의 문화를 탐색한 5세 반에서는 중국차를 마실 수 있는 환경을 구성하였고 부모와 다양한 탑을 구성하고 전시관을 만들었다.

6.2 유아들이 만든 가족 운동회

그간 이벤트사의 정형화된 방식으로 진행되었던 운동회는 차츰 **유아들이 만들어가는 행사로 변형**되고 있다.

T유치원 4세 유아들은 부모들이 운동회 장소인 근처 초등학교를 찾아올 수 있도록 지도를 만들어 초대장과 함께 가정으로 보냈다. 5세 유아들은 운동회에 쓰여질 문구를 고안하여 현수막을 만들어 붙이고 운동회 상징을 고안하여 부모에게 증정하는 기념품 초대장 등에 사용하였다. 3세 반에서는 '박 터트리기' 활동에서 박이 터질 때 쏟아지는 휘장에 들어갈 문구를 연구하여 넣었다.

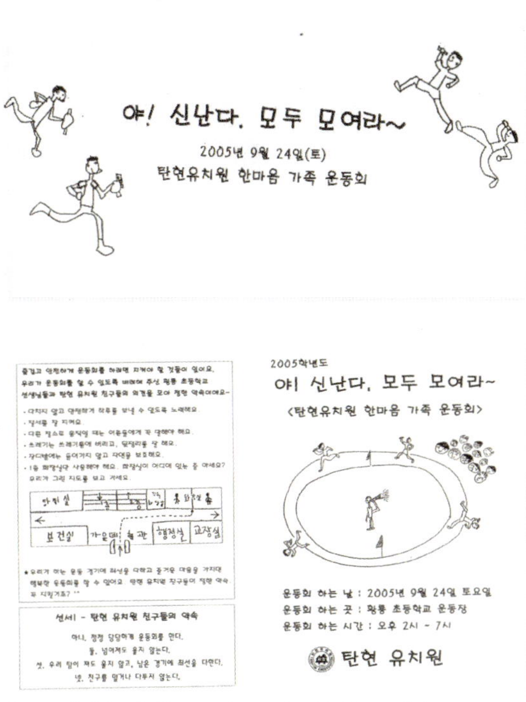

T유치원 유아들이 만든 운동회 초대장

유아들이 준비한 운동회에 참여한 가족들은 운동회 그 자체보다 유아들이 고안하고 만들어간 운동회에 참여하는 기쁨을 공유하면서 그 속에 내재된 의미를 공감할 수 있었고, 서툴지만 유아들이 만든 초대장과 안내 지도는 바쁜 일과 중에도 부모들로 하여금 유아들이 준비한 가족 운동회에 참여할 시간을 할애하도록 하였다.

6.3 유아들이 만든 작은 음악회

한 해가 끝날 즈음 유아교육 기관들이 흔히 행해 오던 정형화된 행사 또한 그 의미에 의문을 갖게 되면서 자연히 **만들어가는 '되기'의 행사로 변형**되고 있다. T유치원에서는 학급 유아들이 한 해를 보내면서 부모님을 초대하여 우리가 그간 배워 온 것들을 부모와 공유하는 축제를 계획하였다. 5세 한반에서는 뮤지컬을, 다른 반에서는 직접 방송을 만들기로 협의하였다. 4세는 인형극과 음악 동화를, 3세는 악기 연주와 음악극을 준비하였다. 각 반에서는 협의된 주제에 따라 내용과 역할을 정하고 시나리오를 만들었다. 장르별로 서로 다른 방법을 탐색 연구하고 협의하면서 역할을 나누어 계획, 탐색, 연출을 구성, 재구성해 나간다. 장기간 준비된 각반의 축제는 학급 간 상호 공유하고 피드백을 받아 수정, 재수정하는 절차를 거쳤다. 각 학급 유아들이 준비한 프로젝트 과정 또한 기록하고 패널로 구성하여 전시되었다. 유아들은 작은 음악회 초대장을 제작하여 가정으로 보내고 행사를 널리 알리는 포스터, 행사장에 붙일 포스터 또한 제작하여 활용하였다.

유아들이 만든 악기 연주(3세)

'백조의 호수' 공연(4세)

'흥칠이 놀칠이' 뮤지컬(5세)

7. 부모와 함께하는 프로젝트와 다양한 놀이

S어린이집에서는 어린이집의 실정상 소집단 프로젝트를 운영하기에 부족한 교사의 인력과 시간을 지원받기 위해 부모와 함께하는 프로젝트를 실천하였다(김은희, 2006). 초기, 팀별 나들이로 시작한 부모의 프로젝트 참여는 크고 작은 부모 주도 행사로 발전되었다. 소그룹으로 부모와 인사동 알기, 과천 동물원 탐방, 남산 식물원 및 도서관 이용, 월드컵 경기장에서의 축구하기 등 유아가 탐색하고 싶은 곳을 정하고 부모와 교사가 만나 소그룹 프로젝트를 팀별로 계획하였다. 유아들을 위한 질문거리를 도출하고 기록은 누가 어떻게 하는지를 계획하는 소모임을 부모와 여러

차례 가졌다. 팀별로 일정을 정하여 해당 탐색지를 방문하고 부모와 유아들의 탐색 경험이 전개되었다. 부모들은 유아들의 경험과정과 탐색 내용을 기록하였다. 기관에서는 부모들의 기록을 토대로 유아들과 다녀온 곳을 재방문하였고 부모들은 소그룹별로 기관에 모여 기록 자료를 패널로 구성하였다. 하루 날을 정하여 팀별 프로젝트 패널과 표상물을 전시하고 공유하였다. 이러한 과정에서 부모들은 유아의 학습을 도우면서 **유아의 학습에 대해 배울 뿐 아니라 부모 스스로도 학습**하게 된다고 말한다.

부모 프로젝트 참여를 위한 협의

여행을 위한 부모 모임

유아들이 원하는 곳을 부모와 함께 탐색하기

부모와 프로젝트를 경험한 유아들은 부모와 해 보고 싶은 경험들을 수시로 제안하였다. 기차 여행, 도요 방문, 케이크와 쿠키 만들기, 수목원 알기, 놀이동산 축제 경험, 도서관 다녀오기 등이 이루어졌다. 부모들은 여러 차례 소모임을 통해 프로젝트를 계획하고 역할을 정하며, 일정을 협의하고 실천하였다.

엄마와 함께한 기차 여행

도요 방문 체험

구곡 폭포 등산

부모와 재능 기부 염색하기

매트 바느질하기

비즈 공예

손끝놀이 바느질

흙 체험놀이

간단한 파티 음식 만들기

8. 기록자로 역할하기

8.1 부모가 기록자 되기

유아의 학습과정에 대한 기록 작업에 부모를 초대할 수 있다. 부모가 기록자로 역할하는 경험은 부모로 하여금 **기관의 교육과 가르치고 배우는 방식을 알게 하고 유능한 유아 이미지에 변화**를 가져온다. 부모는 지속적으로 유아의 학습과정을 기록하는 중요성을 실천을 통해 알게 된다. 또한 가르치고 배우는 과정에서 기록의 역할을 이해한다. 이러한 과정에서 부모는 유아의 학습뿐 아니라 부모 자신도 학습함을 경험한다. 부모의 공동체 경험에 대한 기록 패널은 참여하지 않았던 다른 부모들에게도 자신의 자녀와 다른 유아의 학습 방법에 대해 생각하는 기회를 갖게 하고 참여하게 하는 동기를 불러온다. 다음은 부모가 기록자로 참여하였던 S어린이집의 5세 교사가 부모 기록자에 대해 보내온 글 중 일부를 발췌하여, 부모의 변화를 소개한다.

> 유아들과의 프로젝트 경험이 늘어나고 유아의 경험을 사진으로 기록하고 정리하는 과정을 통해 부모 참여의 깊이가 조금씩 생겨나기 시작하였다. 몇 회를 거듭하다 보니 부모들은 특정 주제가 계획되면 팀을 구성하는 것부터 시작하여 활동에 대해 세밀한 계획을 세우고 무엇을 해야 하고 어떤 부분을 유아들과 함께 공유하고 탐색해야 하는지를 고민하고 역할을 분담하였다. 부모들은 사진 기록, 언어적 상호작용 내용 기록, 활동 내용 정리, 팀장 부모가 어린이집 카페에 자료 올리기 등을 실천하였다. 아이들과 활동 후 공유과정까지 상당히 구체적으로 활동과정과 변화를 관찰할 수 있게 되었다. 특히 활동 후 공유과정도 이전에는 다녀온 것에 만족하던 정도에서, 부모가 활동을 정리하여 원에 제출하던 수준을 넘어 이제는 유아들과 함께 다녀온 곳을 재방문하고 과정을 회상하면서 준비한 질문 리스트들을 정리하는 수준까지 변화되었다.
>
> 이제는 어떤 활동이 제안이 되면 자유롭게 유아와 함께 다녀오기도 하고 다른 가정과 팀을 이루어 다녀와 기록 자료로 활동과정을 정리하는 것이 자연스럽게 이루어지게 되었다. 부모들은 반드시 카메라와 필기도구를 꼭 지참하게 된다고 이야기하였다(S어린이집, 5세, B교사).

부모의 이러한 프로젝트 참여와 기록자 역할, 부모 간 공유 경험, 유아와 학습 재방문 기회는 시간을 내기에 어려운 **일하는 부모의 유아**들에게도 학습을 지원하는 주체적인 자원으로 자연스럽게 인식되었다. 유아들은 프로젝트 학습과 기록에 부모들의 참여를 제안하기도 하였다. 이는 유아들이 부모에 대해 이전에 느끼지 못하였던 긍정적인 정서적 유대감과 친밀감 및 신뢰감까지 느끼게 하였음을 말해 준다. 다음은 유아 변화에 대한 교사의 저널이다.

> 처음에는 직장일로 참석하지 못하는 부모의 유아들은 부모가 참여하지 못한다는 것에 상당히 속상해하고 다른 부모와 함께하는 것도 꺼려하여 결국 부모를 졸라서라도 참여하도록 하거나 불참하였다. 다른 부모와 참여하는 경험이 회를 거듭하면서 부모가 불참한 유아들도 점차 자연스럽게 다른 부모와도 함께할 수 있다고 생각하게 되었고 부모가 참여하지 못하는 것에 대해 이해하고 받아들이기 시작하였다… 부모와 함께한다는 것이 보다 친숙한 대상과 상호작용이 이루어진다는 장점이 있어 자신이 알고자 하는 부분에 대해 더욱 깊이 있는 대화를 할 수 있었고 이에 대해 아이들은 만족감을 느끼는 것 같다. 이후 아이들은 새로운 프로젝트가 시작될 때마다 개별적으로 가정에서 부모와 함께 다녀올 것이라고 계획을 세우기도 하고 새로운 참여를 제안해 내기도 하였다(S어린이집, 5세, B교사).

8.2 부모와 기록 공유 및 학습과정 연구

유아들의 **프로젝트나 놀이와 배움을 기록하여 부모들과 공유하고 토의하는 과정**에서 부모들은 자신의 자녀뿐 아니라 다른 유아의 관점, 나아가 다른 부모의 관점 또한 알게 되고 교사와 기관의 연구 자세, 유아들의 생각을 존중하게 된다. 연구과정을 통해 부모는 유아의 탐색을 자극하는 상호작용 방법, 대화 방식 등을 배우게 될 뿐 아니라 프로젝트 지원 및 참여, 기록 작업에 참여하고자 하는 마인드를 갖게 된다.

> 놀이가 너무 재미있었고 다양한 매체를 사용하여 사고를 유발시키기 때문에 모든 부모들은 어린이들의 놀이 경험 속으로 몰입되었어요. 이러한 프로젝트 학습은 대학에서나 하는 줄 알았는데 선생님들의 연구 노력에 존경을 표하며, 가정에서도 유아의 탐색이 더해지도록 노력하겠습니다(Y유치원, 5세, 부모)

부모가 교사와 유아의 프로젝트 과정을 연구하는 기회는 부모로 하여금 개인 유아와 집단 유아의 말에 귀기울이는 의미와 가치를 알게 하고 실천하게 한다. 부모들은 자신의 아이뿐 아니라 모든 유아들의 교실 경험에 대한 폭넓은 관점을 갖게 하였다고 말했다. 부모들은 가정에서 유아를 어떻게 지원할 수 있을지에 관한 아이디어 또한 모색하게 되므로 유아, 교사, 가족 간 유대감도 강화되었다고 하였다. 이렇게 부모와 함께 기록물을 연구하는 방식은 **유아의 생각을 가시화하여 유아, 교사, 부모의 것으로 다시 만드는 데 그 목적**이 있다. 그간의 '부모교육'은 유아의 아이디어를 정교화하며, 유아가 스스로 자신의 문제를 해결하고자 하는 노력을 알도록 자극하는 소극적인 것이었음을 깨닫게 한다.

8.3 기록 패널 제작하여 공유하기

부모가 유아들과 함께한 견학 경험이나 오픈 하우스에서 유아들의 놀이나 프로젝트 과정을 기록하는 기회를 가졌다면, **부모가 스스로 기록 자료를 레이아웃하여 패널로 가시화하는 시간**을 갖는다. 부모들이 소그룹으로 가시화한 패널은 다른 그룹의 부모들과 공유한다. 기록의 과정과 가시화 과정에서 부모들은 유아의 개인학습과 집단학습에 대해 알아 가는 기회를 갖는다. 기록 패널을 공유하면서 부모들은 유아의 유능함과 서로 다름을 이해할 뿐 아니라, 놀이 중심 교육에서 기록의 기능과 교사의 연구자적, 전문적 역할을 공감할 수 있다. 이러한 경험은 **기관 교육을 신뢰하고 공동체적 마인드를 갖게** 한다.

기록 공유

견학 후 기록 패널 제작

9. 부모 참여 가시화와 공유

유아교육 기관에서는 부모 참여과정이나 공동체 경험을 항상 기록한다. **부모 참여과정의 기록은 가시화**하여 기관의 입구나 잘 보이는 벽면에 전시한다. 이와 같은 부모 참여 가시화 및 기록 공유 방식은 부모들에게 공동체의 중요성을 상기시키고 부모 공동체에 참여할 수 있는 방법을 알려 줄 수 있다. 공동체 기관들은 관계 형성을 위한 공동체적 부모 참여 방식에 공감하면서 진정한 파트너 의식과 공동체 의식이 생겨나고 있다고 말한다.

기관에 전시된 부모 공동체 기록 패널

유아, 교사, 부모는 모두 가르치고 배우는 주체이다. 부모의 공동체적 참여에 대한 기록과 공유는 부모에게 기관의 기대치를 의사소통을 통해 전달하고, 부모를 유아, 교사들과의 대화로 끌어들인다. 부모들의 공동체적 참여를 통하여 기관 생활에서 부모의 참여가 얼마나 가치 있는지 그리고 부모 참여를 통하여 우리가 얻을 수 있는 성과는 어떤 것이 있는지 가시화할 수 있는 요소를 상호 공감할 수 있는 기회는 중요하다.

> 저널, 신문, 기관의 홈페이지나 인터넷 카페, 포트폴리오와 같은 다양한 방식으로 부모의 놀이 참여, 기록 작업 참여, 프로젝트 연구, 부모가 만든 활동들을 가정과 소통하면서 부모들은 공동체적 참여의 가치와 의미에 대해 열정을 가지고 반성, 재구성해 나가는 데는 부모들의 힘이 컸다. 덜 가시적이지만 아마도 가슴으로 보다 가깝게 느껴지는 것은 가족과 기관 간의 관계를 가깝게 한 수많은 부모 소모임과의 만남이었다(S어린이집, 원장).

부모의 공동체적 참여는 **부모 스스로 가르침 중심이 아니라 배움 중심 교육의 가치를 깨닫게** 한다. 다음 S어린이집 5세 부모와의 면담에서 볼 수 있다. "아이는 가르치는 것이 아니라 부모인 내가 행동함으로써 배운다고 느꼈다."고 다음 면담에서 한 부모는 말하였다.

> 며칠 전 중학교 세미나에 참석하여 교감 선생님께서 요즘 아이들이 교실, 운동장에 쓰레기를 버리고 줍지 않는다고 가정교육이 필요하다고 부탁 말씀을 들었습니다. 아이들은 가르치는 것이 아니라 부모인 내가 행동함으로써 배운다고 느꼈습니다(S어린이집, 5세 부모).

부모들은 기관에서 참여과정을 통해 교사에 대한 이미지도 변화됨을 알 수 있었다. S어린이집 한 부모는 "선생님은 아이를 가르친다는 단순한 이미지에서 **선생님은 아이와 함께 생각하고 배운다는 이미지로 변환**되었다."고 말한다. 또 한 부모는 "부모 참여 활동이 교사 입장에서는 부담되고 번거로운 일임에도 불구하고 효과적인 프로젝트를 이끌어 가기 위해 노력하시는 점에 감사드린다."고 말하였다. 기관의 입장을 대변하는 다음 원감의 이야기는 의미 있다.

> 기관에서의 부모 참여는 가장 필요하면서도 많은 노력과 시간을 필요로 하는 부분입니다. 부모들의 인식 변화는 아이들의 교육 환경의 변화와 직결되기 때문이죠. 다변화하는 사회 구조상 부모들의 역할도 다양하게 요구되므로 교육 **기관에서의 부모 역할에 대하여 조력자, 동반자, 공동 운영자로 인식이 바뀔 때** 진정한 교육 서비스가 이루어지리라 봅니다(S어린이집, 원감).

다음은 부모의 공동체적 참여가 이루어지고 있는 S유치원에 선준이를 보내고 있는 중학교 교사인 최○○ 선생님이 보내온 저널이다.

최○○ 선생님은 부모로서 유치원과의 관계 속에서 첫째, **자신의 달라진 부모 역할에 대한 생각**, 둘째, 유아 중심 교육을 실천하는 **유치원 교사에 대한 신뢰감과 감사함**을 갖게 되었다고 하였다. 나아가 현대 사회에 절실히 필요하다고 생각하는 **'함께하는 삶의 중요함**을 깨닫게 해 준' **유아 중심·놀이 중심 유아교육의 의미와 가치**에 대해 자신의 변화된 생각을 존경과 신뢰를 담아 전하고 있다.

함께하는 삶을 깨우쳐 주는 내가 만난 교육

최OO(선준 어머님)

부모 역할에 대해 달라진 생각

… 아이의 말을 끝까지 잘 들어주게 되었습니다. 전에는 선준이가 말하는 엉뚱한 발상들을 황당하게만 생각하고 중간에서 무시해 버리곤 했는데 요즘 끝까지 들어보니 자기 나름대로의 근거와 의견이 담겨 있는 걸 알았습니다. 사실 유치원 행사에 아빠가 참석하기에는 여러 가지 어려움이 많은데 지난 5월, 일요일에 실시한 가족 숲 체험 행사는 선준이에게나 아빠에게 모두 뜻깊은 행사였습니다. 친구 가족들과 팀을 이뤄 산을 올라가면서 중간마다 선생님들께서 제시하시는 임무를 수행하며 드디어 목적지에 도착했을 때는 무척 감격스러웠습니다. 그리고 내 가족만을 챙기는 것이 아니라 팀을 이룬 다른 가족들을 서로 챙겨주며 배려하는 모습들이 아이들에게 입이나 책을 통해서 하는 교육보다 더 큰 교육이 되었으리라 생각합니다. 일요일까지 반납하고 며칠을 여러 가지 준비로 애쓰셨을 선생님들께 감사드립니다. 다녀온 후 부모님들끼리 모여 그동안 선생님들께서 해 오시던 패널도 미숙하지만 만들어 보고 또 각 조별로 다녀온 견학지 정보를 공유할 수 있도록 유치원 입구에 패널 전시도 원장 선생님께서 해 주셨습니다. 이 견학에서도 여러 부모님들이 느끼시는 아이들 모습이 어린이들이 모여 이루어진 공동체이라서인지 아이들이 서로 친구들과 공유하고 서로 이야기하며 부모님들이 주체가 된 어떤 모임에서와 달리 사뭇 진지하고 의젓한 모습으로 다녀오게 되었습니다. 처음에는 유치원에서 주신 프로젝트가 많이 부담스러웠으나 가족과 함께한다는 것이 큰 장점인 것 같습니다.

기관과 교사에 대한 생각

아이들의 놀이와 프로젝트 경험을 지켜보면서 아이들에 대한 이해와 사랑이 더 커진 것 같습니다. 금요일마다 보내 주시는 주간저널을 통해 아이들 한 명, 한 명에게 보내시는 따스한 눈빛이 느껴집니다. 부모인 저보다 아이에 대하여 더 잘 파악하고 계시고 발전적인 조언을 해 주실 때마다 더 많은 신뢰를 갖게 됩니다. 아무리 좋은 교육과정이라 할지라도 그것을 계획하고 준비하는 선생님의 노력과 아이들에 대한 애정 없이는 좋은 결과를 얻을 수 없다고 생각합니다. 늘 준비하고 노력하는 모습에 깊이 감사드립니다. … 아이들의 놀이와 프로젝트 수행과정 중에 나타나는 자연스런 대화와 행동에서 선생님께서는 각 아동들의 숨겨진 잠재력과 개성들을 발견하고 그것을 더 개발할 수 있도록 아이와 학부모에게 조언해 주십니다. 그래서 가정에서 모르고 있었던 아이의 긍정적인 모습들을 선생님께 듣고 나면 한결 여유를 가지고 아이를 교육할 수 있습니다.

함께하는 삶을 깨우쳐 주는 교육

중학교에서 학생들을 가르치다 보니 가장 심각한 문제점이 학생들이 다른 사람의 말을 들으려 하지도 않고 또 이해하려 하지 않는다는 점입니다. 인간관계 유지에 있어서 가장 기본인 의사소통이 단절되니 지식 교육에도 한계점이 많습니다. 그런 점에서 함께 생각하고 토의하면서 다른 사람의 의견을 귀담아듣고 존중하는 S유치원의 교육이야말로 인간의 기본적인 삶의 태도와 기치관이 형성되는 유아교육에서 꼭 필요하다고 생각됩니다. 생각은 있으나 표현하려 하지 않고, 아니면 아예 생각조차 하지 않으려는 청소년기의 아이들을 매일 접하면서 다시금 유아 시기의 이 교육의 필요성을 절감합니다.

5 지역사회 교육 공동체

1. 지속가능 삶을 배우기

무한 개발, 생산과 소비에 초점이 맞춰진 현대 사회 경제와 문화는 지구 생태계에 과도한 스트레스로 작용하고 있다. '코로나 펜데믹'은 인류 사회의 지속적인 발전을 저해하는 수준을 넘어 지구는 우리에게 지속가능한(sustainable) 삶이 위기에 봉착하였음을 경고하고 있다. 인류는 기후 변화 및 지구촌의 위기를 감소시키고 지속가능한 생존과 삶을 위한 부단한 노력이 필요하다. 이제 지속가능한 삶은 사회적 가치에 대한 합의를 도출하기 어려운 현대 다원화된 사회에서 인류가 함께 합의해야 할 공동의 지향점이 될 것이다. 그간 지속가능 노력과 이미 손상된 환경과 자연을 회복시키기 위한 방안으로 지속가능발전에 보다 많은 관심을 기울일 필요성이 꾸준히 제기되어 왔다(Siraj-Blatchford, Smith, & Pramling-Samuelsson, 2012).

국제 사회는 지속가능 교육을 글로벌 교육 개발 협력 전략으로 활용하기 위해 오래전부터 실천해 왔다. 1990년 유네스코(UNESCO)가 '모든 이를 위한 교육(EFA: Education for All)'을 제창하고, 1992년 유엔(UN) 환경개발회의가 사막화, 탄소, 온난화 등을 우려하는 리우환경협약(Rio Environmental Agreement)을 채택하면서 지속가능 교육의 윤곽이 그려졌다. 특히 UN은 2005년부터 2014년까지 '지속가능발전교육 10년(UN Decade of Education for Sustainable Development)' 사업을 통해 본

격적으로 학교 현장을 중심으로 하는 교육 실천 사업을 전개하였다. 그 후, 2014년 11월 그간의 지속가능 교육의 성과를 분석하고, 새로운 '국제 실천 프로그램(Global Action Programme for ESD, 2015~2019, UNESCO, 2014)'을 제시하였다. 이어 2030년까지의 지속가능발전 목표(SDGs: Sustainable Develeopment Goals, UN, 2015) 등을 계속 강조하고 있다.

UN은 인류 사회가 지향하는 공동의 목표라고 할 수 있는 지속가능발전을 실현하기 위한 가장 효과적인 방안들 중 하나를 교육이라고 하였다(UNESCO, 2012). 이는 지속가능한 발전을 위해 사고와 행동의 변혁이 필요한 바, 교육이 중요한 혁신 수단이 되어야 함을 전제한다. 지속가능한 미래를 위해 학교를 변화시켜 사회 구성원들의 역량이 강화되기를 기대하는 것이다. 교육을 통해 지속가능한 미래를 위해 필요한 가치와 태도 및 실제 행동의 변화를 추구함으로써 현재의 삶의 방식을 지속가능한 방향으로 전환시키는 것은 인류의 삶을 지속시키기 위해 중요하다(신미숙, 2015; UNESCO, 2012). 지속가능 교육은 기본적으로 글로벌 사회 혹은 지역 공동체 사회의 구성원들이 현재 누리고 있는 환경, 자원, 물적 재원, 가치 및 태도 등을 미래 세대에서도 안정적이며 동일한 수준 이상으로 누릴 수 있도록 설계하고 준비·실천하는 교육이다.

국가마다 유아기부터 전 학교과정에서 교육과정 재구성의 필요성이 제기되었다. 각 학교가 지역 환경과 문화의 관련성을 인식하고 사회와의 협력을 통한 총체적 접근의 지속가능 교육을 강조하고 있다. 유아라 할지라도 각자의 삶의 터전인 지역사회와 관련된 문제에 관심을 가지고 주체적으로 참여하여 사회 정의를 실천할 수 있는 기회를 가져야 하며, 이를 통해 지속가능 역량을 길러야 함을 강조한다(김정원, 최소린, 2016; Siraj-Blarchford etal., 2010/2012).

미래 세대가 유아는 개인으로서, 사회의 구성원으로서, 세계 시민으로서 삶을 살아갈 것이며, 자신의 매일의 일상에 적극적으로 참여하는 변화의 주체이므로(Caiman & Lundegard, 2014), 유아를 위한 지속가능 교육은 유아의 삶과 교육 현장의 맥락에 기초한 총체적인 접근(권영임, 2009), 통합적인 교육과정 운영 방식(박은혜, 박세령, 2014)이 제안되고 있다.

유아기 지속가능발전을 위한 통합적 교육과정은 교사, 가르침, 지식에 초점을 두는 것이 아니라 유아들이 실제 살고 있는 세계에서 마주치는 삶과 관련된 실제적인 문제를 인식하고 협력하여 해결하면서 유아가 주도하는, 배움에서, 지속가능발전을 위한 미래 지향적 역량을 기르는 방향으로 이루어져야 한다. 지속가능발전을 위한 역량이란 지속가능한 미래를 가능하게 하는 데 필요한 태도와 가치를 형성하기 위하여 비판적으로 사고하고, 가능한 미래의 모습을 상상하고, 협력적으로 의사 결정을 할 수 있는 능력을 의미한다(UNESCO, 2015).

지속가능 교육은 모든 사람이 양질의 교육을 받을 수 있는 여건을 조성하고, 지속가능한 개발을 위해 요청되는 원칙, 가치관, 행동을 다양한 교육의 장에서 배우고 경험하는 것을 목표로 한다. 그런 관점에서 환경, 경제, 사회의 세 가지 내용을 조화시켜 지속가능한 미래 사회가 실현될 수 있도록 변혁적인 가치관과 실천 역량을 요청한다. 지속가능한 발전에 대한 인간 존중, 다양성, 배타성의 배격, 기회 균등, 환경과의 조화 등의 가치관 형성을 포함한다. 더욱이 지속가능발전 교육에서는 비판적이고 성찰적인 사고, 미래에 대한 사고, 복잡성에 대한 이해와 시스템적인 사고, 민주적 의사 결정에의 참여, 불확실한 상황에서의 의사 결정, 지역적·세계적으로 책임감 있는 행동 역량 또한 강조된다(이선경 & Ralph Levinson, 2018).

이러한 견지에서 지속가능 교육은 학습자가 주도적으로 주요한 과제에 관심을 집중하면서 이해의 폭을 넓히고, 참여 학습 활동과 문제 해결 능력을 통한 학습자의 구체적인 실천 행동, 즉 경험과 현장 참여 교육을 중시한다. 결국 지속가능 교육은 전통교육에서 강조하는 교사, 가르침, 지식을 추구하는 교육이 아니라 학습자, 배움, 역량을 추구하는 교육으로 개정된 유아·놀이 중심 개정 누리과정(교육부, 보건복지부, 2019)에서 강조하는 가치와 맥을 같이하는 교육이라 할 수 있다.

글로벌 사회는 이미 환경, 빈곤, 인권, 평화, 개발 등의 다양한 문제를 가지고 있다. '지속가능 삶을 배우기'는 이와 같은 현대 사회의 과제를 스스로 해결해야 할 과제로서 채택하고, '글로벌 사회를 준거로 하는 사고를 하면서도 지역사회의 문제에 적극 몰입'하여 실천하는 것에서 출발한다. 따라서 본 연구에서는 '지속가능발전 교육' 또는 '지속가능 교육' 등이 아니라 **'지속가능(sustainable) 삶을 배우기'**라는 언표를 사용하고자 한다. '지속가능 삶을 배우기'는 결국 지역사회와의 관계 속에서 마주치는 문제를 해결하는 것에 중점을 두면서도 새로운 가치관과 실천 행동을 창출하는 것, 그리고 그에 따라 지속가능할 수 있는 사회를 창조하는 것을 목표로 하는 교육이다.

따라서 **지속가능 교육은 학교와 지역사회를 연계하는 방식으로 정착시키는 것이 과제**라 할 수 있다. 이를 유아교육 현장에서 지역사회와의 관계 속에서 실천한다면 타인과의 관계, 사회와의 관계, 환경과의 관계를 기반으로 한 소통, 공동체적 연대가 필요하다. 지속가능 교육에 대한 감성, 정서 역량을 실천할 수 있는 공간 및 환경 또한 중요하다.

2. 지역사회와의 관계에 대한 관점의 변화

> 예전에는 지역사회 참여 활동이란 경찰서가 하는 일 알아보기, 소방서가 하는 일 알아보기, 마트에 가서 물건 구매해 보기 등 지역사회의 여러 가지 자원들의 역할을 알아보는 것이라고 생각했었다. 그런데 막상 문헌 연구를 해 보니 내가 했던 활동들은 유아의 참여가 빠진 교사 주도의 활동들이었다. 그럼 유아의 참여 기회를 줄 수 있는 활동은 어떻게 계획해야 할까? 우선 유아를 존중해야만 참여의 기회를 줄 수 있을 것이다. 유아를 존중한다는 것은 유아의 관심과 흥미를 존중한다는 것과 같은 맥락이라고 생각된다. **또 무엇을 고려해야 할까?** (김지은, 엄정애, 2014)

현재 유아교육 기관에서 실행하고 있는 사회교육의 대부분은 이웃과 지역사회에 대한 사회적 지식을 확장시키기 위해 유아의 가정과 가장 가까이 있는 이웃에 대한 이해, 이웃에 사는 사람들에 대해 알아보고 그들과 유아와의 관계 이해하기, 유아가 일상생활을 통해 접하는 이웃의 소중함을 깨닫게 하기, 지역사회의 주요 기관, 문화재, 주요 장소에 대한 견학을 통한 지역사회의 모습을 파악하고 지역의 생활 특성을 알아보기 정도에 그치고 있다(최기영 외, 2008).

수년간 우리의 교육제도 안에 자리 잡고 있었던 지역사회와의 관계, 환경교육은 그간 환경과 생물의 다양성, 사람과 자연의 상호작용 및 연계에 대한 지식만을 강조해 왔다. 이제 **새로운 관점은 지속가능 삶을 걱정하는 관점**으로 바뀌었다. 장기적으로 무엇이 최선인지 생각해 봄으로써 미래 세대가 지속가능한 미래에 대해 책임감을 가지도록 교육하는 데 중점을 두어야 한다. 새로운 관점은 더 이상 유아가 이미 일어난 것에 대해 배우는 것이 아니라 내일을 위해 무엇이 이루어져야 할지를 배우는 것이다.

지역사회에 대한 책임감이 포함된 지역사회 연계학습은 교실 수업에 제한되어 퇴색될 수 있는 교육의 의미를 재고하고, 유아들의 삶의 터전인 지역사회의 다양한 사회 자원을 적극 활용하는 긍정적 측면이 강조된다. Robinson과 Vaealiki(2010)는 유아기 **지속가능발전 교육의 네 가지 윤리**로 지구를 **돌보는 책임(caring)**, 민주주의 실천으로서의 **경청(listening)**, 자신의 미래에 영향 미치는 문제에 **참여(participating)**, 비전을 가지는 **희망(hopefulness)**의 윤리를 들었다. 유아와 가족들의 사회적, 환경적 관심과 인식은 반드시 지역사회를 위한 행동으로 연결되어야 한다고 하였다.

인간 중심의 휴머니즘적 관계의 개념은 점차 탈중심화되고 포스트 휴머니즘으로 변화되고 있다. 포스트 휴머니즘은 지역사회 환경이나 자연과의 관계에도 영향을 미친다. 유아, 교사, 부모는 모두 소속 지역사회와 지구의 요청을 인식하고 인간과 동물, 식물이 한 몸인 생태계를 지각해야 한다. 매일의 일상인 지역사회 동네, 자연, 사람들과 마주치며 생성되는 유아들의 호기심과 관심은 놀이로 이어지며 만들어가는 놀이 안에서 자연스럽게 지속가능 삶을 배운다.

2019 개정 누리과정에서도 교사의 가르침, 성취 중심 교육이 유아의 배움, 역량 중심 교육을 지향하면서 유아 중심, 놀이 중심 배움이 충분히 지원될 공간, 물질, 환경 및 가정, 지역사회와의 협력적 관계가 강조되고 있다(교육부, 보건복지부, 2019). **지역사회의 동네, 자연, 지역사회 사람과의 관계 속에서 유아가 경험하는 문화적 지리적 환경과 특성은 유아의 놀이 경험을 풍부하고 다채롭게 하는 차이 생성의 터전이고 자원**이 된다. 따라서 영유아교육 기관, 가정, 지역사회는 유아의 자유롭고, 자발적이며 즐거운 배움과 성장에 대한 공동체적 협력이 필요하다. 그러한 지역사회와의 공동체적 관계 속에서 유아 중심·놀이 중심에서 말하는 놀이의 생생함, 날것의 놀이, 놀이의 실용성, 놀이가 갖는 교육적 의미와 사회적 의미가 있다.

지역사회와 마을 공동체로 확장되는 놀이 실천을 위해 2019 개정 누리과정 놀이운영사례집 만들어가는 놀이중심 유아교육(교육부, 보건복지부, 2020)에서는 유아·놀이 중심의 자율적 교육과정은 가정의 참여와 지역사회의 협력이 필요함을 전제한다. 이러한 전제에 따라 유아교육 기관에서 동네 및 지역사회와 일상적인 관계를 이어 가면서 흘러간 유아들의 놀이를 관찰, 기록, 지원한 놀이 실천 사례들을 제시하고 있다. 놀이 속에서 **지역사회는 유아들이 자연과 마을을 탐색하고 또래 및 다양한 사람들과 상호 작용이 이루어지는 학습 장소**이고, **동네와 마을에서 이루어지는 유아들의 놀이는 사람들을 연결하는 공동체의 기반**이 될 수 있음을 보여 준다.

이러한 시도는 일찍이 공동체 속에서 있어 왔다. 김은희(2004)에서는 T유치원 H반 유아들은 봄의 변화를 느끼기 위해 유치원 주변을 돌아보며 식물의 변화를 관찰하였다. 교사의 가설과 달리 유아들은 봄꽃보다 늘푸른 나무에 관심을 보여 '우리를 둘러싸고 있는 늘푸른 나무'를 탐색하기로 하였다. 유치원 가까이에 위치한 다섯 종류의 늘푸른 나무를 정하여 관찰하고 개별 나무의 이름과 생김새, 특징들을 조사하였다. 자신들이 탐색한 나무들이 유치원 주변 아파트에 얼마나 분포되어 있는지 궁금해진 유아들은 통계 방법을 협의하고 여러 날의 조사 작업을 거쳐 통계 그래프를 만들었다. 부모와 지역 주민들의 늘푸른 나무 분포에 대한 이해를 돕기 위해 아파트 입구에 게시할 분포도 제작에 들어갔다. 그래프를 토대로 각 나무의 기호를 창안하여 유치원을 중심으로 분포도가 완성되고 아파트 입구 게시판에 부착되었을 때 유아들의 성취감과 긍정적 확인감은 대단하였다.

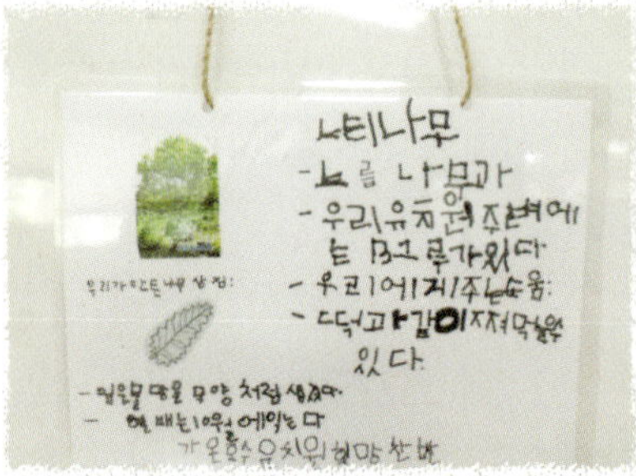

또한 S유치원의 3세 N반 유아들은 아파트 지역에 이어서, L햄버거 가게, 동물병원, 은행 등 여러 종류의 상가들이 밀집해 있는 유치원 주변 동네를 돌아보기로 하였다. 한 소집단 유아들은 햄버거 가게에 관심을 가지고 탐색하였다. 탐색과정에서 햄버거는 외국의 음식이며 우리 고유의 버거를 창안하기로 하였다. 유아들이 여러 차례의 실험을 거쳐 연구, 고안한 버거에 이름을 붙여 L햄버거 본사에 제품 제안 편지를 보냈다.

Y유치원 5세 K반은 '유치원 오는 길'이라는 주제로 유치원 주변의 길을 탐색하고 지도를 그리는 과정에서 유아와 주민들의 안전을 위해 건널목이 꼭 필요한 특정한 위치를 발견, 해당 구청 민원실에 설치를 요청하는 제안서를 발송하였다.

김은희(2004)가 소개하였던 공동체 기관들의 지역사회 연계 사례들에서 유아들은 소비자가 아니라 생산자로서 자신의 신념과 사회에 대한 책임감을 가지고 주변과 가족에 영향력을 행사하며, 그럼으로써 지역사회에 영향을 미치는 시도들을 볼 수 있었다. 김은희(2006)에서는 D어린이집이 김포시 **문수산성의 리플릿을 창안**하여 제안한 바, 채택되어 실제로 활용되고 있으며, S어린이집은 관할 구청에 **놀이터 재구성**을 제안하여 어린이집 주변 지역사회 놀이터를 재구성할 수 있었다. 김은희(2011a)에서는 T유치원 5세 유아들이 녹색소비자연대와 함께 고봉산을 돌아보고 숲의 훼손을 막고 자연을 보호할 수 있도록 **등산로를 알리는 표지판을 만들어 세움**으로써 지역사회와 하나 되는 경험을 보여 주었다.

'숲을 통한 지역사회와 하나 되기'에서 등산로 표지판 만들기

'문수산성'에서 문수산성 리플릿 만들기

'능말 어린이 공원 재구성하기'에서 놀이터 재구성하기

지역사회 구성원으로서 유아의 능동적 역할을 살펴볼 수 있는 또 다른 연구인 김양은 등(2009)의 연구에서는 우리 동네 광고 프로젝트 과정에서 유아가 자신이 속한 세계의 확장을 시도하며 다양한 사회적 관계를 경험하게 되었음을 제시했다. 이는 '우리 동네'에 대한 광고 제작 기반의 활동을 구성하며 유아 사회생활 영역의 내용 체계인 '주변에 대한 관심 가지기'에 대한 이해가 확장되었기 때문이다. 유아기는 **'나'에서 '우리', 그리고 '공동체'로의 인식이 확장**되므로 이 시기에 성취해야 할 중요한 교육내용임을 확인하고 이를 미디어교육에 적용하는 방법을 모색하였다. 유아들은 지역사회와 같이 보다 확장된 공동체에 대한 관심을 표상할 수 있는 경험을 할 수 있었고, 이는 유아들 간의 협력적 활동이 증진되는 결과로 이어졌다. 미디어를 통해 자료를 조사하거나 미디어를 활용하여 창의적인 결과물을 제작하는 과정은 교사 주도로 지식을 전달하는 과정이 아니라 유아는 능동적인 학습이 가능했으며, 이는 1회성으로 그치기 쉬운 지역사회 연관활동을 깊이 있게 진행한 지역사회 연계 활동의 바람직한 사례이다.

지옥정(2013)은 유아들의 **능동적인 시민 의식 증진**에 관한 연구(Philips, 2010)와 유아들이 지역사회 내 특정 대상 또는 장소의 문제 해결에 참여한 사례를 제시하며 지역사회의 한 구성원으로서 유아가 역할을 해 낼 수 있음을 주장한다. 지옥정(2011)의 다른 연구에서는 유아들이 지역사회 하천에 사는 수달의 수가 급격히 감소하고 있다는 사실을 알고, 수달을 보호하기 위해서 유아 자신들이 해야 할 일이 있다는 것을 인식하였다. 이후 유아들은 프로젝트 초기 수달에 대한 단순한 호기심에서 자신들도 수달의 보호자가 되어야 한다는 인식의 변화를 보였다. 이처럼 유아들은 지역사회 관계자들과 함께 다각적 노력을 펼치며 능동적인 사회 참여의 모습을 보여 주고 있다.

최근 김지은과 엄정애(2014)의 지역사회 참여 활동에 관한 실행 연구처럼 **지역사**

회 참여 활동에 대한 문제점을 인식하고 지역사회 주민들과 면담 등을 통해 생각을 공유하고 캠페인 등 유아들이 능동적인 지역사회 주민으로서 역할을 수행하고, 지역사회 주민들과 소통하며 함께할 수 있는 기회를 제공하는 연구가 요구된다. 이들은 **유아들이 지역사회의 주체로 지역사회의 여러 문제에 관심을 갖고, 해결과정에 참여하면서 지역사회 발전을 도모할 수 있는 방법에 대한 고민**을 하게 되었다. 유치원 주변 쓰레기 없는 가로수 길 만들기 방안으로 쓰레기 줍기 활동, 캠페인 활동은 우리가 만드는 가로수 길 활동으로 확장되었다. 도로의 지저분한 벽에 문제를 제기한 유아들은 이를 관리 관청에 건의하였고, 지역에 거주하는 대학생 자원봉사자들의 도움으로 도로의 벽에 새로운 벽화를 그리도록 했다. 연구 초반에 교사는 교실을 벗어난 지역사회 참여 활동에서 무엇을 해야 할지 매우 혼란스러워 했으나 유아들과 상호작용하면서 활동을 이끌어 가는 구체적인 방법을 알게 되었고, 이에 따라 지역사회 참여 경험의 실행에 대한 자신감을 갖게 되었다.

지역사회와 연계 교육이 안 되는 이유에 대해 교사들은 유치원에서 교육활동 시간의 부족, 지역사회에 대한 교사의 정보 부족, 지역사회를 소개하는 교육 자료 또는 교구 부족, 유아에게 소개할 만한 지역사회 장소 부족, 지역사회와의 긴밀한 협조 체제 부족에 어려움이 있다고 흔히 말한다(정미라, 이희선, 노은호, 2004).

이러한 영유아교육 기관의 지역사회 연계의 문제적 현상은 **유아의 참여가 빠진 교사 주도의 활동**이었음을 부인할 수 없다. 유아의 참여 기회를 줄 수 있는 경험은 유아를 존중해야만 참여의 기회를 줄 수 있으며 유아를 존중한다는 것은 유아의 호기심과 관심을 존중하는 것이다. 또한 유아교육 기관에서 지역사회 참여 교육의 어려움을 외부에서 찾기보다 유아교사들이 지역사회 참여에 대한 올바른 이해가 전제되어야 한다. 지역사회 내에서 지역사회에 대한 교육이 실시되었다고 해서 모두 지역사회 참여가 아니며 **유아들이 지역사회에서의 경험 속에서 '세계의 존재'로서 스스로 배움을 만들어갈 때 비로소 지역사회 관계에서 '지속가능 삶을 배우기'**라고 할 수 있다. 유아들이 실제 살고 있는 삶과 관련된 실제적인 문제를 인식하고 해결할 수 있도록 지원되고 운영되어야 한다.

3. 지역사회로 확장되어 지속된 놀이 실천-프로젝트-의미 살피기

본 절에서는 그간 공동체 기관에서 유아들의 호기심과 관심이 지역사회로 확장되어 지속된 프로젝트 실행 사례들을 분석함으로써 지속가능한 삶을 위한 놀이를 통한 배움에 대해 살펴보고자 한다.

3.1 주도적으로 문제를 인식하고 함께 만들어가는 유아

Davies(2010)는 유아가 지역사회 안에서 경험하고 놀이하면서 문제의 인식자, 문제의 해결자, 행동의 실행자로 성장해 가야 함을 강조하였다. 유아는 다른 사람과의 사회적 상호작용과 관계로부터 동기화되고 학습하는 능력 있는 사회적 존재이다. 유아가 속해 있는 가정과 학교는 또한 사회 속에 내재되어 있다. 따라서 유아는 지역사회 구성원의 한 사람으로서 능동적으로 사회를 알아 갈 필요와 권리가 있다.

여기서 중요한 이슈는 **환경을 보호하는 데 있어 가장 관련이 많은 사회 구성원은 바로 유아**라는 점이다. 우리는 그간 공동체 경험을 통해서 아주 어린 아이조차 환경적인 이슈에 대해 생각하는 것이 가능하며, 이러한 이슈가 일찍 소개될수록 그 영향력 또한 더욱 커진다는 사실을 알고 있다. 어린 나이부터 자신을 둘러싸고 있는 환경을 보호하며 자라 온 유아들의 경우, 환경에 대한 태도가 전 생애에 걸쳐 지속될 것이다.

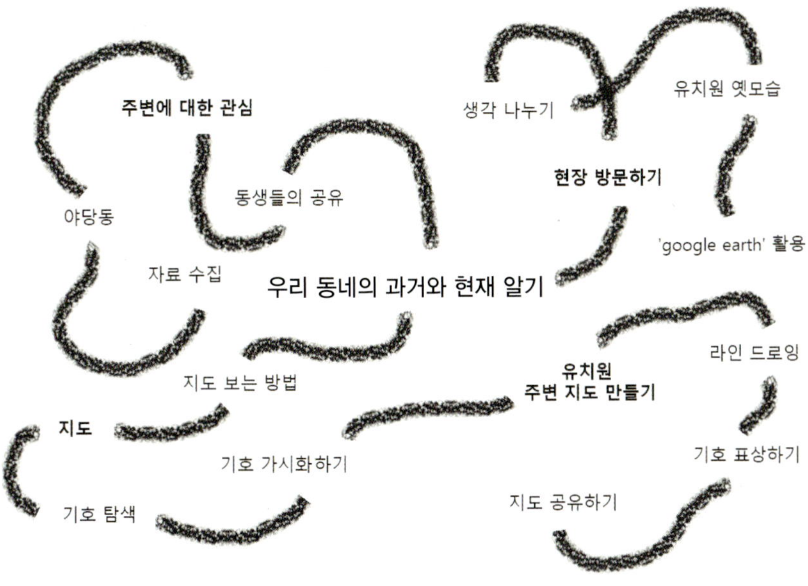

(우리 동네 과거와 현재 알기, G유치원 5세 H반)

2014년 봄, 파주시 야당동 G유치원의 5세 H반 유아들이 지역사회의 구성원으로서 능동적으로 우리 동네의 과거와 현재를 연결지어 탐색해 간 프로젝트를 소개한다. 유아들은 G유치원이 소재하고 있는 야당동을 탐색하고 과거의 모습을 추적하여 현재와 비교하는 과정에서 **지역사회와 소속 동네에 대한 환경과 문화를 배우는 한편 지역사회 소속감과 구성원으로서의 정체감**도 함께 성장해 가는 과정을 볼 수 있었다.

동네에 대한 관심에서 시작하기

H반 5세 유아들은 4세 동생들이 알아본 야당동에 대한 소개를 듣고 난 후, 야당동이 궁금해졌다. 옛날 운정역이 사라지고 더 크고 멋진 운정역이 생겼으며, 주변 호수공원이랑 우리 유치원도 옛날에는 없었다는 부분에서 유아들은 우리 동네의 옛 모습이 궁금해졌다.

가정과 연계하여 과거 자료가 모이면서 옛 동네와 마주하기

전깃줄, 전봇대가 많았어. 비닐 집(비닐하우스)이 있어. 나무도 많이 있어.
1층 집이 많았어. 낡은 집이 많아.
밭, 논이 많았어. 좁은 길이 많았어. 찻길도 좁아. 길의 모습이 지금과 달라.
울퉁불퉁해. 금이 가 있어. 차가 한 대밖에 못 갈 것 같아.
운정역의 모습이 달라졌어. 지금은 3층까지 있어.
에스컬레이터도 있어. 더 크고 멋있어졌어.

동네로 나가 과거와 현재를 비교하기

아직 공사를 많이 하고 있으며, 논과 밭은 없어지고, 나무들은 많이 없어졌어.
길은 넓어지고 포장되어 자전거 길, 찻길, 인도로 나뉘어져 있어서 과거의 길과는 달라졌어.

동네에서 보고 온 모습을 이야기 나누며 새로운 질문을 불러오기

유치원 주변의 옛날 모습을 알아보려면 어떻게 해야 할까?

집에서 유치원 주변에 있었던 것들을 알아 오자!
컴퓨터나 핸드폰으로 찾아보면 나오지 않을까?
옛날로 돌아가자! 타임머신을 타고!!
옛날 사람들에게 물어볼까? 음... CCTV? 돋보기? 자동차에 있는 네비게이션?
아! 지도를 살펴보면 옛날 유치원이 있던 자리에 무엇이 있는지 알 수 있어!
야당동의 모습을 위성 사진으로 살펴보자!

'구글어스'에서 유치원 주변 동네의 옛 모습 탐색하기

어? 그런데 왜 우리 유치원이랑 L아파트는 나오지 않을까?
그 대신 우리 유치원 바로 옆에 있는
한빛 중학교를 찾아보자!
이 아래쪽이 L아파트일 것 같아!

동생들이 만든 동네 지도와 '구글어스'를 넘나들며 탐색자 되기

가온 호수공원은 여기와 여기일 것 같아! 그럼 H아파트의 바로 앞쪽이 L아파트겠구나~!!

몸으로 감각으로 지도 보는 법 배우기

저 앞에 가온 호수공원이 있으니까 이렇게 보는 거지! 어? 그런데 이렇게 보면 저쪽이 우리 유치원이 되는 거네. 이렇게 놓고 봐야 하는 거야! 어..? 다르네. 아~ 살짝 더 옆으로 돌려야 해! 아~ 우리가 이쪽으로 서 있으면, 이렇게 지도를 봐야 하는 구나! 우리 몸이 움직이면 지도도 움직여야 해! 이제 어떻게 지도를 보는 것인지 알았어~

지도에 있는 기호 탐색하기

이 그림은 무엇일까? 한빛 중학교로 들어가는 문? 신호등인가? 버스 정류장인 것 같은데…

우리가 알아본 지도 속 기호들을 공유하고 상상 놀이로 이어 가기

숲? 사과인가?
열매처럼 생겼어.
열매가 많은
'과수원'이야~

조개 모양이다!
호두인가?
바닷가! 개울가!
아니면 연못?
아~ '호수'구나~

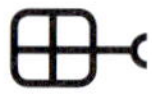

동물원? 농장?
꽃밭 같아.
이건 '목장'이야~

해적선에 나오는
그림인 것 같아.
사람 모양 같은데?
배에 있는 상표?
맞아. 배가 있는
'항구'야!

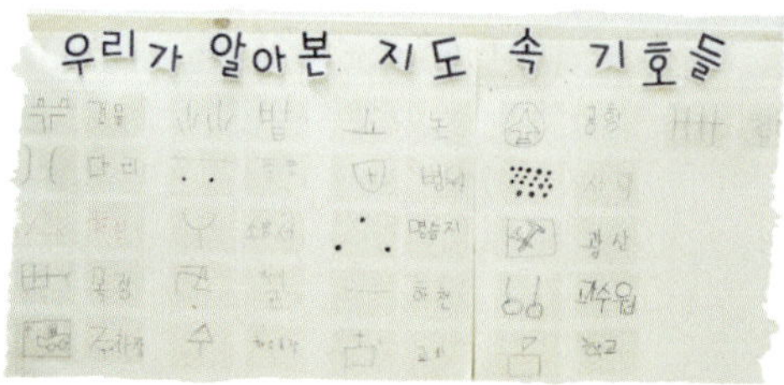

절도 있고, 산도 있고 ... 어? 점 세 개가 무엇이었지? 명승지~ 여기는 유명한 곳인가 봐. 항구도 찾아보자. 여기에 신기한 기호도 있어! 처음 보는 기호들도 있다.

3.2 함께 문제 해결과정 경험하기

유아들은 옛 지도에 오늘의 모습을 담으면서 친구와 부모들에게 보여 줄 유치원 주변 지도를 만들고 싶어 하였다.

OHP를 이용해서 그리자! 지도 윤곽 그리기

한빛 중학교랑 한빛 초등학교에는 '학교' 기호를 그릴 수 있겠다! 아파트는 높은 건물이니까, '건물' 기호로 표시하는 것이 어떨까? 호수공원 안에 '호수' 가 있어! 공원 뒤쪽에는 '폭포' 도 있었어~ 공원으로 가는 길에 '다리' 를 그리면 되겠다! 공원이랑 유치원은 어떻게 표시하면 좋을까?

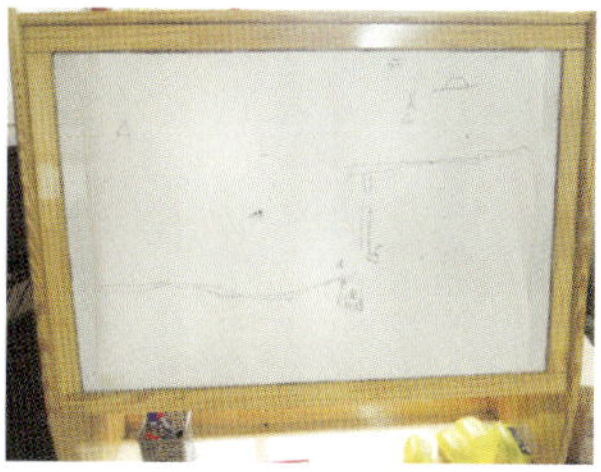

여기에 학교 기호를 그려야 해. 아니야, 여기지! 호수공원 위쪽에는 다리가 있었어. 사다리를 그리면 안 돼~ 기호로 그리자! 산은 크니까, 여러 개를 그리자. 기호를 크게 그릴까?

실제 지도 보며 수정하기

땅이 얼마인지 정말로 선이 그려져 있어! 선 모양도 달라. 색깔도 조금 다른데?

역할을 협의하기

지도를 완성하려면 어떤 것들을 그려 넣어야 할까? 길, 땅이 얼마 인지 표시, 기호와 글씨! 조금 더 자세하게 그려 보자.

구역 나누기와 길 그리기, 문제를 배움으로 이어 가기

길이 아닌 나머지 부분들은 땅처럼 보여! 처음에는 이렇게 길이 많은지 몰랐어! 이쪽 길, 저쪽 길이 여기서 만나는 것 같아! 선이 만나는 부분을 이어 주자~

세밀하게 표현하며 상상을 이어 가기

진짜 지도 같아요! 보물을 찾아 떠나 보고 싶어요! 지도를 보고 길을 찾을 수 있을 것 같아요. 길을 따라서 가 보고 싶어요!

우리 몸으로 기호 표상하며 놀이하기

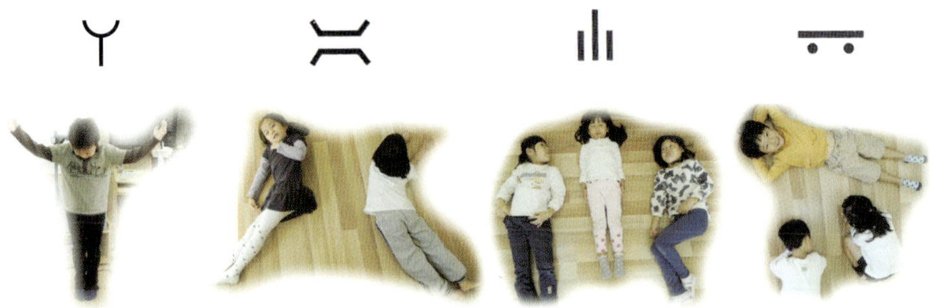

팔을 벌리고 머리를 숙여 '소방서' 기호가 되었어!

친구와 함께 팔, 다리, 허리를 휘어서 '다리' 기호를 만들었어!

세 명이 쭉 누우면, '밭' 기호를 만들 수 있지!

한 명은 눕고, 두 명이 몸을 동그랗게 말아서 만든 '폭포' 기호야!

3.3 재활용 매체와 자연 매체로 입체 지도를 만들자! 지속가능 가치, 태도 형성

유아들은 재활용 매체와 자연 매체로 지도를 만들면서 재활용, 자연 매체를 활용하여 입체, 탐색하여 알게 된 사실을 더해 나간다.

동네 지도 완성하여 공유하기

우리 동네를 완성했어!

유아들은 과거의 동네 모습과 현재의 모습을 비교하면서 '발전된 동네' 환경을 자신들의 문화로 인식하며 **지역사회에 대한 소속감과 정체감**을 갖는다. 유치원 친구들과 부모 및 지역사회 주민들에게 우리 동네의 과거 모습과 현재의 발전된 모습을 보여 주기 위한 공동의 목표를 향하여 함께 '우리들만의 동네 지도'를 만들어가는 자발적이며 낯선 **문제 해결의 경험**은 즐거운 놀이처럼 유아들을 **탐색과정에 몰입**하게 하였다. 유아들 주변의 익숙한 자연물과 재활용 매체는 새롭게 다가와 새로움을 생성하면서 재사용되고 **지속가능 태도를 형성**하고 미래를 내다보며 공감하는 시간이 되었다. 유아들이 구성한 현재의 지도와 부모들과 지역사회의 도움을 받아 찾아낸 우리 동네 과거의 모습 그리고 자신들이 만들어간 현재의 동네 지도는 3, 4세 동생이나 다른 반 친구들, 나아가 부모들과 공유하는 기회가 되었다. 이러한 경험은 '나'뿐 아니라 '우리의 주변', '우리 동네', '우리가 사는 지역사회'에 대해 공감하고 의미를 만들어 사회적 책임감을 발전시키는 기회가 된다.

지속가능 교육은 지식 습득이 목적이 아니라 **놀이 속에서 유아들이 호기심과 관심을 갖는 실제 세계의 문화와 문제를 유아들 스스로 해결하는 경험**을 하고 이를 기반으로 생애 전반에 걸쳐 **지속가능한 삶을 살 수 있는 역량**을 기르는 것이다.

유아에게 놀이는 삶이며, 자신의 삶과 관련된 놀이에 자발적으로 참여하여 주변 문제에 대해 비판적으로 사고하고 주도적으로 참여하여 해결하는 경험을 가질 수 있다. 이러한 과정에서 유아는 스스로 자신의 학습에 책임 있는 주체가 되고 지역사회의 인간/물질 주체들과 상호 작용하는 구성원이 되어 간다. 이처럼 학습자의 호기심과 관심에서 놀이가 시작되고 놀이 안에서 각자의 의미를 만들고 이어 가면서 자유롭게 배움의 과정에 몰입하는 것은 놀이 중심 교육에서 추구하는 인간상–건강하고, 자주적이며, 풍부한 감성과 창의성을 가지고 더불어 사는 사람–과 같은 맥락이다.

주변에 대한 유아들의 관심이 지역사회로 확장되어 지속된 놀이 실천에서의 지속 가능 삶을 배우기는 지식 전달이 아니라 놀이 속에서 유아의 가치와 태도의 변화, 나아가 실생활과 연계된 실천적 참여를 지향하기 때문에 유아의 주도적 참여가 중요하다. Hart(1992, 1997)는 유아가 교수학습 과정에 참여하는 8개 단계의 '유아 참여 사다리(ladder of young people's participation)'를 다음과 같이 제안하고 3수준으로 범주화하였다.

〈표 3-1〉 유아 참여 사다리

참여 수준	단계	행동
비참여	1단계	성인의 조정을 받은(manipulated) 행동
	2단계	성인의 의견이 들어가 수정한(decoration) 행동
	3단계	성인이 보상한(tokenized) 행동
수동적인 참여	4단계	성인이 지시하고 안내한(assigned and informed) 행동
	5단계	성인이 자문하고 안내한(consulted and informed) 행동
적극적인 참여	6단계	성인 주도이나, 함께 의사결정한(adult initiated, shared decision with children) 행동
	7단계	유아가 이끌고 주도하는(children lead & initiate action) 행동
	8단계	유아가 주도하고 함께 의사결정 하는(child initiated, shared decision with adult) 행동

위 8단계는 1~3단계 유아의 비참여 수준, 4~5단계 유아의 수동적 참여 수준, 6~8단계의 적극적인 참여 수준으로 구분된다.

Shier(2001), Stephenson, Gourley & Miles(2004)는 지역사회 관련성을 비롯한 지속가능 교육의 핵심 교수전략이 참여 사다리 중 가장 높은 수준의 참여를 이끌어 낸다고 보았다. 상기한 '우리 동네 과거와 현재', '다시 태어난 청계천' 두 가지 지역사회로 확장된 놀이 실천 사례는 Hart(1992, 1997)가 세운 유아의 교육과정 참여 사다리 8단계 중, 6~8단계 유아의 적극적인 참여 수준에 해당한다.

유아들은 우리나라 역사에 대한 이야기를 나누면서 복원된 청계천에 관심을 가지게 되었다. 가정과 연계하여 청계천과 관련된 경험, 청계천 이름의 유래 등 역사를 탐색하고 관련 자료를 찾아 공유하면서 청계천 문화관을 방문하였다. 청계천 문화관의 협조로 유아들은 청계천에 대한 심화된 탐색이 가능하였으며, 이OO 전 서울 시장님과 인터넷을 통해 유아들이 궁금한 질문을 상호 교환하는 기회를 가졌고 부모와 함께 청계천 다리를 방문하기도 하였다. 기관에 돌아와 유아들은 교실에서 카프라로 구성하기, 실외 놀이터에서 모래로 길 만들어 구성하기 등을 통해 새로운 시각으로 청계천을 재구성해 보는 기회를 가졌다. 유아들은 **'다시 태어난 청계천'** 을 구성하고 부모들과 공유하였다.

청계천 문화관 방문

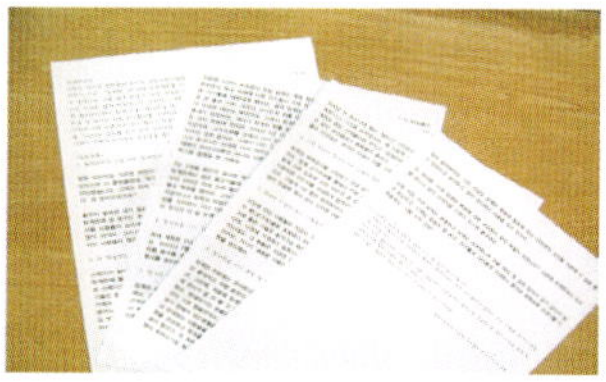

청계천 복원 관련 자료 탐색

할아버지가 7살 때는 청계천이 어떤 모습이었어요?
청계천을 다시 만드는 데 얼마나 걸렸어요?
옛날에 청계 고가로 다녔던 많은 차들은 지금 어디로 다녀요?
시장에 있던 사람들은 어떻게 되었어요?

22개의 청계천 다리 방문

놀이터에서 청계천을 카프라로 구성하기

교실에서 다리 만들기

벽화 만들기(영조의 준천도)

복개된 청계천 안의 희망의 떡잎

(다시 태어난 청계천, J어린이집 5세 G반)

4. 지역사회로 확장된 놀이 프로젝트의 내용 분석
사회적, 환경적, 경제적 내용을 융합하기

유아교육은 유아가 소속한 지역의 자연, 사회, 신체, 물리적 세계에 대한 민감성을 기르는 실행 이론(working theory)을 발달시키는 환경을 제공해야 한다(Robinson & Vaealiki, 2010). 세상이 바뀌고 환경적 쟁점이 대두되면서 인간이 인간 공동체와 자연환경 둘 다를 지속시키는, 삶의 새로운 방식을 개발하는 창의적 존재가 되어야 함은 분명하다. 성인과 유아가 함께 새로운 접근과 해결책을 상상하고 구성하는 작업을 하는 것이 중요하다.

유아기는 가정과 이웃의 영향이 다른 어느 시기보다 중요하며 가정, 교육 기관, 지역사회 간의 긴밀한 관계와 협력이 요구된다. 가정, 교육 기관, 지역사회가 상호 영향을 주는 관계임을 인식하고 긴밀한 협력 관계를 유지하고 주도적으로 행사할 때 문제점을 효과적으로 해결할 수 있으며, 긍정적인 효과를 얻을 수 있다. 지역사회는 유아가 다양한 탐색 활동과 사회적 상호작용을 하게 되는 공간이며, 지역사회의 다양한 교육 자원은 가정, 교육 기관에서 배울 수 없는 학습을 가능하게 한다. Bronfenbrenner(1995)의 생태 모델은 가족 내 발달과정이 어떻게 가족 외 조건과 환경에 의해 영향을 받는지에 대한 틀을 제시해 준다.

2019 개정 누리과정에서도 사회관계 영역에 '사회에 관심 가지기' 내용 범주에 '내가 살고 있는 곳에 대해 궁금한 것을 알아본다'는 내용을 포함하고 있다. 서혜전과 신호정(2011)은 '지역사회 문화'를 강조하면서 지역의 문화에 대해서 유아들이 일관된 친근감을 갖기 위해서는 단지 지역 문화를 접하는 것만으로는 불충분하며 의미 있는 교육적 경험이 이루어져야 한다고 하였다.

지속가능 교육의 목적은 교육을 통하여 지속가능성을 가르침과 동시에 **지속가능 발전을 가능하게 하는 역량을 기르는 것**이다(박태윤, 성정희, 2006; UNESCO, 2005). 이러한 목적 달성을 위한 교육내용은 사회 정의, 환경 보호, 경제 발전의 세 기둥으로 구성된다. **사회적 기둥**은 우리 자신, 이웃, 사회, 삶과 생태계 등의 연관성을 통해 여러 가지 사회 주제를 이해하고 의사를 표현하고 합의를 도출하며 갈등을 해결하기 위한 민주적 참여가 가능하도록 역량을 키우는 영역이다. 사회적 기둥은 빈곤, 소비, 시민 의식, 평화교육, 다문화교육 등과 같이 본질적으로 사회의 정의와 공정성의 문제로 귀결된다. **환경적 기둥**은 현재 세대와 미래 세대가 살아갈 물리적 환경이나 자원의 특성을 이해하고 인간의 환경에 미치는 자원과 그 취약성을 고려하는 영역으로 자연, 세계의 보호, 에너지, 쓰레기, 물과 같은 환경적 문제를 다룬다. 마지막으로 **경제적 기둥**은 경제 성장의 한계와 잠재적 가능성, 사회와 환경의 상호 영향을 인식하고 세대 간, 인종 간, 국가 간에 자원의 사용과 공유 방식에 대해 다룬다.

세 가지 기둥은 상호 의존적이며 호혜적이다. 따라서 각각의 독립된 기둥뿐 아니라 각 기둥의 공유 지점에도 교육내용이 생성된다. 사회적 기둥과 경제적 기둥의 공유 지점에는 **공정성(equitable)**, 환경적 기둥과 경제적 기둥의 공유 지점에는 **실용성(viable)**, 사회적 기둥과 환경적 기둥의 공유 지점에는 **감내성(bearable)**이 필수 요소이며 이 모든 영역이 지속가능성으로 모아진다.

그간 공동체 유치원 어린이집들이 유아들의 흥미와 관심에 따라 발현된 프로젝트를 위해 능동적으로 지역사회 구청 또는 시청 등의 관공서 공적·사적 기관이나, 환경 단체와의 관계를 통해 지역사회 숲과 산성을 탐색과 연구해 나간 사례들에서 상기한 지속가능 교육에서 포괄해야 할 환경적, 사회적, 경제적 내용의 융합을 대부분 만날 수 있었다.

UNESCO(2005)에서 발표한 사회적, 환경적, 경제적 교육내용에 비추어 공동체 T유치원에서 경험하였던 **'숲을 통한 지역사회와 하나되기–고봉산 샛길 탐색' 프로젝트**(김은희, 2011a)와 D어린이집에서 경험한 **'문수산성' 프로젝트**(김은희, 2006)에서 다루어진 교육내용을 분석하여 제시하면 다음과 같다.

〈표 3-2〉 UNESCO(2005) 교육내용에 비추어 본 두 가지 놀이 실행의 내용 분석

UNESCO(2005)		숲	문수산성
사회문화적	인권		대중을 위한 공공 정보 부재에 대한 문제 제기
	평화와 안전	숲 환경의 안전과 건강 탐색	
	통일		
	문화 다양성	부모, 지역 주민, 숲 해설가, 녹색소비자연대, 산림청, 산림 전문가, 지역 구청 녹지과, 대학의 산림 자원과 교수와의 연계	김포 시청 기획 담당과 및 문화홍보과, 주변 Y구립 어린이집 연계
	사회 정의	고봉산 이용 지역 주민 대상 인터뷰를 통한 의견 반영 및 수렴	Y구립 어린이집 5세 유아들의 리플릿 타당성 자문
	건강과 식품		
	시민 참여	숲 해설가를 통한 숲 알아 가기 '자연과 어울리는 샛길 알림판' 제작을 위한 산림 자원과 교수와의 토의 '샛길 알림판 제작 및 설치'를 위한 일산 구청 녹지과와 녹색소비자연대 간 의견 조율을 위한 의사 표현과 토론	김포 시청 〈시민 제안〉코너에 문수산성 리플릿 제안서 접수
	양성평등		
	소양(매체, ICT)	다매체를 통한 의견 교환	정보 부재에 대한 비판을 통한 리플릿 개발
	세계, 국제적 책임		

UNESCO(2005)		숲	문수산성
환경적	자연 자원	숲 생태계의 지속적 보호	
	에너지		
	기후 변화		
	생물종 다양성	숲 생태계의 건강, 생물 간 상호 의존성과 다양성의 생태적 가치 인식	
	환경 문제	훼손되는 숲의 심각성 이해 해결 방안 연구 및 샛길 표지판과 알림판 설치의 중요성 이해	문수산성의 역사와 학습의 부족을 해결할 수 있는 안내 리플릭 제작 및 그 중요성 이해
	지속가능한 식량 생산		
	지속가능한 지역사회(마을)	지속가능 고봉산을 위해 지역사회 단체와 연대하기	김포시 문수산성의 지속적 발전을 위한 문제 해소
	재해 예방 및 감소	재해 예방과 재난 위험 감소를 위한 지식과 취약성이 감소하여 삶을 개선하는 자조 능력	
	교통		
경제적	지속가능한 생산과 소비	사회적 책임과 환경의 가치를 평가하는 현명한 소비자와 감시자의 역할	사회적 책임과 환경의 가치를 평가하는 현명한 소비자와 감시자의 역할
	기업의 지속가능성		
	시장 경제	환경 보호, 쓰레기 절감의 경제적 요인과의 연관성 이해 및 홍보	
	빈부 격차 완화	각자의 책임 의식을 위한 공공 시설 설치	사회적 형평성을 위한 공적 자료 개발 제안

5. 놀이터에 대한 관심이 지역사회로 확장되어 지속된 놀이 실천의 총체적 간학문적 문제 해결하기

지속가능 교육은 단순히 지역사회에 대한 지식 전달이 아니라 **총체적이고 간학문적, 융합적인 발현적 접근**으로서 다음과 같은 교수 방법이 사용된다(신은수, 박은혜, 2012). 내가 살고 있는 곳에 대해 궁금한 것을 탐색하는 프로젝트 과정에서 유아들은 비판적 사고와 문제 해결, 토론, 역할극, 체험 등과 같은 다양한 방법을 사용하면서 자신과 지역사회를 관계지으며 의사 결정의 과정에 참여할 수 있다.

〈표 3-3〉 총체적·융합적인 발현적 접근에 비추어 본 놀이 실행의 교수학습 분석

전략	세부 내용
간학문적, 총체적 접근	교육과정 내에서 별도의 교과 내용으로 다루어지기보다는 전체 교육과정 속에 통합될 수 있도록 한다. 모든 교육과정 영역에서 공개적으로 검토, 논쟁, 검증, 응용의 과정을 거친다.
비판적 사고와 문제 해결	지속가능 미래를 위한 딜레마와 비판적 상황에 대처할 수 있도록 비판적 사고를 길러 문제를 해결할 수 있도록 한다.
다양한 학습 방법	언어 매체와 토론(이야기 나누기, 책 등), 드라마(역할놀이, 영상), 직접 경험(현장학습, 체험 활동)과 같은 다양한 교수 방법을 사용한다. 다양한 학습 방법을 활용하여 단순히 지식을 전달하는 것이 아니라 교사와 학습자들이 함께 배우고 교육 환경을 함께 만들어가도록 한다.
지역적 관련성	학습자가 속한 지역의 문제 상황을 인식하고 해결할 수 있도록 지구적인 사안뿐만 아니라 지역적인 사안들을 다루고 학습자가 일상적으로 사용하는 언어를 사용한다.
참여적 의사 결정	교육방법 및 평가의 과정에서 학습자가 의사 결정에 참여하도록 격려한다.

서울시 강서구 R어린이집 5세 유아들이 한 달여 간 진행한 **'능말 어린이공원 놀이터 재구성' 프로젝트**(김은희, 2006; 2007)는 유아들이 매일 사용하는 어린이집 놀이터에 대한 문제점을 유아들 스스로 발견, 해결해 간 총체적 간학문적 접근이다. 유아들은 주변에서 생겨나는 매력적인 놀이 시설에 대한 이야기를 하게 되면서 어린이집 앞 놀이 시설도 바뀌어서 더 재미있게 놀았으면 좋겠다고 하였다. 유아들은 놀이터에 대한 생각과 경험을 이야기 나누고 주변의 다양한 놀이터들을 탐색, 조사하고 의견을 수렴하여 설계를 시작하였다. 능말 어린이공원 놀이터는 우리만의 공간이 아니므로 어떻게 바뀌면 좋을지 부모, 지역 주민과의 인터뷰를 통해 의견을 수렴하고 거듭 수정해 나갔다. 오픈 하우스 날 설계도를 토대로 부모와 함께 가상의 놀이터를 3

차원으로 구성하기도 하였다. 유아들은 만들어진 설계도를 관할 구청에 제출하고 놀이터를 재구성해 줄 것을 제안하였고, 구청에서는 유아들의 의견을 받아들여 지역 주민 모두가 함께할 수 있는 새로운 놀이터가 재구성되어 현재 활용되고 있다(김은희, 2007).

6. 여행에 대한 관심에서 지역사회로 확장되어 지속된 놀이 실천에서 지속가능 교육에서 추구하는 가치 7R's 경험하기

지속가능발전을 위한 교육은 환경, 사회, 경제의 기둥이 통합적으로 연계되어 각 영역의 특성을 반영한 교수법이 필요하다. Engdahl과 Rabussicova(2010)는 Brundtland(1987)의 보고서 '우리공동의 미래'와 연계하여 유아의 지속가능발전을 위한 교육에서 고려해야 하는 원리로 Reduce(절감), Reuse(재사용), Recycle(재활용), Rethink(재고), Redistribute(재확산), Restructure(재구조화)의 6R's를 제시하였다. Engdahl과 Rabussicova는 6R's의 교수 원리를 실제로 적용한 후 이를 수정하여 7R's를 발표하였다. **7R's**는 **존중(Respect), 반성(Reflect), 재고(Rethink), 재사용(Reuse), 절감(Reduce), 재활용(Recycle), 재확산(Redistribute)**이다. 7R's를 지속가능 발전을 위한 세 가지 핵심 기둥에 적용하면 다음 〈표 3-4〉와 같다. 파주시 S유치원 유아들이 **'파주 알리기'**를 위해 만들어간 '관광지 안내 지도 만들기' 프로젝트에는 다음의 7R을 볼 수 있었다.

〈표 3-4〉 지속가능발전 교육의 영역과 7R's 교수 원리의 관계

사회적 기둥	사회문화의 존중(Respect)	사회에 존재하는 다양한 구성 주체를 존중한다.
	사회문화에 대한 반성(Reflect)	현재 세대와 미래 세대의 생태 및 삶의 방식에 대해 반성적으로 사고한다.
	사회문화에 대한 재고(Rethink)	사물의 가치에 대해 다시 생각한다.
환경적 기둥	환경의 재사용(Reuse)	오래된 물건을 더 많이 사용하도록 한다.
	환경의 절감(Reduce)	삶에서 자원의 낭비를 줄인다.
경제적 기둥	경제의 재활용(Recycle)	다른 사람의 물건을 다시 사용한다.
	경제의 재확산(Redistribute)	지속가능한 체제로 만든다.

7. 사회문화적 사건에서 지역사회로 지속된 놀이 실천에서 시민 의식 배우기

> 오늘 우리 반 유아들과 이야기를 나누면서 아이들은 요즈음 어른들이 고민하는 것을 똑같이 고민하고 있다는 것을 알게 되었어요. 대통령이 누가 되었으면 좋겠다든지, 그 이유를 이야기하고 또 다른 아이는 그 사람이 되면 안 된다든지 왜냐하면 아무나 대통령이 되면 안 되기 때문에 등… 친구가 발표할 때 플래카드를 만들어 와서 뒤에 서 있기도 하구요(선거 유세에서 본 것과 같은). 또 세월호 사건에 대해서도 걱정하면서 정말이지 자기 한 사람의 잘못이 얼마나 많은 사람에게 피해를 주는지 모르는 책임감 없는 사람이라고 이야기하면서 걱정해요. 다른 아이들도 동조했어요(S유치원, 5세, 담임 교사).

우리에게 가장 잊혀지지 않는 일로 '세월호 사건'을 들 수 있다. S유치원 5세 유아들은 세월호 사건을 돌아보며 이러한 슬픈 일은 어른의 무책임에서 비롯된 일이라고 하였다. 하여 장차 어른이 될 우리들, 현재 어른인 성인들의 **사회 구성원으로서의 책임감**을 고취시키는 시민 의식 동영상을 만들어 널리 알리기 위해 유튜브에 게재하였다.

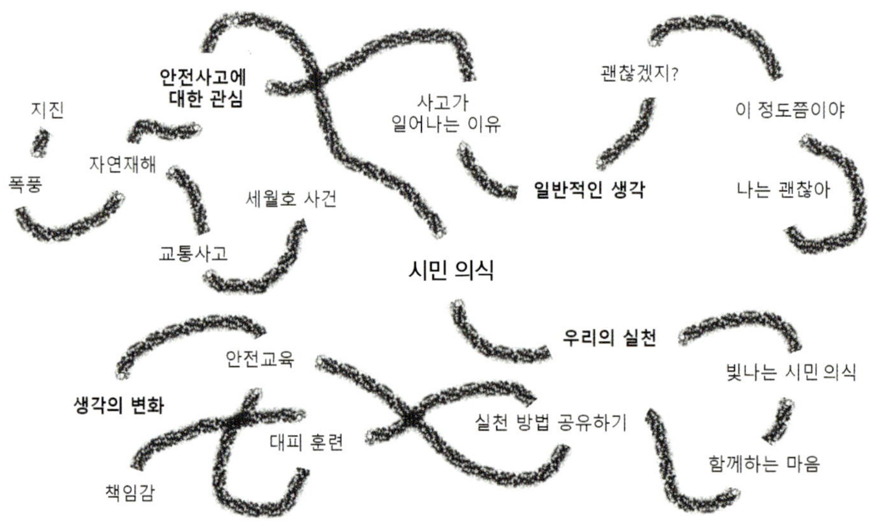

(세월호 사건을 보면서 '시민 의식' 동영상 만들기, S유치원 5세 H반)

유아들의 초등학교 앞 안전하게 미디어 사용하기 캠페인

G어린이집 4세 S반 유아들은 인터넷 중독에 대해 탐색하고 초등학교 언니, 오빠들을 대상으로 **인터넷 중독을 줄일 수 있는 캠페인**을 계획하였다. 인터넷 중독을 정의한 내용과 미디어를 안전하게 사용하자는 내용을 담은 간단한 홍보 전단지와 카드를 만들어 횡단보도와 초등학교 앞에서 홍보하고 직접 언니, 오빠에게 배부하였다.

누나 이거 가져가! 횡단보도에서 만난 언니들에게도 전해 주고, 조금은 쑥쓰러운 목소리로 게임 조금만 하세요! 라고 말한다.

학교 앞으로 가서는 언니, 오빠들을 향해 게임 조금만 하세요! 라고 말하며 카드를 열심히 나누어 주었다.

서로 카드를 주려고 하고 큰 소리로 게임 조금만 하세요!! 라고 이야기 할 수 있었다. 언니들 중에는 이거 뭐야? 라고 물어봐 주기도 하고 아궁~ 귀여워~ 하며 아이들의 이야기를 들어주기도 한다.

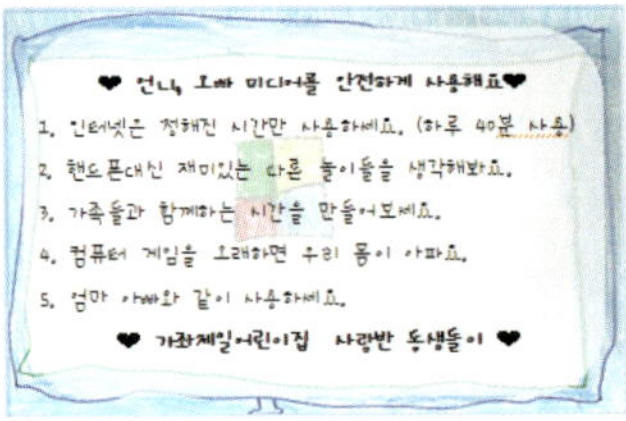

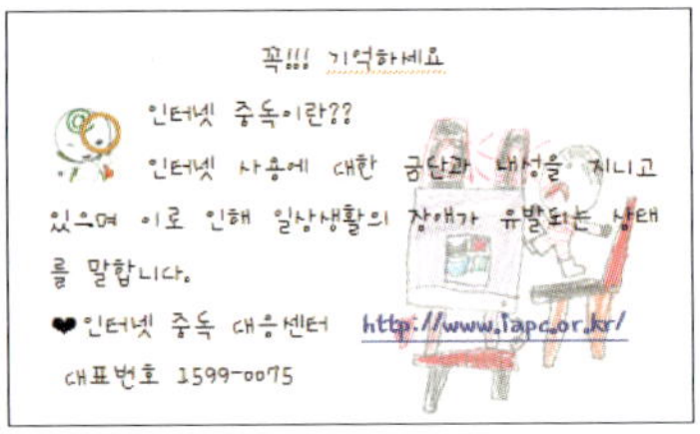

아이들이 직접 만든 캠페인용 홍보 전단지

홍보가 끝나고 돌아오는 길에 아이들은 우리가 언니, 오빠들에게 주었던 카드 몇 장을 주웠다. 아이들은 속상하다, 슬프다, 집에 가지고 가서 잘 읽었으면 좋겠다 라고 이야기를 하였고, 두 번째 나가서는 더 적극적으로 형님들에게 카드를 나누어 주면서 게임 조금만 하세요~ 라고 이야기를 할 수 있었다. G어린이집 4세 유아들의 '안전한 컴퓨터 세상 만들기' 프로젝트는 2014 어린이집 안전 보육 프로그램 공모전에서 서울시로부터 대상을 받았다.

미래 사회와 미래 세대가 안전하고 안심할 수 있는 행복한 삶을 위한 지속가능한 미래를 위해서는 '지속가능 삶을 위한 배움'이 유아기부터 몸에 베고 정착되어야 한다. 지속가능 삶을 위한 배움은 환경적이고, 경제적이며, 사회적이고 문화적인 쟁점과 연계되며, 실제 세계의 복잡성을 반영하고 있다. 따라서 유아교육 기관에서의 지속가능 삶의 배움은 지역사회와 연계하는 방식으로 정착될 수 있으며, 지역사회와의 관계에서 필수적인 요소라 할 수 있다.

유아는 일상과 삶의 과정에서 마주치는 다양한 역할, 상황, 환경에 대해 '세계의 존재'로 주도적으로 대응하는 배움의 과정을 구체적으로 실현하면서 지속가능 삶을 배운다. '세계의 존재'인 유아는 일상인 동네, 자연, 놀이터, 여행, 사회 문화적 사건들과 우연히 마주치고 관심을 이어 가면서 놀이는 시작된다. 유아들의 지역사회 동네, 자연, 사람, 대상에 대한 열정은 교사, 기관, 가정의 지원과 함께 지역사회로 확장되어 놀이로 연결된다. 유아들의 놀이 욕망으로 흘러가는 놀이 속에서 유아들은 주도적으로 문제를 인식하며, 함께 해결하는 과정에서 지역사회에 존재하는 다양한 사람/물질/생물 주체를 존중하고 생물의 소중함과 사물의 가치를 배운다. 이렇듯 놀이는 유아들의 삶이요 일상이며, 유아들은 놀이하며 세상을 만나고 배운다.

Davies(2010)는 '환경 안에서의 교육'과 '환경에 대한 교육'은 지속가능한 삶의 기초로 보기에는 충분하지 않다고 하였다. '환경 안에서의 교육'과 '환경에 대한 교육' 접근법은 우선, 환경과 지속가능성의 원인인 인간-환경 간 상호 작용을 기술하는 데 실패하였으며, 둘째, 이론 및 실천에 있어 현재와 미래의 시민인 유아를 지속가능성을 위한 변화의 주체로 준비시키는 데 부족하기 때문이다.

따라서 유아기 지속가능성을 위한 교육은 유아가 자신의 환경에서 문제를 인식하고 해결할 수 있다는 것을 중요하게 여기고, 유아가 자발적으로 참여, 의사 결정, 선택하도록 임파워먼트하여 유아에게 용기를 주고 지속적으로 지원해 가는 변형 지향 교육(transformative education)이다(Davies, 2010).

이는 'Deleuze, Barad의 존재론적 인식론에 영향을 받아 유아를 세계의 존재로 보는 탈구조주의(Olsson, 2009:2017; Davies, 2014:2017; Lenz Taguchi, 2010:2018; Sellers, 2013:2018), 인간을 세상의 중심으로 보지 않고 인간/자연/물질 모두를 주체로 보는 포스트 휴머니즘, 세상과의 우연한 마주침에서 차이와 새로움을 무한히 생성해 가는 노마디즘과 연결된다. 따라서 유아 주도의 학습, 놀이를 통한 배움 미래 사회 역량을 강조하는 개정 누리과정의 배움 방식과 같은 맥락을 이룬다. 그간 유아교육에서 전통적으로 행해 왔던 교사, 가르침, 결과 중심 성취보다 유아, 배움, 역량 계발에 초점을 두는 개정 누리과정 유아·놀이 중심 교육에서 지향하는 유아교육 기관과 지역사회와의 공동체적 관계, 그 안에서 유아들이 주도하여 충분히 놀이할 수 있는 시간과 공간 속에서 각자 또 함께 차이를 만들며 자유롭게 놀이하는 유아들의 모습을 강조한다.

이렇듯 지속가능 교육은 '학습자 중심 교육'을 위한 중요한 기폭제 역할을 할 수 있다. '2030년 지속가능발전 목표(2030 Sustainable Development Goals)'의 교육 의제 중, '모두를 위한 평생학습'은 개인의 삶 속에 지속적인 지식, 기술, 태도, 가치를 배우는 것을 강조한다(UN, 2015). 이는 지속가능 교육이 형식, 비형식, 무형식 교육을 배움을 통해 개인이 삶의 과정에서 만나게 되는 다양한 역할, 상황, 환경에 주도적으로 대비하고 대응하는 과정을 구체적으로 실현하는 것임을 말한다. 따라서 유아의 관심이 지역사회로 확장되어 지속된 놀이 경험 사례들의 **내용 분석에서도 사회, 환경, 경제적 배움 내용이 융합되어 나타나지만 이에 더하여 지속가능한 미래 사회가 실현될 수 있는 변형적인 가치관과 실천 역량이 요청된다.**

지역사회와의 관계는 '지역사회 내에서', '지역사회에 대한' 교육이 아니라 지역사회, 세계의 존재로서 지역사회와의 일상적 관계에서 마주치는 관심이 지역사회로 확장된 놀이에서 지속가능 삶을 배우는 관점으로 변화되어야 하는 당위성에 귀착된다.

첫째, 놀이는 유아의 삶이며, 유아는 놀이를 통해 세상을 만나고 배운다.

둘째, 교사의 만들어가는 교육과정에 대한 자율적인 실행력과 기관·가정·지역사회 간 공동체적 관계가 중요하다.

셋째, 놀이의 일상성, 실용성, 날것의 놀이, 놀이가 갖는 교육적 의미와 사회적 의미에 대한 이해와 공감은 기관과 지역사회의 공동체적 마인드와 협력적 관계를 불러올 수 있다.

넷째, 놀이가 자연스럽게 지속되면서 놀이를 통한 배움(playful learning)으로 연결된다.

다섯째, 교사가 놀이를 계획, 진행, 평가, 마무리해야 한다는 고정 관념에서 벗어나 놀이와 경험의 연속성을 이해하고 유아들이 일상에서 만들어가는 놀이를 새롭게 볼 때, 유아가 자유롭게 놀이를 이어 갈 수 있는 다양한 놀이 장면과 공간을 허락하고, 다채로운 배움을 지원할 수 있다.

여섯째, 놀이를 통한 배움은 지성이 이끄는 정신의 교육이 아니라, 몸이 이끄는 감각의 교육이다.

일곱째, 지속가능 삶을 배우기는 단순히 환경과 사회와 경제 또는 문화의 통합에 그치는 것뿐만 아니라, 좀 더 집단적이고 변형적인 사고와 접근이 필요하다.

여덟째, 만들어가는 놀이의 다질성과 배움의 복잡성에 비추어 기관내 공동체 또는 기관 간 공동체를 권장한다.

유아는 별개로 존재하는 세계를 학습하거나, 세계 속에서 지식을 구성하기보다, 세계의 존재로서, 현재 살아가는 일상의 동네, 자연, 놀이터, 여행, 사회적 사건들에서 마주치는 공간, 사람, 사물, 생태계와 내부작용하며 차이 나는 배움을 지속적으로 생성해 가는 유능하고 자율적인 존재이다. 유아의 삶인 지역사회와 관계하는 놀이에서 만들어가는 배움은 유아의 건강과 안전 등 **자신을 보살피고(care for oneself)**, 문화, 공간, 세대 등 **서로를 보살피며(care for each other)**, 나아가 지역적 세계적 **환경을 보살피는(care for the environment)** 지속가능 삶을 배운다.

6 내부작용 관계 : 관계의 렌즈를 재구성하기

존재론적 인식론에서는 학습자와 세계를 '얽힌 되기(entangled becomings)'로 본다. 우리는 세계의 일부에 해당하며, 세계에는 독립적이고 자립적인 존재란 없다는 것이다(Barad, 2007, Lenz Taguchi, 2010:2018 재인용). 인간은 다른 존재나 물질, 재료와 마찬가지로 세계의 존재이므로 모든 학습이나 배움은 세계의 물질과 유기체 사이-내부에서 내부작용하는 가운데 지속적으로 일어나고 있다. '내부작용 교육(intra-active pedagogy)'은 단순히 유아 · 교사 · 부모 · 지역사회 사람들 간의 관계나 사람의 내적인 관계를 넘어서 **모든 살아 있는 개체와 물질들 간의 관계**를 제안한다.

지속되는 학습 사건(learning events)에서 유아는 스스로 내부작용하고 계속적으로 차이를 생성(differentiations)하면서 배우고 변화한다. 내부작용 교육은 어떤 종류의 학습과정이 이루어질 것인지, 어떤 종류의 배움이 이루어질 것인지 명확하게 계획될 수 없다.

1. 물질의 행위 주체성에 주목하기

Lenz Taguchi(2010:2018)는 레지오 학교에서 실천하는 기록지, 사진, 비디오 등을 사용한 학습의 가시화(visible learning: Rinaldi, 2006)와 경청의 교육(pedagogy of listening)에 물질이 가진 지식 생산의 행위 주체성을 포함시킴으로써 철학을 보완해 준다. Barad(1998, 2007)로부터 영감을 얻은 내부작용 교육은 물질, 담론, 사람 간 내부의 상호 관계, 상호 접속, 충돌과 회절의 파동 속에서 생산되는 현상에 초점을 맞춘다. 내부작용 교육은 단순히 유아 간, 유아와 성인 간 언어와 행위 사이-내부에서 이루어지는 개인 내 및 개인 간 관계에 두던 초점을 확장한다. **놀이 사건의 내부작용**에 **물질의 행위 주체성**을 포함한다. 이론과 실제, 담론과 물질 모두를 인정하는 **존재론적 인식론**의 차원으로 들어서는 것이다. 배움이란 서로 다른 유기체, 물질, 담론들이 상호작용하는 내부작용 속에서 생성된다.

레지오 에밀리아 교육에서는 '물질'이 **'제3의 교사'로서, 환경과 다매체 활용** 등을 강조하였다. 레지오 학교의 교육에서 영향을 받은 공동체 영유아교육 기관에서도 물질과 환경의 중요성이 강조되어 왔다. 그러나 기본적으로 물질은 중요하게 보았지만 **수동적인 도구로만 인식**되어 왔다. 능동적인 유아와 교사가 사용하는 배경이나 필요한 전제로 여겼다. 그 이유는 물질이 중요하지 않아서가 아니라, 인간 및 비인간을 포함한 유기체, 객체, 물질 사이-내부의 내부작용 과정을 가시화하거나 실체화하는 데 사용할 수 있는 언어나 개념이 없었기 때문이다(Lenz Taguchi, 2010:2018). 또한 그간 교육학에서는 인간을 주체로 보아 학습자 내부에서 이루어지는 인지 과정으로 학습을 이해하거나 교사와의 상호작용을 통해 학습이 이루어지는 것으로만 받아들여져 왔다. 따라서 사물, 물질, 재료, 환경과의 만남은 교육의 한 과정으로 고려되지 않았다.

유아가 주변의 다른 생명체나 물질과 관계하면서 놀이할 때, **귀기울이기**는 중요하다. **교사가 물질의 행위 주체성에 귀를 기울인다면, 물질이 유아와 내부작용하면서 '말하는 것'을 '듣고' 관찰**할 수 있을 것이다. 또한 **유아**가 주변의 다양한 생명체와 물질이 가진 행위 주체성을 어떻게 인식하는지 읽고 들을 수 있다. 유아가 태양이나 꽃에 얼굴을 그리거나 나뭇가지를 '의인화된' 인형으로 여길 때, 우리는 흔히 물활론적 사고로 이해해 왔다. 이는 유아가 주변 세상을 연구하면서 가지는 내부작용이자 행위 주체적인 문법이다.

예컨대 성인이라면 미세먼지에 도움을 주는 식물을 '광합성 작용'이라고 할 것을, 미세먼지를 탐색하면서 H유치원 5세 유아들은 다음과 같이 말한다.

나뭇잎 속에는 먼지를 바꿔주는 기계가 있어.

먼지를 잡아서 안으로 데리고 가서 나쁜 공기를 예쁜 향기로 바꿔 주면 미세먼지가 사라지는 거야.

또는 미세먼지를 잡아서 나뭇잎 속으로 들어갔는데 거기에는 끈끈이가 있어서 미세먼지를 못 나가게 막아 주는 거야.

그래서 공기가 깨끗해지는 거 아닐까?

이러한 놀이 사건을 내부작용적 관점에서 사유할 때 교사는 유아뿐 아니라 점토, 식물 잎, 먼지, 점토, 종이, 물감의 '목소리'와 '언어'까지 식별할 수 있게 된다. 또한 **지속적으로 변형되는 배움의 과정에서 물질이 가진 행위 주체성**을 더 잘 관찰할 수 있다. Barad(2007)는 '의미'란 주체성을 가진 몸/물질이 서로에게 자신을 이해시키고자 노력하는 연극 혹은 댄스 속에서 지속되는 행위라고 하였다.

2. 학습 주체인 유아가 만들어가는 의미 읽기

이론/실제 및 담론/물질의 이분법을 넘어서 내부작용을 강조하는 접근에서 중요한 점은 첫째, 교사의 가치와 학습 목적을 강요하지 않고, **유아의 놀이나 배움을 가시화**하고 연구하는 것이다. 둘째, 교사의 이전 이해를 내려놓고, 유아가 만들어가는 **다양한 의미와 전략의 새로움을 배운다.** 이러한 배움 환경에서 비로소 유아는 탐구를 확장하고 배움을 위해 도전할 수 있다(Dahlberg & Moss, 2005; Olsson, 2009; Reggio Children, 2001; Rinaldi, 2006).

그간 교사는 유아들의 인지적 지식 구성과 대화에 초점을 두어 왔다. 이제 교사는 배움의 사건, 즉 배움이 일어나는 공간과 상황 속에서 **유아와 물질 재료 '사이-내부에서' 발생하는 놀이 사건**으로 초점을 이동한다.

내부작용 교육에서 배움이란 유아의 내부에서만 일어나는 것이 아니라 유아의 몸, 담론, 배움의 공간에 존재하는 담론 조건, 물질, 공간, 시간 등의 사이-내부에서 발생하는 현상이다. 인간은 단지 그러한 존재 중 하나이다. 지식이나 경험, 학습은 이와 같은 모든 물질-담론적 조건에 따라 서로 간의 내부작용 속에서 일어난다.

교사는 교실, 공간, 시간, 사물들이 어떻게 조직되고 구조화되는지 민감하게 의식하고 어떤 종류의 내부작용이 일어나는지 귀기울여야 한다. 유아가 하는 경험과 의미를 이해하기 위하여, 교사가 얼마나 코드화, 탈코드화, 재코드화하는가, 또는 **유아 스스로 자신의 경험을 코드화, 탈코드화, 재코드화하도록 어떻게 지원할 것인가**가 중요하다. 다시 말해, 교사가 어떻게 의미를 읽어 내는지, 그러한 의미가 내부작용 과정에서 어떻게 재구성되도록 할 것인지의 문제이다. 교사가 유아에게 어떤 놀이와 배움을 지원할 것인지, 놀이에서 어떤 배움의 현상이 나타나는지, 배움 현상은 유아에게 무엇을 의미하며 어떻게 탐구를 격려하는지를 관찰한다. 이를 토대로 유아들의 놀이 일정이나 탐구과정을 어떻게 조직할지, 어떤 물질 매체를 언제 어떤 환경에서 지원할지 연구한다.

3. 함께 내부작용하는 '관찰자' 교사 되기

우리는 살아가는 세상 속 경험과 현상에 대한 **개인의 구체적이고 물질적인 관찰에 따라 개념이 다르게 구성**된다. 이러한 물질-담론 경험은 교사가 개념을 명명하고 특정한 방식으로 의미를 부여하게 하므로 기존의 이론/실제라는 이분법은 해체된다. 앎이란 재현을 통해 이루어지지 않으며, 세상에 직접 물질적으로 참여함으로써 이루어진다. 우리는 실제 개념을 물질화하며, 실제와 관련된 물질은 일어나고 있는 일에 대한 우리의 이해를 좌우한다. 모든 것은 이론/실제, 담론/물질의 경계가 없는 상호 접속, 간섭, 회절과 파동으로 내부작용하며 경계가 모호한 뒤얽힘이다. 따라서 담론/물질은 따로 떼어낼 수 없다.

놀이 실제를 기록하고 관찰하는 것은 **기록을 통해** 배움을 얻고 기록은 이후의 **학습 사건에 생산적으로 사용**된다. **교사는** 놀이를 관찰 기록하면서 유아와 교실의 물질과 상호 내부작용하면서 **'되기'의 참여자**가 된다. 내부작용, 내재성, 내재론이란 **상호적으로 변화하는 관계**를 의미한다.

3.1 물질-담론 장치이며 기계인 기록

기록은 '물질 배치 혹은 담론 실제'(Barad, 2007)의 과정에 참여하는 물질-담론 장치이다(Lenz Taguchi, 2010:2018). 담론 지식을 생성하는 능동적 행위 주체인 기록은 관찰을 통해 메모, 사진, 동영상 등의 **물질적 결과물을 만들면서 유아의 학습에 대한 의미를 구성해 가는 과정**이다. 기록 작업은 고정된 물질이 아니라 내부작용 수행과 되기의 과정 속에서 이루어진 행위이다. 생성되는 교육 실제와 연관하여 적극적으로 행위하고 수행하는 도구라는 뜻이다.

기록 작업은 유아, 개념, 물질 간의 내부작용 현상이 사진, 이미지, 관찰 기록 등으로 가시화되어 교육 실제를 우리가 읽을 수 있도록 물질로 만드는 운동 혹은 힘이다. Deleuze와 Guattari식으로 표현하면 **기록 작업은 교육이라는 맥락 속에서 학습과 새로운 되기의 과정이 지속되도록 해 주는 '기계적으로' 작동하는 장치**이다(Colebrook, 2002). 기록은 '탈영토화(deterriorialisation)' 혹은 '그 자체 이외의 것 되기'의 과정이 지속적으로 이루어질 수 있게 한다. 따라서 기록은 지식이 생산되는 것을 제한하고 한정할 수 있다. 우리가 개념화하고 이해하는 바에 따라 특정한 앎의 방식을 만들어간다. 따라서 교육적 기록은 살아 있으며(alive), 특정 사건에서 다원적 지식을 생산할 수 있다(Lenz Taguchi, 2010:2018).

3.2 개인이 가진 주관성에서 벗어나기

유아를 제대로 보기 위해서는 일상을 기록하여 개념화하는 의미 구성 작업이 필요하다. 우리는 구체적인 문화적 맥락 속에서 이루어지는 삶과 일상 실제를 관찰하고, 각자 가지고 있는 이론, 개념, 가설 등의 담론과 아이디어를 적용하여 기록한다. 관찰한다는 것은 무엇을 의미하는가?

김은희(2011b)의 기록과 기록 공유 내러티브에서 볼 수 있었던 것처럼 개인은 누구나 주관성을 가지고 있다. 따라서 **동일한 교실 실제**라도 교실에 따라 다르게 보고 다르게 판단한다. 이는 어떤 가르치기여야 하고, 교사가 어떻게 역할해야 하며, 어떤 기록이 좋은 기록인지 기록 작업의 절차는 어떠해야 하는지를 말하려는 것보다 **두 교사가 서로 다르게 기록 작업의 가설을 만들어가고 시도하는 정신적 절차**를 볼 수 있다는 사실에 있다. 이는 **서로 다른 개인의 주관성**을 말하는 것이다. 관찰자의 기대와 신념과 연관되어 기록이 가감된다. 이것이 바로 Malaguzzi와 레지오 교사들이 논의하고자 하였던 관찰과 기록에 관련된 본질이자 문제점이다. 따라서 레지오 교사들은 유아를 이해하기 위하여 관찰 도구를 사용하지 않으며, 또 듣거나 본 것을 범주화하려는 욕구를 버리고, 역으로 유아들의 전략과 개념의 차이를 읽을 수 있는 백 가지 언어에 귀를 기울이고 다양한 목소리를 드러내고자 하였다. 기록 작업은 우선, 지식과 문화의 공동 구성자인 유아의 목소리를 드러내는 것이 목적이며, 유아의 배움이 더욱 심화되도록 도전을 주는 데 사용한다(Dahlberg et al., 2007; Reggio Children, 2001; Rinaldi, 2006). 1960년대 후반부터 오늘날까지 발전시켜 온 레지오 학교의 기록 작업은 유아교육 실제에서 표준화 전략으로 관찰과 기록을 사용해 온 환원주의에 대한 결연한 저항이었다.

3.3 존재론적 인식론의 관점에서 배움을 이해하기

우리가 '실재(reality)'라고 생각하는 관찰된 현상은 뒤얽힌 상태에서 앎의 장치와 관찰자 간에 이루어지는 내부작용으로부터 나타나는 이미지 혹은 감각이다. 현상은 모두 내부작용으로부터 나온다. 내부작용(intra-action)의 개념은 이미 존재했다고 추정하는 일반적인 '상호작용(inter-action)'과는 다르다. 관찰되는 것은 행위 주체적이며 다원적인 물질, 몸, 유기체, 인공물 혹은 **인간 주체와 물질 간 다원적인 상호의존의 결과**이다. 현재 보여지는 것이란 불확정적일 뿐 아니라 행위 주체들에 의해 협상되는 것이며, 다른 물질과 상호 의존한다(Barad, 2007).

내부작용적 시각으로 사유한다는 것은 우리가 보다 폭넓게 실제에 대해 다룬다는 것이다. 교실의 물질, 가구, 건축을 포함하는 교육 환경 전체와 관련지어 우리의 모든 감각과 상호 접속된 몸을 유연하게 넓게 바라보고 확장한다. 우리는 사람들 사이 내부에서 이루어지는 개인 간(inter-personal) 관점에서 다양한 유기체와 물질과의 내부작용으로 초점을 넓혀야 한다. 인간 주체는 유기체의 하나일 뿐이며 인공물 및 사물과 내부작용하면서 담론이 구성, 재구성된다. 놀이에서는 이러한 바라보기가 배움 이해에 필요하다.

아래 T유치원 유아들이 교실에 동화 속 사진관을 만들고 공간, 물질과 내부작용하는 **놀이에서 행위 주체성을 가진 주체나 질료 모두는 물질적이면서 행위 주체적**임을 볼 수 있다.

유아들과 사진관을 구성하여 놀이하기로 하였다. 처음에 유아들은 '아기 전문', '결혼사진 전문' 등과 같은 특정한 사진관을 의논하다가 다양한 의상으로 원하는 사진을 모두 찍을 수 있는 사진관이었으면 좋겠다는 바람으로 '동화 속 사진관'이라 이름을 지었다. 매번 사진관의 배경을 달리하기 위해 여러 종류의 이미지 사진을 OHP 필름에 출력하였고, 배경을 OHP 위에 올려 만들기로 하였다. 처음에는 재활용 상자로 사진기를 만들자고 하였으나, 교사가 진짜 카메라를 원하면 사용할 수 있다고 말하자 아이들은 무척 즐거워하며 관심이 더 커졌다. 사진기를 안전하게 다루기 위한 이야기를 먼저 나누고, 간단한 기능을 알려 주었으며 삼각대를 마련해 유아들이 사용하기에 편리하도록 하였다.

교사는 사진기 작동법을 전체 아이들에게 알려 줄 수는 없었기 때문에 먼저 관심 있어 했던 두 친구에게 알려 주었다. 교사에게 조작 방법을 배운 유아가 다른 친구에게 알려 주었다. 배경과 포즈를 취했던 친구들이 역할을 바꿔, 카메라 조작법을 배웠고 사진사가 되었다.

지연이는 9월 초에 조은반에 새로 온 친구이며 친구들과 적응해 가는 중이다. 처음에는 사진관놀이를 하는 친구들도 지연이를 신경 쓰지 않았고, 지연이도 그냥 물끄러미 바라보며 간간히 미소를 지었다. 꽤 오랜 시간 그곳을 떠나지 않았고 교사는 그 모습을 보면서 지연이가 친구들과 함께하고 싶어 한다고 여겼다.

잠시 후 백설공주 의상을 입었던 주연이가 옷을 벗은 후 친구가 촬영해 준 사진이 마음에 드는지 보러 왔다. 이때 주연이는 지연이를 발견했고 지연아 너도 와. 내 사진 보러 가자 라고 말했다.

지연이는 또 다른 친구에게 사진기 작동법을 설명해 주며 오랫동안 함께 어울려 놀이했다. 조금 시간이 흐른 뒤 친구들과 친해진 지연이는 역할을 바꾸어 드레스를 갈아입었고 친구들과 상호작용하며 자유선택활동이 끝날 때까지 놀이는 계속 되었다. 이 놀이를 통해 주연이와 지연이는 단짝처럼 친해지게 되었고 주연이는 지연이가 교실에서 놀이하는 데 잘 모르는 부분을 자세하게 설명해 주었다.

유아들이 동화 속 주인공이 되기 위해 역할 영역에 '동화 속 사진관'을 구성하고 간판을 만들어 달았다. 유아들은 협의를 통해 '사진 찍어 주는 사람', '배경 바꾸는 사람', '사진 찍히는 사람' 등의 역할을 정하였다. 교사는 다양한 배경을 출력하여 준비하고 실제 사진기 사용법을 알려 주고 삼각대를 마련해 주었다. 교사에게 사진기 조작 방법을 배운 친구가 다른 친구에게 다시 방법을 알려 주었다. 배경과 포즈를 취했던 친구들이 역할을 바꿔, 사진사가 되는 등 매체 공간과 내부작용하면서 교실에서는 사진관놀이가 진행되었다. (**동화 속 사진관놀이 되기**, T유치원 4세 자유놀이)

유아들은 여러 차례 배경을 바꾸어 차이 생성을 반복하면서 사진을 촬영하였다. 동화 속 사진관을 운영하는 놀이과정에서 유아들은 사진을 스스로 다채롭게 찍어 내는 새로운 배움이 이루어진다. 원하는 배경 바꾸기, 의상 고르기, 사진 찍기에 대한 감각은 이전과 다른 놀이 되기이다. 유아들이 새롭게 접하게 된 경험은 감응과 즐거움을 불러일으키고, 몸이 가진 앎, 행위, 사진관되기, 사진사되기, 손님되기로 다양하게 흘러갔다. 유아들의 새로운 **배움은** 사진관 환경-배경-OHP-의상-사진기-삼각대-사진기 작동법, 드레스-배경-사진 찍기-사진-여자아이, 간판-역할-배경-포즈라는 **다양체들 간의 내부작용과 흐름 속에서 발생**하였다. 이러한 마주침은 다채롭게 재미있는 놀이로 **'회절'**된다. **내부작용적 되기**는 자신이 무엇을, 어떻게, 왜 하는지를 고정된 언어나 행동으로 규정짓는 유혹에서 벗어나 우주, 지구, 세상, 사진관, 사진사 등 모든 존재를 함께 생각하는 **무한한 존재의 생성 가능성을 향해 나아가는 것**이다. 유아는 세상의 존재로서 이미 세상 속에 있고(Olsson, 2009:2017), 지식 또한 세상 속에 있으므로, 따라서 유아는 놀이하며 배우는 유능하고 자율적이며 유연한 존재이다.

놀이 경험을 행위 주체적으로 유지시켜 주는 것은 유아 간, 유아와 교사 간 상호작용만이 아니다. 사진관놀이가 이루어지는 교실에서 유아들은 사진관 환경–OHP–배경–사진기–사진 등과 마주치면서 그 특별함과 감응은 몸에 즐거움으로 느껴지고 그 감응은 관계가 친숙하지 않은 유아도 자연스럽게 놀이 안으로 초대한다. 유아와 물질의 사이 내부에서 일어나는 내부작용으로부터 물질과 접속하고 감응하는 강도는 자발성을 더하고 언어적 상상을 불러와 물질–담론적인 배움의 사건이 일어난다.

영유아들의 흥미나 관심에서 시작한다는 것, 유아가 직면하여 갈등을 느끼는 문제가 배움의 동기로 활용되는 것, 그것을 인식하는 교사는 항상 일상과 놀이 안에 귀를 기울인다. 유아들의 탐색과정에 따라 교사의 귀기울임에 따라 **교사가 배치하는 물질이나 매체 자원 환경**은 교육 공간 속에서 매번 다르게 내부작용하며 리좀적 공간을 흘러간다. 따라서 영유아의 배움에 많은 영향을 주므로 **늘 어떻게 지원할지에 대한 연구를 게을리할 수 없다.**

4. 유아교육 기관에서 일상적으로 이루어지는 물질·공간·환경의 내부작용

- 현관문을 열고 들어서면 함께 모이는 피아자의 다양한 놀이 공간이 유아들을 기다린다.

삼각거울놀이 공간

인형극놀이 공간

가게놀이 공간

의상놀이 공간

- 매체 아틀리에는 다양한 물질과 자료들이 배치된다. 유아들은 매체들과 우연히 또는 의도적으로 마주치면서 다채로운 놀이 되기로 이어진다.

- 빛 놀이방에 항상 있는 빛은 유아들의 무심하고 소극적인 구성놀이도 매력적으로 만든다.

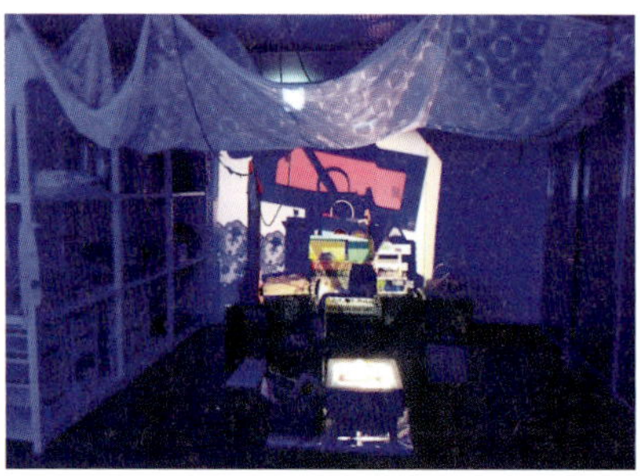

- 빛 놀이방의 매체들

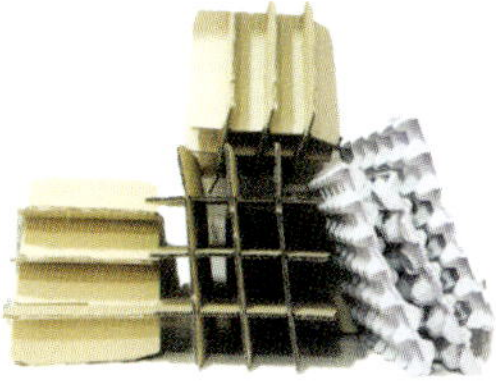

- 빛과 다양한 물질이 어우러지는 놀이

- 소리 놀이방에서는 다양한 소리를 만드는 악기들, 소리관, 스카프들이 유아들의 감각이나 몸과 내부작용하면서 음악적 놀이를 만든다.

- 도서 공간이 위치한 자연 빛이 있는 계단에서 언제나 유아들은 책과 만난다.

- 교실에서는 일상적으로 2차원, 3차원 구성놀이, 글쓰기, 손으로 만들기, 벽화 그리기, 빛놀이, 그림자 극놀이, 가작화놀이, 실험놀이, 바닥놀이, 음악놀이, 과학놀이 등 놀이가 매일 다채롭게 변형된다.

- 메시지 공간에서는 글로 마음을 전하고 책으로 만들어 공유한다.

- 3차원 구성놀이 공간의 블록들은 우리 반의 타워, 파크 등 유아들의 흥미나 관심에 따라 다양한 구성물들로 변형된다.

- 구성놀이를 지원하는 블록 매체들

- 유아들의 놀이 욕망에 따라 라이트 테이블 영역에 구성된 액세서리놀이 공방에서 유아들은 각자가 원하는 패턴을 매체(색 철사, 구슬 등)를 이용해 만들어간다.

- **바닥 놀이터**에는 유아들의 생각이 바닥 공터에 그려진다.

- **실험 공간**에서는 다양한 매체로 다채로운 색 섞임 실험이 이루어지고 유아들이 원하는 어떤 실험으로든 전개된다.

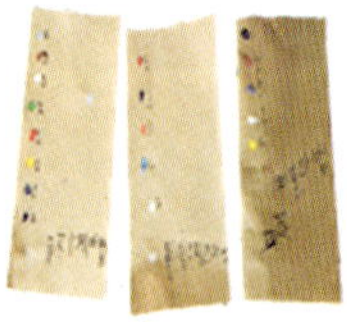

- 날씨 드로잉 공간은 그날의 날씨, 풍경, 이야기를 그림이나 기호로 표현한다.

- 벽화 만들기를 통해 아침부터 밤까지 달라지는 하늘색 자연색을 표현한다.

- 그림자 극놀이 공간에서 유아들은 일상의 이야기를 엮어 영화로 만든다.

- 무지개 음료 제조놀이 공간

- 음악놀이 공간

- 복도의 벽면에는 기록 패널을 가시화하여 유아·교사·부모가 소통한다.

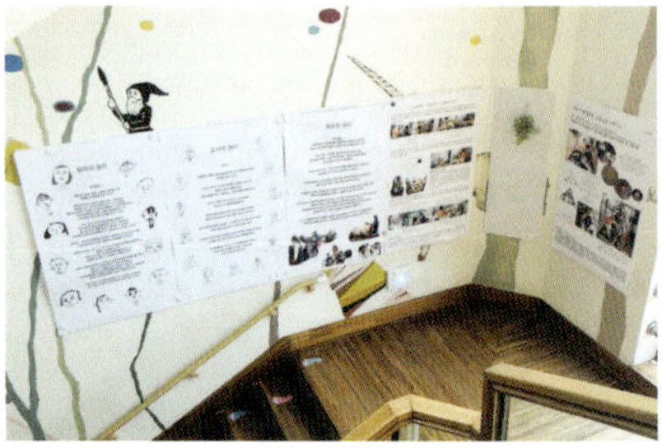

- 텃밭에서 자연과 우리는 매일 만나 함께 자란다.

- 모래 놀이터에는 유아들의 몸과 감각이 모래, 물, 도구들과 만나면서 재미있는 이야기와 거친 몸놀이를 지속적으로 만든다.

Ⅳ 귀기울이기

이 하늘 병원은 미세먼지를 사라지게 해서
아픈 하늘을 낫게 해 주는 거예요~!

1 타자의 시선으로 본 귀기울이기의 의미

1. 보여서 정할 필요 없는 일상 규칙

2018. 11. H유치원, 견학자 박OO

14:15~30, 14:50~15:00 종일반, 이동 시간

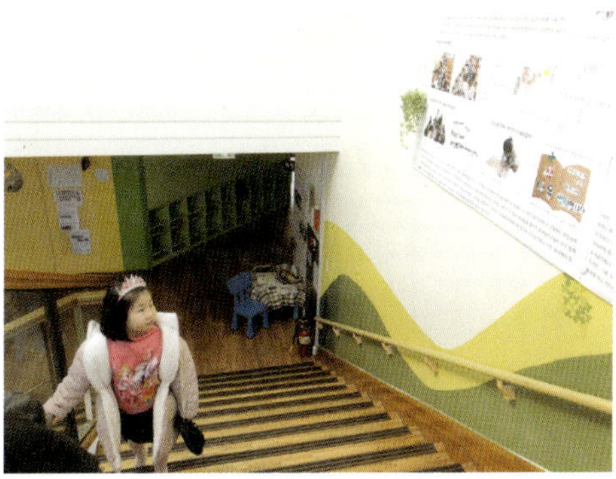

H유치원에서 내가 다니던 유치원과 가장 다른 점은 '유치원의 환경 구성'이었다. 그중에서 가장 특색 있는 부분은 바로 우리가 매일 여러 번 이용하지만 신경 쓰지 않고 보지 않았던 '복도의 벽'이다. 우리가 흔히 아는 복도의 환경 구성은 교사 또는 아이들의 손재주를 이용해서 구성되어 있는데, 이곳은 벽에 타공판을 설치한 뒤 아이들이 생각의 과정들이 보이도록 기록한 뒤 전시하고 있었다.

나는 이 변화된 환경 구성을 아이들이 어떻게 느끼고 있을까? 궁금하여 관찰하기 시작했다. 처음엔 '벽에 공유되고 있는 기록들이 아이들에게 의미가 있는 것일까? 혹시 아이들이 교사 몰래 찢거나 훼손하지 않을까? 글을 읽지 못하는 아이들에겐 흥미를 유발하기 어렵지 않을까?'라는 생각을 했다. 그러나 관찰하다 보니 아이들이 천천히 자신과 친구들의 기록을 보고 음미하고 있다는 생각이 들었고, 그것을 소중히 여긴다는 생각이 들었다. 나와 다른 친구들의 생각이 보이기 시작하니 자연스럽게 친구를 이해하게 되었고, 가장 크게 달라진 점은 바로 '인위적으로 규칙을 만들 필요가 없어졌다.'는 것이다.

원에서 아이들의 안전을 위해 '이동할 때는 쉿 조용히 혹은 뛰지 않아요.'와 같은 규칙들을 정하는 경우가 대부분이었다. 나조차 다른 것은 몰라도 안전에 관한 부분은 규칙을 만들어 지켜야 한다고 생각했었다. 하지만 아이들을 관찰하다 보니 환경을 바꾸자 자연스럽게 자신의 기록을 조용히 집중해서 읽게 되고, 읽다 보니 뛰지 않게 되는 모습을 관찰할 수 있었다. 변화된 환경이 아이들의 안전을 위한다고 만들었던 규칙들을 필요 없게 만들 수 있다는 것이다. 우리는 어쩌면 아이들 스스로 알고 지킬 수 있는 안전한 생활 태도들을 어른들의 시선에 맞춰 규칙을 만들고 따르라고 요구했던 것은 아니었을까?

2. 보여서 읽는 책 읽기

15:00~15: 30 종일반, 도서 공간

아이들에게 책을 읽는 시간을 주면 흥미를 가지는 친구들도 있지만 흥미를 느끼지 못하는 친구들도 많다. 그 이유는 무엇일까? 나는 '글씨를 읽는 것에 흥미를 가지는 친구들이 있고 없고의 성향 차이가 아닐까?'라고 생각을 했었다. 하지만 여기서 관찰하다 보니 책을 읽는 공간이 내가 자주 다니는 공간인 계단에 위치하고, 햇빛의 시간에 따라 책 읽기 좋은 위치가 바뀔 수 있게 되자 아이들이 책을 읽는 것을 하나의 놀이로 생각하며 즐거워한다는 느낌이 들었다.

아이들이 자신이 좋아하는 책을 찾아 잘 보이는 위치로 옮기며 대화하는 것을 보면 알 수 있듯 아이들은 어느새 자신만의 공간을 만드는 법도 벌써 터득한 듯하다. 안전이든 책이든 무엇과 친해지기 위해서는 잘 보이는 것이 가장 중요한 것 아닐까?

여기서 책을 읽어야겠다!
거기서? 왜? 그곳이 맘에 드니?
아니 책을 읽으려면 빛이 필요하거든요~
빛이 들어오는 쪽은 어디인데?
여기요! 저쪽 창문에서 빛이 와서 여기가 가장 책 보기 좋아요.

야! 우리 여기 보리 책을 모아 보자!
그래! 니가 여기 공간을 만들고 있어 봐.
여기에 있지 않을까? 읏..차!! 어휴, 깊숙이 숨어 있었네!
여기 잘 보이게, 여기 이쪽에 놔!
아, 우리가 좋아하는 책을 다 모았다~
아싸!! 우리가 좋아하는 책들 읽기 쉽게 다 모였네!!

3. 다른 생각은 어때?

15:30~16:20 종일반, 아틀리에, 도예 시간

아틀리에에 도예 선생님이 방문하여 아이들과 작업한다. 우리는 어떤 작품을 만들고 항상 작품을 공유하는 시간을 가진다. 그것이 아이들의 유능감 혹은 성취감에 영향을 준다고 생각하고, 다른 친구들의 작품을 감상할 시간도 주기 때문이다. 하지만 우리가 그런 시간을 인위적으로 만들어야 다른 사람과 생각을 공유할 수 있을까?

아틀리에 공간에서 활동하다 보니 아이들이 활동 중에 가장 많이 하는 행동은 바로 다른 친구들의 작품을 힐끔힐끔 관찰하고, 관찰을 통해서 모방하기도 하고 새롭게 변형하기도 한다는 것이었다. 시간을 굳이 만들지 않아도 자연스럽게 다른 이의 작품을 보게 되고, 서로 생각을 공유하며 새로운 것을 재창조해 가는 아이들의 모습은 어쩌면 자유롭게 볼 수 있도록 허락된 공간이 가지는 가장 큰 장점이 아닐까?

17:30~18:00 종일반, 아틀리에, 재료 탐색

우리 철사에 감을 재료를 찾아볼까?
이거 어때?
이거? 이거 꼭 소방차 호스 같다!!
펼쳐 봐, 어서 펼쳐 봐!!
오~ 긴데? 근데 감아지진 않는 것 같아.
이거 철사에 감기엔 너무 두껍네.

아이들은 협의를 통해 만들기로 한 드림캐처를 위해 적합한 매체를 탐색한다. 아이들의 재료 고민의 과정, 교사가 제공하는 재료가 아닌 유아가 직접 찾아보고 탐색하는 과정에서 나와 우리의 생각과 알맞은 재료를 찾아가는 과정이다. 이 또한 재료가 보이기 때문에 할 수 있는 과정이다.

위의 기록은 타 유치원 교사 경험이 있는 박○○이 H유치원을 견학하여 작성한 기록이다. 앞서 언급한 바대로 H유치원은 주간 교육계획을 주간저널로 바꾸면서 교사가 계획하던 교육과정에서 만들어가는 놀이 중심 교육을 시작하였다. 교사들은 유아들의 일상을 기록하기 시작하였다. 교실과 유치원 벽면에는 유아들의 일상이 패널로 만들어져 가시화되고, 지하에 있던 도서 공간은 2층 지붕 아래 빛이 가득한 공간으로 이동하여 자리하였다. 지하에는 교사들의 교구 만들기를 중단하기 위해 다양한 매체와 만날 수 있는 아틀리에를 구성하였다. 타 유치원 교사 경험이 있는 박○○이 방문한 H유치원의 변화된 환경은 **차이를 발견하는 마주침의 견학**이 되어 사고가 움직이는 파동을 통하여 이미 알고 있는 내용으로부터 전혀 알지 못하는 내용으로 돌아서도록 안내하고, 이해 가능한 새로운 사고를 천천히 만들어가도록 하였다. 사람과 공간, 물질 사이에 일어나는 마주침 속에 우리 자신이 이미 개입하고 있음을 감각을 통하여 깨닫기 시작하면서 이루어진다. **환경이 주는 낯섦의 창조와 차이 생성을 기록**하였다.

기록이 가시화된 유치원 복도의 벽 환경은 교사나 유아가 흔히 구성하는 벽면과 달라 낯설게 다가오고 이에 대한 유아들의 반응이 궁금해졌다. '벽에 공유되고 있는 기록들이 아이들에게 의미가 있는 것일까? 혹시 아이들이 교사 몰래 찢거나 훼손하지 않을까? 글을 읽지 못하는 아이들에겐 흥미를 유발하기 어렵지 않을까?'라는 생각을 한다. 그러나 계단 벽의 기록은 아이들과 친구들의 유치원 생활을 보여 주고 있다. 아이들은 천천히 자신과 친구들의 기록을 보고 나름의 방식으로 집중하고 읽고 있으며, 또 기록을 소중히 여긴다. **나와 다른 친구들의 생각이 보이기 시작**하니 자연스럽게 친구를 이해하는 되기의 과정으로 보였다. 가장 큰 차이는 계단을 이동할 때, 흔히 유치원에서 안전을 위해 필요한 규칙을 미리 정하여 알려 주어야 한다고 생각하고 행해 왔다. 이전의 홈 패인 관습이 기록을 보여 주는 벽으로 인하여 **인위적인 규칙을 만들 필요가 없어질 수도** 있겠다고 생각한다. 박○○은 '우리는 어쩌면 아이들 스스로 알고 지킬 수 있는 안전한 생활 태도들을 어른들의 시선에 맞춰 규칙을 만들고 따르라고 요구했던 것은 아니었을까?'라는 생각이 들었다.

박○○은 유아들의 책에 대한 흥미는 글씨를 읽는 것에 대한 유아들의 흥미나 개인적 성향의 차이라고 생각을 했었다. 하지만 H유치원 **도서 공간**은 아이들이 자주 다니는 계단에 배치되고, 빛이 드는 창가에 위치하고 있다. 햇빛이 드는 시간에 따라 책 읽기 좋은 위치가 바뀔 수 있게 되자 **아이들의 책 읽기에 대한 욕망**은 하나의 놀이가 되어 즐거움을 갖게 한다. **빛이 드는 밝은 공간과 그곳의 책들과의 마주침**은 아이들로 하여금 자신이 좋아하는 책을 찾도록 한다. 대화에서 알 수 있듯이 책이 잘 보이는 위치로 옮겨 앉으면서 아이들은 어느새 자신만의 공간을 만들어간다. 안전이든 책이든 무엇과 친해지기 위해서는 잘 보이는 것, '마주침'이 중요하다고 생각한다.

아틀리에에 도예 선생님이 방문하여 종일반 아이들과 작업한다. 우리는 흔히, 어떤 작품을 만들고 의도적으로 작품을 공유하는 시간을 가진다. 그것이 아이들의 유능감 혹은 성취감에 영향을 준다고 생각하며, 다른 친구들의 작품을 감상할 시간도 주기 때문이다. 하지만 **아틀리에 공간에서 작업**하면서 아이들이 가장 많이 하는 행동은 친구들의 작품을 관찰하고, 관찰을 통해서 모방하고 새롭게 변형해 간다는 것이었다. 시간을 굳이 만들지 않아도 **자연스럽게 다른 이의 작품을 보게 되고, 서로 생각을 공유하며 새로운 것을 재창조**해 가는 아이들의 모습은 어쩌면 자유롭게 볼 수 있도록 허락된 매끄러운 공간이 가지는 가장 큰 장점이리라. 매체 탐색 시간에도 박○○은 아틀리에와 그 공간에 있는 자료들이 아이들의 상상, 이론과 만나면서 이론 구성을 위해 내부작용하는 주체적 특성을 갖고 있음을 발견한다. 아틀리에에 있는 사물과 호스, 철사 등의 물질들은 아이들의 사고, 행위와 내부작용하면서 원하는 드림캐처를 만드는 데 중요한 전환점이 되는 주체적 도구가 되었다.

그렇다면 우리는 어떻게 기록 작업을 행위 주체성을 지닌 교수학습의 도구로 활용할 수 있을까? 모든 기록 작업이 그러하듯 위의 예에서도 기록은 단순히 교사의 교육과정 발현뿐 아니라, 유아들의 배움의 도구로도 활용될 수 있음을 보여 준다. 따라서 기록은 발현된 학습 사건 안에서 중요한 피드백의 순환을 가능하게 함으로써 배움의 운동 속도를 올리거나 늦출 수 있다.

놀이 중심 유아교육에서는 '귀기울이기'를 주요 실천 원리로 삼으면서 유아와 교사 모두 교육의 주체가 된다. 귀기울이기에는 **차이와 새로운 사고에 대한 개방적인 자세**가 통합되어 있다. 귀기울여 경청한다는 것은 **차이와 타자에 대한 존경에 기초한 윤리적 관계**가 내재해 있다. '자신이 아직 알지 못하는 것에 대해 계속적으로 열려 있는 태도로서의 귀기울임'이며, '발현적 귀기울이기(emergent listening)'이다(Rinaldi, 2006). 이는 교사로 하여금 유아와 함께하면서 현상을 새롭게 보고 자신이 새롭게 존재하는 방식을 열고 유아를 교육하는 일에 대해 창조적으로 사고할 수 있게 해 준다(Davies, 2014:2017).

2 기록의 역할과 기능

기록은 노트, 사진기, 녹음기 등을 사용하여 유아의 사고와 학습 흔적을 가시화한 '가시적 경청'이다(Rinaldi, 2001a). 학습과정을 볼 수 있게 하므로 유아의 자율적인 반성과 표상, 주도적 학습을 위한 효과적 절차가 된다. **가시화**된 유아의 개인·집단학습과 교사의 실천을 맥락 속에서 **해석·평가**하면서 유아와 교사가 상호 주도적으로 만들어가는 교육과정을 발현시킨다. 기록은 유아, 교사, 부모, 그 외 타자와 학습을 **공유**할 수 있게 하므로 참여 교수법, 협상 교육과정, 개인과 집단학습에 대한 연구(Giudici, Rinaldi & Krechevsky, 2001)를 가능하게 한다. 레지오 학교는 전통적인 표상 매체와 형식에 지나치게 의존해 온 유아들의 사고와 학습과정을 기록을 통해 가시화함으로써 실천의 마인드를 보다 창의적으로 개방하도록 하였다(Hall, Hogan, Ridgway, Murphy, Cunneen, & Cunningham, 2010). 또한 기록에 내재된 **가시성(visibility)**, **해석성(legibility)**, **공유성(shareability)**은 전통적 교육 원리에서 한 걸음 나아가 소통의 과학(Rinaldi, 2001a)을 추구해 왔다. 이러한 기록 작업은 유아의 학습과 교사의 실천을 미리 결정된 발달 이론, 정형화된 교육과정, 평가 척도 등의 규준에 끼워 맞추지 않고, 학습이 이루어지는 현장 맥락에서 실천을 이해하고 의미를 창출해 내는 '의미 모색', '의미 만들기', '의미 창조 담론'의 중요한 역할을 담당한다. 따라서 '기록 작업'은 탐구·반성·대화의 문화를 창출하고, 교사가 실천에 대해 지속적, 비판적으로 성찰하게 하므로 유아의 목소리에 귀기울이는 '대화의 페다고지'를 만듦으로써 민주주의 교육 실천을 위한 수단이 된다(김은희, 2012).

레지오 학교와 협력 연구를 해 오고 있는 프로젝트 제로(Project Zero)팀은 레지오 학교의 기록은 학습에 대한 유아와 성인의 이해에 필수적이며, 개인뿐 아니라 집단학습에 결정적 역할을 하는 기본 요소로 본다(Giudici et al, 2001). 학습 공동체 속에서 기록을 매개로 교육의 변형을 모색하고 실천하는 과정에서 교사나 부모 스스로 변화 실행자, 연구자, 반성적 사고자로 변화해 가는 실천 연구들도 보고되고 있다(Bersani & Jarjoura, 2002; Fraser et al., 2003; Fu et al., 2006; Goldhaber & Smith, 2002; Hendrick, 2006; Oken-Wright & Gravett, 2002; Stremmel, Fu, & Hill, 2002; Hall et al., 2010).

Bruner(1996)는 교수와 학습에 있어 주체적 행위, 반성, 협력, 문화의 네 가지 요소를 제안하였다. 문화는 삶과 사고의 방식이며 언제나 불완전의 딜레마를 안고 있다. '딜레마를 극복하는 차원'에서 대화하고 의미를 만들어가는 '내러티브'를 인간이 **협력**을 통해 현재, 과거, 미래를 해석적으로 구성해 가는 **주체적 행위**의 도구로 보았다. 기록은 유아교육 기관에서 유아들 삶의 내러티브이자, 부모들의 삶의 내러티브이며, 유아교육 기관이 우리 사회와 민주주의 발전에 공헌하는 바를 보여 주는 내러티브이다(Dahlberg, Moss, & Pence, 1999). 학습은 **문화** 속에서 의미를 만들어가는 과정이므로 교실에서 교사는 기록을 수행하고 공유하는 내러티브 안에서 **반성**하면서 유아들의 교수학습 문화를 이해하고 구성해 간다. 성인 유아 모두에게 '이해'라는 것은 세상에 의미를 부여하는 이야기 즉, 해석적 이론을 의미한다. 학습과정에서 드러나는 이론은 표현하여 공유될 때 세상을 바꿀 수 있으므로 기록하여 공유함으로써 타자가 귀기울여 듣도록 해야 한다.

김은희(2012)의 4세 교실에서 6주간 진행된 프로젝트 과정을 통해 기록의 가시성, 해석성, 공유성은 어떻게 나타나는지 탐색하고(김은희, 2013), 탈구조주의에서 말하는 기록의 기능을 간단히 소개한다.

1. 기록의 역할

1.1 가시성(visibility)

기록은 놀이하는 유능한 유아와 놀이의 힘뿐 아니라, 놀이하면서 유아들이 만들어가는 배움의 의미와 과정을 드러낸다. 가시화의 목적은 패널이나 전시물을 만드는 데 있는 것이 아니라 유아가 놀이하며 세상을 만나고 **배우는 과정을 추적하여 가시화**하는 데 있다. 이러한 과정은 교사가 유아의 배움에 대해 어떻게 의미를 만들어 왔는가도 보여 준다. 즉, 교사 스스로 실천 현장을 어떻게 이해하고 '읽고' 있는지도 볼 수 있게 한다. 따라서 기록 작업은 자기반성에 대한 내러티브이며 자아를 구성해 가는 과정이다(Dahlberg, Moss, & Pence, 1999). 이처럼 기록은 **다양한 학습 주체가 만드는 학습 사건을 현실화**해 준다.

1.2 해석성(legibility)

기록 작업은 반복적으로 재방문하여 읽으면서 놀이를 이해하고, 배움을 분석하면서 **놀이를 지원해 나가는 반성의 도구로서 해석성**을 갖는다. 유아를 이해하고 학습과정에 대한 인식론적 평가와 교사의 자기 평가를 가능하게 하므로 학습을 수정, 지원, 발현할 수 있게 하는 배움과정의 통합적 부분으로 작용한다. 이러한 과정에는 교사의 해석, 교사 간 대화, 다각적인 실험 정신이 요구된다. 학습 사건 속 유아뿐 아니라 관련 환경, 물질, 공간에 대한 다양한 기록과 **내부작용적 학습 경험을 다원적으로 살핀다.**

1.3 공유성(shareability)

기록 작업은 실천과정을 드러내어 **유아, 교사, 부모가 공유**함으로써 학습과정을 총체적으로 보고, **배우고 이해하여 참여**할 수 있도록 하는 공유성을 갖는다. 기록 작업은 학습 경험을 가시적으로 추적할 뿐 아니라, 교수 원리를 창조하기 위하여 대중과 공유하고 검증하는 것을 의미한다(Freeman, 1998). 개별 학급의 기록을 전체 교사와 공유하는 학습 공동체 속에서 교육을 공유하고 함께 성장한다. 기록을 토대로 이루어지는 교육 경험의 공유는 부모 또한 기관 교육에 참여하도록 한다.

이러한 앎의 장치로서 교육적 기록 작업은 Barad(2007)가 표현했던 것처럼 "뒤얽힌 상태 내에서부터 그리고 그 일부로서의 차이"에 초점을 맞춘다. 김은희(2012)의

두 교사 기록에서 초임 O교사와 경력 J교사 간 차이가 잘 드러나며 프로젝트가 진행되면서 O교사와 유아 간, 유아와 매체 간, 교사와 물질 간 생성되는 마주침과 차이는 **지속적으로 생성되고 다르게 되기**가 이어진다.

2. 기록의 기능

Lenz Taguchi(2010:2018)는 Barad, Deleuze와 Guattari의 이론을 토대로 다소 생소한 내부작용 교육을 소개하고 있다. 교육 경험과 실천을 기록을 통해 가시화하고 물질화하면서 새로운 이해를 창출하고 다시 내부작용하면서 실제를 풍부하게 만든다. 연구하고 대화하며 반성하고 의미를 해석하면서 교육과정을 만들어가는 기록 작업은 다양한 관점의 주체성을 인정하고 환영하는 다양성에 가치를 둔다. 기록 작업은 **복잡성과 다양성을 인정하고 가치를 부여하여 함께 평가하고 연구하며, 전문적인 발달을 가져오는 도구**이다. 또한, 기록은 유아교육 기관에 민주주의 삶을 위한 가르치기를 불러들이고, 교육의 공공성을 도모한다. 그러나 가장 가치를 두는 것은 Malaguzzi가 말했듯이 **'모든 사람과 모든 것을 토론하고 논의하기 위한 가능성을 제공하는 것'**이다 나아가 Lenz Taguchi와 Olsson은 물질적 행위 주체성과 내부작용적 관점을 유아교육에 불러옴으로써 새로운 개방성을 만들고 놀이와 배움의 실제에 기여하기 위한 방법론적인 도구로 귀기울이기와 기록을 강조한다.

기록은 교사가 미리 계획하는 활동에서 벗어나 놀이를 지원하는 교사의 실행력 함양을 위해 필요하다. 유아에게 자유놀이 시간을 충분히 준다는 것은 교사가 방임하는 것이 아니라, 놀이를 기록하면서 적절한 지원을 고민하고 실천하는 것을 의미한다.

2.1 놀이를 만들어가는 능동적 행위 주체인 기록

우리는 실제 기록 작업을 교실에서 이루어지는 놀이과정을 기록하는 도구로 지칭한다. 그러나 Lenz Taguchi(2010:2018)는 기록 작업을 교실에서 유아들의 놀이과정을 관찰하는 데 사용되는 '물질적 (재)배치 혹은 담론 실제' 과정에 참여하는 물질-담론 장치로 정의한다. 이는 기록 작업이 그 자체로써 담론 지식을 생성하는 능동적 행위 주체임을 의미한다. 기록은 교사가 메모, 사진, 비디오 등의 관찰을 통해 물질적 결과물을 만들며 유아의 학습에 대한 의미를 구성해 간다. 기록을 통해 얻게 되는 사진, 메모, 제작물 등의 기록 작업은 자료/물질로 생각되지만, **고정된 물질이**

아니라 지속적으로 내부작용하면서 '놀이-되기'를 만들어가는 과정 속에 있는 실체로서의 주체적 행위이다. 즉, 기록 작업은 기록하는 순간에 있었던 실제의 재현으로서 실제를 기록하는 것에 그치지 않고, 생성되어 가는 교육 실제와 연관하여 적극적으로 행위하는 것이다. 기록은 놀이과정에서 유아가 어떤 배움을 어떻게 이어가는지 의미를 만드는 도구로써 중요하다. 유아와 함께하는 학습과정에서 사용하는 기록은 어떤 학습을 지원하고 만들어갈지 교사는 끊임없이 되돌아보고 나누며 질문해야 한다.

'공유하며 만들어가는 놀이'는 교사의 의도적 계획, 지원 없이도 실제 유아의 놀이 내용과 배움 기록을 유아들과 공유하며 만들어가는 방식이다. 영상 등으로 어제 놀이를 기록하여 회상하는 시간을 가짐으로써 유아 주도로 오늘의 놀이를 계획하고 놀이마다의 독특한 흐름을 자연스럽게 이어 갈 수 있다. 집단놀이 후나 일과가 끝난 후의 놀이 나눔도 유아들 스스로 놀이를 평가하고 다음 놀이를 계획하는 순환적 과정을 가지므로 유아 중심의 자발적 놀이를 만들어갈 수 있다.

2.2 학습과 새로운 되기를 지속시키는 '기계'

기록 작업은 우리가 살고 있는 교육 실제를 만들고 창조하는 운동 혹은 힘이다. 유아, 물질 간에 발생하는 내부작용 현상이 가시화되어 우리가 읽어 낼 수 있도록 기록 작업은 사진, 이미지, 교사의 코멘트, 유아들의 표상, 관찰 기록 등으로 구성되어 공간을 이룬다. 사진, 글 또는 영상으로 실제화된 기록은 유아들의 놀이가 확장될 수 있도록 내부작용하는 '영토' 혹은 공간을 생성한다. 이를 Deleuze와 Guattari 식으로 표현하면, 기록이 기계(machinically)로 작동하는 것이다(Colebrook, 2002). '기계(machine)'란 메타포어나 메커니즘이 아니라, 운동을 지속할 수 있게 하는 인간, 유기체, 물질 간의 접속을 생성하고 가능하게 하는 삶의 사건 그 자체이다. 그러나 '기계'는 그 자체가 주체성을 가지지는 않으며, 그것이 생성해 내는 접속, 그 이상은 아니다. 이것이 기계가 하는 일이다. 이는 탈영토화(deterriorialisation) 혹은 그 자체 이외의 것 되기(becoming other than itself)의 과정(Colebrook, 2002) 혹은 관찰하고 기록하는 장치나 실제로서 내부작용 행위를 가능하게 하는 생산자이다(Barad, 1998). **기록 작업은 학습과 새로운 되기의 과정이 지속되도록 해 준다.** 따라서 기록은 교실의 **놀이 맥락 속에서 기계적으로 작동하는 장치**이다. 명사 형태의 기계 혹은 장치가 아니라 그것이 생산해 내는 것들에 의해서만 식별할 수 있으므로 동사로 이해해야 한다.

'놀이의 흔적 찾기로서의 기록'은 교사가 놀이를 계획하지 않고 유아의 놀이에 귀 기울여 놀이의 흐름과 배움을 따라가며 가시화함으로써 개별 유아의 놀이 흐름과 상호작용을 알 수 있으며 교실 전체 놀이의 공간적, 시간적 흐름을 읽어 낼 수 있다. 유아들이 드러내는 다채로운 놀이 기록은 유아의 놀이와 경험을 열결해 볼 수 있어서 놀이를 통한 배움을 평가하고, 놀이 지원을 체계적으로 할 수 있는 협의와 연구 자료가 된다. 이렇듯 기록은 미리 계획하는 활동에서 벗어나 놀이를 지원하는 교사의 자율적 실행력 함양을 위해 필요하다.

기록 작업의 일부로서 사진 또한 위에서 이야기한 기계처럼 다른 것들과 한계 없이 접속된다. 관련된 내부작용적 사건 속에서 새로운 접속과 간섭을 통해 새로운 의미들을 생산해 낸다. 사진은 촬영되는 세계의 재현이 아니라 기록 작업의 일부로, 교실 공간에서 일어나고 있는 사건이 교사가 촬영한 컷들로 구성된다. 따라서 교사가 사진으로 담아 낸 장면과 초점은 가시성과 가독성을 제한하고 한정할 수 있으며, 또한 우리가 의미를 만들어 개념화하고 이해하는 바에 따라 특정한 앎의 방식을 조장하기도 한다. 따라서 Lenz Taguchi(2010:2018)는 기록 작업을 살아 있으며, 그러므로 특정 사건에서 차이 나는 다원적 지식을 생산할 수 있다고 하였다.

3 기록 실천의 문제와 도전점

김은희(2013)의 연구에서 도출된 기록 실천의 문제를 요약하여 소개하면 다음과 같다.

기록을 활용하는 유아교육 현장에서 교사들은 여전히 유아들의 일상을 기록하고, 기록을 공유하며 공동체를 실천하는 데 시간 부족, 인력 부족, 행사 등의 현실적인 문제를 호소한다. 그러나 기록 실천이 안되는 가장 큰 원인은 여전히 기록의 의미와 필요성을 정확히 알지 못하기 때문이다.

유아교육 현장의 기록이 경험의 해석과 연구보다 심미적인 결과물의 전시에 관심을 가지며, 유아, 교사, 부모, 매체, 학습 내용 간 복잡한 상호작용이 이루어지는 가르치기와 배우기보다 개별 유아의 성장 발달을 분석하고 측정하는 데 초점을 두고 있다(Seidel, 2001).

그 외 유아들의 놀이 일상보다는 장기 프로젝트 수행에 초점을 두고 있다(Shafer, 2002). 프로젝트 전개와 그 성취 결과만을 보고하는 기록들은 **회고식, 군집식, 몰아가기식, 결과 중심** 등의 형태로 국내 기록 실천 현장에 나타나고 있다(김은희, 2006, 2011, 2012).

1. 회고식 vs 의미 모색 기록

활동한 그날 기록 작업을 하는 것이 가장 정확하다고 믿고 있기 때문에 미루지 않으려고 노력을 하고 잘 밀리지 않는 편이지만 가끔 밀리게 되면 유아들 상호작용의 의미를 놓치게 되는 경우가 더 많은 것 같다. 이런 점을 잘 보완해서 규칙적인 기록 습관을 가져야겠다는 생각을 많이 하게 되었다(12.12. 4세, O교사, 시각적 기록 공유).

4세 반 두 교사는 기록 공유에 대해 협의는 매일 하려고 하고 중요성도 알지만 시간도 많이 걸리고 급한 일이 있을 때는 미루기도 한다(11. 28. J교사)고 말하였다. 시간이 없으므로 미루어 하게 되는 **회고식 기록은 기억나는 내용만을 기록하므로 구체적인 활동, 상호작용 내용이나 대화가 생략되는 모호한 기록**을 만든다. 두 교사의 기록 비교(200쪽)에서 볼 수 있듯이 상기한 O교사의 기록은 대화 내용의 많은 부분을 생략하거나 합치는 등의 기록을 양산한다. 기억되는 경험의 시작과 끝, 과정 중의 특정 순간이 '스냅 사진 형태(Seidel, 2001)'로 제시된다. 이런 기록은 교사 간 반성적 실천을 위해 의미를 모색하는 정확한 소통에 어려움이 따른다.

이에 반해 **의미를 모색하는 기록은 유아들이 생성해 가는 행동, 사건, 경험의 의미를 찾기 위해 교사가 왜? 어떻게? 무엇을? 도울 수 있을지 질문하면서 스스로 의미를 모색**해 간다. 유아들의 경험과 상호작용을 구체적으로 가시화하여 경험의 발생과 진행과정을 구체적으로 드러내어 해석, 공유하면서 생성 관점의 의미 만들기(sense-making)를 하고자 한다. 이는 두 교사 기록 중 J교사의 기록(201쪽)에서 볼 수 있다. 관찰·경청한 내용에 대한 전사본을 만들고 함께 재고할 시간을 갖는다는 것은 유아교육 기관의 실정에서는 힘든 일이고 시간이 소요되는 과정이지만, 기록 작업은 유아의 관심과 생각에 집중하고 생성되는 배움에 대한 가설을 만들기 위한 중요한 노력이다(김은희, 2007).

2. 군집식 vs 내부작용적 학습과정 기록

> 전사를 보면 나의 경우는 전체적인 유아들의 의견을 들으려 하기 때문에 개별 유아들의 의견을 잘 듣지 못하고 지나쳐버리는 경우가 많다… 이런 모습이 기록에서도 나타난 것 같다. 나의 기록에는 유아는 모두 'C' 라고 표기되어 있다(12.11. 4세, O교사).

O교사의 기록을 보면 유아를 모두 C로 표기하여 교사와 유아 간, 유아 간 대화가 구분 없이 군집적인 대화체로 나열되어 있다. **교사가 무엇을 어느 정도 제안하고, 유아의 의도가 무엇이며, 누가 어떤 제안으로 어떻게 집단에 공헌했는지 알 수 없는 '군집식' 기록**이다. 이는 집단과 개인의 상호작용과 공헌, 타자의 학습 방법으로부터 배우는 상호작용적 학습과정을 고려하지 못하는 기록이다. 이러한 기록은 교사로 하여금 교사, 유아 할 것 없이 누구든 의도하는 목표를 향해 활동이 진행되면 된다는 심리적 경향성을 만들 수도 있다. 또한 군집식 기록은 기록이 부족하거나 모호하여 충분하고 구체적인 협의와 소통에 어려움이 있다.

이에 비해 J교사의 기록은 가르치기와 배우기 과정에 내재된 개별 유아의 대화, 이해, 이해의 심화 및 확장과정, 타인 이해, 물질과의 내부작용 등이 드러난다. **배움 과정에 내재된 앎의 본질에 초점을 두는 개인과 집단 및 인간/물질 간 상호작용적 내부작용적 학습과정에 대한 기록**이다. 이러한 기록은 유아가 자신과 주변과 서로 얽혀 이론을 만들고 풍부하게 하도록 도울 수 있다. 유아들은 자신과 타자 간의 생각을 더하며 이론을 수정하고 풍부하게 만들어간다. 교사는 유아 간 서로 다른 점이 표현되도록 허용할 뿐 아니라 생각을 교환하고 비교하면서 협상과 발전이 가능하도록 한다. 이러한 과정에서 개별 유아들은 학습 방법을 배울 뿐만 아니라 집단 자체가 '가르치는 장소'라고 인식하게 된다.

3. 몰아가기 vs 귀기울이는 기록

회고식과 군집식 기록 습관은 교사로 하여금 교사가 몰아가든, 유아가 주도하든 상관없이 의도하는 목표를 향해 활동이 진행되면 된다는 심리적 경향성을 만들 수도 있다. O교사와 유아 간 대화 내용 전사 글 기록과 J교사의 평가 노트를 공유하면서 **유아의 말에 귀기울이지 않고 교사가 의도한 방향으로 몰아가기식 기록**의 문제를 볼 수 있었다. 발문과 대화에서 O교사는 서두르고 귀기울이지 않는 상호작용, 단답형을 요구하는 질문, 지식 구성 기회를 제한하는 발문, 몰아가기식 상호작용 형태를 보였다. 기록은 유아들의 삶이 이어지는 기관의 일상에서 유아가 관계의 렌즈로-유아의 자신과의 관계, 서로간의 관계, 물리적 세계와의 관계-에 귀기울이면서 유아가 살아가고 배우는 방식을 이해하는 데 목적을 둔다. 귀기울이기의 실천은 어려우나 실천되어야 한다. 관찰하고 기록하는 것은 유아들에게 가까이 있기 위해 그리고 유아가 어떻게 놀이하고 배우는지 들여다보고 더 많이 이해하기 위해 중요하다. 또한 유아들이 우리와 연대감을 느낄 수 있는 수단이 되어서 유아들은 자신이 하고 있는 일에 대해 동기 유발이 되며 가능한 넓은 범위까지 해낼 수 있다는 데 흥미를 갖게 된다(Vecchi, 2009). 모두가 타자와 스스로에게 귀기울이는 학교의 다원적 듣기 환경은 가르치고-배우는 관계를 바뀌게 할 것이다.

> 연우: 쿠킹 포일
> 재욱: 솜
> 재욱: 베게, 이불
> 재욱: 실
> O교사: 이렇게 잘 구부러지는 걸로 감쌀 수 있는 게 없을까?
> O교사: 실은 흐물흐물하지 않니? (12. 4. O교사의 전사표)

> 쿠킹 포일, 솜, 베게, 이불, 실 등은 유아들의 이야기인데 교사는 감싸야 한다는 것으로 정해 놓고 그 답을 찾는 것 같다는 생각이 들었다. 끈, 실 등은 유아들이 묶자는 의도로 말하는 것 같은데 교사의 입장에서는 가장자리를 둘러야 한다고 생각하고 있기 때문에 적당한 매체가 아니라고 생각하는 것 같았다. 그래서 감쌀 수 있는 것을 끌어내기 위해 다른 매체가 나올 경우 '안될 것 같아요.' 라는 답을 유도하는 듯하다. 감쌀 것인지, 묶을 것인지, 붙일 것 인지, 그 방법적인 것부터 유아들과 상의해야 할 듯 하다는 생각이 들었다(12. 4. J교사, 평가 노트).

4. 결과 중심 vs 과정에 초점을 두는 기록

두 교사의 기록에서 **대화 기록**을 보면 O교사는 개별 유아의 말이 의미하는 바에 대한 해석이 거의 없다. 이에 비해 J교사는 대화 사이사이에 괄호를 만들면서 유아가 한말의 의미와 관찰 내용을 해석, 분석하면서 유아가 구성해 가는 의미를 나타내 준다.

맥락과 흐름 기술에서 O교사는 **진행된 활동 내용과 성취 결과를 중심**으로 간단히 쓰고 있다. 이에 비해 J교사는 현재의 경험을 이전 경험과의 관계 속에서 조명하고 오늘 이루어질 활동의 전체적 내용과 해결할 문제, 진행 절차를 언급함으로써 유아가 직면한 행동, 사건, 경험을 교사가 어떻게 도울 수 있을지 해석하고 연구하기 위한 기록을 구성하였다.

해석과 평가 문단에 있어서도 O교사의 기록은 소집단에서 이루어지는 유아의 변화, 시간 경과에 따른 성취 결과를 보고하는 데 초점을 두지만, J교사의 기록은 **경험 속에 암묵적으로 내재된 배움과정에 초점**을 두었다. 기록은 단순히 행해진 것의 최종 해설이 아니며, 진행 과정의 궤도를 단순히 해설하기보다는 추론하고 해석하기 위한 것이다(Vecchi, 2009). 이는 상대적인 가치의 문제이기보다 다름이며 다르게 나타나는 이러한 현상이 교사의 가르치기와 배우기를 다르게 만든다.

두 교사의 기록 비교

O 교사의 기록

놀이 일시 : 2007년 11월 28일 (수)
놀이 공간 : 아틀리에, 3차원 구성 영역
참여 유아 : 재O, 연O, 가O, 서O
경험 내용 : 트리 배치 및 기둥 수정하기

그동안의 경험을 회상하였다.

트리는 추운 겨울에 따뜻한 봄을 기다리며 만든 거야.
우리도 따뜻한 봄을 기다리는 마음으로 트리를 만들기로 하자.
우리들 마음이 둥그니까 둥근 모양으로,
봄은 꽃이 많이 피니까 꽃 모양으로 만들자.
기둥은 선물 상자를 쌓아서 만들기로 했어.
크리스마스 때는 선물을 많이 받으니까.
친구들과 공유해서 보름달 나라 있는 곳에 트리를 달기로 했어!
저번에 상자도 쌓아 봤잖아. 트리 만든 걸 달아 보지는 않았어.
달아 놓고 상자를 쌓으면 더 좋을 것 같아!

그동안의 활동을 회상하던 중 꽃 모양의 윗부분을 3차원 구성 영역에 직접 단 뒤에 상자 기둥을 쌓아 보자는 의견이 있어서 그렇게 해 보기로 하였다. 전에 상자를 쌓았던 모양을 출력한 사진을 보며 그대로 다시 쌓아 보았다.

콩나물 상자는 두 번째야. 작은 상자는 옆에 놔야지.
그런데 이상해. 사진이랑 틀려. 위로 갈수록 어렵다.
왜 그러지? … 아! 이 상자는 여기가 아니잖아.
뒷모습 사진도 있어. 잘 모르겠으면 그걸 보고해.
이제 그림이랑 똑같아졌어.

전에 쌓았던 모습 그대로 상자를 쌓은 뒤 꽃 모양 트리와 기둥이 조화로운지 살펴보았다.

나무 기둥이 금방 쓰러져버릴 것 같아.
고정을 해도 친구들이 놀다가 실수로 부딪치면 무너질 것 같아.
친구들이 부술 것 같아. 부수지 말라고 해도 친구들은 부숴. 저번에도 그랬잖아.

J 교사의 기록

놀이 일시 : 2007년 11월 28일 (수), 오전 10:00~11:00
놀이 공간 : 아틀리에, 트리 세울 공간(3차원과 역할놀이 영역 사이)
참여 유아 및 교사 : 유아 4명(재O, 연O, 가O, 서O), O 교사, J 교사
경험 내용 : 트리 틀 고정하기

어제까지 만든 두 번째 트리의 틀을 전체 친구들과 공유한 결과 긍정적인 반응을 보였고 그것을 오늘 정해진 위치에 세우기로 하였다. 전날까지 쌓았던 상자(나무 기둥)가 무너졌었기 때문에 사진으로 앞, 뒷면을 찍은 후 출력해 두었었다. 이 사진을 보고 오늘 다시 쌓아 보기로 하였다. 먼저 교사는 어제까지의 경험, 그리고 오늘 해야 하는 경험에 대해 간단히 이야기를 나누었다.

교사 : 원래 트리를 왜 만들기 시작했지? 왜 우리는 이런 모양의 트리를 만들었어?
가○ : 예수님이 태어난 날을 기념하려고 추운 겨울에 따뜻한 봄을 기다리는 의미로 만들었어요.
연○ : 우리들 마음이 (뾰족하지 않고, 모나지 않고) 동그라니까 (그 마음을 표현하기 위해 동그랗게 만들어요).
가○ : 봄에는 꽃이 많이 피어서 많이 볼 수 있으니까요.

연○ : 산타할아버지가 선물을 가져와서 밑에 놓은 것처럼 (기둥을 선물로 만든 거예요).
가○ : 어려운 사람을 돕기 위해 할아버지가 선물을 주기 시작했는데 소문이 났어요. 소문이 다른 나라 사람들에게까지 나서 다른 나라 사람들도 크리스마스 때 선물을 주기 시작했어요.
교사 : 몇 번 실패한 다음에 (상자를) 이렇게 쌓아서 나무 기둥처럼 만들어 봤어. 그래서 선물 상자 기둥하고 이거 (트리 윗부분)하고 붙이면 트리가 되는데 이것을 어디에 놓기로 했었지?
재○ : 달나라 (3차원 구성놀이 영역과 가족놀이 영역 사이) 달나라가 끝났으니까 저기에 놓는 게 좋아요.
교사 : 우리가 만들었던 두 개가 잘 어울리는지 어떻게 알 수 있을까?
서○ : (이 두 개를) 붙이지 말고 살짝만 손을 올려서 잘 어울리는지 안 어울리는지 잘 보고 잘 안 어울리면 안 하고 어울리면 그대로 하고.
교사 : 그럼 달아 놓으면서 같이 해 볼까?

꽂게 엘리베이터는 도르래가 두 개가 있어야 해.
천장에 매달아서 끈을 연결하고 비행기를 달면,
끈을 잡아 당기면 비행기가 날아가!

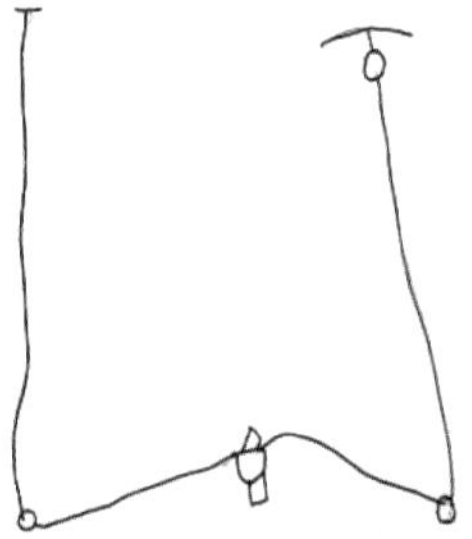

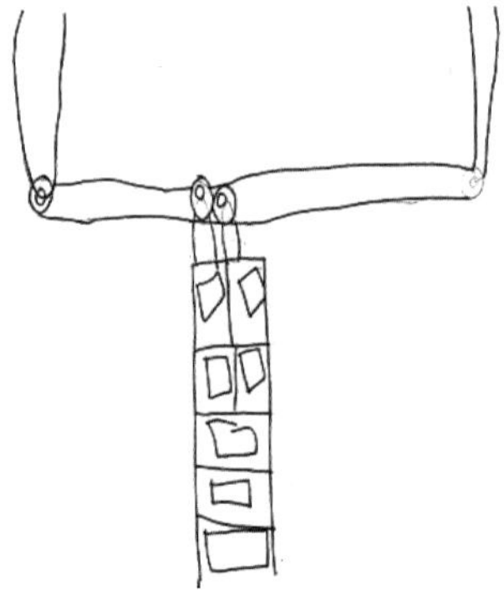

4 기록 실천의 관점 넓히기

앞 절에서 제기한 영유아교육 현장에서 드러난 기록 실천의 문제에 비추어 놀이 중심 유아교육에서 현장 교사가 넓혀가야 할 기록하기, 기록 연구하기의 관점들을 정리해 본다.

1. 사건에서 발현되는 의미에 귀기울이기

Olsson(2009:2017)이 말한 다음과 같은 특징에 초점을 두어 경청하고 기록하려 노력한다면, 가르치기와 배움의 주체성과 학습을 위한 운동과 실험을 불러올 수 있을 것이다.

1.1 욕망은 학습을 시작하는 힘

욕망(desire)은 유아들의 요구 사항이 아니라 학습을 시작할 수 있는 힘이다. 교사는 교실에서 놀이하는 유아들에게 어떤 욕망이 존재하는지 경청하고 찾으려 노력해야 한다. 우리는 복잡한 관계 속에서 특정한 대상을 욕망하므로 교사들은 유아들이 주변과 내부작용하며 어떤 감응이 일어나는지 귀기울여야 한다. 교사는 유아들이 교실에서 자신의 욕망을 표출할 수 있도록 시간, 공간, 일상의 교육 환경을 만든다. 교사는 개별 유아의 부족한 점이나 요구에 귀기울이기보다 **관계적 상황 속에서 비롯된 생산적인 욕망에 귀를 기울인다**(Olsson, 2009:2017).

1.2 유아들이 만들어 내는 의미에 주목하기

교실에서 지속적으로 생성되는 **놀이 사건 속에서 유아들이 끊임없이 만들어 내는 의미(sense)에 주목**한다. 놀이 사건에서 유아들이 각자의 방식으로 놀이하며 배우는 현상에 주목해야 한다. 교사들이 사용하는 '의미(meaning)'는 의미화하고 재현하는 방식으로 사용되므로 교사들에게 익숙한 '의미 만들기(meaning-making)'는 특정한 진리에 갇히게 한다. 교사가 유아들의 난센스에 귀기울이고 그 속에 연결된 의미(sense)를 읽어 낸다면, 유아들이 하는 말을 재평가할 수 있다. 노마드인 유아들은 항상 무언가를 추구하고 있고 지속적으로 차이 나는 의미를 만들어간다는 관점으로 바라볼 때, 놀이 경험에서 내부작용하는 감응, 생성, 변화, 탈주하며 유아들이 만들어 내는 의미에 접근할 수 있다.

1.3 의미(sense)를 도입하여 사건을 진리에 가두지 않기

그간 기록은 흔히 **기술(denotation)**, **해석(menifestation)**, **의미화(signification)**하는 방식으로 기술되어 왔다. 기록과 기록 분석에서 기술하고, 해석하며, 성찰하는 이 세 가지 방식은 필연적으로 사용되지만 교사 자신의 이론에 근거해 추론하기 때문에 **사건을 진리라는 주장 안에 가둔다**(Deleuze, 2004).

Deleuze(1968:2004)는 세 가지 방식에 사건과 연결된 의미(sense)라는 네 번째 영역을 추가했다. **의미는 조건화되지 않은 진리**이다. 조건화되지 않은 진리란 명제와 뒤섞이지 않고, 미리 계획되지 않은, 재현이 아닌, 의미화(meaning)에서 벗어나는 것이다. 경험을 해석하고 성찰하는 것에서 벗어나 유아의 내부작용하는 사고, 대화, 행위에서 만들어진 의미를 중요시한다면 사건을 복잡하고 개방적이며 변형되는 것으로 기록할 수 있다. 지속적으로 생성되는 **의미는 난센스, 문제, 학습, 문화와 연계**된다. 의미는 난센스를 통해 표현되며, 특히 해결 방안보다는 문제의 구성, 결과보다는 학습의 과정, 정해진 방식보다는 드러나는 문화에 초점을 둔다.

1.4 '되기'인 의미(sense)

의미(sense)란 사물의 속성 혹은 상태이며 **동사에 의해 표현되는 사건**(Deleuze, 1981:2008)이다. **의미는 '되기'** 혹은 '되어 간다'는 형태로만 생각할 수 있다. 그간 교사들은 유아와 학습을 자신이 이미 알고 있는 이론에 비추어 기록해 옴으로써 사건의 운동성을 막고 가두어 왔다. 사건은 일어남과 소멸이 순간적인 차이의 사건이며, **생성되며 변형되는 과정**에 초점이 있다. 유아의 놀이를 재현이 아니라 **지속적으로 의미가 만들어지는 '되기'의 사건으로 다룬다**면 기록의 초점이나 글쓰기에 있어서 개방성을 유지할 수 있다(Olsson2009:2017).

1.5 해결 방안이 아니라 문제의 구성에서 출발하기

기록을 하거나 분석할 때 사건을 보는 관점이 중요하다. 사건의 해결이 아니라 문제를 지속적으로 구성하는 것으로부터 출발해야 한다. 유아는 문제를 구성하는 과정 자체를 즐기기 때문에 문제의 구성에 초점을 두는 것은 유아의 학습에 접근하는 좋은 방식이다. 지금까지 교사들은 문제는 항상 해결에 종속되어 있으며 해결이 되면 문제는 사라지는 것으로 인식해 왔다. 놀이 사건은 문제적이며 문제화된다. **문제는 특이성(singularity)의 조합**이다(Deleuze, 2004). 특이성은 전환점이자 꺾이는 회절점으로 개념의 일반성 혹은 보편성과 혼동해서는 안 된다(Deleuze, 1994). 따라서 유아들이 의미를 만들어가는 과정과 문제를 어떻게 구성하는지에 초점을 두고 기록할 필요가 있다. **사건의 진리나 거짓을 판단하는 것은 아무런 가치가 없다.**

1.6 지식이나 목표가 아니라 학습의 과정에 초점 두기

기록은 지식이나 목표가 아니라 **학습의 과정에 초점**을 두어야 한다. 학습은 예측하고 계획하거나 미리 정해진 기준에 따라 감독하거나 평가될 수 없다. 재현이 아니라 사건적 사유를 수용하면 학습을 다르게 정의할 수 있다. 기록을 사건으로 분석할 때, 기술, 해석, 성찰로 유형화하는 일반적인 방식으로 사건과의 관계를 이해하는 것을 내려놓을 수 있다. 진리의 조건화되지 않은 의미를 추가해 기록에 관한 실험을 시작한다면, 사건에서 의미가 어떻게 구성되어 가는지 알 수 있다. 기록에서 의미를 찾아서 구성할 때는 다음을 고려한다.

- 우리가 당연하게 여기는 사람뿐 아니라 사물의 주체성에 주목한다.
- 사건을 되기, 되어 가는 동사로 구성한다.
- 배움을 이루어 가는 현상에 주목한다.
- 유아의 난센스에 포함된 의미(sense)의 생성을 찾는다.
- 해결 방안을 찾지 말고, 문제의 구성에 어떤 의미가 있는지를 찾는다.
- 지식을 찾지 말고 배움의 과정에 초점을 둔다.
- 방법을 찾지 말고, 문제를 둘러싼 놀이문화가 어떻게 움직이는지 찾는다.
- 사고, 대화, 행위뿐 아니라 물질, 자료와 환경까지 모두 고려해 이해한다.
- **문제를 진실 혹은 거짓으로 판단하는 것이 아니라 '흥미로운가, 주목할 만한가, 또는 중요한가'로 평가**할 수 있다(Deleuze & Guattari, 1994).

그간 우리는 객관적인 사실을 기술하고, 우리가 알고 있는 관점을 이용하여 해석 분석하고, 성찰하면서 이후 지원 방향을 탐색하는 의미화(signification)를 통해 교육과정을 발현시켜 왔다. 이러한 세 가지 언어적 접근은 우리가 이미 알고 있는 특정한 진리에 갇히게 한다. 의미(sense)라는 조건화되지 않은 진리를 통해 일상적 진리에서 벗어날 수 있으며 난센스, 문제, 학습, 문화와 연결할 수 있다.

2. 홈 패인 공간 vs 매끈한 공간

유아교육 기관에서 특정한 시간에 특정한 물질을 사용하는 활동을 계획하여 조직하거나 교사가 **관찰 프로토콜을 사용**하여 유아의 행동과 말을 관찰한다면 그것은 **홈 패인 공간**이 될 것이다. **매끈한 공간**은 우리가 당연시했던 행위와 사유 습관을 해체할 때, **익숙한 것을 낯설게 볼 때** 생성될 수 있다(Colebrook, 2002; Deleuze & Guattari, 1987; Williams, 2008).

2.1 홈 패인 공간과 매끈한 공간의 상호 의존과 얽힘

교육 공간으로서 **홈 패인 공간이 반드시 '나쁜 것'은 아니다.** 홈 패인 공간은 일상생활 습관과 예절 등 삶과 실제에 필요한 구조를 이해하는 간단한 사건을 비롯하여 특정한 문화 속에서 적절하게 행동하고 말하고 관계 맺는 홈 패인 방식은 끊임없이 협상하지 않아도 사회적 존재가 될 수 있게 해 준다. 완전히 비구조화되어 있고 전혀 계획되지 않은 매끈한 공간은 혼돈스러울 수 있으며 유아에게는 위험할 수도 있다. 모든 공간에는 그 속에서 이루어지고 있는 사건의 흐름 속에서 다소 더 매끈하거나 더 홈 패인 정도가 혼재되어 있음을 인정하고 이해하는 것이 중요하다. **매끈한 공간과 홈 패인 공간이 어떻게 서로에게 의존하고 때로는 서로 얽히는지를 이해**해야 한다. 매끈한 공간에서 홈 패인 공간으로, 홈 패인 공간에서 매끈한 공간으로의 이동과 얽힘을 파악하기 위해서는 맥락에 주의를 기울여야 한다.

H유치원 3세 유아들은 처음 놀아 보는 소리 놀이방에서 다양한 소리 내기와 소리가 이끄는 몸의 움직임을 만들면서 수백 가지로 변형되는 놀이가 가능하다. 그러나 소리 아틀리에의 매끄러운 공간은 3세 유아들의 행동을 통제하고 구조화한 교사와의 놀이 약속과 규칙들에 의해 더 많은 놀이가 가능해진다. 그 공간에 들어서면 유아들은 벽에 매달린 악기는 바닥에 있는 악기 채가 들어 있는 통 속의 도구를 이용할 수 있다는 코드, 쳐서 소리를 낼 수 있다는 코드, 한쪽에 놓여 있는 플라스틱관에 대고 소리를 내면 울린다는 코드, 귀기울이면 들을 수 있다는 코드 등을 읽고 지키며 놀이하고 있다. 따라서 홈 패인 공간은 다소 친숙하고 안전하고 질서 있는 공간으로 이해될 수 있다. **홈이라는 속성이 어떤 수준에서는 변화 가능성을 제한하기는 하지만, 더 매끈한 공간을 위한 조건을 형성하고 가능하게 해 준다.** 유아교육 기관의 교사로서 우리의 앎은 학습과정에서 물질과 공간이 얼마나 중요한 역할을 하는가에 대한 의식이 매우 강하였음에도 불구하고, 이를 논할 수 있는 개념과 언어가 결여되어 있었으며 매끈하거나 홈 패인 공간들 간의 창의적 변환이 이루어지게 하는 측면까지는 이르지 못하였다.

2.2 내부작용 관점으로 기존 이해의 틀을 해체하고 다르게 보기

학습 사건에 대한 내부작용 이론과 물질의 행위 주체성은 기존 이해의 틀을 해체하고 다르게 보기와 이해하기를 가능하게 한다. 교육 실제를 분석할 때는 끊임없이 내부작용하고 있는 물질적 실재의 행위 주체성을 불러와야 한다. 발달에 대한 고정된 연령별 발달 프로토콜을 참고하여 관찰하고 유아의 인지발달 이론과 발달심리학적 이론으로 유아를 평가하는 **지배 담론을 내려놓는다면 기존의 매듭과 이해의 틀을 해체하고 놀이하는 유아를 다르게 이해**할 수 있다. 놀이를 통한 배움은 머리로 하는 지성의 교육이 아니라, 몸으로 하는 감각의 교육이다.

3세 유아들은 빛 놀이방에서 OHP 빛과 다양한 물질이 만나 만들어 내는 매력적인 현상을 운동하고 실험한다. 유아들은 빛 놀이방에서 배운 경험들을 교실에 돌아와 다채로운 빛놀이에 적용하고 응용한다. 3세 유아에게서도 **배움의 운동과 실험, 변형과 탈주**를 항상 볼 수 있었다.

2.3 잠재력을 가시화하고 '되기'를 가능하게 하는 내부작용적 접근

존재론적 인식론의 내부작용 시각으로 바라보면, 우리는 빛 탐구와 소리 탐구에서 일어난 사건들을 홈 패인 공간과 매끈한 공간의 혼합과 전환이라는 관점에서 이해할 수 있다.

김은희(2012)에서 볼 수 있었던 바, 4세 조반 교실에서 **물질, 공간과 지속적으로 내부작용하면서 이루어지는 두 교사의 기록과 기록 공유**는 그 과정에서 배움을 얻고 새로운 실천 가능성을 창안하기 위해 교육과정을 발현하고 운영함을 볼 수 있었다. 기록의 활용과 공유는 학습 상황을 변화시키려는 교사의 신념과 만나 유아의 학습과 발달에 관해 다시 생각하게 하고 4세 유아의 잠재 능력에 대한 기존 관점을 해체함으로써 '되기'가 가능해지는 긍정적 현상을 불러온다.

영유아의 경우에도 기존의 발달 이론에서는 신체와 정신의 한계에 따라 영유아가 할 수 있는 것과 없는 것에 분명한 한계를 둔다. 그러나 내부작용을 중요시하는 기록 작업을 활용하는 접근에서는 **진화론적 관점에서 새로운 물질이나 상황과 관계하며 내부작용하고 변화할 때 영아라 할지라도 한계 없이 모든 것이 가능**해진다.

물고기 탐색에 관심을 가진 1세 영아가 책 속의 물고기를 수족관에서 만나자, 달려가 형태, 색깔, 크기가 동일한 물고기를 발견하고 책과 실제를 1:1 대응시키거나, 관찰된 물고기의 특징적 움직임에 감응하여 자발적으로 몸으로 물고기의 움직임을 표현하는 1세의 표상적 잠재 능력이 그것이다. '백 가지 언어의 전람회'에서 흔히 만나는 책 속에 있는 시계의 째각임을 기대하고 귀를 가져다대는 1세 라울라의 모습이 기록에 흔히 가시화된다. 이는 발달 이론에서 가능하리라 생각하지 않았던 **놀이에서 내부작용을 통해 만들어가는 배움의 과정 '되기'**이다.

2.4 앎의 구성에 기계로 작동하여 배움을 간섭하는 기록

기록은 유아의 앎의 구성에 기계로 작동함으로써 배움을 간섭한다. 김은희(2012)의 연구에서 기록은 유아와 교사 배움을 간섭한다. J교사와 O교사는 함께 놀이 기록을 보면서 협의를 통해 첫째, 일상적으로 볼 수 있는 보편적인 트리가 아니라 **'조반 만의 의미를 담은 트리'를 제안**하였고, 둘째, 교사가 주도적으로 하기보다 유아들이 **주체적인 행위자로 역할할 수 있도록 안내**하였다. 셋째, **유아들이 함께** 디자인-매체 탐색-구성해 나가면서 우리 반의 의미를 담은 트리를 구성하도록 안내하였다.

기록을 보면서 교사들은 각 유아에게 특정한 배움이 가능하도록 만들어 준 물질적 조건이 무엇인지 찾아낸다. **기록 작업은 앎의 구성, 현상의 구성에 있어서 기계로 작동**하도록 사용되었다. 앎을 생산하는 현상이 학습 사건을 현실화하도록 구체적으로 실재하게 만든다. 이는 다시 교사로 하여금 변화를 위해 어떤 새로운 물체를 도입할지 결정하게 하였다. 다시 말해, 교사는 기록 속에 구성된 장면에서 놀이 사건에 일어난 주요했던 많은 물질 사이의 내부작용을 찾아낸다. 각 물체의 행위 주체적 특성, 각 물체와 물체 사이의 내부작용, 행위의 차이 등-반복되는 관찰에서 볼 수 있는 학습 현상의 구성을 이해하는 데 중요한 **기록 작업은 유아와 교사가 하는 일을 간섭**한다.

H유치원의 창가에 걸린 동생들이 만든 벽화와 벽면의 기록들은 5세 고운반 친구들로 하여금 '따뜻한 봄을 기다리는 겨울 이야기' 벽화를 만들도록 간섭하고 내부작용하였다. 인터넷에서 볼 수 있었던 다양한 실제의 크리스마스 트리들은 T유치원 4세 유아들로 하여금 '우리 반만의 의미를 담은 트리'를 만들도록 하였다.

'따뜻한 봄을 기다리는 겨울 이야기 벽화' 되기

'우리 반만의 트리' 되기

2.5 주체와 객체가 공존하며 함께 되어 가기(becoming-with)

Barad(2007)의 표현처럼, 내부작용을 통해 주체와 객체는 발현된다. **주체와 객체는 공존하며 서로 함께 되어 가는** 상태에 있다. 따라서 위와 같이 벽화를 만들고 트리를 만드는 사건 속에서 유아는 트리 디자이너가 되고 제작자가 된다. 물질은 유아, 교사와 함께 관계하면서 다양한 모양, 구조, 형태, 입체를 가진 '우리만의 트리', '따뜻한 봄을 기다리는 벽화'가 된다. 이들은 이 특정한 학습 사건에서 스스로 달라진다. 주체와 객체는 고정된 실체나 존재가 아니라 서로 관계하며 변화하고 상호작용하며 서로 뒤얽혀 있는 상태에서 생성되어 간다.

2.6 기록의 행위 주체적 힘

교사의 의도적 개입은 즉각 변형시키거나 포기할 줄도 알아야 한다. 교사는 종종 물러서서 무엇이 일어날 것인지를 지켜보기만 해야 하는 경우도 많이 있다. 유아들이 탈주선을 탈 때 교육 공간 안에서 운동 속도를 줄이고 지연시키는 것이 때로는 중요하다. 기록 작업은 **파인 홈들을 인식**하게 하고, 의미 만들기와 교육 공간 안에서 **내부작용이 어떻게 이루어지는지 해독하고 재부호화**할 수 있게 해 준다. 때로 기록은 운동 속도를 다시 높여 줌으로써 **새로운 창조적 방식으로 적용**하게 하므로 중요한 행위 주체적 힘이 된다.

3. 기록을 위한 방법론으로서의 회절(回折, Diffraction)

기록을 활용해 온 레지오 방식은 우리가 열정을 가지고 변형하도록 영감을 주는 교육적 대안도 존재함을 보여 주었다. 우리가 세계를 다시 신뢰할 수 있는 비전을 제공하였음이 분명하다(Davies, 2014:2017).

3.1 실제의 재현과 과부호화(over-coding)를 막는 회절 방식

Lenz Taguchi(2010:2018), Davies(2014:2017)는 Barad(2007)의 용어를 따라 '회절 방식'을 제안하였다. 회절 방식은 실제 세계의 대상이나 물질을 그대로 재현하는 현상과는 대비된다.

다음 빛을 이용한 교실 일상 놀이의 초임 S교사의 놀이 기록에서 **'마주침의 개입**이 핵심'임(Barad, 2007)을 알 수 있다. 유아의 놀이에서 **회절은 '차이가 만들어지는 과정'**을 말한다. 회절은 교사의 **습관화된 사고를 간섭하고 들어가서 새로운 시선으로 놀이의 흐름을 읽어 내도록** 돕는다.

라이트 테이블에 다양한 모습으로 전시되어 있는 친구들의 작품을 보고『이상한 나라의 앨리스』동화의 주인공인 앨리스가 만났던 이상한 나라와 비슷하다며 두 아이는 이야기를 하기 시작했다. 그러더니 자신들의 이야기를 덧붙여 새로운 이야기를 만들어 나간다. 이 이상한 나라에는 돈을 훔치는 도둑으로부터 이야기가 시작이 된다. 돈을 훔친 도둑이 도망치다 다양한 색들이 존재하는 이상한 나라에 들어오게 된다. 그곳에 도착한 도둑이 산타와 사랑의 물약을 만드는 서은 하트연구자 그리고 사랑의 물약을 마음으로 전달하는 혜린 박사를 만나면서 이상하고 신비한 일들을 겪게 된다. 그래서 아이들은 자신들이 만든 이야기를 구체화하기 위해서 그리기 공간으로 이동해 자신들의 이야기를 그림으로 그리기 시작했다.

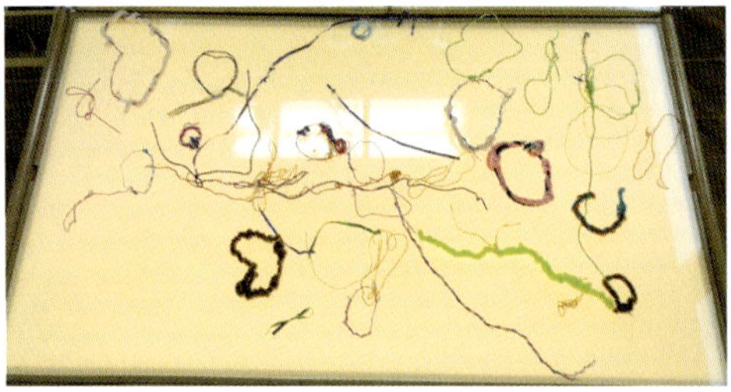

혜린 : 여기 봐! 다 모여 있으니깐 이상해졌어!
서은 : 이곳은 정말 이상한 나라야! 왜냐하면 그곳은 여러 가지 색들로 만들어졌고 어지럽고 신비한 곳이거든!
혜린 : 맞아 여기는 산타도 살아!

이상한 나라에 들어간 우리들

그리기 공간으로 이동한 아이들은 서로 이야기를 나누었던 내용을 함께 그림으로 그리기 시작했다. 아래 이상한 나라에 도착한 돈을 훔친 도둑을 먼저 그린 후 나쁜 행동을 한 도둑의 마음을 착한 마음으로 돌리게 하는 물약을 만드는 박사들을 그렸다. 그리고는 자신들이 생각했을 때 상상 속에 살 것만 같은 것들을 그려 넣었다. 예를 들어 산타, 블랙홀, 이상한 나라로 통하는 반짝이 문 등 다양한 것들이 있다. 자신들의 이야기를 그림으로 모두 그린 아이들은 포인트를 주기 위해서 색을 칠했다. 중요한 부분만 칠하려 했지만 하나하나 의미가 있고 다 중요해서 모두 색을 칠했다고 이야기한다. 오히려 아이들의 이야기를 듣고 보니 한 가지의 색만 사용했을 때보다 그림이 풍성해진 느낌이 들었다. 다양한 색이 섞여서 신비하고 오묘한 느낌이 들었다. 그래서 더 이상한 나라의 느낌이 들었던 것 같다.

혜린 : 이상한 나라에 중요한 것들이 너무 많아서 다 칠해버렸다!
서은 : 그러게 색칠 안 할 게 없는데?!
교사 : 색들이 섞여서 신비해 보여. 너희들이 말한 이야기처럼 이상한 나라에 온 것 같은 걸?

아이들은 어떤 것을 그리면 좋을지 고민하고 이야기를 상상하며 그림을 그렸다. 두 아이의 작품은 교실에 구성되어 있는 작품에서 영감을 얻어 자신들의 이야기를 만들었고, 그 이야기를 또 자신들의 작품으로 변화시켰다. 아이들이 일상생활에서 놀이의 영감을 받는다는 것을 느끼게 되었고, 교사가 아이들의 작품을 어떻게 대하고 귀기울이는지에 따라 유아들의 표현도 얼마나 영향을 받는지 그 중요성도 깨닫게 되었다. 앞으로는 아이들의 놀이를 자극할 수 있는 전시 방법도 연구해야겠다.(**엘리스가 만난 이상한 나라의 라이트 테이블**, H유치원 5세 고운반, S교사)

회절은 주체와 객체가 고정되지 않는다. 하나의 텍스트나 일련의 아이디어로 놀이를 관찰하고 기록하는 전통적 방식과는 다르다. 위 이야기에서 볼 수 있듯이 라이트 테이블 위 친구들의 작품을 만나면서 유아들의 이야기는 라이트 테이블 위 친구들 작품–앨리스가 만난 이상한 나라–새로운 도둑 이야기–도망치는 도둑–다양한 색이 있는 나라–산타와 사랑의 물약을 만드는 박사(자신들)–이어지는 신비한 일들은 그리기 영역으로 이어지며 상상의 나래를 펼친다. **회절은 차이가 발생하는 놀이의 과정을 밝히는 방식으로 내부작용하는 과정을 깊이 있게 읽어 낸다.** 즉, 차이가 어떻게 생성되는지, 마주침의 대상이 왜 중요한지 등의 여부를 밝혀 준다. 그리기 공간으로 옮겨진 이야기 속에는 어느새 두 유아 자신들이 주인공이 되어 있다. 종이 위에 담아 가는 이상한 나라에 도착한 도둑 그리기–착한 마음으로 돌리는 물약을 만드는 박사들 그리기– 그리고 탈주선을 타는 산타, 블랙홀, 이상한 나라로 통하는 반짝이는 문, 하나하나 색을 더하면서 의미를 더해 가는 아이들의 이야기와 펼쳐지는 색은 유아와 교사를 모두 신비하고 오묘한 놀이의 세계로 빠져들게 한다. 교실의 라이트 테이블–그리기–이야기에 귀기울이는 실재들의 내부작용을 감응과 간섭으로 이어 간다. 회절 방식은 그 간섭의 패턴을 추적하면서 지속적으로 생성되는 것을 발견해 내는 것이다. 따라서 회절 방식은 마주치는(encounter) 대상에 대한 존재론적–인식의 공간을 열어 준다. 이러한 **마주침이 유아 자신과 타자를 감응시킨다.**

3.2 마주침을 통한 '되기'에 접근하기

교사의 마주침은 '두 아이'의 지속적인 내부작용 즉, 라이트 테이블, 그 위 친구들의 작품, 이야기의 새겨짐, 그리기로 풀어내기, 색으로 더해지면서 되어 가는 과정에 초점을 두게 한다. 우리가 본 것들을 우리가 이미 알고 있는 언어를 불러와 고정시키는 것을 방해하고자 함이다. 이미 우리 속에 고정되어 있는 진리라고 생각하는 것들을 지워 나갈 수 있다. 주체는 존재하지만 고정되지 않는 유동성과 내적 운동성을 가지고 있으며, 다질적이다. 따라서 회절 방식을 사용하는 기록은 **교실에서 대상과 마주침으로써 일어나는 상황들을 진정한 진리로 보아,** 이를 열어 펼치고자 한다. 즉, 교실에서 마주한 순간에 '되어가는 것', '되기 과정'에 접근한다. 따라서 **교실에서 마주한 만남**은 놀이와 배움이 무엇으로 발현되어 나타날지를 교사가 **미리 알지 못하기 때문에 운동적이고 실험적**이다(Lenz Taguchi, 2010:2018).

3.3 새로움에 집중하기

회절은 일련의 절차적 방법으로 분석하는 것이 아니다. 오히려 **'차이'에서 오는 문제를 볼 수 있는 가능성**을 열어 준다. 관찰하는 세계뿐만 아니라 교실 실천에서도 차이가 지속적으로 불러오는 새로운 문제를 볼 수 있게 한다.

> … 회절 방식은 차이를 측정하는 것이면서 오히려 더 앎의 존재론적 속성을 포함하여 우리가 사는 세계의 복잡하게 얽힌 변화의 구조들을 더 심오하게 밝히고, 드러내 주고, 명확하게 해 주는 것이다. 말하자면 실제 회절 방식은 아주 복잡하게 꼬인 실타래 같은 사실들을 드러내 밝혀서 그 자체가 얽힌 현상들임을 말해 준다(Barad, 2007).

빛 놀이방에서 일상적으로 이루어지는 자유놀이에서 유아의 사고나 개념, 실행들은 빛, 천정의 그림자와 형상, 벽면에 굴절되는 배경이 서로 영향을 미치고 간섭한다. 이처럼 사고와 물질들은 서로 감응한다. 물질이나 빛, 또는 클립, LED 조명 밧줄, OHP, 거울 등은 유아들이 상상하고 의미를 부여하는 다양한 그림자의 존재를 만들어간다. 유아의 놀이에 영향을 미치는, 또한 끊임없이 변화하는 일련의 움직임에서 물질은 영향을 받고 새로운 의미가 만들어진다.

차이의 **행위와 해석은 '문제(matter)의 구성'에서 시작**한다. 유아들의 놀이에서 문제가 구성되는 차이는 역동적으로 변화하고 있는 상태를 말한다.

3.4 내부적으로 작용하는 마주침과 얽힘

회절 방식은 명쾌한 자료 분석을 생성해 내기보다는 상기 기록에서 볼 수 있듯이 **다질적 방향, 놀이 순간의 상세한 해석에 내부적으로 귀기울인다.** 삶은 내부에서 서로 움직이면서 구성되는 문제이며, 특정한 간섭이 특정한 문제를 만든다. 교사 또한 그러한 운동의 한 부분이다. 교사가 행위하고 사고하는 방식 또한 모두 물질적이다. 교사가 교실의 일상을 객관적으로 관찰 가능한 실체인 것처럼 분석하며 기록할 수는 없다. 이것을 Davies(2014:2017)는 윤리적인 차원이라 말한다. 교실은 언제나 일련의 움직임이 일어나는 곳이며, 교사가 유아의 이야기와 만나고 이야기가 물들면서 의미를 더하여 굽어진다. 유아들이 엮어 내는 상상계 세계를 회절 방식으로 보려하고, 회절화시켜 생각하고자 함으로써 유아들의 이야기와 드러나는 물들임에 감응될 수 있다. 기록을 분석한다는 것은 의미, 물질, 윤리 간의 마주침과 얽힘이다. 이러한 만남은 언제나 분석하고 있는 의미와 물질에 감응하고 또 감응된다. 이는 '세계를 구성하는 기본 요소'에 더 가까워지는 것이다(Barad, 2007). **유아와 교사들이 하는 이야기나 분석은 내부적으로 작용하는 마주침과의 얽힘 그 자체**이며, 그 마주침에 대한 기록 또한 이 얽힌 운동 안에서 채 밝혀지지 않은 요소 중의 하나에 불과하다.

회절적 분석은 **매우 '오래되고 낡은 관계'를 종종 새로운 '문화'로 자연스럽게 이동**하게 한다. 그래서 귀기울여 듣는 공간을 열어 주고, 생성되는 의미를 만들면서 놀이를 따라가게 한다. 우리는 마주침에 스스로를 열게 되고, 마주침에 의해 변화되는 존재가 된다. 이러한 과정은 교사가 '각 에피소드에서 생성 관점의 의미를 만드는 작가나 시인이 될 것'을 요청한다. 이러한 마주침에는 타자와 유아 또는 유아와 물질이 함께 포함된다.

3.5 상승선에 귀기울이기

삶은 매 순간 무엇인가를 창조하고 있다(Bergson, 1998).

Davies(2014:2017)는 일상에서 매 순간 창조되는 상승선(lines of ascent)과 하강선(lines of descent)의 두 가지 힘이 상호 의존하는 방식에 대해 이야기하였다. 하강선은 규칙과 반복으로 사물을 동일하게 유지하게 한다. 유아에게 귀기울이는 교사가 듣는 바를 이미 자신이 아는 것에 끼워 맞춘다면 이는 하강선에 가깝다. 이와 달리 '발현적 귀기울이기'는 '상승선'에 가깝다.

상승선은 새로운 사고방식과 '되기'를 열어 주는 창조의 탈주선(lines of flight)이다. 이 과정에서 비로소 우리는 정체된 자아로부터 벗어나 내부작용적 되기로 나아가는 경험을 할 수 있다. 자신의 의지, 의도, 반복으로부터 벗어나 유기체, 물질과 온 지구를 포함하여 모든 존재를 함께 생각하는 사고방식, 즉 존재의 생성 가능성을 향해 나아가는 것을 말한다.

유아는 어른에 비해 상승선의 욕망이 더 즉흥적이고 자연 발생적이다. 따라서 자신이 누구인지, 내 앞의 존재가 어떤 존재인지, 내가 무엇을 하도록 이 자리에 있는지를 고정된 언어나 행동으로 규정짓는 하강선의 유혹을 더 잘 이겨 낼 수 있다. 친구들이 구성한 라이트 테이블과 마주치면서 엘리스가 만난 이상한 나라로 여행하고, 이상한 나라에 들어간 자신들의 이야기를 그리기로 펼쳐 내며 흘러가는 두 유아의 이야기에서도 만날 수 있다.

5 기록의 유형

교육 현장에서 이루어지는 기록 작업의 유형은 다양하다. 일반적으로 이루어지는 기록 작업의 유형은 그 성격에 따라 원기록, 일일기록, 일일운영(일지), 주간저널, 벽면 패널, 미니 책자 등으로 유형화하지만 이 또한 자율적으로 구성될 수 있다. 각각의 기록 내용은 서로 영향을 주며 연결이 되므로 내용 면에서 차이를 두지 않는다.

1. 원기록 : 해석되지 않은 생생한 상태의 기록

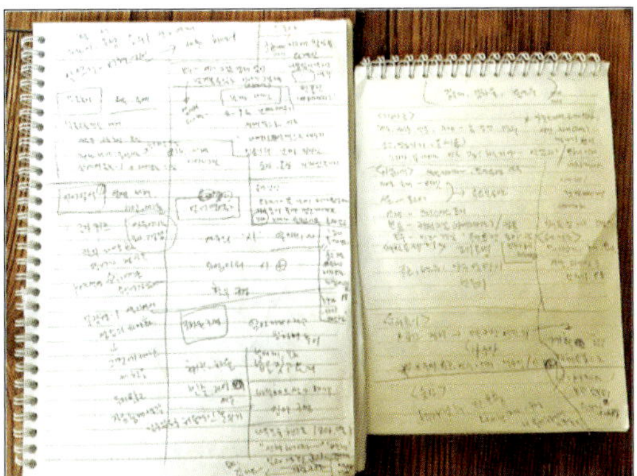
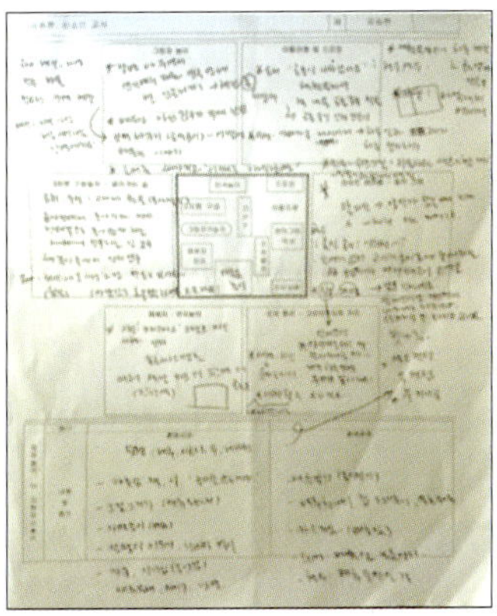

원기록은 교사가 노트, 기록용지, 또는 일일운영지에 유아들의 일상의 순간을 포착하여 담은 것으로 교사의 분석 및 해석이 담기기 전의 날것 그대로의 상태이다. 원기록은 그대로 교육과정 운영에 영향을 미치지 않지만 교사의 접근 방식과 해석을 통해 놀이의 발현, 전개, 연속되는 사건 속 대화, 난센스 등 현재 유아들의 호기심과 관심을 포착할 수 있다. 놀이과정에 있어서 문제와 나아가고자 하는 방향, 흐름, 생성, 변이, 탈주 등을 기록 분석할 수 있어서 이후 교육과정 운영에 중요한 초석이 될 수 있다.

2. 일일기록

일일기록은 원기록을 토대로 교사의 해석이 더해져 그날그날 자유놀이, 교사가 지원하는 놀이 중 기록할 가치가 있다고 판단되는 놀이를 기록한다. 일일기록은 놀이의 진행 방향과 맥락적 상황 속에서 유아들의 놀이 경험을 위한 교사의 지원에 도움을 준다. 일일기록에는 놀이 상황, 의미 만들기, 맥락 및 흐름, 놀이 여정 기록, 교사 이야기, 배움 분석 등이 포함된다.

상황에는 참여 유아, 참여 교사, 놀이 공간, 놀이 시간, 경험 내용 등 상황을 상단에 정리한다.

의미 만들기는 놀이하는 유아의 유능함과 배움이 가장 잘 드러나는 유아의 대화에 놀이를 통한 배움 내용을 더하여 놀이의 의미가 드러나도록 기표한다.

맥락 및 흐름은 놀이가 전개되는 교실의 공간적 시간적 전경과 배경, 사건의 발현, 놀이의 차이 생성의 과정이 리좀적으로 전개되는 놀이의 흐름과 놀이 맥락을 보여 준다.

놀이 여정 기록은 사진, 대화, 글쓰기로 교사와 유아가 함께 만들어가는 놀이 사건 속 유아의 경험, 상상, 난센스, 의미, 문화 등을 읽을 수 있도록 구체적으로 기록하며 에피소드별로 유아의 호기심과 관심, 갈등과 문제의 구성, 차이 생성, 변이, 탈주하는 놀이과정의 흐름과 배움을 담아낸다.

교사 이야기는 배움의 내용, 방식, 과정이 되는 놀이의 발현성, 다층적 복잡한 놀이성을 분석하고 평가한다. 놀이하며 배우는 유아의 놀이 능력에 대한 경이로움, 놀이의 힘에 대한 이해, 만들어가는 교육과정 속 교사의 배움, 놀이에 대한 갈등 및 고민과 어려움 성찰, 교사 개인의 변화를 풀어낸다. 이를 토대로 이후 공간, 매체 및 놀이 지원 방향을 탐색하고 교사 간 공동체 협의 내용도 해석하고 제안한다.

배움 분석은 놀이하는 유아의 개인적 특성과 놀이의 개별적 특성을 고려하여 놀이 경험 실제를 교육과정 5개 영역과 연결하여 유아의 호기심과 관심이 자연스럽게 이어지는 배움 내용을 분석한다. 이상의 기록 개요는 일일기록뿐 아니라 긴 시간 지속되는 놀이에도 적용된다. 일일기록의 사례와 개요를 소개하면 다음과 같다.

참여유아
참여교사
놀이공간
놀이시간
경험내용

의미- 만들기

맥락 및 놀이 흐름 — **전경 및 발현과 리좀적 전개**

놀이 여정 — **이어지는 사건들의 사진, 대화, 넌센스, 의미, 문화 등**
유아의 호기심과 관심, 갈등, 문제의 구성, 흐름, 변이, 생성, 탈주 등

교사 이야기 — **분석 및 평가** (놀이 이해)

교사의 배움과 갈등 및 어려움

이후 공간, 매체 및 놀이 지원 방향 탐색

공동체 협의 내용

배움 분석 — **(놀이와 교육과정 연결하기)**

교사 : ○○○·○○○
참여유아 : ○○반 5세 유아들
놀이시간 : 2019. 09. 30. 월.
놀이공간 : 수놀이 공간 - 고운이를 만나러 가는 길
경험내용 : 고운이에게 가기까지 앞으로 얼마나 많은 칸이 필요할까?

· 맥락 및 흐름

지난주부터 활성화 되어가는 수놀이 공간.
혼자서 칸 자를 완성해 나가던 유아들은 어느새 친구와 함께 협력하여 더 길게 만들어 나간다.
큰 단위의 숫자를 잘 모르는 유아도 친구의 도움을 받아 스스로 만들어본다.
이렇게 함께 만들어 가는 칸 자가 고운이에게 닿을 만큼 길어지기를 바라는 유아들

'고운아~ 우리가 간다~!!'

T : 너희들이 저번 주에 칸을 만들면서 고운이 아뜰리에까지 갈 수 있게 한다고 했잖아.
지금 고운이가 언제 오는 거냐고 선생님한테 물어봤어 오늘도 이어서 만들어볼 수 있을까?
현우 : 고운아~ 우리가 간다!!
라영아! 나 너가 한 숫자에 이어서 해도 돼??
라영 : 그래! 나 이거 하고 갈건데 너 먼저 하고 있어!

친구가 만든 칸 자의 숫자에 이어서 길이를 늘려가는 유아. 하지만 예상보다 큰 숫자에 당황하며 449에서 바로 500으로 넘어간다. 때 마침 놀이가 끝난 친구가 유아에게 0~9가 반복된다는 것을 언급해주며 459 전까지 예시를 보여서 적어준다. 그 모습을 보던 유아가 이해를 했는지 바로 자신이 해보겠다며 이야기를 하고 해본다.

현우 : 음.. 449다음은... (500을 적는다.)
T : 현우야 449에서 맨 앞에 4는 우선 생각하지 말고 49 다음이 뭔지 생각해봐!
현우 : 50?? (500을 적는다.)
라영 : 현우야! 0, 1, 2, 3, 4, 5, 6, 7, 8, 9가 뒤에서 반복되는 거야! 봐 내가 한 번 적어볼게!
450, 451, 452, 453, 454, 455, 456, 457, 458, 459 이 다음은 현우 너가 해봐!
현우 : 4...60?
라영 : 맞아!
현우 : (계속해서 숫자를 쓴다.) 내가 474까지 했어!!
라영 : 우리 이게 어디까지 가는지 한번 해보자!

칸 자를 474까지 완성한 유아들은 이 길이가 고운이에게 닿을 수 있는 길이인지 한번 재보기로 한다. 마스킹 테이프로 마지막 숫자가 닿는 부분에 표시를 하고, 그 위에 숫자를 적는다.

라영 : 내가 1을 잡고 고운햇살반 문 앞에 있을게!
현우 : 초롱이슬반 까지야! 474가! 테이프랑 매직이 필요해!

반으로 돌아온 고운햇살반 유아들은 앞으로 어느 정도 길게 만들어야 고운이에게 도달할 수 있는지 수를 예측해본다. 앞으로 5장만 있으면 도달할 수 있을 것이라고 생각하는 유아들 과연 유아들이 추측한 대로 고운이에게 도달할 수 있을까?

라영 : 그럼 아직 숫자를 더 적어야해!
어우~ 너무 길어서 바닥에서 해야겠어!
이제 곧 400이 끝날 거 같아. 그치?
현우 : 이제 곧 500이야~
라영 : (숫자를 계속해서 적는다.) 이제 500이다!!
이건 어디까지 갈까??
현우 : 이제 나도 할래!! (560까지 적는다.) 이제 560~!!
이런~ 570까지 갈 거 같은데 시간이 부족해서 못하겠어~
라영 : 그럼 내일 이어서 하면 돼! 앞으로 조금만 하면 될 거 같아!
연재 : 고운이 슬프겠다~ 빨리 가야겠어!
현우 : 우리 이제 앞으로 한 20칸이면 될 거 같은데??
서윤 : 그럼 세 줄 정도인가??
T : 그럼 내일 한 줄에 몇 칸 정도가 있는지 알아보고 너희 예상대로 도달하지 한 번 보자!

· 분석 및 평가

유아들과 정체되어있는 수놀이 공간을 어떻게 활성화시키면 좋을지 이야기를 하다 유아들에게 A4용지로 만든 칸 자를 어떻게 활용하면 좋을지 물었다. 유아들은 고운이에게 가기까지 얼마나 많은 칸이 필요한지, 유치원 문 앞까지 가려면 얼마나 많은 칸이 필요한지 등 다채로운 놀이 목표를 꺼내놓았다. 그래서 유아들은 정한 목표를 달성하기 위해 하루하루 숫자를 적어 길이를 늘려나가는 중이다. 혼자서 하기 어려운 부분은 친구에게 도움을 받아 스스로 해결하려는 모습을 보였고, 숫자를 시간 안에 다 적지 못해 아쉬워하는 모습을 보였다. 앞으로도 유아들이 이와 같이 놀이 속에서 발생하는 문제를 유아 혹은 교사와 함께 해결할 수 있는 기회를 지원해줄 것이다. 또한 차이를 생성하면서 놀이 과정 중에 만들어가는 즐거움이 동반되어 유아들이 행복감과 기쁨을 느낄 수 있는 놀이를 유아들과 더 연구해봐야겠다.

3. 일일운영(일지)

유아·놀이 중심 누리과정에서 기록과 일지는 교사 주도의 교육과정 운영에서 벗어나 유아가 주도하는 놀이, 놀이를 통한 즐거운 배움을 지원하는 교사의 실행 역량 함양을 위해 중요하다. 놀이 실행에 실제적인 '기어'가 될 수 있도록 기관별로 관찰기록, 일지, 주간저널 등을 다양한 형식과 방식으로 유연하게 만들어 활용할 수 있다. 기록은 다양하게 정의되고 활용된다. 기록은 일상 놀이 상황에서 사진이나 글로 유아의 놀이 흐름과 대화 내용을 관찰하고 기록하면서 적절한 지원을 고민하는 교사의 중요한 준비과정이다. 일지는 그저 하루 일과를 기록하여 문서로 보관하는 것이 아니라, 일과 중 기록들을 토대로 매일의 놀이를 다양하게 들여다보고 다음 날의 유아-공간·매체-놀이 경험을 지원할 수 있어야 한다.

일지에 포함될 수 있는 내용은 첫째, 전체 교실놀이를 한눈에 볼 수 있는 **수평적 공간기록**(예: 교육부, 보건복지부(2020). 누리과정포털 〉놀이운영사례집 〉만들어가는 놀이 중심 유아교육 p. 45 참조)은 하루 동안 교실의 각 공간에서 펼쳐진 놀이별 발현, 상호작용, 과정을 간략히 기록함으로써 교사의 눈에 띄는 한 가지 놀이만 집중하여 기록하는 것이 아니라, 유아들이 만들어간 놀이의 흐름과 내부작용을 한눈에 전체적으로 볼 수 있다.

둘째, 시간대별로 하루 동안 자유롭게 흘러간 유아들의 놀이 유형과 유형별 놀이 내용을 수직적으로 볼 수 있는 **수직적 시간기록**(예: 만들어가는 놀이 중심 유아교육 p. 55 참조)은 다양한 놀이와 경험 및 놀이 공간, 시간, 매체 지원을 고민하는 좋은 자료가 된다.

셋째, 일과 중 자유놀이 또는 교사가 지원한 놀이 중 기록하고 싶은 한두 가지 놀이 내용과 배움에 대한 의미를 **간략히 기록**한다.

넷째, 하루 놀이 경험을 **5개 영역 교육과정과 연결하여 배움 분석**한다(영역 〉내용범주 〉내용 〉유아 경험 실제).

다섯째, 특별한 **개별 유아의 관찰기록**은 개별 유아의 발달과 관심사, 생각, 친구관계, 상호작용 및 특이 행동 등을 엿볼 수 있어서 유아에 대한 이해가 자연스럽게 이루어진다.

마지막으로, 상기한 내용을 토대로 교사 간 **일과 운영 평가**와 **다음 날 환경 매체 준비 및 놀이 지원 계획** 등을 포함할 수 있다. 일지 기록과정에서 교사들은 개별 유아를 이해하고 누리과정 운영을 지속적으로 개선하면서 만들어가는 놀이 중심 교육과정을 운영, 지원, 평가할 수 있는 자율성과 실행력을 기를 수 있다. 상기 일지 내용 또한 한 가지 예에 불과하며 각 기관의 방식에 따라 가감하여 변형할 수 있다.

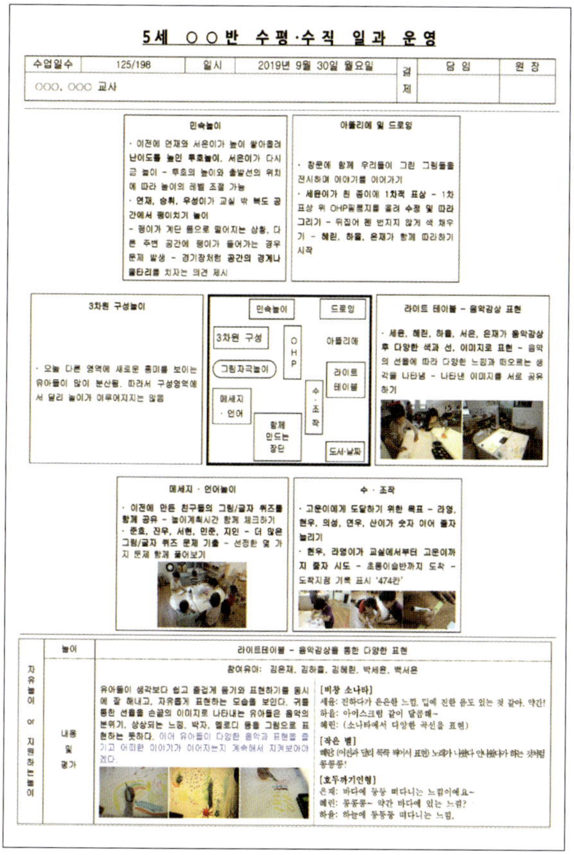

5세 ○○반 수평·수직 일과 운영

수업일수	125/198	일시	2019년 9월 30일 월요일	결제	담 임	원 장
○○○, ○○○ 교사						

민속놀이
· 이전에 연재와 서은이가 높이 쌓아올려 난이도를 높인 투호놀이. 서은이가 다시 공 놀이 - 투호의 높이와 출발선의 위치에 따라 놀이의 레벨 조절 가능
· 연재, 승휘, 우성이가 교실 밖 복도 공간에서 팽이치기 놀이
- 팽이가 계단 틈으로 떨어지는 상황, 다른 주변 공간에 팽이가 들어가는 경우 문제 발생 - 경기장처럼 공간의 경계나 울타리를 치자는 의견 제시

아뜰리에 및 드로잉
· 창문에 함께 우리들이 그린 그림들을 전시하며 이야기를 이어가기
· 세윤이가 흰 종이에 1차적 표상 - 1차 표상 위 OHP필름지를 올려 수정 및 따라 그리기 - 뒤집어 펜 번지지 않게 색 채우기 - 혜린, 하율, 은재가 함께 따라하기 시작

3차원 구성놀이
· 오늘 다른 영역에 새로운 흥미를 보이는 유아들이 많이 분산됨. 따라서 구성영역에서 달리 놀이가 이루어지지는 않음

민속놀이 / 드로잉 / 3차원 구성 / OHP / 아뜰리에 / 그림자극놀이 / 라이트 테이블 / 메세지·언어 / 수·조작 / 함께 만드는 장단 / 도서·날짜

라이트 테이블 - 음악감상 표현
· 세윤, 혜린, 하율, 서은, 은재가 음악감상 후 다양한 색과 선, 이미지로 표현 - 음악의 선율에 따라 다양한 느낌과 떠오르는 생각을 나타냄 - 나타낸 이미지를 서로 공유하기

메세지 · 언어놀이
· 이전에 만든 친구들의 그림/글자 퀴즈를 함께 공유 - 놀이계획시간 함께 체크하기
· 준호, 진우, 서현, 민준, 지인 - 더 많은 그림/글자 퀴즈 문제 기출 - 선정한 몇 가지 문제 함께 풀어보기

수 · 조작
· 고운이에게 도달하기 위한 목표 - 라영, 현우, 의성, 연우, 산이가 숫자 이어 줄자 늘리기
· 현우, 라영이가 교실에서부터 고운이까지 줄자 시도 - 초롱이슬반까지 도착 - 도착지점 기록 표시 '474칸'

자유놀이 or 지원하는 놀이	놀이	라이트테이블 - 음악감상을 통한 다양한 표현	
	내용 및 평가	참여유아: 김은재, 김하율, 김혜린, 박세윤, 백서은	
		유아들이 생각보다 쉽고 즐겁게 듣기와 표현하기를 동시에 잘 해내고, 자유롭게 표현하는 모습을 보인다. 귀를 통한 선율을 손끝의 이미지로 나타내는 유아들은 음악의 분위기, 상상되는 느낌, 박자, 멜로디 등을 그림으로 표현하는 듯하다. 이어 유아들이 다양한 음악과 표현을 즐기고 어떠한 이야기가 이어지는지 계속해서 지켜보아야겠다.	[비창 소나타] 세윤: 진하다가 은은한 느낌. 밑에 진한 음도 있는 것 같아. 약간! 하율: 아이스크림 같이 달콤해~ 혜린: (소나타에서 다양한 곡선을 표현) [작은 별] 혜린: (이전과 달리 똑똑 끊어서 표현) 노래가 나왔다 안나왔다가 하는 것처럼 콩콩콩! [호두까기인형] 은재: 바다에 둥둥 떠다니는 느낌이에요~ 혜린: 둥둥둥~ 약간 바다에 있는 느낌? 하율: 하늘에 둥둥둥 떠다니는 느낌.

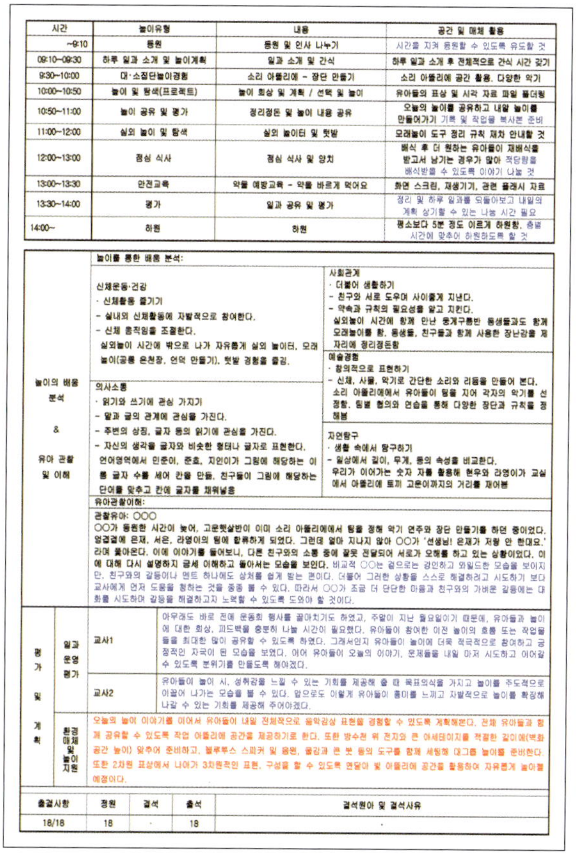

시간	놀이유형	내용	공간 및 매체 활용
~9:10	등원	등원 및 인사 나누기	시간을 지켜 등원할 수 있도록 유도할 것
09:10~09:30	하루 일과 소개 및 놀이계획	일과 소개 및 간식	하루 일과 소개 후 전체적으로 간식 시간 갖기
9:30~10:00	대·소집단놀이경험	소리 아뜰리에 - 장단 만들기	소리 아뜰리에 공간 활용, 다양한 악기
10:00~10:50	놀이 및 탐색(프로젝트)	놀이 회상 및 계획 / 선택 및 놀이	유아들의 표상 및 시각 자료 파일 폴더링
10:50~11:00	놀이 공유 및 평가	정리정돈 및 놀이 내용 공유	오늘의 놀이를 공유하고 내일 놀이를 만들어가기 기록 및 작업물 복사본 준비
11:00~12:00	실외 놀이 및 탐색	실외 놀이터 및 텃밭	모래놀이 도구 정리 규칙 재차 안내할 것
12:00~13:00	점심 식사	점심 식사 및 양치	배식 후 더 원하는 유아들이 재배식을 받고서 남기는 경우가 많아 적당량을 배식받을 수 있도록 이야기 나눌 것
13:00~13:30	안전교육	약물 예방교육 - 약을 바르게 먹어요	화면 스크린, 재생기기, 관련 플래시 자료
13:30~14:00	평가	일과 공유 및 평가	정리 및 하루 일과를 되돌아보고 내일의 계획 상기할 수 있는 나눔 시간 필요
14:00~	하원	하원	평소보다 5분 정도 이르게 하원함. 충분 시간에 맞추어 하원하도록 할 것

놀이의 배움 분석 & 유아 관찰 및 이해	놀이를 통한 배움 분석:	
	신체운동·건강 · 신체활동 즐기기 - 실내외 신체활동에 자발적으로 참여한다. - 신체 움직임을 조절한다. 실외놀이 시간에 밖으로 나가 자유롭게 실외 놀이터, 모래놀이(공룡 온천장, 언덕 만들기), 텃밭 경험을 즐김.	사회관계 · 더불어 생활하기 - 친구와 서로 도우며 사이좋게 지낸다. - 약속과 규칙의 필요성을 알고 지킨다. 실외놀이 시간에 함께 만난 뭉게구름반 동생들과도 함께 모래놀이를 함. 동생들, 친구들과 함께 사용한 장난감을 제자리에 정리정돈함 예술경험 · 창의적으로 표현하기 - 신체, 사물, 악기로 간단한 소리와 리듬을 만들어 본다. 소리 아뜰리에에서 유아들이 팀을 지어 각자의 악기를 선정함. 팀별 협의와 연습을 통해 다양한 장단과 규칙을 정해봄
	의사소통 · 읽기와 쓰기에 관심 가지기 - 말과 글의 관계에 관심을 가진다. - 주변의 상징, 글자 등의 읽기에 관심을 가진다. - 자신의 생각을 글자와 비슷한 형태나 글자로 표현한다. 언어영역에서 민준이, 준호, 지인이가 그림에 해당하는 이름 글자 수를 세어 칸을 만듦. 친구들이 그림에 해당하는 단어를 맞추고 칸에 글자를 채워넣음	자연탐구 · 생활 속에서 탐구하기 - 일상에서 길이, 무게, 등의 속성을 비교한다. 우리가 이어가는 숫자 자를 활용해 현우와 라영이가 교실에서 아뜰리에 토끼 고운이까지의 거리를 재어봄
	유아관찰이해:	
	관찰유아: ○○○ ○○가 등원한 시간이 늦어, 고운햇살반이 이미 소리 아뜰리에에서 팀을 정해 악기 연주와 장단 만들기를 하던 중이었다. 엉겁결에 은재, 서은, 라영이의 팀에 합류하게 되었다. 그런데 얼마 지나지 않아 ○○가 '선생님! 은재가 저랑 안 한대요.' 라며 울어온다. 이에 이야기를 들어보니, 다른 친구와의 소통 중에 잘못 전달되어 서로가 오해를 하고 있는 상황이었다. 이에 대해 다시 설명하지 금세 이해하고 돌아서는 모습을 보인다. 비교적 ○○는 겉으로는 강인하고 와일드한 모습을 보이지만, 친구와의 갈등이나 멘트 하나에도 상처를 쉽게 받는 편이다. 더불어 그러한 상황을 스스로 해결하려고 시도하기 보다 교사에게 먼저 도움을 청하는 것을 종종 볼 수 있다. 따라서 ○○가 조금 더 단단한 마음과 친구와의 가벼운 갈등에는 대화를 시도하며 갈등을 해결하고자 노력할 수 있도록 도와야 할 것이다.	

평가 및 계획			
	일과 운영 평가	교사1	아무래도 바로 전에 운동회 행사를 끝마치기도 하였고, 주말이 지난 월요일이기 때문에, 유아들과 놀이에 대한 회상, 피드백을 충분히 나눌 시간이 필요했다. 유아들이 참여한 이전 놀이의 흐름 또는 작업물들을 최대한 많이 공유할 수 있도록 하였다. 그래서인지 유아들이 놀이에 더욱 적극적으로 참여하고 긍정적인 자극이 된 모습을 보였다. 이어 유아들이 오늘의 이야기, 문제들을 내일 마저 시도하고 이어갈 수 있도록 분위기를 만들도록 해야겠다.
		교사2	유아들이 놀이 시, 성취감을 느낄 수 있는 기회를 제공해 줄 때 목표의식을 가지고 놀이를 주도적으로 이끌어 나가는 모습을 볼 수 있다. 앞으로도 이렇게 유아들이 흥미를 느끼고 자발적으로 놀이를 확장해 나갈 수 있는 기회를 제공해 주어야겠다.
	환경 매체 및 놀이 지원	오늘의 놀이 이야기를 이어서 유아들이 내일 전체적으로 음악감상 표현을 경험할 수 있도록 계획해본다. 전체 유아들과 함께 공유할 수 있도록 작업 아뜰리에 공간을 제공하기로 한다. 또한 방수천 위 전지와 큰 이세태이지를 적절한 같이에(벽화 공간 놀이) 맞추어 준비하고, 블루투스 스피커 및 음원, 물감과 큰 붓 등의 도구를 함께 세팅해 대그룹 놀이를 준비한다. 또한 2차원 표상에서 나아가 3차원적인 표현, 구성을 할 수 있도록 연달아 빛 아뜰리에 공간을 활용하여 자유롭게 놀아볼 예정이다.	

출결사항	정원	결석	출석	결석원아 및 결석사유
18/18	18	·	18	·

4. 주간저널

유아들과 함께 만들어가는 교육과정은 유아들만이 학습의 주체가 아니라 함께 살아가는 교사는 물론 유아들의 부모 역시 주체자이며 공동체로서 참여를 중요시 여긴다. 물질, 공간, 환경과의 관계도 배제할 수 없다. 주 단위로 모여진 일일저널의 내용은 부모와의 소통이라는 목적과 기능이 더해지게 된다. 일일저널 속에서 스토리식으로 이루어지던 내용이 보다 간결하게 맥락화되고 초점이 보다 명확하게 정리되어지면서 원과 부모와의 소통은 보다 매끄럽고 원활하게 된다. 주간저널은 단지 유아의 생활에 대한 소통의 의미를 넘어 학부모를 교육과정의 일원으로 참여시키고, 유아들에게 보다 더 풍부하고 의미 있는 교육적 경험을 제공할 수 있다. 부모의 입장에서는 주간저널을 통해 유아들의 이야기를 공유하면서 부모가 공동의 주체로서 존중받는 느낌은 물론 기관과 가정과의 신뢰 관계 구축에도 긍정적인 영향을 미친다.

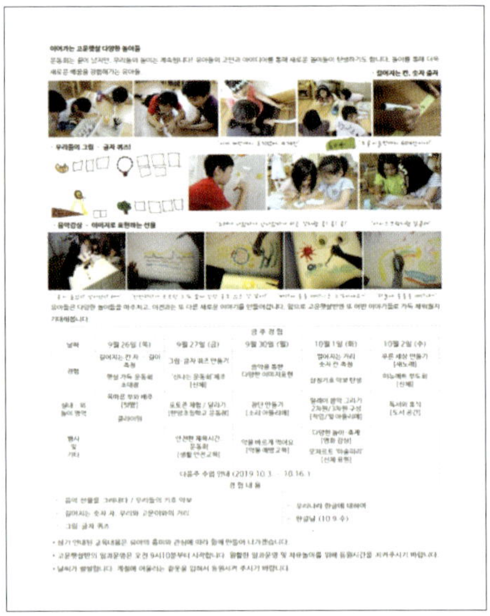

5. 말하는 벽면 기록 패널

기록 작업은 유아, 교사, 부모가 소통하는 역동적인 패널로 변형할 수 있다. 놀이의 중간과정 또는 마무리되는 시점에 관계없이 유아들이 그동안 다루었고 차이를 생성하며 새롭게 만나 왔던 전체적이고 의미 있는 이야기를 담는다. 놀이의 맥락적인 과정과 일화보다는 유아들이 의미 있게 바라보는 현상에 대한 해석, 의미 있는 경험의 순간들에 대한 내용, 즉 유아들의 놀이를 통한 배움의 과정을 가시화한다. 이렇게 가시화된 다양한 형태의 패널은 유치원의 각 공간에 전시되어 유아와 부모, 다른 반 교사와도 놀이에 대한 새로운 관점과 아이디어를 소통하는 말하는 벽으로서의 기능을 갖게 된다.

5세 파반

소리를 배달하기 위한 운동과 실험

소리 아뜰리에의 다양한 악기와 소리관은 우리에게 새로운 자극을 주었다. 우리는 그 동안 미처 인식하지 못했던 소리의 전달과정에 새롭게 집중하였고, 우리가 직접 놀이를 통해 '소리'라는 현상을 재미있는 우리들만의 생각과 시도로 탐구할 수 있었다.

길어지는 소리

그냥 아 하면 소리가 아주 짧게 들려
이렇게 아~~~~~하면 소리가 길어
소리관을 멀리 하면 점점 더 소리가 길어져
멀수록 소리는 더 길어져
소리관을 길게 해서 소리가 길게 나와
소리가 길다고?
누가 손을 잡아서 길어지는
팔이 점점 길어져서 소리가 길어지는
소리가 길어지면 더 재미있을 것 같아
소리가 길어지면 소리를 더 멀리 배달할 수 있겠지?

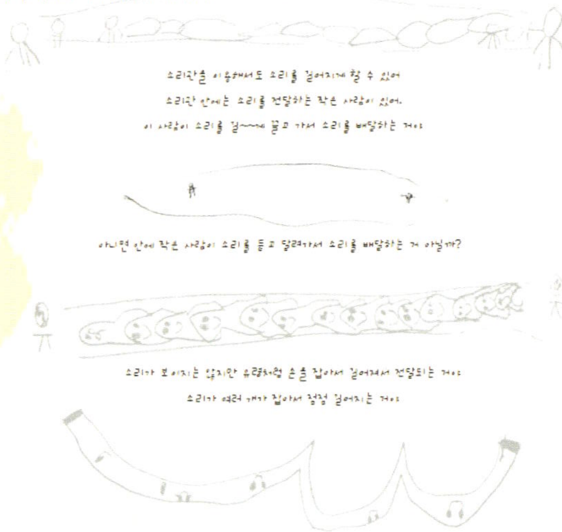
소리관을 이용해서도 소리를 길어지게 할 수 있어
소리관 안에는 소리를 전달하는 작은 사람이 있어.
이 사람이 소리를 길~~게 끌고 가서 소리를 배달하는 거야
아니면 안에 작은 사람이 소리를 들고 달려가서 소리를 배달하는 거 아닐까?
소리가 보이지는 않지만 유령처럼 손을 잡아서 길어져서 전달되는 거야
소리가 여러 개가 잡아서 점점 길어지는 거야
소리가 소리관을 타고 가 소리관 안에서 소리들이 손을 잡아서 소리가 길어지는 것 같아

파란반까지 소리를 배달하자

소리관으로 소리를 배달하자!!

소리관을 파란하늘반까지 옮겨야겠네
영차 영차

어때? 내 말 잘 들려?
응!!!! 진짜 잘 들려!!!

그런데 소리관이 짧아서
문제야
더 길게 더 멀리 배달하고 싶은데

소리관을 더 길게 하면 좋을 것 같은데…
아!! 이렇게 소리관을 더 연결하자!!
이러면 소리가 소리관을 타고
더 길어질 수 있겠지?!

가장 익숙한 소리관을 이용해서 소리를 파반까지 배달하였다. 그런데 우리는 분명 소리 아뜰리에에서 파란하늘반까지 소리를 배달하기로 했는데… 소리관이 짧기 때문에 우리는 소리관을 더 연결해서 소리를 더 길게 만들어 배달하도록 하였다. 소리가 전달되는 현상에 관심을 갖고 자신들만의 가설을 가지고 실험적인 시도를 하고 그 속에서 자신들 나름대로의 앎의 발견과 구성이 이뤄질 수 있기를 기대한다.

6. 전지 출력기 활용 벽면 패널 구성하기

6.1 PPT 형식으로 패널 레이아웃하기

상단의 배너 디자인 → 슬라이드 크기 → 사용자 지정(773×1173) or (1173×773)을 눌러 PPT 용지 사이즈를 지정하고, 레이아웃한다.

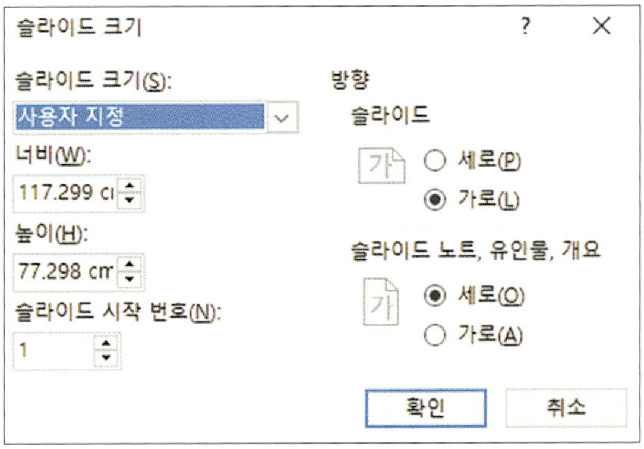

6.2 전지 출력기를 이용하여 패널 인쇄하기

프린터(EPSON SC-T5200D Series) 선택 → 프린터 속성 → 아래의 내용으로 설정 변경 → 인쇄를 따라가며 인쇄한다.

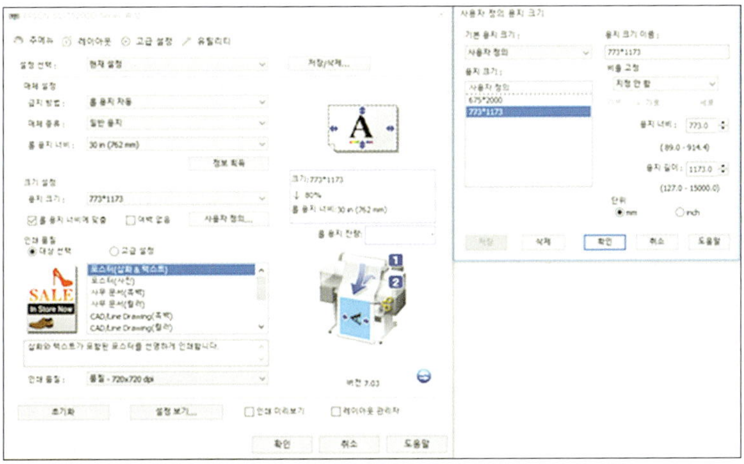

V 철학적 가정

나뭇잎 속에는 먼지를 바꿔 주는 기계가 있어.
먼지를 잡아서 안으로 데리고 가서
나쁜 공기를 예쁜 향기로 바꿔 주면
미세먼지가 사라지는 거야.

또 미세먼지를 잡아서 나뭇잎 속으로 들어갔는데
거기에는 끈끈이가 있어서 미세먼지를 못 나가게 막아 주는 거야.
그래서 공기가 깨끗해지는 거 아닐까?

1 철학적 가정

포스트 휴먼 시대 영유아가 어떤 모습으로 살아갈지 아무도 알지 못한다. 미래 영유아는 더 이상 분리된 한 국가 내의 규정된 사회 속에서 살지 않는다. 새로운 AI 테크놀로지와 빅데이터, 네트워크 시스템으로 소통하고 일하면서 배움은 전 생애에 걸쳐 다양한 장소에서 발생한다. 따라서 개인이 자율적으로 삶의 방식을 결정하고 유연한 정체성을 갖는 노마드적 삶이 예견된다. **후기 근대(post-modern) 사회**는 전근대(pre-modern)의 **정보처리 이론에 근거한 일방적인 가르치기, 근대의 인지 이론, 구성주의에 근거한 지식 구성, 재생산의 교육 전통에 의문을 제기**하고 교사, 교육과정, 학교의 역할에 변화를 요청하고 있다. 유아·놀이 중심 누리과정 또한 이러한 맥락에서 개정되었다.

Dewey의 진보주의 교육 이념, Piaget, Vygotsky의 사회적 구성주의 이론에 기초하여 관계, 소통, 상호작용을 통해 만들어가는 **레지오 교육 실천**은 재현의 교육에 대항하는 포스트 모던 대안교육으로 평가된다. 시대 사회적 변화에 따라 교육의 지속적인 '탐구 방식'을 주장하는 Henderson, 자유의 변증법을 말하는 Greene이나 '21세기의 형이상학자'라는 찬사를 받는 Deleuze 등의 **탈구조주의(post-structuralism)는 현대 인류가 직면하고 있는 문제를 진단하고 해결하는데 의미 있는 방향을 제시**해 준다. 우연한 '마주침'을 통한 '차이 생성'의 '반복'을 만들어가는 **'되기'의 방법으로 유목**

적 인간상을 지향하는, 리좀적 지식 내용을 강조한다. 스웨덴의 교육 정상화를 위해 레지오 방식의 프로젝트와 기록 작업을 적용하면서 Dahlberg 등의 스웨덴 학자들은 레지오 방식을 Deleuze의 철학과 연결시켰다. Olsson, Lenz Taguchi, Davies 등은 Deleuze의 개념에 터하여 지식의 구성과 대화보다는 놀이 사건 속에서 지속적으로 생성되는 의미(sense)와 '내부작용'하는 놀이 환경 속에서 물질의 행위 주체성을 강조하는 해체적인 탈구조적 실용주의(deconstructive pragmatism) 시각을 확장시켰다.

1. 교육 철학

관계와 귀기울임으로 만들어가는 놀이 중심 유아교육은 **레지오 에밀리아 교육 실천과 Deleuze의 탈구조주의를 근간**으로 한다. **관계의 교육(Pedagogy of relationship), 경청의 교육(Pedagogy of listening), 마주침의 윤리(Ethics of encounter)**의 이념을 토대로 내부작용 관계와 지속가능 교육을 중요시하는 유아·교사·부모·환경·지역사회 모두 주체가 되는 교육 철학을 추구한다. 이는 유능하고 자율적이며 유연한 **노마드적 삶을 추구하는 유아상**을 향하여 **되기의 방법**으로 **리좀적 지식**을 만들어가는 협상학습, 발현적 교육과정으로 구현된다. 이를 위해 **변형 지향적(transformative) 운동과 실험**으로 놀이 '되기' 교육을 추구한다.

2. 교육적 가치

관계와 귀기울임으로 만들어가는 놀이 중심 유아교육은 다음에 **교육적 가치**를 둔다.

- **개인을 존중하고 공동체**에 가치를 둔다.
- **협력하고 소통하며 내부작용하는 관계** 속에서 서로 존중하고 **인성**을 기른다.
- 유아들은 경험 속에서 **창발적으로 문제를 구성하고 배운다.**
- **놀이 되기**에 가치를 두고 탐구를 통해 의미를 만들며 학습한다.
- 유아의 호기심과 관심에 귀기울이고 기록을 토대로 만들어가는 교육과정을 운영한다.
- **부모와 교사가 공동**의 목표를 향해 함께 일한다.
- **지역사회** 생태와 **자연** 그리고 다양한 **문화**에 지속적으로 관심을 가진다.
- **지구 환경**에 관심을 가지고 **책임** 있게 행동한다.

3. 유능하고 자율적으로 학습하며 세상과 관계 맺는 유연한 유아

'유아는 누구인가?', '유아는 어떻게 학습하는가?'라는 질문에 대한 답은 사회적으로 구성되고 문화적으로 자리한다. 탈구조주의와 해체주의에 영향을 받은 유아교육자들은 사회 변화를 반영하여 **유능하고, 자율적이며 유연한 유아의 이미지**를 갖는다(Dahlberg, 2003; Dahlberg & Moss, 2005; Olsson, 2009:2017). 유능하고 자율적이며 유연한 유아란 독립적이고, 문제 해결 능력을 갖고 있으며 자기반성을 통해 자신의 학습과정에 책임을 질 수 있는 유아를 말한다. **'세계-의-존재'**로서 유아는 배움에 대한 자발적 욕망과 능력을 가지고 있다. 유아는 스스로 질문하고, 정보를 찾고, 주변 세계 환경 속 사람, 물질과의 마주침과 내부작용 관계를 통해 지속적으로 차이 생성을 반복하면서 배운다. 유능하고 자율적이며 유연한 가능성을 가진 유아에 대한 이미지는 학교와 교사의 역할을 달라지게 만든다.

이제 유아가 교육적 노력에 의해 영향을 받기보다는 **교육이 유아의 내적 욕망에 도달하느냐가 중요**하다. 학교와 교사는 유아들이 자발적으로 배우고 싶도록 느끼게 하고 유아 개개인이 자신의 방식으로 문제를 해결하면서 학습하는 새로운 논리에 적응해야 한다. 유아, 교사, 물질, 환경이 상호 주체적으로 가르치고 배우며 문제 해결에 함께 참여하는 학습 공동체 학교문화이다. **유아들은 놀이 환경 속 공간, 물질들과 우연히 마주할 때 자신과 환경이 동시에 변화하는 마주침**에 사로잡힌다. 사건으로서의 교육 환경 속에 유아와 교사, 공간과 물질조차 되기의 과정 속에 있다. 학교는 가르치는 장소가 아니라 공동의 목표를 향해 초점을 제공하는 관계를 실천하는 장소이다. **이러한 마주침과 관계 속에서 유아는 자신이 무엇을, 어떻게, 왜 하고 있는지 인식**을 발달해 간다. 유아는 놀이하며 세상을 만나고 배운다.

4. 놀이하고 탐구하며 의미를 만들어가는 놀이 중심 유아교육

유아에게 놀이는 현실을 실험하고 창조하는 방법이다. 유아가 즐겁게 놀 수 있는 자유는 세상을 바꾼다. 유아의 일상이요 삶인 놀이의 자연 발생적 특성과 유아의 놀 권리를 존중하여 유아가 스스로 자발적으로 만들어가는 놀이 속에서, 교사와 유아가 함께 의미를 만들어가는 **자발성, 자유로움, 즐거움이 있는 놀이를 통한 배움**을 지향한다. 정형화된 지식을 가르치는 것은 유아를 수동적으로 만들지만 놀이 중심 교육은 유아들이 문제를 지속적으로 구성하면서 다르게 되기 즉, 새로움을 지속적으로 생성하면서 배우는 주도적인 학습이다. 2019 개정 누리과정이 지향하는 놀이 중심·유아 중심 유아교육도 유아들이 자유롭게 접근할 수 있는 열린 공간으로서의 유아교육 기관에서, 세상이 뿜어내는 기호에 각자의 방식으로 반응할 수 있는 놀이-되기의 시간, 유아들이 마음껏 놀이할 수 있는 자유가 존중되는 유아교육으로 나아가는 데 근간을 둔다.

'놀이 중심 유아교육'의 진정한 의미는 계획된 가르치기나 놀이 지도가 아니라 자유놀이에서 **'놀이의 교육과정 되기', 교육과정의 놀이 되기'가 순환되는 만들어가는 교육**이다. 놀이 중심의 차이 생성 교육에서 유아는 교사가 잡은 것과 동일한 물고기를 결코 다시 잡을 수가 없다. 왜냐하면 이들이 잠입한 바다, 세상은 모든 존재가 그대로 유지되는 동일성의 장이 아니라 모든 존재가 천변만화하는 차이 생성의 장이기 때문이다. 이 차이 생성의 바다에 잠입할 때 유아는 자신에게 강렬한 기호를 뿜어내는 물고기, 이전과는 다른 차이 나는 물고기를 잡을 것이다. 교사는 차이 생성의 바다에 유아와 함께 잠입하여 먼저 다른 지역을 탐사하고, 다른 곳으로 잠수하면서 유아가 이전에 한 번도 잡아본 적이 없는 낯선 물고기를 잡도록 지원한다. 특이성이 자유로이 모이고 흩어지는 차이 생성의 바다에서 교사와 유아는 매번 새로운 물고기를 잡는 경험을 한다. 바닷속으로 들어갈 때마다 겪게 되는 이 경험은 교사와 유아 모두에게 잠시도 중단할 수 없는 즐거운 놀이로 다가온다. 이것이 바로 놀이를 통한 배움과 가르침의 세계다(김재춘, 배지현, 2016). 이것이 놀이 중심 교육, 끊임없이 **'새로움을 생성하는 창조의 교육', '지속적으로 변형되어 가는 되기의 교육'**이다.

5. 관계를 중요하게 생각하는 환경

학교는 **관계, 마주침, 내부작용의 이념에 부합되는 물질적·인적 환경**을 구성한다. 관계 형성을 지원하는 물질적 환경으로써 각 학급 유아들이 함께 모이는 중앙 공간인 피아자(piazza), 유아·교사·부모가 정보를 공유하기 위해 활용되는 벽면, 유아들이 수시로 매체와의 만남을 위해 자유롭게 접근할 수 있는 아틀리에 등을 구성하여 활용하는 환경은 레지오 학교의 독특한 철학에서 비롯된 것이다.

현관을 들어서면 함께 모이는 공간인 피아자와 만난다. 피아자에는 극놀이, 가게놀이, 의상놀이, 삼각거울 등의 놀이 공간이 유아들을 기다린다. 언제나 열려 있는 공간에서 유아들은 생각, 가치, 상상이 담긴 이야기를 소통하며 공간을 해석하고 의미와 가치를 부여하면서 공간, 가구, 사람과 내부작용하고 놀이한다. 소통과 상호작용을 기대하는 실내, 실외, 교실 등 모든 공간 속에서 다양한 아이디어가 날아다니고 섞이고 풀어지고 물들이면서 유아들은 공간의 주인공이 되고 자신들만의 놀이에 주체가 된다. 공간과 유아는 서로에게 자신을 이해시키기 위한 연극과 댄스 속에서 상호 주체가 된다.

유아들은 함께 놀이하기 위해 서로 다른 사회문화적 배경을 가진 다양한 생각들과 만난다. 타인의 관점과 생각을 수용하고 협의하며 존중하고 배우는 기회가 된다. 유아들은 타인 인식, 협력, 존중, 배려, 책임감, 규칙, 질서, 소속감 등을 배우고 서로를 존중하는 인성을 기른다. **학교 공동체 의식**은 경쟁과 도구적 세계관에서 벗어나 타인과 더불어 살고, 배려하는 의식을 기르며 진정한 배움, 더 큰 배움의 세계로 안내한다.

6. 만들어가는 프로젝트에서 민주주의 삶을 기르기

Dahlberg는 레지오 에밀리아의 프로젝트를 Deleuze와 Guattari의 용어인 '리좀'과 연결시켰다. 만들어가는 프로젝트는 배울 지식을 미리 계획하지 않는 지식에 대한 리좀적, 유목적인 논리와 연결된다(Olsson, 2009:2017). 프로젝트를 위한 기록은 학습과정을 가시화함으로써 학습과 새로운 되기가 지속되도록 간섭하는 기계로 작동한다. 또한 기록은 유아들이 정서적으로 몰입하여 참여하게 하는 힘과 에너지를 준다. 이러한 힘과 에너지는 하나의 이상적인 상태를 요구하는 익숙한 홈 패인 '이기'가 아니라 지속적으로 차이를 생성해 가는 다질적 **'되기'**의 새로운 교육 실천과 변화 가능성을 열어 준다(Dahlberg, 2003 재인용 Olsson, 2009:2017).

교사가 **창의적으로 스스로 의미를 만들어가는 프로젝트를 협력적으로 하도록 초대할 때 유아들은 주도적이고 관용적인 방식으로 사고하는 힘을 사용**한다. **삶과 연결된 탐구**에 참여하여 유아들은 자신감을 가지고 매체를 사용하는 새로운 방법을 연구하고 이야기를 창안하며 학습하는 방법과 만들어가는 방법을 배우고 성장한다. 다질적으로 사고하는 힘을 기르는 교과학습(subject learning), 주도적으로 만들어가는 학습(self learning), 다양한 타인과의 사회적 상호작용(social interation)이 **'민주주의 삶을 위한 가르치기'의 3S**(Dewey, 1938:1998)이다. 민주주의 삶은 지성, 주도성, 관용의 실천을 의미한다. 정해진 지식을 가르치는 교육은 유아를 수동적으로 만들 뿐 아니라 학습하고자 하는 성향을 잃게 하지만 **놀이를 통한 배움(playful learning)**인 프로젝트는 일상 속에서 의미를 만들어가는 문화교육이다. 학습자를 사고하는 사람, 주도적으로 학습에 몰입하는 사람, 타자와 상호작용하면서 관용적으로 민주주의를 받아들일 수 있는 사람으로 성장하도록 돕는 행복한 삶을 위한 교육이다.

7. 귀기울이기는 기록

유아교육 기관에서 기록은 유아들 삶의 내러티브이자, 부모들 삶의 내러티브이며, 유아교육 기관이 우리 사회와 민주주의 발전에 공헌하는 바를 보여 주는 내러티브이다(Bruner, 1996). 귀기울이기는 유아의 기관 경험을 주의 깊게 관찰, 반성 및 기록함으로써 학교의 삶을 읽을 수 있도록 만든다. **관계의 렌즈 – 자신과의 관계, 서로 간의 관계, 물리적 세계와의 관계 – 로 일상의 이야기를 기록**함으로써 우리가 함께 살아가고 배우는 방식을 이해하는 데 목표를 둔다. 일일저널, 주간저널, 패널, 비디오, 블로그 및 현장 노트 등의 기록은 기관의 교육과 교육적 선택의 본질을 포착한다. 기록은 우리의 교육적 선택과 복잡성의 본질을 포착하여 가시화함으로써 실천을 보다 투명하고 접근 가능하도록 만든다. 이러한 기록은 학교의 모든 경험과 생활을 관찰, 해석, 반성하고 의미를 포착하게 한다.

유아의 목소리를 드러내고 교사의 교육적 역할을 가시화하는 기록은 교육을 공적 영역으로 끌어내며 교사의 전문성 발달을 돕는다. 기록을 토대로 일과 중에 유아들과 놀이를 공유하고, 일과 후 교사 간 반성 모임(Reflection meeting)을 매일 실천함으로써 개인과 집단의 놀이와 배움을 **관찰–기록–이해–지원하는 반응적인 교육과정을 실행**할 수 있다. 교사들은 기록을 함께 해석하면서 교수학습을 되돌아보며 유아의 문화를 이해하고 교육과정을 만들어간다. 기록은 특정 유아에 대한 연구가 아니라 모든 유아를 이해하는 도구가 된다. 무엇보다도 기록은 유아·교사·부모 간 대화를 위한 기초가 된다. 기록은 단순히 기관의 일상을 벽면에 전시하여 부모를 만족시키거나 원을 홍보하기 위한 것이 아니라 **유아·교사·부모가 유아의 학습, 잠재력, 정체성을 이해하고 소통하며 협력하는 중요한 과정으로서 의미**가 있다. 무엇보다 유아·교사·부모가 함께 학교의 모든 것을 토론하고 논의하기 위한 가능성을 제공한다.

8. 함께 배우는 교사

교사의 역할은 '함께 배우는 교사'이다. 예컨대, 레지오 학교에서는 교사와 유아 간 탐구 게임을 계속하기 위해 교사가 넘긴 공을 유아가 잘 받아서 되칠 수 있도록 쳐주는 것으로 교사의 역할이 곧잘 비유된다. 교사가 **유아의 학습을 돕는 이러한 과정에서 교사와 유아가 함께 성장**한다고 믿는다(Malaguzzi, 1993). 차이 생성 교육에서 Deleuze가 말하는 '나와 함께해 보자'의 교사와 맥을 같이한다.

놀이 중심 교육은 유아의 놀이에 귀기울임으로 시작된다. 교사는 기록을 토대로 개인학습과 집단학습의 동기를 불러올 수 있는 유아의 놀이에 대한 욕망이나 학습을 위한 단서를 찾아 지원한다. 유아들이 협의하고, 탐색하면서 앎을 심화시켜 가는 배움의 과정에 교사는 공동 학습자로 참여한다. 놀이문화에서 유아가 만들어가는 의미를 가시화하고 해석하여 교육과정을 발현하고 지원하며 부모와 소통하는 교사의 연구자적 자세와 역량은 중요하다. 귀기울이기에는 차이 및 새로운 사고에 대한 개방적인 자세가 통합되어 있어 교사의 기록은 유아를 교육하는 일에 대해 창조적으로 사고할 수 있도록 해 준다. 교사가 '진실'이라고 여기는 익숙한 것을 유아에게 가르치는 것(홈 패인 공간)이 아니라, 항상 새롭고 놀랄 만하고 흥미로운 기호를 발신하고 낯섦을 창조하는(매끄러운 공간) 일을 계속하기 위해 항상 유아의 놀이와 배움의 과정에 귀기울인다.

교사는 유아의 흥미와 관심을 면밀히 기록하고 추적하여 첫째, 공간, 환경, 매체 등 유아가 사유할 수밖에 없도록 매력적인 **기호를 발신하기**, 둘째, 사유의 대상에 대해 상투적인 개념화를 배제하고 **낯선 질문**을 던짐으로써 마주침의 대상으로 만들기, 셋째, 학문 영역의 경계를 자유롭게 가로지르는 교과 간 **경계 넘기**, 넷째, 유아가 대상에 대한 낯섦과 이질적인 문제의식을 느낄 수 있도록 **기호와 마주침의 공간 만들기**, 다섯째, 도제교육처럼 **교사의 함께 배우는 모습**은 유아에게 기호로 다가와서 유아의 학습에 적극적으로 가담한다.

교사 간에도 전문적 자질의 공동 구성을 강조한다. 교사 간의 분리는 전문적 독립을 의미하는 것이 아니다. 높은 수준의 전문성은 자신의 견해에 고착하지 않고 다수의 관점을 수용할 때 가능하다. 협의를 통하여 공동의 문제를 함께 나눌 때 행동의 일관성이 있고 개인의 이론이 수정, 발전되어진다고 본다. **교사들은 계속적인 학습 공동체를 통해 전문적 성장과 발달**을 위해 노력한다. 또한 정기적인 학회, 세미나 등에 참여하면서 전문성을 기른다. 유아의 일상과 놀이에 귀기울여 기록하고 학급별, 연령별, 전체 교사 간 반성하고 연구하는 지속적 학습 공동체 속에서 연구자적 자질을 기른다.

9. 백 가지 언어를 위한 다매체 활용

교실은 유아들이 자유롭고 창의적으로 사물과 아이디어를 조작하고 구성할 수 있도록 디자인된다. 유아들은 자신이 집중할 관심사를 찾으며 하루를 시작한다. 맥락 기반의 의미 있는 탐구에 동기 유발된 유아들은 문제를 중심으로 사회적, 물리적, 정신적으로 몰입한다. 인지적 매듭을 풀어내는 탐구는 즐거운 과정으로 다양한 관점을 탐구하여 **실제 세계의 복잡성을 인식**한다. 교사는 유아들의 관심에 따라 **적절한 매체를 배치하여 유아들의 백 가지 언어를 자극하면서 학습 동기를 불러온다.** 유아가 자신의 이해를 구체화하고 설명할 수 있도록 질문하고 다시 생각하도록 되돌려 주면서 유아의 심화된 학습을 지원한다.

오랫동안 유아교육 현장은 정형화된 교육 환경과 교사가 답이 정해진 매체를 만들어 사용해 왔다. 이러한 오랜 유아교육 환경의 문화적 전통과 매듭을 털어 내고 교육의 복잡성을 받아들이는 일은 쉽지 않을 것이다. 유아교육 환경은 **지속적으로 변형 가능하며, 사람/물질 간 마주침**이 일어나도록 하는 노력과 경험은 유아와 교사를 새로운 방식으로 생각하고 행동하게 한다. 유아들이 다양한 물질, 매체와 상호 영향을 주고받으며 배움과 연합하고, 일상에서 발생하는 사건을 놀이와 연결할 수 있도록 한다. 놀이 중심 교육에서 **유아들의 놀이 욕망을 자극**할 수 있도록 다매체를 환경에 배치시키는 일은 교사의 중요한 역할이다.

10. 생각하고 표현하며 탐구하는 공간으로서의 아틀리에

유아가 사유할 수밖에 없도록 매력적인 기호를 발산하는 매체가 가득한 공간으로서 레지오 학교에서 활용하는 아틀리에를 들 수 있다. 아틀리에에는 유아의 이론이 발달하고 표현을 지원하는 수많은 매체로 가득하다. 유아의 아이디어와 매체가 합쳐지는 공간이다. 이곳에서 유아들은 물감, 점토와 도구, 옷감, 철사, 빛, 자연물 등 다양한 종류의 매체를 탐구한다. 탐구과정에서 유아들은 몸과 감각 등 다양한 언어로 아이디어를 드러내고 이론을 실험하고 표현하면서 지속적으로 문제를 구성한다. 서로 다른 아이디어를 나누고, 듣고, 도전받고, 확장하는 집단 토론과 연구에도 참여

한다. 자신의 관점을 변화시키고 **새로운 상호작용 방법에 몰입하는 경험과도 조우**한다. 탐구와 연구는 아틀리에뿐 아니라 교실의 미니 아틀리에, 실외 공간, 2층과 1층의 테라스에서도 일어날 수 있다. 흔히 시각이나 공간적인 경험이 주로 이루어지는 아틀리에를 생각하지만 음악, 리듬적인 소리, 운동 아틀리에나 빛과 그림자를 이용하여 과학적 성질을 실험하는 빛 아틀리에 등 다양하게 운영할 수 있다.

서로 다른 기호를 발신하는 매력적인 공간, 다양한 물질과 매체에 대한 유아들의 **'감응'을 불러일으키는 방법으로 Deleuze가 제시한 것은 예술**이다. 예술은 세상을 가장 넓게 횡단하고 자신과 깊이 소통할 수 있는 기회를 주면서 개인적인 차원을 넘어 삶의 잠재적 지대로 안내하는 힘이 있다. 학습자는 예술을 통해 일상에서 기대하지 못했던 새로운 지각, 정서, 사유와 같은 창조적 본성을 일깨울 수 있게 된다(송혜린, 노상우, 2014).

11. 자연과 빛이 있는 제3의 교사인 환경

학교 환경은 그 공간에서 생활하는 사람들의 생각, 가치, 태도, 문화를 담는 '그릇'이며 **내부작용과 학습을 자극하는 주체로서 '제3의 교사'**이다. 레지오 학교들은 유아들의 신체적·정신적 건강과 원만한 인성 발달을 위해 자연과 빛을 중요하게 생각하여 설계한다.

실내·실외에는 식물과 자연이 늘 함께하고, 교실과 유치원 곳곳에 유리 벽면과 넓은 창을 만듦으로써 빛을 받아들여 밝고 따뜻한 공간을 만들어 준다. 교실이나 아틀리에에서 일상화된 OHP, 라이트 테이블 등의 미디어를 활용하는 인공적인 빛도 2차원이나 3차원 구성놀이, 그림 자극 등을 통해 학습과 탐구에 활용된다.

미학은 사람들을 끌어들인다. 기관들은 관계의 가치가 학교에 녹아들어 유아·교사·부모가 친밀감과 소속감을 가지고 능동적으로 참여할 수 있는 **미학적이고 밝고 친숙한 학교 공간**을 만들고자 항상 노력한다.

12. 부모 공동체 속에서 함께 성장하는 부모

공동체를 지향하는 학교는 학교와 가정 간의 유대를 강조하여 학교를 성인과 유아 간의 생활과 관계를 공유, 통합하고 가정과 지역사회로 확장해 나가는 곳으로 본다. 때문에 유아를 중심으로 **유아, 교사, 부모, 지역사회를 교육의 주체**로 본다.

주체 간 '관계', '소통', '상호작용'을 강조하는 철학적 이념을 갖는다. **유아, 교사, 부모 모두는 학교에서의 역동적 유기체로서 복리감(well-being)을 느낄 수 있고** 호감이 가는(amiable) 학교 분위기를 만들기 위해 노력한다. 그러한 분위기 속에서 의사소통을 통해 학교에서 야기될 수 있는 기대, 갈등뿐 아니라 행정 조직, 교육 문제, 프로젝트의 방향 등에 대해 함께 계획하고 문제를 공유하며 상호 교환을 통해 합의해 나가는 최대한의 관계와 상호작용 조건을 강화하고자 한다. 이를 통해 유아-교사-부모는 함께 능동적으로 인지적, 정의적, 표현적인 교육과정을 만들기 위해 노력한다. 기관과 교사는 자신들이 부모교육을 담당하는 역할을 한다고 생각하기보다는 부모와 함께 배우기를 원하며 유아의 양육과 교육의 책임을 부모와 공유한다.

교육은 민주주의를 경험하는 것이며 누구든 자신의 중요한 의사 결정에 참여할 권리가 있다. 기관의 질적 교육의 질을 높이기 위해서는 유아·교사·부모 모두가 '우리'라는 공동체에 중요한 존재임을 느껴야 한다. 부모는 유아를 기르거나 가르치는 사람이 아니라 유아와 '함께 배우고', '함께 자라며', 가르치고 배우는 일은 부모와 교사가 '함께 만들어가는 일'이라는 생각의 전환이 필요하다. 기관은 부모를 신뢰하고 원 운영과 학습과정에 부모가 참여할 수 있도록 **다양한 부모 공동체를 구성하여 운영**한다. 공동체를 기반으로 하는 학교는 교육과 문화의 공적 공간으로 유아 간 서로 배우고 돌보는 공동체, 교사가 전문가로서 동료들과 함께 성장하는 공동체, 부모들이 서로 다른 문화를 상호 교류하며 배우는 공동체로 운영되는 것을 의미한다.

13. 지역사회와 지구 환경에 관심 가지고 책임 있게 행동하기

그간 교육제도 안에 자리 잡고 있던 지역사회와의 관계, 환경교육은 환경과 생물의 다양성, 사람과 자연의 상호작용 및 연계에 대한 지식만을 강조해 왔다. 현재의 지구 환경은 지속가능한 삶을 걱정하는 관점을 필요로 한다. 유아들은 장기적으로 무엇이 최선인지 생각해 보고 **지속가능한 미래에 대해 책임감을 가지는 데 중점**을 둔다. 교실 수업에 제한되지 않고 유아들의 삶의 터전인 지역사회와 지구에 대한 책임감이 포함된 학습을 위해 다양한 사회 자원을 적극 활용한다.

지역사회 중심의 운영은 교육 체제와 지역사회 구성원을 공조하게 하고 교사와 부모 간의 지원 체제를 강화하고 문화적 교육을 통합시킬 뿐만 아니라 행정적·정치적 기관과 중재하여 학교의 입지를 강화시키는 역할을 한다. 영유아교육 기관이 속한 **지역사회는 거시교육 공동체**로서 우리가 언제나 실험하고 탐색할 수 있는 풍요로운 현장이요 실험실이다.

유아는 지역사회뿐 아니라 환경과 상호작용하고 관계하면서 배우고 학습하는 사회적 존재이다. 유아가 속해 있는 가정과 학교 또한 사회 속에 내재되어 있다. **유아는 지역사회 구성원의 한 사람으로서 민주 사회 구성원**으로서 능동적으로 사회를 알아 갈 필요와 권리가 있다. 유아는 지역사회 안에서 경험하고 놀이하면서 '문제의 인식자, 해결자, 실행자'로 성장해야 한다(Davies, 2010).

이상의 철학적 가정은 완성된 것이 아니다. 지속적인 운동과 실험, 계속적인 피드백과 마주침을 통해 새로움을 만들며 반복적으로 차이를 생성하는 되기의 과정이다.

VI
놀이와 배움의 관계에 대한 이론

기쁠 때 내 마음은 하트 모양,
별 모양, 동그라미 모양으로 변해.
기쁜 건 핑크색이야. 하얀색도 있고~

슬프면 마음이 화가 난 모습으로 변하고
웃고 있는 얼굴이 우는 얼굴로 변해.
슬프면 마음이 깨지고 검은색으로 변하고 그래.
그래서 그게 아파서 눈에서도 눈물이 나는 거야.

누가 나를 때리고 애기가 집안을 어지럽히면 화가 나!
동생을 안아 줬는데 내 머리를 당겨서 뽑을 때도 그래!
엄마한테 혼나고 아빠가 나랑 안 놀아주면 속상해!

1 Dewey의 일상이자 경험인 놀이

Dewey는 교육 이론과 교수 철학에 초점을 두었다. Dewey가 1896년부터 1904년까지 8년 동안 시카고 대학에 있는 실험 학교에서 시도하고자 했던 새로운 아동 중심 철학에 기반한 진보주의 교육은 20세기 교육과정의 역사에서 매우 주목할 만한 영향을 가진다. **진보주의 교육 운동**은 유아가 속한 사회와 민주주의 가치를 교육과정의 내용으로 삼아야 한다는 **실용주의 철학**을 반영하여 '사회 문제 해결을 교육과정의 주요 관심사'로 탐구하고자 하였다(Pinar, 1995).

교육은 미래의 삶을 준비하는 것이 아니라 삶의 과정이므로, 유아가 현실 세계에서 살아가기 위해 교육받는 **유아 중심 교육과정**을 발달시켰다. 학습은 유아의 자발적 흥미로부터 시작될 때 가장 효율적으로 이루어진다고 본다. 유아의 직접적인 경험에 가치를 두기 때문에 교육과 생활 경험 간의 본질적인 연결을 강조한다. 유아는 '생활을 통해, 생활과의 관계 속에서' 학습해야 한다고 하였다. 따라서 유아가 주도하는 경험을 따르는 교사가 유아의 사회적 과정 속에서 생활로부터 실마리를 도출하여 새로운 방향을 향해 개방할 때 학습은 가장 잘 이루어진다고 믿는다. Dewey는 **유아를 '열정적이고 적극적인(intensely active)' 존재**로 보았다. 이러한 유아에 대한 이미지는 교사로 하여금 인간의 본성에 대한 긍정적인 견해를 갖도록 한다.

Dewey(1934)는 유아의 **일상 행위이자 생활 경험인 놀이**가 의미 있는 학습임을 주장한다. Dewey는 Fröbel의 유치원 교육에서 유아의 흥미를 끌어내기 위하여 학습 내용을 담고 있는 놀잇감을 주도적으로 탐색하며 놀잇감 속에 내재된 내용을 발견하는, 즉 놀이를 도구적 관점으로 사용하는 놀이를 통한 학습 활동을 비판하였다. 일상 행위 혹은 생활 경험과 연계하여 놀이가 발생하는 상황에서만 의미 있는 학습이 이루어진다고 보았다. 일상생활 경험은 유아에게 관심과 흥미를 불러일으키는 문제 상황을 제공하므로 유아는 문제를 해결하기 위한 목적 있는 놀이를 지속하게 된다는 것이다. 유아가 주도하는 일상 경험이 의미 있는 교육 경험이 될 수 있다는 Dewey의 주장은 유아의 자유로운 놀이를 의미 있는 교육 경험으로 인정하게 하였다. 놀이를 도구로 보는 기존의 학습에서 보다 놀이 자체의 의미가 새롭게 부각된다. 유아의 **생활 중심, 경험 중심의 놀이**는 의미 있는 교육 경험이 됨을 강조하였다. 놀이야말로 인간의 삶에서 가장 행복하고 유희적인 것으로 본다. 놀이는 '열정적이고 적극적인' 학습자의 심리 그 자체를 말해 주는 것이라는 믿음에 기반하고 있다. 실용주의 철학에 따라 '경험을 통한 배움', **'놀이를 통한 배움'**은 놀이를 학교교육과 연관 지어, 놀이를 인간의 일상과 삶의 일부로 인식하였다는 점이 주목할 만하다. 따라서 학교에서 가르치는 교과 또한 인간의 삶과 일상에서 출발해야 함을 강조함으로써 학교에서 **'일과 놀이', '놀이와 학습'을 연결**시켰다. '행하면서 배움'은 곧 **'놀이하며 배우는 즐거움'**을 의미하며, 이는 놀이 중심 교육에 매우 중요한 시사점을 던진다(임부연, 2018).

Dewey의 놀이 개념은 보다 개방적이다. **생생하고 날것의 일상놀이**를 강조하여 교실에 놀이 공간을 마련하고 목공 도구와 요리 기구 같은 **실제 매체**를 제공하여 일상적인 생활 경험을 재연할 것을 강조하였다. 이것은 현재까지 유아교육 기관 교실의 자유선택활동의 흥미 영역으로 구현되었고, 놀이에서 **'친숙하고, 실용적이며, 수월한 실제 매체'**의 활용을 강조하였다. 레지오 학교 교사들은 Dewey의 일상 또는 경험에서의 사고를 표상하는 놀이의 역할을 상징적 표상으로 사용하였고, 유아의 수많은 언어(The Hundred languages of children) 개념으로 확장시켰다.

Dewey는 유아들이 **놀이 속에서 상상을 통해 자신의 경험을 재연하면서 민주주의 사회에서 살아가는 방법을 연습하고 학습**하게 된다고 믿었다. 유아들이 집단 유아들과 상호작용하고 교사의 도움을 받아 가며 자신의 문제를 해결할 때 **"민주주의 삶을 배운다."**고 하였다. Dewey(1938:1998)에 따르면 '올바른 삶(good life)'의 이해는 민주주의 사회의 도덕적 정의를 느낄 수 있는 경험을 통해 학습된다. Dewey

(1936)에 의하면, 민주주의 삶의 방식은 발생적이고(generative), 관용적인(generous) 지성(intellect)의 실천을 의미한다. 상기한 민주주의 삶의 기초가 되는 도덕적 교훈을 기르는 **'민주주의 삶을 위한 가르치기'의 3S**는 첫째, 지성을 위해 사고하는 힘을 기르기 위한 신중한 교과학습(Subject learning), 둘째, 발생성, 발현성에 가치를 두어 학습자가 주도하는 만들어가는 학습(Self learning), 셋째, 관용을 기르기 위해 다양한 타인과의 관계에 기초한 사회적 상호작용(Social interaction)이다(Henderson, 2001:2016).

정해진 지식을 가르치는 교육은 유아를 수동적으로 만들 뿐 아니라 학습하고자 하는 성향을 잃게 한다. **학습자 주도로 일상에서 의미를 만들어가는 놀이 중심 교육**은 학습자를 사고하는 사람, 주도적으로 학습에 몰입하는 사람, 관용적으로 민주주의를 받아들일 수 있는 사람으로 성장하도록 돕는 **행복한 삶을 위한 교육**이다.

'민주주의 삶을 위한 가르치기'의 전제와 해방적 가능성은 무엇인가? 이는 유아가 교실에서 민주주의 선을 경험하도록 교사는 비판적 탐구를 통해 교육 실천의 변화를 추구하면서 교육과정이 어떻게 기능할 것인가를 지속적으로 반성하고 실천해야 함을 의미한다. 역동적인 사회에서 가르치기는 끊임없는 도전이므로, 교사는 자신의 전문적 성장을 위한 여정에 전념하고, 동료와 협력하여 연구하는 학습 공동체에 참여하며, 소속한 학교 개혁에 대한 책임감을 가져야 한다. 이는 미래 사회가 요구하는 **변형 지향적인 교사 리더십**(Henderson, 2001:2016)이다. 변형 지향적인 교사는 전문적인 변형 모델링을 보이고 협력적 탐구를 실천하며 학교 개혁을 지원한다.

Dewey(1966)는 교육을 적극적이고 구성적으로 보았다. 학습은 '계속되는 경험의 재구성'이며 **교육은 '경험의 계속적인 재조직, 재구성, 변형의 과정'**이다. Dewey는 유아들의 흥미나 관심에서 시작할 때, 유아 스스로에 의해 관심의 초점이 확산될 수 있음을 강조하였다. 학습에 대한 Dewey의 이론은 학습을 반성적 사고를 기초로 한 '탐구'로 제시한 점이 높이 평가되고 있다. Dewey에 있어서 '문제 해결 사고는 반성적 사고이며 탐구'이므로 이는 개인 경험인 동시에 사회적·공동체적 경험이다. 사람은 학습을 통해서 자신과 환경의 관계를 구성할 뿐만 아니라 의미 구성을 통해 사회관계와 공동체 관계도 구성한다(Dewey, 1933). 따라서 학습은 환경과 주체 간 관계를 구성하는 인지적 경험인 동시에 타자와의 관계를 구성하는 사회적 경험이다. 학교는 **학습자의 '탐구'를 공유하는 공동체**를 구성하여 민주주의 사회를 준비해야 한다고 보았다. 이러한 학습 경험을 Dewey(1938)는 '유의미한 경험(meaningful experience)'으로 표현한다. 유아 스스로의 연구를 통해 내적 학습 동기를 발달시키고 '사고하는 힘'을 기르는 교과학습을 강조한다. 이것은 **맥락 기반 프로젝트 접근**의 시작으로서 오늘날 많은 영유아교육 현장에서 실행되고 있다.

유아의 자발적인 경험을 '이끌어내는' 교사의 역할(Dewey, 1969)은 가르치기와 배우기를 '경험의 계속적인 재구성 과정'으로 볼 때만 가능하다. 이러한 Dewey의 견해는 교사가 유아의 사고를 파악하고 방향을 제시하기 위해 **유아에게 귀를 기울이고 주의 깊게 듣는 교사의 역할**에 영향을 주었다. 교사는 유아들의 흥미와 질문에서 시작하여 유아들의 탐색을 지원하기 위하여 유아들을 따라가면서 밀접하게 안내하는 역할을 한다.

Dewey(1910)는 「사고하는 방법(*How we think*)」에서 **반성적 가르치기**의 중요성을 강조하였다. 교사가 자신의 가르치기 행위에 대해 반성할 때 교육 실천의 기초가 되는 신념뿐 아니라 자신의 가르치기에 대해 숙고하게 된다. 반성적 가르치기는 사려 깊은 교육을 위해 필요한 자질일 뿐 아니라, 교실에서 발생하는 문제 해결의 기초가 된다. 또한 교사의 태도, 경험, 판단은 반성적 사고에 영향을 미치는 바, 특히 개인의 열린 마음, 전념, 책임감을 중요한 태도로 들었다(Dewey, 1933). 따라서 교사의 앎의 방식을 실천적 행위와 연결지어 전문적, 비판적 수준의 반성을 강조한 Van Manen(1977), 실제 맥락에서의 반성적 실천을 제시한 Schön(1983)의 반성적 실천자(reflective practitioner) 개념은 반성적 탐구(reflective inquiry)의 기초가 되었다. 그러나 Dewey의 반성적 사고는 **기술적인 수준**에 초점을 둔 것으로 평가된다.

반성 기술과 반성적 탐구는 다음과 같은 차이가 있다. 첫째, 반성 기술은 개인적으로 가능하지만, 반성적 탐구는 상호 교환하면서 협력적 수행을 강조한다. 둘째, 반성 기술은 정해진 목표나 프로토콜이 있어 상대적으로 간단하지만, 반성적 탐구는 가르치기를 예술로 보므로 보다 복잡하고 개방적이다. 셋째, 반성 기술은 흔히 목표에 초점을 두지만, 반성적 탐구는 내러티브를 강조하므로 교사의 전문적 의미 발달, 개인적 신념 드러내기, 가르치기에 대한 비판적 탐구가 가능해진다. 넷째, 반성 기술은 특정한 사례에 제한되지만, 반성적 탐구는 교사를 평생 학습자로 본다. 따라서 특정한 목표와 교수 기술을 강조하는 전통교육에서는 교사의 반성 기술이 필요하지만, 계속적인 성장의 삶을 사는 **변형 지향적 교육에서는 반성적 탐구**가 필요하다(Henderson & Hawthorne, 2000). 반성적 탐구는 교사의 비판적 사고와 지속적인 학습이 수반되며, 그 과정에서 의미 있는 발달을 가져온다. 반성적 탐구는 교사의 반성, 비판적 사고, 계속적인 학습 간의 상호작용이다.

Henderson(2001:2016)은 기술적 반성은 목표하는 교과 내용을 잘 가르치는 데 효율적인 교수 기술의 성장은 돕지만, **가르치기를 전문적 예술(professional artistry)**로 보는 교사의 '민주주의 삶을 위한 가르치기'에는 한계가 있으므로 기술적 반성을 토대로 공적 도덕적(public moral), 다원적(multiperspective), 신중한(deliberative), 자서전적(autobiographical), 비판적(critical) 탐구가 통합되어야 한다고 하였다. **공적 도덕적 탐구**는 교사 자신의 전문적 일에 대한 '큰 그림'을 사고하도록 돕는다. **다원적 탐구**는 교육과정과 가르치기에 접근하는 감각을 발달시키며, **신중한 탐구**는 교실에서 일어나는 학습 문제를 해결할 수 있는 능력을 기른다. **자서전적 탐구**는 교사로 하여금 자신의 가르치기에 대한 소명 의식을 갖게 하며, **비판적 탐구**는 규범화된 현재의 실천에 대한 지속적인 반성과 비판적인 탐구를 통해 사회적, 경제적, 정치적 불공정성에 대한 인식을 갖도록 돕는다. 교사는 지속적인 반성적 탐구를 통해 전문적 예술을 만들어가는 반성적 가르치기의 실천자가 될 것을 강조하고 있다(김은희, 2011b).

Dewey는 **'교육과 사회·문화와의 관계'**를 추구하여(Malaguzzi in Edwards, Gandini, & Forman, 1998) 가족과 사회 환경의 맥락에서 유아를 보는 중요성 또한 강조하였다. 사회생활과 학교의 학습 내용을 통합하는 이러한 Dewey의 철학적 입장은 세계 여러나라의 유아교육에 공통적으로 존재하는 근간이 되고 있다.

음… 나눔에 대한 느낌은…

나눔의 의미를 담은 나눔 나뭇잎과 나눔의 꽃이야!

2 Piaget의 주도적이고 자발적인 놀이

구성주의 입장에서 우리가 살고 있는 세계의 실재는 구성되는 것이다. Goodman (1978)은 **실재는 만들어지는 것**이지 발견되는 것이 아니라고 하였다. 실재는 의미 구성의 산물이다. 교사가 실재에 존재하는 사실이나 개념들을 가르칠 경우, 지식은 우리가 경험하는 것과 분리되어 존재하며 독립적이고 객관적인 실체를 재현하는 데 관심을 두게 된다. 삶과 떨어진, 먼 곳에 있는 실체를 직접적으로 재현하는 단어나 언어를 사용하는 대신, 구성주의자들은 개인이 속한 사회와 그 맥락 속에서 **의미를 만들고 구성해 가는 '의미 만들기'**를 강조한다.

교사가 가르치지 않는다는 것은 유아가 이론을 구성, 재구성해 나가는 과정에 내재되어 있는 사실이나 개념을 스스로 의미 있게 알아 가도록 하는 것이다. 따라서 교사의 역할은 '세계 내에 존재'하는 유아가 실제를 구성할 수 있는 도구를 사용하여 의미를 만들고, 자신이 발견하는 세계에 적응하도록 돕고, 세계를 변화시키는 과정을 지원하는 것이다. 이런 의미에서 **교육은 학습자가 자신의 삶을 설계하고, 개척하고, 구축해 나가도록 돕는 일**이다. Piaget는 최초로 유아의 부족한 점에 초점을 맞추기보다 학습에 있어 유아의 **주도적이고 자발적인 능력**에 진지하게 주의를 기울인 사람이다(Malaguzzi in Edwards, Gandini, & Forman, 1998).

유아는 주어진 환경, 세계 내에서 자신의 흥미와 관심에 따라 능동적으로 놀이에 참여하며 주도적으로 의미를 만들고 구성해 간다(Piaget, 1989). Piaget는 놀이가 유아에게 능동적으로 참여할 자유를 제공한다는 점에서 그 가치를 인식하였다. 또한 유아는 **자발적으로 자신이 주도하는 놀이에 참여**하여 연습놀이, 상징놀이, 규칙이 있는 게임 등 스스로 사고와 상상을 상징적으로 표상하므로 **인지적 발달에서 놀이의 중요성**을 인정하였다.

그러나 Piaget가 말하는 유아의 놀이 발달은 유아의 인지 발달에 따라 놀이 유형이 달라지는 **진보적 발달관의 선형 논리로 구조화**되었다(Cannella, 2002; 유혜령, 2004). 특히 놀이에서 유아들이 드러내는 표상을 성인 중심의 현실을 재현하는 기준으로 삼았으며, 놀이를 유아의 의도적 행동으로 보기보다는 사고 발달의 필연적 행동으로 보았다.

Piaget는 발생학적 인식론의 관점에서 학습자 내부에 지식이 어떻게 생성, 변형, 발달되어가는가에 관심을 가졌다. 구성주의 학습의 전제는 첫째, 지식은 외부에서 가르치는 것이 아니라 학습자가 이미 알고 있는 것(naive realism)에서 시작한다. 둘째, 학습자가 이미 알고 있는 가설에서 시작하여 점진적으로 이론을 구성, 재구성한다. 학습자 스스로 갈등을 갖는 가설 이론에 대해 확실성(certainty)을 가질 수 있도록 인식을 발달시켜 나간다. 셋째, 구성주의 관점에서 '안다'는 것은 자신이 아는 것을 의식화하여 표현할 수 있는 반성력의 수준을 요구한다.

이러한 **가설 이론에서의 출발과 인식의 점진적 특성을 강조하는 지식의 구조 이론을 구성주의(Constructivism)**라 한다(Forman & Fosnot, 1982). '구성(construct)'이라는 용어는 학습자가 이미 알고 있는 단편적인 사실이나 정보에 기초하며, 이미 알고 있는 지식과 새로운 지식을 논리적으로 일관성 있게 연관, 통합하여 의미 있는 관계 체제를 점진적으로 형성해 나가는 구조를 말한다.

결국 구성주의 이론의 중요성은 학습자가 스스로 문제 해결을 위해 상황을 조정해 나가는 **자기-규제적 학습**, 즉, 학습자가 상황, 대상, 사람 간에 새로운 관계를 수립하고자 하는 반성적 사고의 과정이 내재해 있다는 데 있다(De Vries & Kohlberg, 1987; Forman & Fosnot, 1982). 이는 학습에 있어서 **유아의 자발적 역할을 강조**하였다는 점에 그 근간을 찾을 수 있다. 구성주의 관점에서 학습 주체인 유아는 기존의 진리나 규칙을 수동적으로 복제하는 것이 아니라 환경과의 경험을 통해 나름의 새로운 지식을 능동적으로 창안, 구축하는 독립적인 존재로 본다. 즉, '행함으로써의 학습(learning by doing)'이 아니라 **'추론을 위한 학습(learning to infer)'**에 논점이 있다(De Vries & Kohlberg, 1987).

과학적 탐색 방법(the scientific method)은 구성주의 이론에 기초한다. 교사는 추론을 위한 학습에 대한 신념을 갖고 유아가 흥미를 갖는 탐색에 참여하면서 스스로 조사하고 싶은 문제와 의문점을 발견하여 갈등 요인을 의식할 수 있도록 가설을 세우도록 돕는다. 추론이 내재된 탐색과정에서 표상, 재표상하면서 스스로 갈등을 조정하고 가설을 재구축하여 새로운 지식을 구성해 나간다.

구성주의자인 Forman(1993a:1993b:1994)은 레지오 학교의 프로젝트에서 유아가 달라지는 자신의 아이디어, 가설, 이론을 그림을 통해 가시화하면 직관적 지식을 의식화하는 메타-인지적 역할을 하므로 의사소통과 학습을 위한 도구로 작용한다고 하였다. 이를 **'학습을 위한 그리기(drawing to learn)'**라고 하였다.

Piaget의 연구는 지식이 어떻게 생성, 변화, 발달하는가를 발견하고자 하였다. 환경과의 상호작용을 통해 지식을 구성하는 **능동적인 발견자, 창조자로서의 유아 이미지**에서 교사는 학습을 촉진하는 역할을 한다. 유아의 탐구와 연구를 증진시키는 **탐색을 촉진하는 교실**의 학습 환경은 유아가 능동적으로 환경을 탐색하면서 지식을 구성하도록 돕는다. 교사는 유아 스스로 **주도적으로** 가설을 세우고 갈등을 해결하기 위해 새로운 지식을 구성해 나가는 자율적인 학습 능력을 믿는다. 학교의 풍부하고 자극적인 환경은 유아가 다양한 매체를 사용하여 사고와 아이디어를 상징적으로 표상하고 스스로 지식을 구성할 수 있는 많은 기회를 제공한다. 구성주의 학습은 **가르치지 않고 유아 스스로 지식을 구성**해 간다는 데 확신을 갖는다.

따라서 교사는 유아가 구성해 가는 이론을 믿고 **유아의 시각에서 의문을 갖도록(believe & doubt) 질문**한다. 이는 사유 대상에 대한 상투적인 개념화를 배제하고 **낯선 질문을 던짐으로써 마주침의 대상으로 만드는 것**이다.

탐색과정에서 유아들이 알고 있는 바를 가시화하고 반성적으로 사고하도록 하는 수단으로 활용하는 '학습을 위한 그리기'와 상징화 주기를 거치면서 **'과학적으로 탐색하는 방법'은 구성주의 학습에서 이야기하는 운동과 실험**이다.

그러나 **현실 재현의 기능으로 표상을 학습에 활용**하거나 **인지 발달에 따라 놀이를 유형화**하는 평면적이고 정태적으로 구조화된 사고로 유아 놀이와 배움의 관계를 조명한다고 할 때 **유아의 놀이가 지닌 유동성과 생성력**이 얼마나 충실히 고려될 수 있는지, 또한 이 맥락에서 배움의 개념은 무엇을 의미하는지, 근본적인 질문이 제기될 수밖에 없다(유혜령, 2018).

이제 급진적 구성주의자들은 구성주에 Deleuze와 Guattari의 철학을 연결시키는 시도를 하고 있다. 인지는 이전에 누군가가 정하여 주어진 세상의 재현이 아니라 우리가 만들어가고 있는 세상과 마음의 상연(enactment)이라고 주장한다(Varela, Thompson, & Rosch, 1993). 따라서 구성주의에서 중요하게 생각하는 환경과의 상호작용은 대인 간 상호작용뿐 아니라 **몸, 물질, 환경, 공간 등을 모두 포함하는 내부작용 경험**을 중요시하는 쪽으로 변화된다. 환경은 **차이를 가져오는 마주침이 될 수 있도록 기호를 발신**하고 **낯섦을 창조**하는 공간을 만든다. 나아가 유아가 구성해 가는 의미가 명시적인 지식을 알아 가는 동일성의 **재현으로서의 표상이 아니라 지속적으로 새롭게 생성되는 의미(sense)에 가치**를 둠으로써 '이기'가 아니라 지속적 '되기'로 유아 배움의 지평을 넓혀 가고 있다.

3 Vygotsky의 홈 패인 놀이

Vygotsky 또한 유아의 발달에서 놀이의 중요성을 인정했다. 놀이가 유아에게 상징적 행위에 참여할 기회를 제공한다는 점에서 그 가치를 인식했다. Vygotsky는 **놀이가 유아 의지대로 행동하는 자유로운 표상을 억제하도록 한다는 점**에서 중요시하였다. 놀이에는 유아가 성공적으로 참여하기 위해 따라야 할 규칙과 역할이 있고, 놀이의 가장 큰 가치는 유아로 하여금 자신의 행위를 숙달하도록 하는 데 있다고 생각했다. 놀이가 전적으로 자발적인 것은 아니라고 생각한 점에서 Piaget의 견해와 다르다. Vygotsky는 놀이가 **자기 조정력의 발달에 필요한 억제와 제약**을 유아에게 부과한다는 것이다(Bodrova & Leong, 1996). 유아교육에서 그동안 강조되어 온 놀이와 교육의 관계는 **특정한 놀이 유형이 특정한 인지적 발달이나 사회성 발달로 이어진다는 '대응 관계적 위치 짓기'**가 이러한 이론에서 비롯되어진 것으로 평가된다. 이처럼 놀이가 유아의 **자기 규제력, 과제 수행의 책임감**을 배우고 **사회적 규칙과 역할**을 배우는 것으로만 본다면 유아의 놀이는 성인에 의해 규정된 **놀이의 사회적 발달 단계(Parten, 1932), 인지적 유형(Piaget, 1983), 패턴(Smilansky, 1968) 속 홈 패인 놀이**에 머무르게 될 것이다.

시공간의 제약이 없는 놀이 환경에서 유아들의 놀이나 놀이 유형은 적극적인 변형과 창안, 통합이 지속적으로 일어났다(유혜령, 2001; 전가일, 2015; 2018). 놀이

범주나 유형이 홈 패인 공간에 머무르지 않고 매끄러운 유목민의 리좀 공간에서 이질적인 생각이나 아이디어들로 상호 접속 네트워크를 이루어 가는 놀이가 전개된다. 그러나 **매끄러운 놀이는 놀이 규칙, 내용에 대한 홈 패인 이해가 전제될 때 더 잘 이루어질 수 있다.**

Vygotsky(1978)는 인지 발달에 있어서 사회의 역할을 강조하였다. 개인이 타인과 공동으로 작업하는 과정에서 타자가 알고 있는 것을 자신의 것으로 내재화(internalization)하는 것으로 본다. 사회적 구성주의는 정신 기능을 제도적·문화적·역사적 특수성에 초점을 맞추는 접근으로 인간의 정신 기능이 사회적·문화적 맥락에 따라 어떻게 형성되는지를 이해하고자 한다(Wertsch, 1990).

Vygotsky의 사회 역사적-문화 심리학적 접근의 이론적 골격은 세 가지로 특징지을 수 있다. 첫째, 인간 정신의 발달은 단일 요인이나 원리만으로는 설명할 수 없다는 전제 아래 **변증법적인 발생적 접근의 방법론**을 강조한다. 둘째, 개인의 정신 기능은 사회적 과정에 기원을 두고 있으며 인간의 초등(elementary) 정신 기능이 점차 내면화되어 **고등(higher) 정신 기능**으로 발달한다고 본다. 셋째, 인간 행동의 본질은 도구와 기호의 매개에 의해 귀속되므로 정신 기능의 발달과정은 그것을 매개하는 기호나 도구를 이해해야만 비로소 이해될 수 있다는 **기호론적 매개(semiotic mediation)** 이론이다(Wertsch, 1985a;1985b;1990).

Bruner(1962)는 'Vygotsky의 발달 이론은 교육 이론'이라 하였다. Vygotsky의 교육 이론은 **문화 전달 이론**이다. Vygotsky는 형식적 교육을 문화 적응을 위한 근본 도구로 생각하였고, 특히 '교육의 사회적 조직'을 강조하여 심리적 도구를 매개로 한 유아와 성인 간의 능동적, 협력적, 체계적인 상호작용이 교육과정의 중심 요소로서 유아의 정신 기능을 재조직하는 데 결정적 역할을 하는 것으로 보았다(Blanck, 1990).

사회적 상호작용에서 언어, 그림, 쓰기, 도식, 도표, 기억술, 수적 상징 체계 등과 같은 기호, 즉 상징은 의사소통의 수단으로 사용되나 그 역동성으로 인하여 개인의 정신 과정에 영향을 주는 도구가 된다. 이러한 논리에서 상징 사용 능력에 따라 개인의 개념 발달 수준을 **'비조직적(unorganized heap)' 사고, 맥락 의존적인 '복합적(complexes)' 사고, 탈맥락화된(decontextualized) 사고** 수준으로 단계화하였다(Vygotsky, 1978). 과학적 개념의 발달을 가져오는 탈맥락화된 사고는 의식적 인식의 과정과 의도적 통제가 가능하므로 개념을 숙달하고 일반화할 수 있으며, 체계성을 갖고 있기 때문에 고등 정신 기능의 진화에 매우 중요하다.

이상의 이론을 적용하는 과정에서 Vygotsky(1978)는 근접 발달 영역(Zone of

Proximal Development : ZPD) 개념을 도입하였다. **ZPD**는 '한 유아가 독립적으로 기능할 수 있는 실제적 발달 수준과 교육적인 사회적 상호작용에 참여함으로써 기능할 수 있게 되는 잠재적 발달 수준 간의 범위'로 정의된다. 유아의 ZPD 내에서 교사나 또래와의 협력적 과정에서 점차 유아가 스스로 과제를 수행할 수 있도록 지원(scaffolding)해야 함을 강조하였다. 협력적 상호작용 과정에서 과제 수행의 책임감은 점차 학습자에게로 전이된다. ZPD의 교육적 적용은 협력적 학습을 통한 과제 수행 책임감의 전이보다는 학습을 위해 의미를 창안하고 의사소통하는 데 사용되는 매개 수단의 협력적 사용을 강조한다. 따라서 ZPD는 '유아의 발달과정과 그 발달을 위해 사회적으로 제공되는 자원 간의 상호 의존'을 의미한다(Moll, 1990). 이러한 의미에서 학습은 유아의 ZPD 범위에 적합한 협력적 상호작용 속에 사고의 도구를 적절히 활용함으로써 유아의 학습을 도울 수 있다.

Vygotsky는 "학습은 적극적이고 창의적인 개인과 유아에게 영향을 주는 환경과의 상호 교환에 의해 의미를 만들며, 환경을 내재화하고 표현하는 역동적인 과정"이라고 하였다. 레지오 교육자들은 Vygotsky의 '교사의 합리적이고 넓은 개입'에 가치를 둔다(Malaguzzi, 1998). Malaguzzi는 다음과 같이 말했다. "우리는 성인이 이미 보고 있는 것을 유아가 곧 볼 수 있는 상황을 추구한다… 그러한 상황에서 성인은 유아에게 판단력과 지식을 빌려줄 수 있고, 또 빌려주어야 한다. 그러나 유아가 상환한다는 조건으로 빌려준다(Edwards, Gandini, & Forman, 1998)." '상환'은 기술과 독립심이 증가한 형태로 이루어진다.

Vygotsky 이론에서 교육적 실용의 핵심은 첫째, 기호가 매개된 사회적 상호작용을 통해 유아의 정신 기능의 발달을 돕는다. 둘째, 관찰과 기록을 통해 유아의 ZPD 범위를 파악하고, 협의를 통해 이루어지는 적절한 교사의 지원 역할을 강조한다.

길은 …

지금 우리가 앉아있는 곳도 길이야.

물건 빼고는 다 길이야.

모든 게 다 길이었는데,

사람들이 공사해서 건물로 변한거야.

우리 세상에는 길이 많아.

길은 어디든지 연결되어 있어.

길이 없으면 사람들이 못 다녀.

사람들이 가고 싶은 데가 많아서 길도 많아.

길은 이 세상 어딘가에서 시작됐어.

옛날엔 가난해서 길이 많이 없었지만,

지금은 나라가 발전해서 길이 많아졌어!

지구가 이따만하게 작으면 길도 조금밖에 없는데,

그러면 차가 가다가 지구 밖으로 빠져 나올 수도 있잖아.

길을 표현하다

세상의 수많은 길

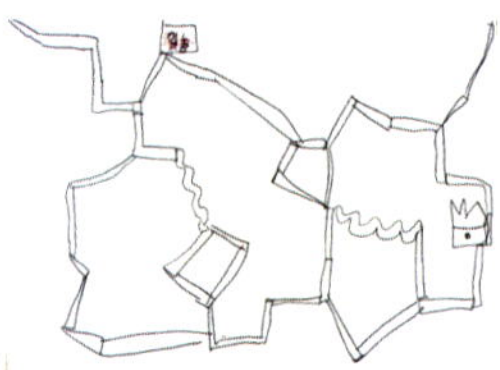
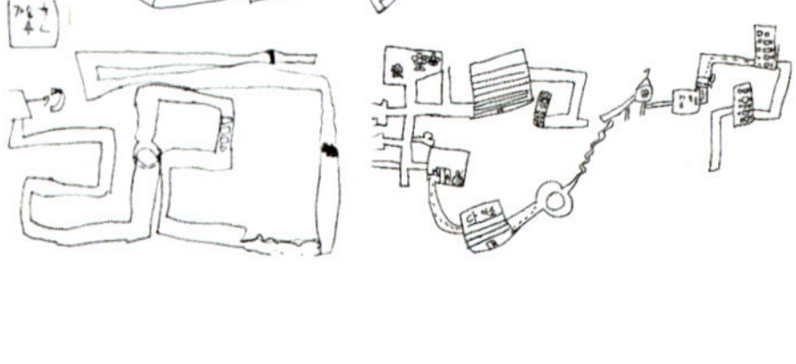

끝도 없이 이어지는 길

길을 찾아 나서다

계단 표지판

계단, 오르막, 내리막, 횡단보도 등의 길 중에서, 제일 먼저 '계단에서의 표지판'을 완성해 보기로 하였다. 유아들은 자신이 이야기한 표지판의 조건을 고려하며 나이 어린 동생과 나이 많은 어르신이 모두 이해할 수 있는 글과 그림을 어떻게 만들어야 하는지에 대한 생각을 주고받기 시작한다.

계단 위험 표지판이니까, 계단은 당연히 있어야지!
우리가 일곱 살이니까 계단도 일곱 개가 딱 적당할 것 같아.
사람은 눈이랑 코랑 입 없어도, 졸라맨으로 그려도, 검은색이어도 사람인지 알아.
'주의' 는 말이 너무 어려워서 동생들이 잘 모르니까 '조심하세요' 로 하자.

표지판의 모양, 그림과 글자의 색깔, 크기, 위치 선정 등에 대한 실험과 표현을 계속 이어 나가며 '진짜 표지판 같은 표지판 : 오르막/내리막/횡단보도'를 완성해 보기로 하였다.

경사로 표지판에서 알려 주고 싶은 것들

'내리막과 오르막 : 경사로'에서의 표지판을 고안해 보았다. 편평한 길이 아닌, 기울어진 길이기에 그림 또한 비스듬한 선으로 표현해야 한다는 것, 경사로에서는 뛰어가지 않고 걸어야 한다는 것, 미끄러질 수 있으니 조심해야 한다는 것 등 경사로에서 알려 주고 싶은 내용을 어떻게 하면 모두 담아 낼 수 있는지에 대한 생각을 공유하는 일이 이어지게 되었다.

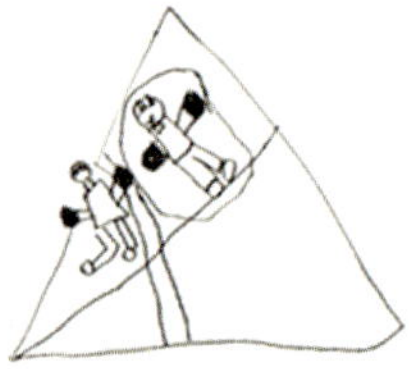

사람이 두 명인데, 동그라미랑 엑스랑 다 있으니까
너무 뭔가 많아 보여!

색깔로 하면 어때?
위험한 거는 빨간색으로 하고,
그렇게 해도 된다는 거는 파란색으로 하자!

이렇게(\) 된 오르막 내리막 길이니까
그림도 이렇게(\) 그려야 돼
달리는 사람이랑 걷는 사람 둘 다 그린 다음
달리는 사람에 엑스하고, 걷는 사람에 동그라미 해 주자.
그런데 그러면 표지판이 너무 복잡해지니까
달리는 사람은 빨강으로 하고, 걷는 사람은 파랑으로 해.

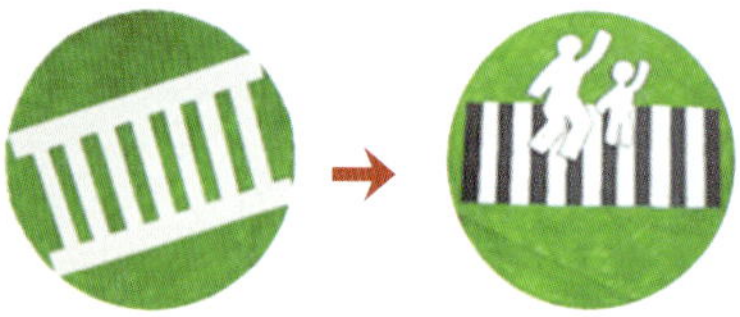

이거 하얀색만 있으니까
횡단보도가 아니라 사다리 같아!
하얀색 검은색 하얀색 검은색~
이렇게 해야지! 그게 횡단보도지!
초록색 불에 건너니까
동그라미를 초록색으로 하자!

진짜 횡단보도도 하얀색 검은색 하얀색 검은색~
이렇게 되어 있으니까, 표지판도 그렇게 똑같이 하자!
우리도 엄마 아빠 같은 어른이랑 같이 건너고, 손 들고 건너니까
사람은 손 들고 있는 것처럼 하고 두 명을 그리자.
초록색 불에 건너야 되니까 동그라미를 초록색으로 해.

'횡단보도 & 신호등 표지판'까지 고안해 보았다. 횡단보도와 신호등에서 지켜야 하는 약속, 누군가에게 알려 주고 싶은 내용 등을 다시 한번 생각해 보면서 유아들은 '횡단보도 위에서, 파란색 불이 켜질 때, 주위를 살피며 천천히 건너야 한다는 것'을 표지판 안에 담아야 한다고 이야기한다. 이 모든 것을 하나의 기호로 어떻게 나타낼 수 있는지에 대한 고민이 이어지는 가운데, 표지판의 모양과 색깔을 결정하는 것부터 간단하면서도 의미가 내포된 그림을 표현해 내는 것까지 유아들에게 이미 익숙한 일이 되어 가고 있는 듯하다. (길을 만나다, G유치원 5세)

4 Malaguzzi의 함께 만들어가는 놀이

2차 세계 대전이 끝난 후 1945년 봄, 레지오 에밀리아 지역 시민들은 유아들을 위해 자신들이 참여할 수 있는 학교를 짓기 시작하였다. 레지오 초기 학교는 지역사회 중심으로 운영되는 전통적인 가르침 위주의 교육이 이루어지는 교사 주도의 학교로 시작하였다.

1963년부터 시립학교 체제가 시작되어 25년 동안 실제적 지도자로서 Malaguzzi의 강력한 리더십에 따라 학교의 변화가 시작되었다. Malaguzzi는 많은 사람들과 협력적으로 일하고 협의하는 데 몰입하며, 다른 사람들로부터 배우고자 하는 강력한 교육 지도자요, 교사들의 중심이 되었다. 또한 이탈리아의 다른 진보적인 교육자들과 일하면서 다른 나라의 이론을 연구하고 도입하였다. Malaguzzi는 교사가 유아들과 함께 새로운 방식을 시도해 보도록 도전을 주었고, 교사 간 긴밀한 대화와 협력을 촉구하면서 자신 또한 이러한 탐색에 리더십을 가지고 참여하였다.

Malaguzzi는 교사와 유아 간 학습에서 어떻게 새로운 아이디어가 발달되고 학습에 실용될 수 있는가 뿐 아니라, 보다 새로운 자신들 나름의 방법을 발달시키고 이론을 형성하여 유아교육에 영향을 주었다. **이론과 실제에 대한 이러한 역동적이고, 상호작용적인 관점**은 Vygotsky를 비롯한 **사회적 구성주의**의 관점과 유사하다. Malaguzzi가 레지오 학교에서 도출해 낸 새로운 아이디어는 다음과 같다.

- 두 교사가 한 교실에서 동일한 책임감을 갖고 일하는 **공동 교수제**
- **교사들이 유아의 학습과정에 대해 상호 소통**할 수 있는 공동체적 지원과 시간
- 시각 미술을 훈련받은 **아틀리에리스타**를 두어 다른 시각에서 유아의 학습과정을 보고 교사·유아·부모와 공조하기
- **미학을 끌어와 유아교육**에 새로운 의미 부여하기
- 유아들의 학습과정을 경청하고 **기록**하여 학교에서 일어나는 일을 가족과 지역사회와의 의사소통 방법으로 활용
- 학교를 관련 요소가 총체적으로 체제에 주는 **하나의 사회 체제**로 보기

Malaguzzi는 자신들의 경험으로부터 학습하고, 학습한 것에 대해 다른 사람들과 이야기하면서 독특한 나름의 교육 접근을 발달시켜 온 이론과 실제의 상호 의존성을 강조하였다. 레지오 학교의 Rinaldi는 학교는 진정으로 유아와 성인 모두를 위한 것이라고 말한다. 유아의 지식은 자신과 사회를 구성해 나가는 과정에서 나타난다고 믿는다. 유아는 각자의 경험에서 수동적인 존재가 아니라 또래, 부모, 교사와 함께 지식을 구성하고 사회화해 나가는 적극적인 주체로 존중한다.

Malaguzzi와 레지오 교육자들은 성인, 유아 모두를 위해 개인과 사회적 과정 간의 동적인 관계의 토대 위에 교육 접근을 구축하였다. '자신과 **사회적 구성주의 (self and social constructivism)**' 개념은 레지오 교육자들이 협력을 통해 지식을 공동 구성해 나가는 이론이자 실천이다.

유아의 학습을 학교와 지역사회가 볼 수 있도록 만드는 **기록 작업**은 레지오 학교에서 교사가 유아들과 함께 만들어가는 교육과정의 중요한 요소이다. 유아의 경험과정을 관찰하고 기록함으로써 교사들은 유아들의 근접 발달 영역을 민감하게 포착할 수 있는 독창적인 방법을 발견하였다. 교사들은 흔히 유아들의 놀이과정과 대화를 비디오나 오디오로 기록한 후 다른 교사들과 함께 **유아들이 함께 만들어가는 놀이를 연구하고 협의**한다. 이러한 방식으로 교사들은 유아의 생각에 귀기울이면서 유아들의 질문과 관심에 대한 교사의 지원 역할을 세밀하게 조율한다. 이러한 귀기울이기는 교사가 가르치지 않으면서 유아가 관심을 갖는 탐구 내용에 대해 교사와 유아의 질문과 사고를 확장시키는 **만들어가는 즐거운 놀이가 배움의 이상적인 유형임을 입증**해 왔다.

교사 간 소통하는 공동체 시간이 레지오 학교에는 일상화되어 있다. 각 교실에

서 이루어지는 교사 간 공동 교수는 교사들이 매일의 가르치기와 배움에 대해 서로 반성하는 시간을 갖게 한다. 레지오 교육자들은 교사와 부모가 공동 주체 의식을 가지고 각자의 관점을 공유한다. 해가 갈수록 **유아 · 교사 · 부모 · 지역 주민**들이 스스로 대화하고 반성하는 능력은 발달되어 왔으며, 그것은 유아와 성인 모두가 함께 배우고 성장하도록 하였다. Malaguzzi는 이러한 만들어가는 교육방식에 대해 다음과 같이 말하였다.

관계는 우리 체제의 여러 차원을 본질적으로 연결한다. 그것은 단지 따뜻하고, 보호적인 포장이 아니라 공동의 목표를 향하여 관심과 요소들을 상호 연결하는 원동력이 된다. 우리 학교 체제의 강점은 유아·교사·부모·지역사회가 함께 만들어가는 방식이고, 그것은 관계하고 상호작용해야 할 필요를 불러일으킨다. 학교 공동체는 기대, 갈등, 협력, 선택의 흐름을 보장하고 프로그램의 인지적, 정의적, 표현적 부분이 잘 연합되도록 사회적 상호 관계의 지원을 함께 추구한다(Malaguzzi, 1998). 레지오 학교 교사들은 자신들의 일을 타자와 소통하고 협의하는 것이 얼마나 중요한지 잘 보여 주고 있다. 교사들이 타자와 의견을 나누는 과정은 개인의 이론이 유아교육과 어떻게 연결되는가를 평가하게 하고 학교와 조직의 중요한 상호 관계를 알게 한다. 일반적으로 동료들이 함께 긴밀하게 일하고 공동의 문제를 공유할 때, 개인의 이론은 수정되고 행동의 전문적 일관성은 촉진된다. 교사·부모 공동체는 언제나 이를 위해 노력한다(Malaguzzi, 1998).

레지오의 교육방식은 먼 곳으로부터 온 것이 아니라 그간 유아교육이 발달되고 연구되면서 알려져 온 **철학들을 재정교화하는 학습을 강조**한다. 따라서 레지오의 이론들은 친숙한 면도 있는 한편, 레지오 **교육자들의 경험에 의해 나름대로 변형되어져 왔다.** 레지오의 교육은 교육자로서 우리 스스로 배우게 하고, 유아와 가족을 이해하고 지역사회, 문화 그리고 개인 간의 관계를 심화시켜 나가는 방법과 함께 일하는 방법을 알게 하였다. 또한 교실에서 유아의 보다 창의적인 배움이 개방되도록 이론이 변형되어졌다.

Malaguzzi는 비판적이고 창의적으로 사고하는 깊이 있는 이론가였으며, 이론은 실천을 수반할 때에만 유용하다(Malaguzzi, 1998)고 주장하였다. Malaguzzi는 레지오 에밀리아에서 유아들을 위한 학교 실제를 개선하기 위하여, 실용적이고 설득력 있는 이론의 발달을 위해 자신을 헌신하였다. 레지오의 한 작은 도시에서 부모들과 함께 시작하여 유아들의 문화를 바꾸고자 한 **만들어가는 교육**의 목표는 레지오 에밀리아 접근법으로 지속되었고, **전 세계 많은 사람들과 유아교육에 새로운 충격**을 주었다.

레지오 에밀리아 접근은 유아의 혼자 혹은 집단의 자유놀이를 주요한 운영 방식으로 채택하고 있는 **놀이 중심 교육과정**이다. 유아의 자발성과 주도성을 강조하는 자유로운 놀이는 유아가 세계에 대한 지속적인 지식을 발견, 탐구하는 도구가 된다. 이를 위해 아틀리에와 자연과 빛이 있는 **미학적인 물리적 환경을 중요시**하였다. 환경을 제3의 교사로 보아 물질세계에 대한 탐구를 중요하게 생각하였지만, **물질의 주체성에 주목하지 못하고, 인간과 물질의 상호 의존성을 간과**하였다.

지식의 사회적 구성은 사회적 환경과의 상호작용을 통하여 유아에 의해 만들어지는 정신적 구성물로 간주된다. 유아의 사회적 발달과 인지적 발달 간에는 밀접한 상관관계가 있는 일종의 나선형으로서 인지적, 사회적 체제 모두를 수정하는 인지적 정신적 갈등에 의해 유지된다고 보았다(Rinaldi, 1998). 따라서 **유아의 몸으로 감응하는 놀이에 초점을 두지는 않았다.**

5 Deleuze의 생성 관점의 자유놀이

스웨덴의 교육 정상화와 유아교육 개혁을 위해 레지오 에밀리아 교육의 프로젝트와 기록을 적용해 온 Dahlberg, Olsson, Lenz Taguchi, Davies 등은 레지오 방식을 Deleuze 철학과 연결시켰다. 지식의 구성과 언어를 강조하는 지성의 교육보다는 놀이 사건 속에서 지속적으로 생성되는 몸으로 감응하는 배움의 의미(sense)를 강조하고, 놀이 환경 속에서 내부작용하는 물질의 행위 주체성을 불러오는 해체적 탈구조주의 시각을 열어 갔다.

본 장에서는 Deleuze의 배움론의 놀이 중심 교육에의 활용 가능성을 탐색하고자 한다. Deleuze의 배움론은 첫째, '재현의 교육'이 아니라 **'차이 생성의 교육'**이다. 둘째, 지성이 이끄는 '정신의 교육'이 아니라 신체가 이끄는 **'감각의 교육'**이다 셋째, 이상적인 한 가지의 고정된 '이기'의 교육이 아니라 지속적으로 변형하며 만들어가는 **'되기'의 교육**을 제안한다. 넷째, 우연한 마주침으로 생성되는 **감응의 교육**을 강조한다. 이러한 탈구조적 특성은 현재 강조되는 놀이 중심·유아 중심 교육의 다질성, 복잡성과 맥을 같이한다.

1. 생성 관점의 배움론

1.1 '재현의 교육'이 아니라 '차이 생성의 교육'으로

흔히 구조주의 학교교육은 세상을 재현의 대상으로 보고 학습자가 주어진 세계를 동일하게 재현할 것을 강조해 왔다. 이에 반해, 다양성을 추구하는 Deleuze의 탈구조주의는 우리를 둘러싼 모든 세계는 기호를 발신한다고 본다. 따라서 우연한 기호와의 마주침을 통해 각자 서로 다른 사유가 촉발되며 배움은 지속적으로 변이하는 다양체로 본다.

배움의 목적지나 경로 또한 미리 예측될 수 없으므로 의도된 재현의 교육이 아니라 학습자가 무한한 차이 생성의 삶을 사는 것을 중시한다. 재현의 교육이 동일성을 재인시키면서 앎을 추구하는 직선 형태의 '철로 모형'이라면, 예측할 수 없는 차이 생성의 세계를 탐험하는 Deleuze의 배움은 '항해 모형'이다. 무한한 **차이(difference)**와 새로움 생성의 **반복(repetition)**을 긍정하는 **창발적인 자유놀이**의 이미지이다. 창발적인 자유놀이는 '의도된 교수학습'이 아니라 '우연한 마주침을 통한 경험'으로서 노마디즘에 나타난 '배움'처럼 아직 알지 못하는 것을 파헤치는 탐구의 과정이다.

배움은 외부 세계에서 마주치는 **낯선 '기호'**들을 적극적으로 체험하면서 기존의 인식과 홈을 허물고, 새로운 감응을 몸에 새롭게 키워 나가는 배움이다. 또한 특정 인식에 고정되지 않고 대상과의 만남에서 생길 수 있는 모든 가능한 상태에 개방되어 무수히 많은 차원과의 접속을 통해 새로운 **특이성**을 창조해 나간다. 재현의 교육은 교사가 미리 계획한 '이기'의 교수 활동을 강조하지만, **차이 생성**의 교육은 기호와의 우연한 마주침을 통해 차이를 끊임없이 만들어가는 '되기'를 중시하며 학습자가 자신만의 독특한 배움을 생성할 것을 강조한다.

무한한 차이 생성의 삶을 사는 것, **차이 생성의 지속적인 반복을 추구하는 것은 놀이** 중심 교육(Play-based-education)에서 추구하는 이미지이다.

1.2 '지성의 교육'이 아니라 '감각의 교육'으로

Deleuze의 배움론은 '정신'을 가진 인간보다는 '몸'을 가진 인간을 전제한다. 배움을 촉발하는 세계 속의 기호는 '지성 의식'의 영역보다는 '신체 무의식'의 영역에서 운동한다. 학습은 유아 개인의 인지과정이 아니다. 학습의 힘은 사고와 **몸이 물체, 물질, 시간, 공간, 장소와 내부작용(intra-active)하면서 서로 얽혀 감응하고 감각하며 의미를 만들고** 개입하는 과정이다.

따라서 배움은 기호와의 우연한 마주침을 통해 새로운 감성과 사유를 분만하면서 차이를 생성하는 운동의 성격을 지닌다. 앎은 배움을 '수단으로 이루어지는 목적의 관계'가 아니다. 배움이 차이 생성의 메커니즘이라면, 앎은 생성된 차이를 기존 의미 체계와의 관계 속에서 표현하는 표상 체계이다. 언어 등의 표상 체계로 재인이나 재현이 가능한 재현적 사유가 앎이라면, 배움은 무의식적 차이 생성의 운동이며 **감성과 사유 속에서 '있지 않은' 차이, 새로움을 생성하는 사건적 사유**이다. 사건이란 의미의 순간적인 일어남과 소멸함을 뜻하며, 결코 동일하게 반복될 수 없는 새롭게 일어나는 '차이의 순간을 말한다. 사건이란 항상 '차이의 사건'이다. 따라서 배움은 앎과는 근본적으로 다른 사유로 본다. 표상적 사유가 동일성, 정착민의 사유라면, 사건적 사유는 차이와 변형, 즉 노마드의 사유이다.

이처럼 Deleuze에게 **배움은 신체 무의식의 영역에서 작용하는 운동**이기 때문에 배움이 잘 일어나도록 하기 위해서는 감각이 우리의 몸 무의식에서 야생적으로 발생할 수 있게 해 주어야 한다. 이런 맥락에서 Deleuze는 '**감각의 교육**(pedagogy of sense)'을 이야기한다. 유아들의 놀이에는 찰흙, 모래, 상자, 나뭇가지, 빛, 그림자 등과 같이 감각을 통해 미세 지각을 생성하는 다양한 물질과 놀이 자료가 놀이과정에 주체적으로 개입한다. 물질과 유아가 얽혀서(entangled) 내부작용하고 회절하면서 유아들은 다층적이고 다질적인 방식으로 놀이를 만들고 지속적으로 변형해 가는 놀이 사건이 전개된다. 교사는 **내부작용하는 놀이에 귀기울임으로써** 새로운 미세 지각이 생성될 수 있도록 **감각의 야생적 생성을 촉진하면서 놀이를 지원**할 필요가 있다.

1.3 '이기'의 교육이 아니라 '되기'의 교육으로

Deleuze가 말하는 배움은 한순간도 고정된 상태로 존재하지 않고 차이와 반복의 원리에 따라 새로움을 부단히 생성한다. 유아의 놀이는 배움의 내용이요 방식이며 과정 그 자체이다. 놀이과정에서 배움의 내용이란 유아들이 상황을 변형하여 새롭게 펼치면서 자신과 주변을 함께 변형해 나가는 행위 주체적인 사건이다. 따라서 Deleuze의 '기호와의 마주침'을 통한 놀이는 구조주의 교육이 추구해 온 미리 계획한 목표를 향해 놀이를 수단으로 실행하고 그 결과를 평가하는 고정된 **이상적인 상태인 '이기'의 교육을 추구하는 것이 아니라, 끊임없이 새로운 '되기'의 교육을 추구**한다.

만들어가는 놀이중심 유아교육(교육부, 보건복지부, 2020)의 '삐용삐용 불을 끄자'에서 3세 유아들은 OHP를 이용하여 교실 벽면에 스스로 '불이 난 숲'을 구성하고 불을 끄기 위해 플라스틱 관을 이어 가며 긴 소방 호스를 창안한다. 재활용 매체 공간을 뒤져 종이컵으로 마스크 되기, 방독면 되기로 이어 가던 놀이는 병원놀이로 흘러간다. 유아는 주변 물질들과 관계하며 놀이 속에서 놀이 방법을 변형하며 소방관이 되고, 의사가 되고, 약사가 된다.

배움의 운동이 발생하는 세계에서는 기호가 촉발하는 지각(percept)과 의미(sense)를 매번 새롭게 감각하면서 만들어간다. 기존 교육의 상투적인 의미나 지각에서 벗어나 세계를 새롭게 지속적으로 변형해 가는 '창조의 상승선'을 타고 '탈주'하면서 리좀적으로 흘러간다.

Deleuze의 배움은 매번 그리고 항상 기존의 지각 체계나 의미 체계를 와해시키고 새로운 지각과 의미를 생성한다는 점에서 '이기'의 교육이 아니라 '되기'의 교육을 추구한다.

1.4 우연한 마주침으로 생성되는 감응의 교육

감응교육의 방법으로 Deleuze가 제시한 것은 예술이다. **예술**은 세상을 넓게 횡단하고 자신과 깊이 소통할 수 있는 기회를 주면서 개인적인 차원을 넘어 삶의 잠재적 지대로 안내하는 힘이 있다.

유아들이 일상의 삶에서 만들어가는 놀이는 지속적으로 차이를 생성하며 새로움을 창안하므로 예술과 같다. Deleuze(1997)는 『프루스트와 기호들』에서 예술의 기호가 지닌 의미를 분석하는데 있어 예술은 의도하지 못한 것이기에 비자발적이고, 예측하지 못한 의미의 순간적인 일어남과 소멸함이 있는 우연적인 사건(event)이라고 불렀다. 우리는 예술 작품 앞에서 우리를 필연적으로 강제하는 기호의 '폭력', 그 강도로 인하여 떨림의 진리인 감응을 경험하게 된다. 이처럼 유아는 놀이과정에서 물질이든 사람이든 접속하여 감응하면서 다양한 놀이 사건이 지속적으로 생성된다.

구조주의 관점에서는 불변하는 본질이나 구조의 반복적 경험에 초점을 두지만 탈구조주의 존재론적 인식론에서는 순간적으로 생성되는 새로운 사건과 감응에 주목한다.

놀이하는 유아는 우연한 마주침에 감응하여 놀이를 시작하고, 놀이는 일상에서 기대하지 못했던 새로운 지각, 정서, 사유와 같은 창조적 본성을 일깨울 수 있게 되므로 감응의 교육이며 배움으로 이어진다.

2. 차이 생성 배움론의 교육과정

Deleuze의 이론이 유아교육에 필요한 이유는 계획한 놀이에서 미리 정한 지식을 학습하는 기존의 지배적인 사고방식에 **변화의 가능성**을 열고자 한다. '정답'이라는 동일성을 따르는 것을 미덕으로 여기는 유아교육에 **생성의 동력**을 불어넣고자 한다. 일상을 표준화시키는 교육을 **새로움을 생성하고 특이성을 유동시키는 창조의 경험**으로 새롭게 이해하려 한다. Deleuze의 철학을 빌어 와 놀이교육이 지닌 창조적 본질과 예술적 힘을 되살리려는 것, 이로써 기쁨의 삶을 살기 위해 '지속적으로 변형하며 만들어가는 되기의 교육'을 그려 보려는 것이다. 유아가 미래가 될 수 있는 가능성 많은 다양한 방향으로 유아 스스로 창조와 발명을 통해 방향을 찾아 성장하도록 하자는 것이다. 지금 우리가 살고 있는 **세상의 가능성을 신뢰하도록 만드는 윤리**이다(Davies, 2014:2017).

2.1 리좀적인 내용

> … 진리에는 필연성과 필연성의 표식들이 결여되어 있다. 사실, 진리는 전달되지 않고 누설된다. 진리는 전달되지 않고 해석된다. 진리는 의도적인 것이 아니라 비자발적인 것이다(Deleuze, 1964:1997).

Deleuze는 교사가 대상이나 개념을 가르치기보다 학습자가 배워야 할 것은 마주치는 세상이 발신하는 '기호'라고 말한다(Deleuze, 1964:1997). 기호는 연속적으로 변이하는 다양체이자 문제를 불러일으키는 이념을 함축하고 있다. 따라서 기호와 마주칠 때 학습자는 서로 다른 호기심과 관심을 보이며 차이 나는 의미를 생성한다. 기호를 방출하는 대상이나 사건이 지칭하는 고정된 의미를 파악하기보다는 낯설게, 다르게, 혼돈스러운 것으로 느끼면서 다른 방식으로 새로운 문제 사태에 직면한다. 어떤 내용이든 학습자는 현존하는 것에 낯선 감응을 느끼고 새로움을 생성하는 사건에 직면한다. 즉, Deleuze의 배움론의 교육내용은 사전에 누군가에 의해 설정되거나 계획된 것이 아니라 노마드인 유랑하는 유아가 어떤 대상이나 사건과의 우연한 마주침에서 **새롭게 생성되는 배움의 내용이 지속적으로 변형되면서 리좀적으로 흘러간다.** 놀이 범주나 유형의 홈 패인 공간에 머무르지 않고 매끄러운 유목인의 리좀 공간에서 다양하고 특이한 아이디어를 엮어 간다.

교사가 사전에 계획한 놀이, 몇 가지 유형 중 선택하는 놀이, 시간 제한, 흥미 영역으로 제한된 놀이는 '홈 패인 공간'이므로 놀이의 변형이 자유롭게 일어나기 어렵다. 교실 안 놀이 경계를 가로지르며, 교실 안팎을 넘나들며 허용적인 시공간에서의 비규제적인 놀이 환경에서 유아들은 자유롭고, 자발적으로, 즐거운 놀이들을 리좀적으로 펼쳐 낸다.

2.2 되기의 방법

'이기'의 상태로 머무르고자 하는 것은 앎의 목적일 수는 있지만, 결코 배움의 목적일 수는 없다. 배움은 매번 그리고 항상 '이기'의 상태로 머무르고자 하는 앎을 와해시키고 새로운 **'되기'**를 수행하는 **운동이자 실험**이다. 프랑스어의 'expérience'는 경험과 실험이라는 뜻을 동시에 지니고 있다. 경험, 실험, 탐험, 탐색, 개척, 주/객체가 통합되는 창조와 발명의 사건 속에서 배움이 일어난다(Deleuze & Guattari, 1980:2003; 김재인, 2013). 각자의 경험에서 세계는 차이 나는 반복의 방식으로 나와 만나진다. 이는 진리를 깨닫는 방식이다. 배움이란 교사가 계획한 고정된 내용을 '재-인식'하는 것이 아니고, 아직 '있지 않은 앎', 이전과는 차이 나게 경험되는 통찰, 세계가 이전과는 다르게 만나지는 방식을 경험하는 **'되기'**이다(Deleuze, 2004:1968).

첫째, Deleuze는 마주침의 대상이나 사건이 발신하는 기호가 학습자로 하여금 사유할 수밖에 없도록 강제한다고 본다(Deleuze, 1968:1964; 1997:2004). 여기서 마주침의 대상인 기호가 강제성을 지닌다는 말은 배움에서 학습자의 진정한 자발성이 무엇인지를 생각하게 한다. 배움의 소재인 마주침의 대상들은 **학습자로 하여금 사유**

할 수밖에 없도록 매력적인 기호를 방출한다. 유아가 매력적인 이끌림으로 인하여 진정으로 자발성을 가지고 배움이 이루어질 수밖에 없는 유아의 관심과 욕망을 면밀히 추적한다.

둘째, 놀이 사건이나 상황에 대해 상투적인 개념화를 배제하고 **낯선 질문**을 던짐으로써 마주침과 감응의 대상으로 만든다. 상투적인 개념을 낯선 문제로 만드는 실험이다.

5세 유아들의 1, 2, 3, 4, 5, 6, 7, 8, 9의 숫자 쓰기를 이어 가며 숫자에 대한 관심을 '줄자로 이어 가기' – '줄자를 만들어 교실에서 토끼 고은이까지 길이를 재는 측정 놀이로 흘러가기' – 등과 같이 새로운 수학놀이 되기, 색깔에 따라 떠오르는 음악을 차이 나게 연주하는 '낯선 방식의 음악놀이', 다양한 음악에 대한 감응을 '차이 나는 그림으로 그리기' 등처럼 경계를 자유롭게 가로지르는 경계 넘기를 시도한다.

셋째, 학습자가 대상에 대해 **낯선 감응과 특이성으로 문제의식을 느낄 수 있는 '기호와의 마주침의 공간'**을 만든다. 소리놀이 공간, 빛놀이 공간, 블록구성놀이 공간 등과 같이 교사뿐 아니라 학습자 자신도 의도하지 않았지만 무의식적으로 학습자의 앎의 균형을 깨뜨리거나 매력적으로 사유할 수 밖에 없도록 만드는 경험을 배움의 과정에 의도적으로 삽입하는 방식이다.

넷째, Deleuze의 교사는 학습자와 함께 기호와의 마주침과 운동과 실험하는 배움의 행위를 함께한다. 이러한 교사의 역할을 Deleuze는 '나처럼 해 봐.'형의 교사가 아니라 **'나와 함께해 보자'의 함께 배우는 교사**라 하였다. 도제제도처럼 교사의 배움이 학습자에게 기호로 다가와서 우연의 놀이에 적극적으로 가담하도록 한다. Deleuze에 따르면, '나처럼 해 봐.'형 교육은 앞서 언급한 '재현의 이기의 교육'이고, '나와 함께해 보자'형 교육은 '**만들어가는 되기**의 교육'이라고 볼 수 있다. Deleuze의 교사는 학습자와 함께 기호와의 마주침과 이념에의 탐험을 통한 배움의 행위를 만들어간다.

2.3 노마드적인 목적

배움은 교사의 의도적이고 계획된 활동이 아니라, 우리 모두가 우연치 않게 일상에서 경험하는 '새로움'이다. 이전의 앎에서 달라지는 것, 이전의 존재에서 조금 더 달라지는 것, 조금 더 다르게 세계와 만나는 것이다(유혜령, 2020) 이처럼 삶의 새로운 가능성을 발견하고 만들어가는 것이다.

Deleuze의 배움론은 배움 또는 사유를 통해 우리가 새로운 삶을 창조할 수 있다고 본다. '사유하는 것은 삶의 새로운 가능성들을 발견하고 만들어 내는 것'이다(Deleuze, 1962; 이경신 역, 2001). 사유를 통해 새로운 삶을 창조하고 차이 나는 삶을 추구하면서 새로운 사유를 적극적으로 실험할 때 유아는 자유와 기쁨을 누리게 된다. 유아가 생성의 배움을 해야 하는 이유는 **노마드적인 삶과 사유가 가져다 주는 진정한 기쁨을 체험**하기 위해서다.

우리가 미리 형성된 가치만을 추구하거나 기존의 가치만을 따를 때, 우리는 투쟁하는 교육 환경으로부터 벗어날 수 없을 뿐 아니라 고통과 회의감을 감내해야 한다. 새로움을 만들어가는 배움은 기존 가치를 선점하기 위해 투쟁하거나 누군가를 이길 필요가 없다. 노마드적인 배움과 사유를 통해 삶의 새로운 가능성을 창조할 때 우리는 이기기 위해 누군가와 투쟁하는 대신 끊임없이 차이만을 길어 올리는 세계를 살 수 있다. 학습자는 배움을 통해 유목인과 같은 창조적 사유를 적극적으로 실험하고 새로운 삶이 주는 즐거움을 누릴 수 있다(김재춘, 배지현, 2016).

이처럼 놀이는 타자가 미리 정한 목표를 향한 재현의 활동이 아니라 차이 생성의 교육이다. 주변 세계에서 발신하는 수많은 기호들 중 배움의 주체인 몸이 감응하고 감각하는 낯선 기호에 사로잡힐 때 놀이를 통한 배움은 시작된다. 따라서 놀이를 통한 배움은 도달해야 하는 목적지나 경로를 미리 계획하거나 예측할 수 있는 '이기'가 아니라 '되기'이다. 기호에 이끌려 시작되는 배움은 기호와의 우연한 마주침을 통한 '우연성'을, 기호와의 마주침에 이끌려 배움이 일어나는 '필연성'을 지닌다. '배움의 의도성'은 배움의 우연성과 필연성 사이에 자리할 공간이 없다.

교사가 정한 목표를 향해, 타자가 정해 놓은 박스나 홈을 따라가야만 하는 배움은 지루하고 '노동'의 성격을 지닌다. Deleuze의 생성의 배움론에 근간을 둔 놀이 중심 교육은 생성의 교육이자 몸의 교육이다. 놀이는 낯선 기호를 감응하고 감각한 몸이 차이를 생성하면서 자신의 몸과 욕망이 원하는 방향이면 어디로든 지속적으로 변형해 나가기 때문에 되기의 배움은 기쁨으로 충만할 수밖에 없다. 바로 이런 의미에서 Deleuze의 생성 관점의 배움론인 놀이 중심 교육은 **'기쁨의 교육'**을 전제한다.

Ⅶ 교육과정 운영 특성

자, 지금부터 '커다란 순무' 인형극을 시작하겠습니다!

할아버지는 순무 씨앗을 심었어요…
순무를 잡아당겼지만 뽑히지 않았어요…
할아버지는 할머니를 불렀어요.
할멈~~~

1 놀이의 다양한 스펙트럼

유아가 자발적으로 참여할 때, 즐거운 배움이 가능하므로 **놀이와 학습을 분리하지 않고 연계하여 운영함으로써 유아·놀이 중심 가치를 구현**하고자 하는 것이 놀이 교육과정의 실천이다. **놀이 교육과정의 스펙트럼은 다양**하다(임부연, 2018). 놀이 교육과정은 놀이 자체가 학습임을 인정하는 **자유놀이(free play)**, 유아가 자발적으로 참여하도록 **교사가 지원하는 학습(guided play)**, **놀이를 통한 학습(playful lerning)**까지를 일과 운영에 활용하여 놀이를 통한 배움이 유아에게 자유롭게 일상적으로 일어나도록 하는 통합적 접근이다. 놀이 교육과정은 교사가 계획하는 알기(knowing), 하기(doing), 이기(being)가 아니라 유아와 성인, 지역사회가 함께 만들어가는 되기(becoming)의 교육과정을 의미한다. 유아가 또래, 환경과 우연히 마주치고, 내부작용하면서 지속적으로 변형하며 차이를 생성해 가는 **놀이의 유연성, 생생함, 자발성, 상상력이라는 놀이의 복잡성을 모두 살리는 교실 실제**를 기대한다. 따라서 존재론적 인식론에 기초하는 놀이의 의미를 반영하여 유아의 **앎과 존재의 불가분의 관계**를 인정하는 자유놀이 운영 방식까지 놀이 교육과정의 스펙트럼이 확장될 필요가 있다. 유아가 세계의 지식을 주체적으로 배우는 세계–내–존재로부터 유아가 **세계–의–존재**로서(정선아, 2016) 인간은 물론 비인간의 주체성이 서로 얽힌 관계를 맺는 내부작용 교육(intra–active pedagogy)까지 놀이 교육과정의 범위를 확대할 필요가 있다(Lenz Taguchi, 2010).

1. 자유놀이(free play): 자유롭게 스스로 몰입하여 놀이하며 배우기

놀이교육 실행에 있어 가장 중요한 것은 **'놀이가 곧 즐거운 배움'**임에 신념을 가지고, 유아들의 놀이가 '놀랄 만한 일'을 생성해 내고 있음에 민감해지는 것이다. '놀이 속 배움'은 **자유놀이(free play) 자체가 배움을 생성**한다고 본다. 유아는 장소나 시간에 상관없이 놀이의 맥락과 우연히 마주치는 순간 놀이에 몰입하고 놀이를 창조한다. 어떤 사물이나 물체를 가지고도 쉽게 유아 스스로 자유로운 놀이에 몰입하고 일상이나 이전 놀이에서 배운 것을 표현하고 또 새로운 배움을 경험하며 흘러간다. 유아들이 나뭇가지나 모래, 돌멩이를 가지고도 놀이의 즐거움을 만끽하고, 어울려 함께 말놀이를 하거나, 몸놀이, 게임 등을 즐기는 다양한 '놀이 그 자체'의 순수함이 강조된다. 따라서 영유아교육 기관은 놀이 시간을 자율적으로 운영하면서 되도록 **유아들이 충분히 놀이할 수 있는 '자유놀이' 시간을 많이 늘리는 것**이 필요하다.

영유아교육 기관은 유아들이 등원하자마자 교실이나 실외에서 1시간 이상 자유롭게 놀이하는 시간을 할애하여 놀이 중심 교육을 운영한다. 자유놀이는 기관이나 교사의 철학에 따라 다양하고 융통성 있게 편성·운영될 수 있으나 오전 또는 점심시간 이후 1시간 이상 '자유놀이' 시간을 편성하여 운영한다. 이때 자유놀이는 유아가 스스로 찾아서 만들어가는 '발현적 놀이' 성격을 띤다.

교실, 실외, 함께 모이는 공간, 복도나 어느 공간이든 유아들이 **자유롭게 놀이하며 마주칠 수 있는 풍부한 물질, 공간, 환경**을 제공한다. 교실에서는 구성놀이 블록, 다양한 놀이 매체나 장치, 자연물, 악기, 그리기나 꾸미기를 할 수 있는 다양한 미술 재료 등을 자유롭게 활용하고 스스로 정리할 수 있는 자유놀이가 이루어진다. 여기서 자유놀이는 **'교사의 간섭이 최소화되고' 놀이자가 '스스로 즐거움을 느끼고 몰입해가는' 자유놀이**를 의미한다.

자유놀이에서 놀이자는 '어슬렁거리기'나 혼자 앉아서 보거나 듣기를 즐기는 힐링이나 정화의 시간도 허락되고, 우연히 또는 교사가 제공하는 다양한 놀이 매체를 다루고, 움직이고, 쌓고, 허물고, 다시 구성하는 등 지속적으로 변형하면서 놀이한다. 이러한 놀이가 길어지면 다리, 타워, 건물 짓기, 마을이나 공룡 만들기, 색 천 물들이기 등의 함께하는 놀이나 프로젝트로 이어질 수도 있다.

교사는 주의 깊은 귀기울이기를 통해 학습자의 움직임, 대화, 말, 표현 속에서 발현되고 있는 난센스, 생성되는 배움의 의미, 문제, 문화 등을 기록하면서 유아의 배움을 발견할 수 있다. 놀이 시간에 교사의 관찰과 기록을 토대로 교육과정 목표나 내용을 분석하고, 다양한 매체나 풍부한 놀잇감을 제공하거나 낯선 질문을 던지는 교사의 역할은 놀이교육의 의미를 심화시키는 데 중요하다. '자유놀이에 출현하는 배움의 힘'을 관찰하여 '놀이가 가지는 배움'을 조명할 수 있다(김선희, 2015; 정선아, 2012).

임부연(2018)은 '자유놀이'와 종래의 교육과정과 연계한 '자유선택활동'에서의 교사의 역할을 다르게 제시하였다. 종래의 자유선택활동(free choice activity)에서 교사는 교육목표에 맞는 자유 활동 제시, 교육 활동에 부합하는 놀잇감, 학습 자료 제공, 활동을 안내하거나 놀이 영역을 이동하며 놀이를 지원한다. 놀이 중심 교육의 자유놀이에서 **교사의 역할은 학습자의 자유로운 놀이에 귀기울이며 경청**하고, 학습자들의 놀이를 관찰하거나 적절한 매체나 발문을 통해 **지원**하기를 권장한다. 영유아교육 기관에서 이루어지는 실내 교실에서의 '굴러가는 길' 만들기, '그림자놀이', 실외에서의 '모래놀이', 친구와 즐기는 '무궁화 꽃이 피었습니다', '돌담 쌓기', '조용히 햇볕 쬐기' 등의 놀이에는 모두 Deleuze(1994)가 주장하는 **'운동과 실험(movement and experimentation)'**이 이루어진다.

아래에 제시한 실외 자유놀이에서 완전히 열린 상태의 자유로운 놀이에 서서히 몰입해 들어가는 4세 유아들의 놀이는 '모래로 물길 만들기'에서 '커피 농장'으로 변형되고 확장된다. 5세 교실의 색 실험놀이에서도 교사들은 놀이자들이 보여 주는 즐거운 말놀이 속에서 언어적 배움의 경험, 몸과 손의 균형과 움직임으로 창의적 동작, 사회적 상징이나 상상력을 발견해 내는 기쁨을 함께할 수 있다. 따라서 유아들의 **자유놀이는 단순한 소일이 아니라 배움의 행위**이며, 사회적 상징으로 '무엇인가를 재현'하기도 하지만 동시에 '차이가 반복적으로 생성되는'(Deleuze, 1994) '배움' 그 자체이다. 아래의 두 가지 사례는 실외 자유놀이와 실내 자유놀이에서 유아들이 **놀이 속에서 어떻게 배움을 생성하고 표현**하는지 보여 준다.

실외 자유놀이에서 배움의 예

실외 모래 놀이터 자유놀이, 4세 유아

- 모래로 된 바깥 놀이터에서 자유롭게 마음껏 놀이하고 있는 유아
- 놀이의 순수함, 즐거움, 활기와 생명력
- 놀이를 통한 배움: 감각 활용, 신체 조절 능력, 물질의 변화, 수량과 길이, 깊이의 경험, 협력 및 존중, 창조적 표현 등의 배움 관찰

4세 유아들이 우연히 마주한 모래땅으로 구성된 바깥 놀이터에서 자유놀이를 하고 있다. 이때 유아들의 표정이나 몸 움직임에서 즐거움과 생명력을 볼 수 있고 놀이 그 자체의 순수성과 이상향으로서 놀이가 출현하고 있다. 나아가 이러한 자유놀이 속에서 4세 유아들은 모래와 맞닿는 순간에 자신의 신체 감각 능력을 최대한 활용하고, 몸의 다양한 움직임과 균형 잡기, 모래와 물의 뒤섞임을 실험하며 물체의 변화를 경험한다. 그리고 자유놀이 속에서 다양한 주변 사람과 적절하게 대화하며, 나누고 배려하고 도우며 즐거운 관계를 만들어간다. 또한 모래 동산이나 물길을 만들면서 연상되는 커피 농장, 음식점 등의 역할놀이가 이어지면서 교육과정 내용과 관련된 배움이 일어나고 있음도 알 수 있다. 유아들의 일상과 놀이 속에서 생생하고 날것 자체인 놀이를 행하면서 '놀이하며 배우는 즐거운 배움'을 품고 있으며(Dewey, 1934), 그 속에 교육과정과 연결할 수 있는 다섯 가지 영역의 다양하고 통합적인 배움이 드러난다.

실내 자유놀이에서 배움의 예

실내 색 실험 자유놀이, 5세 유아

- 색 실험실로 바뀐 과학 영역에서 자유롭게 색 실험놀이를 하고 있는 유아들
- 놀이의 아름다움, 즐거움, 탐구성
- 놀이를 통한 배움: 감각 경험, 소근육 조절 능력, 색의 변화, 색 섞임, 개량과 측정의 경험, 색의 명도, 농도, 채도 비교, 다양한 상상, 말짓기와 쓰기, 심미적 표현, 실험적 접근, 수량 개념 등의 배움 경험

5세 유아들은 다양한 놀이 환경이 구성되어 있는 자유로운 교실에서 놀이 시간에 색 섞임을 실험하며 놀이한다. 계량컵, 물, 색 물감을 사용하여 만들고 싶은 색을 자발적으로 만들면서 '귀요미색' '따봉색' 등 색 이름을 상상, 변형, 재구성, 창조하면서 색놀이를 즐긴다. 유아들의 놀이과정에서 감각 경험, 소근육 조절, 개량과 측정, 의사소통 능력, 색 이름 짓기, 사회 상징 이해, 색 이름의 변형과 창조 능력 등 다양한 배움을 볼 수 있다. 색과 함께하는 놀이는 지속적으로 이어지면서 교실에 물들어 가는 하늘색 벽화를 드리우는 것으로 발전된다. 지속되는 놀이과정은 세 번째 '즐거운 배움' 사례에서 볼 수 있다. 교사는 유아들의 놀이에 주의 깊게 귀 기울이고 관찰하여 교육과정 내용과 연결하여 해석하면서 유아들의 놀이에서 즐거운 배움이 발생하고 있음을 알 수 있다. 이는 **곧 놀이가 교육과정으로 되기(play becoming curriculum) 교육과정이 놀이 되기(curriculum becoming play)의 순환이다.** 이와 같이 교사들은 영유아교육 기관에서 유아들의 자유놀이에서 배움의 내용, 교육과정 경험의 발현 방식, 그리고 상징을 통해 각자의 삶의 기호를 놀이로 재구성하는 과정 등 유의미한 배움을 읽어 낼 수 있다. 자유로운 놀이 상황에서 여러 가지 놀이의 운동과 실험이 현장에 구현되고 있으며 각자의 혼자놀이에서도 잘 들여다보면 그 자체로 '놀이를 통한 배움'이 일어나고 있으므로 유의미하다.

2. 지원하는 놀이(guided play): 규칙이 있는 다양한 놀이를 통해 배우기

교사가 '지원하는 놀이'는 자유놀이 속에서도 일어날 수 있으나, 개방된 공간이나 영유아교육 기관 내에서 다소 **사회적으로 합의된 규칙이 있는 다채로운 놀이**들이 발생되는 방식이라고 볼 수 있다. 학습자들이 스스로 규칙을 배우고 변형하여 즐겁게 놀이하는 방식을 활용하고 확장해 가는 놀이의 유형이다. 이 유형에는 기관과 교사가 놀이에 대한 기회를 많이 주고자 기관의 곳곳에 마련한 다양한 놀이 공간과 놀이 매체, 놀이 자료들을 사용하는 다양한 놀이가 해당된다. 다양한 놀이 공간의 예로 작업 아틀리에, 빛 놀이방, 소리 놀이방, 도서 공간, 가게놀이 공간, 인형 극장, 역할놀이 공간 등을 들 수 있으며, 다양한 놀이의 예로는 연극 및 인형극놀이, 가게놀이, 빛놀이, 소리놀이, 아기놀이와 같은 놀이가 한계 없이 이루어질 수 있다. 이러한 지원하는 놀이는 **교사의 지원에 따라 자유롭게 참여하고 놀이**할 수 있지만, 유아는 놀이의 규칙에 스스로 들어가 놀이하는 자가 된다. 또한 실외나 지역사회 개방된 공간에서 흥미로운 '편 게임' 같은 놀이로 발전됨에 따라 더욱 복잡한 놀이 규칙을 즐기며, 놀이 규칙 속의 다채로운 사회적 상징과 약속을 이해하여야 하는 놀이로 진행된다는 점에서 완전한 자유놀이와 다른 형식이다.

다양한 놀이 유형으로 예를 들면, 땅 따먹기, 구슬 치기, 비석 치기, 고무줄놀이 등과 같은 땅놀이가 있고, 강강술래, 꼬마야 꼬마야, 비석 치기, 투호놀이, 제기차기 등의 전래놀이, 낙엽 밟기, 산책, 자연물 탐색하기 등의 숲과 자연에서의 놀이, 얼음 땡 놀이, 줄다리기, 무궁화 꽃이 피었습니다, 숨바꼭질 등의 협동놀이 등이 있다. 또한 컴퓨터 게임이나 오락기, 키즈카페놀이, 색놀이, 진흙놀이, 밀가루놀이 등과 같이 사회적 변화에 따라 새롭게 생성되는 놀이들이 있다(임부연 2018).

'지원하는 놀이'는 복잡한 사회적 상징과 규칙을 이해하고 공동체의 한 구성원이 되어 가는 즐거운 놀이라는 점에서 긍정적이다. 교사가 지원하는 놀이는 규칙과 방법을 사회, 성인, 또는 **교사가 제안하는 어느 정도의 규칙과 상징을 포함하고 있다는 점**에서 자유놀이가 가지는 놀이 자체의 순수함과 몰입과는 다소 구별되기도 한다. 교육과정과 연계하여 교사가 놀이를 지원하는 경우이므로 수월하게 진행할 수 있다. 그러나 **'스스로 자유롭게 몰입하는 즐거움'을 통해 '배움의 가치'가 생성되는 놀이교육의 의미**는 교사가 늘 염두에 두어야 한다. 따라서 교사도 다양한 놀이를 유아들과 함께 경험하고 연구하고 실험, 탐색하는 과정을 통해 놀이 감수성과 자율적

놀이 역량을 함양해야 한다. 교사들 또한 놀이와 배움에 관련한 감성적 역량을 기르는 역할을 즐길 수 있을 것으로 기대된다.

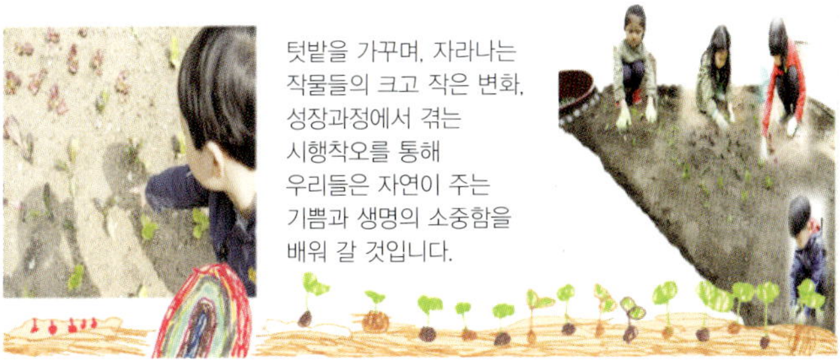

(H유치원 5세 고운반)

3. 즐거운 배움, 놀이를 통한 학습(playful learning)
: 놀이처럼 즐겁게 배우기

앞서 소개한 자유놀이가 차이 생성을 반복하면서 자연스럽게 지속되면 프로젝트, 놀이를 통한 학습이 되어 간다. 다음에서 5세 고운반 유아들이 3월 주변에서 피어나는 꽃의 색에 대한 관심과 감응에서 시작된 놀이들이 즐거운 배움, 학습으로 지속적으로 이어져 가는 과정을 볼 수 있다.

유아가 살아가는 세상 모든 곳, 유아가 바라보는 모든 시선에 '색'이 존재한다. 봄 햇살과 함께 우리 주변으로 찾아온 봄은 주변을 다채로운 색의 봄꽃으로 장식하였다. 자연색과의 접속을 통해 유아는 무엇을 담아낼까? 색은 유아의 심미적 아름다움, 시각적 감각을 깨우고, 다질적이고 다층적인 놀이를 불러온다. 색을 통해 감각하는 다양한 이미지는 유아의 다질적 감정이나 정서와 만나면서, 다채로운 상상의 나래를 펼치며 흘러간다. 꽃잎, 풀들이 절구 속에서 나무 방망이로 찧으면서 **색물로 만들기**, 다양한 색물은 크레용이 되어 빛, 하늘, 바람, 물, 자연과 어우러져 갖가지 **그림으로 그려진다.** 유아들은 색에 대한 다양한 경험을 통해, 세상을 더욱 아름답게 물들여 간다.

개나리가 핀 곳은 노란색으로 변했어!
봄꽃들이 노란색! 분홍색! 하얀색!

벚꽃이 피었잖아~
무지개색이야~

빨간색! 초록색! 나뭇잎이 엄~청 많아요~
겨울에는 갈색이 많았어~
계절이 바뀌면 색이 바뀌어!

계절이 변화함에 따라 다채로운 색들을 찾아볼 수 있음을 이야기 나누던 유아들. 이후 계절에 따른 다양한 자연의 변화에 대하여 이야기하기 시작하고, 그 속에서 유아들은 다각적인 시각으로 자연의 섭리를 일깨워 간다.

계절이 바뀌면 꽃이 바뀌고, 꽃이 바뀌면 나뭇잎도 바뀌고!
열매도 바뀌고, 떨어지기도 하고! 다시 피어나기도 하고.
햇살도! 햇살이 더 따뜻해져~

태양이 봄에는 아주 적당하고, 여름에 아주 크~고,
가을엔 추워지니까 점점 줄어들고, 겨울엔 완전 줄어들고!
바람이 쌩쌩 불어서 완전 추워졌다가 그러다 다시 적당해지고, 계속 계속
돌아~!

사람도 바뀌어요! 언제는 젊었다가
형아였다가, 아저씨가 되고, 할아버지가 되고.
얼굴도 바뀌어~

옷이 두꺼웠다가 얇고, 얇았다가 두껍고! 반팔이었다가 코트를 입어!
노래도 바뀌어요! 계절마다 날씨가 달라서.
봄 노래, 여름 노래, 가을 노래, 겨울 노래!

다양한 자연물을 물리적으로 변형시키던 자연탐구 공간. 우연히 물을 활용해 천에 찍어 내자 다양한 색이 물들여진다. 자연물로 색을 내기 시작한 유아들은 꽃잎들을 크레용 삼아 **자연의 색으로 그림을 그려 간다.**

자연물 크레용으로 그림을 그려요~

계절에 따라 달라지는 수많은 풍경들, 자연의 다양한 변화. 계절이 변화함으로써 자연의 풍경 뿐 아니라, 색, 햇살, 바람, 하늘, 온도가 달라지고, 사람들의 모습과 옷차림이 바뀐다는 유아들. 나눔을 통해 우리들의 모습도 자연을 따라 흘러감을 알아차렸을까? 이후 유아들은 우리들의 이야기를 되뇌이며, 우리 마음과 그림 속에 자연의 모습을 담아 간직한다.

놀이는 그 자체로 유아의 삶이며, 순수하고 자발적이고 자유롭고 즐겁다. 결국 '놀이 중심 교육'은 '수업의 지루함'과 '배움의 즐거움이 상실된 수업'의 한계를 극복하는 것이다. 놀이와 학습이 가진 이원론을 극복하는 것은 **놀이와 학습이 적절하게 상생하는 '즐거운 배움'**을 찾는다는 데 의미가 있다.

2019 개정 누리과정의 '놀이 중심 교육'은 놀이를 유아들에게 되돌려 주자는 '일상 자유놀이'와 영유아교육 기관의 교육에서 힘들고 지루한 수업대신에 놀이 시간을 많이 늘리자는 의미에서 '지원하는 놀이'를 포함한다. 그러나 즐거운 수업을 운영하기 위한 '놀이로 하는 학습'도 포괄하여 놀이 중심 교육과정을 논의해야 한다. 이러한 측면에서 '자유놀이'와 '교사가 지원하는 놀이'는 교육과정 운영의 편성으로 조정 가능하지만, '놀이로 하는 배움'은 앞 장의 '교수학습 이론'과 본 장의 '교육과정 운영 특성'을 교사가 스스로 이해할 때, 자율적으로 지원하며 만들어갈 수 있다.

'놀이를 통한 배움'은 곧 즐거운 학습(palyful learning)을 의미한다. 공동의 목표가 있는 교육내용을 다양한 놀이 매체, 다양한 놀이 방법을 통해 즐겁게 배우는 것을 말한다. 이때는 학습자와 교사 모두가 즐거움을 함께 향유하는 것으로 놀이와 배움의 중간 지대쯤(Gadamer, 1997)에서 모두 '놀이하는 자'로 함께 배우는 주체로 변형된다. 놀이의 즐거움이 지닌 성질이 풍부하다는 점에서 충만한 교육과정(fully meaningful learning)으로 이해된다.

'놀이를 통한 배움, 놀이로 배움'에서 강조하는 즐거운 학습은 교과 지식과 연계되어 있다는 점에서 **놀이의 유형보다는 수업의 즐거운 성질을 극대화하여 미래 지향적 역량을 기르는 '놀이로 하는 수업'**이다. 놀이성(playfulness)이 풍부한 즐거운 배움이 되는 것이다(임부연, 2018). '놀이로 배움'인 즐거운 학습은 가장 의미 있는 형태의 놀이 수업인 '통합적 성장놀이 접근'으로서(유승희, 2002) 교육의 내용과 구체적으로 연계하고 있는 가장 의미 있는 형태의 놀이 수업이다. 레지오 에밀리아 접근법(Reggio Emilia Approach)도 이 유형에 속한다.

다채로운 색을 만들고 싶은 유아들의 욕망은 교실에 색 실험실을 만들고, 이전에 본적 없는 새로운 색들은 유아들의 상상을 타고 은은한 바다풀색, 느티나무색, 겨울풍경색, 사랑에 빠진 색, 따뜻한 꽃차색으로 이름 붙여져 간다. 놀이 흐름에 따라 유아들은 색 섞임 실험을 시작한다. 색 실험실로 변화한 자연탐구 공간, 유아들은 모두가 색 연구원이 되어 색의 아름다움, 다채로운 색, 색 섞임에 대한 연구과정을 즐긴다. 감각으로 경험하는 색은 사람들이 지어 준 이름보다 훨씬 다채롭다. 물이 섞여 반짝이는 색물을 보고 마법의 이미지를 떠올리는 유아들. 저마다의 바람이 담긴 마법이 섞여 탄생하는 다양한 마법의 색.

색 실험실

색이 섞여 탄생하는 새로운 색!
놀이 흐름에 따라 유아들은 색 섞임 실험을 시작한다. **색 실험실로 변화한 자연탐구 공간.** 우리들 모두가 색 연구원이 되어 색의 아름다움, 다채로운 색, 색 섞임에 대한 연구과정을 즐긴다.

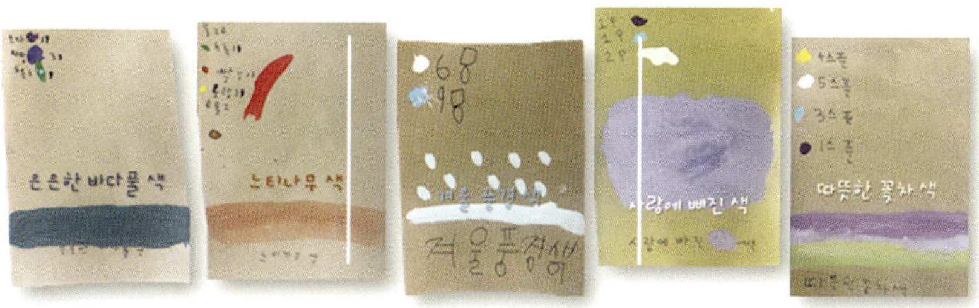

색에 대한 실험에 여러 수학적, 과학적 측정과 특별한 상상을 덧붙이며, 색 속에서 다양한 이야기를 펼쳐 가는 유아들. 지금 유아들은 색에 대해 어떠한 이미지를 떠올리고, 지금까지의 색 경험들이 유아들에게 어떤 의미를 가지는지 질문을 던져 본다.

5세 고운반 유아들은 **'하늘, 햇빛, 무지개, 구름…' 등 물감으로 자연의 색을 드리운다.** 색을 탐색하면서 유아들은 색의 이미지에 따라 어울리는 자연을 떠올리고, 자연 속에서 자신들이 경험한 하늘을 다양한 색의 물감을 사용하여 표현한다. 물감은 다양한 붓, 롤러와 만나면서 여러 표정으로 물들어 간다.

고운 햇살 하늘이에요. 해가 뜨면 빨간색이 떠요~
약간 주황색이랑 노란색도 필요해~ 햇살 색은 노란색이야~
해가 뜨고 있어~ 해가 다 뜨면 밝아져!
이제 하늘색 하늘이 되었어.
그래도 햇살이 조금은 필요해! 노랑색!
아침이다~ 아침!
구름이 떠 있어~ 흰 구름! 날씨가 좋아~

유아들은 **하늘을 다양한 방식으로 물들이기** 시작한다. 정해진 채색 도구가 아닌, 유아들은 주변에서 찾아볼 수 있는 면 끈, 나뭇가지, 종이, 레이스, 깃털, 스프레이 물 등 다양한 물질이나 도구를 찾는다. 물감은 다양한 도구와 만나면서 새로운 표현과 기법을 담아 다양한 하늘을 나타내 본다.

물감과 면 끈이 만나고,

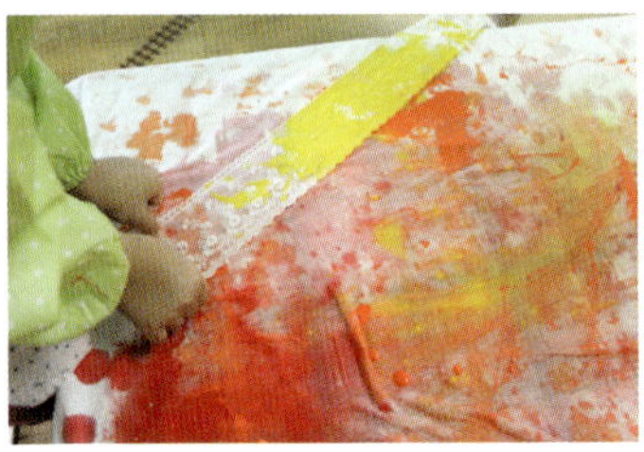
물감과 레이스가 만나고,

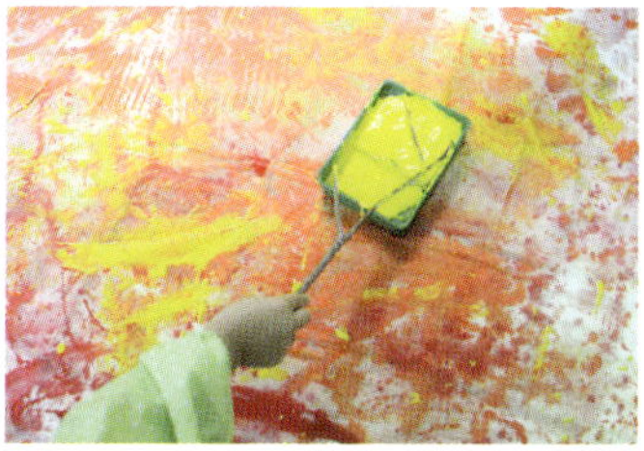

물감과 나뭇가지가 만나고, 물감은 물과도 만난다.

매일의 하늘을 함께 바라보면서 유아들은 계속해서 변화하는 다양한 하늘의 풍경을 표현해 간다. **시간의 흐름에 따라 달라지는 하늘에 대한 아름다운 이야기**를 물감으로 풀어 간다.

해가 뜨면 빨간색이 떠요~

약간 주황색이랑 노랑색도 필요해!

햇살 색은 노랑색이야~ 해가 뜨면 밝아져!

아침~ 날씨가 좋아~ 흰 구름이 떠 있어!

그래도 햇살이 조금은 필요해!

이제 하늘색 하늘이 돼요!

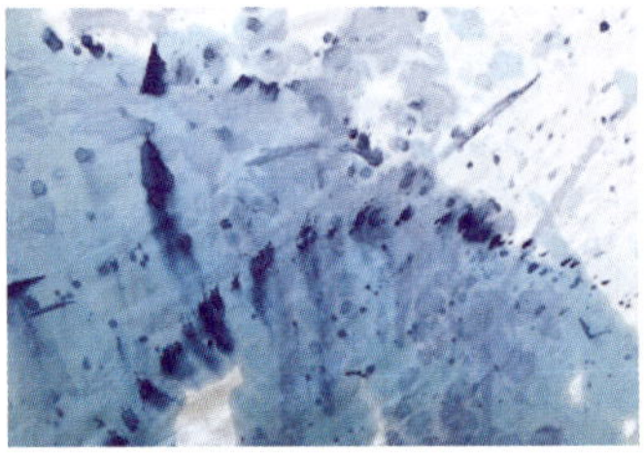

밤이 되면 어떻게 될까?

어두워져요! 파랗고 또 남색 하늘~

점점 깜깜해져서 까만색이 돼~

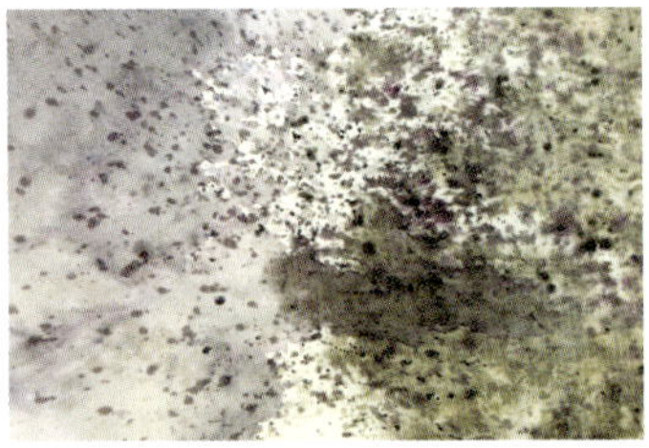

저녁에는 잠깐 보라가 되었다가 까매지잖아요.
태양은 점점 없어지고 달이 들어와요!

유아들은 날씨에 따라 달라지는 매일의 하늘을 올려다 본다. 맑은 하늘, 미세 먼지로 뿌연 하늘, 먹구름으로 흐린 하늘, 비 내리는 하늘. 시간에 따라 달라지며 다양한 색으로 물드는 하늘을 본 유아들은 손, 붓, 물, 물감, 나뭇가지, 끈, 레이스 등과 교감하고 색을 표현하며 즐거움을 느낀다. 유아는 **물감과 다양한 물체들의 작용**이 만드는 예측할 수 없는 현상에 놀라워하고, 즐거워하며 다시 놀이에 빠져든다. 유아는 색에 대한 질감과 번짐, 섞임을 느끼고 시간이 지나며 달라지는 차이를 느낀다. 이처럼 놀이는 유아가 **온몸으로 즐긴다.** 놀이하면서 그 안에서 색에 대한 아름다운 이야기들을 상상으로 펼쳐 간다.

유아들이 함께 물들인 하늘은 **빛과 만나면서 새로운 놀이로 변형**된다. 함께 물들인 하늘, 빛을 통해 바라본 하늘의 색, 빛의 색으로 바라본 하늘은 어떤 이미지를 연상시킬 수 있을까? 빛에 물든 하늘색을 올려다 보며, 색에 대한 상상의 나래가 펼쳐진다. 자연, 그중 햇살 내리는 하늘의 이미지를 다양한 색으로 드리우는 유아들. 빛과 색을 통해 하늘을 경험하는 과정에서 유아들의 움직임에 따라 하늘 바람을 느끼며 또다시 흘러간다.

'빛'으로 물드는 우리의 하늘

학기초부터 색에 대한 관심이 유달리 많았던 H유치원 고운반 유아들. 일상 혹은 주변 풍경과 자연에서 색은 유아들의 색 물들이기를 다양하게 자극한다. 색에서 만나는 다양한 아름다움은 단지 예술적인 감각과 표현뿐만이 아닌, 정서적 안정감, 색에 투영하는 수많은 감정들을 느끼게 한다. 더불어 자연의 색과 변화하는 자연 현상을 바라보며 과학적 경험, 실험적 태도, 수학적 측정을 통한 배움을 경험하며 놀이는 다채롭게 변형되며 흘러간다. 물과 만나 더욱 미세하고 다채롭게 변화하는 색을 발견한 유아들. 색의 섞임, 변화를 탐구하는 과정에서 채도와 명도, 농도를 인식하고, 색채와 색감에 대해 민감하게 감응하면서 **놀이는 예술이 된다.** 색의 미묘한 차이를 특별하게 바라보며 유아들은 다채로운 심미안을 지속적으로 기르고 즐거운 상상을 즐겨 왔다. 이렇듯 유아들은 색과 다양한 관계 맺기를 통해, 마주치는 세상을 더욱 아름답게 물들여 갈 것이다. (**자연색을 드리우다**, H유치원 5세 고운반)

놀이 수업은 교과 내용의 성질을 즐거운 놀이의 성질과 결합하는 것으로, 유아의 신체 움직임, 다양한 물체 다루기, 즐거운 이야기와 예술 표현 등의 요소를 다양하게 활용함으로써 '유아 중심의 수업' 즉 '즐거운 배움'으로 나아갈 수 있다. 이상으로 영유아교육 기관에서 할 수 있는 다양한 놀이교육의 접근법을 임부연(2018)을 토대로 재구성하여 정리해 보면 다음의 〈표 7-1〉과 같다.

〈표 7-1〉 다양한 놀이교육의 스펙트럼 운영 방식

<table>
<tr><th></th><th>자유놀이</th><th>지원하는 놀이</th><th>놀이로 하는 배움</th></tr>
<tr><td>놀이 유형</td><td>• 발현적 놀이
• 자유놀이
• 실내외 놀이</td><td>• 규칙 있는 놀이
• 확장된 놀이
• 협동, 편 게임</td><td>• 유아와 교사가 함께 만들어 가는 교육과정</td></tr>
<tr><td>편성</td><td>• 2시간 이상
1시간, 1회 이상 편성</td><td>• 융통성 있게 운영</td><td>• 놀이가 지속되는 프로젝트</td></tr>
<tr><td rowspan="3">교육과정과 교사 역할</td><td>• 학습자가 몰입하도록 놀이 지원
• 귀기울이기와 관찰을 통해 교육내용과 연계</td><td>• 즐거운 놀이 활동
• 비교과 놀이
• 교과에서 확장된 놀이</td><td>• 유아들 간 지속적인 이론 구성
• 즐거운 배움
• 만들어가는 리좀적 교육과정</td></tr>
<tr><td>• 선계획 최소화
• 실행 – 평가 – 지원</td><td>• 다양한 놀이 유형 및 방법 활용</td><td>• 놀이 중심
• 만들어가는 놀이를 위한 지속적 교육과정 협의</td></tr>
<tr><td colspan="3">학습자 ⇄ 교사
관찰 – 기록 – 이해 – 지원</td></tr>
<tr><td colspan="4">놀이의 교육과정 되기
play becoming curriculum
교육과정의 놀이-되기
curriculum becoming play</td></tr>
</table>

위의 〈표 7-1〉은 편의상 세 가지 놀이 유형을 정리하여 설명한 것이지만 서로 얽혀 있고, 순환적이고 복합적인 성질로 이해될 필요가 있다. 놀이교육에는 놀이와 배움의 역동성과 복잡성이 내재해 있으며, 자유놀이를 배움으로 보기, 교사가 지원하는 규칙이 있는 크고 작은 놀이 즐기기, 수업을 즐거운 배움으로 심화 확장하는 만들어가는 '놀이교육'을 포괄한다. 이러한 다양한 방식을 '즐거운 배움'을 염두에 두고 융통성 있게 활용함으로써 '놀이가 교육과정이 되기'도 하고 '교육과정이 놀이가 되기'도 하는 순환적 놀이교육으로 나아갈 수 있다.

2 놀이의 리좀적 전개

Deleuze는 **'유목적(nomadic)'이라는 새로운 사유와 교육을 연결**시켰다. 놀이과정에서의 사유는 지속적으로 창조된다. 놀이에서 유아가 미지의 것, 익숙하지 않은 것과 마주칠 때, 마음 속에서 발생하는 그 무언가가 사유하게 한다. 재인은 사유를 방해하고, 재현 또한 진정한 사유를 기만한다. 놀이 중심 유아교육은 결과에 초점을 두는 재현과 재인, 동일성을 거부하고 **지속적으로 만들어가는 '지금-되기(present-becoming)'**에 관심을 갖는다. 교육 현장에서 실제의 재현, 즉 '홈 패인 공간'을 탈주해야 한다는 주장은 유아가 새롭게 생각할 수 있도록 하는 수많은 연결 또는 마주침의 '접속'을 교사가 연구해야 함을 강조하는 것이다. 놀이에서 교사는 놀이과정의 생성, 흐름, 힘, 탈주 그리고 그것들의 교차 방법을 탐구해야 한다. 놀이는 운동과 변형이 능동적으로 일어나는 일상과 세계의 생성과정으로 나아가는 것이다. 삶과 세계를 지속적으로 접속되고, 분리되고, 결합되고, 변형되는 발현과 잠재성의 관점에서 볼 때 만들어가는 교육을 실행할 수 있다(Olsson, 2009:2017).

유아들의 놀이과정에서 이루어지는 지속적인 접속과 욕망은 내용과 성격이 매번 다르게 나타나는 **'차이의 반복'**이다. 이 접속과 욕망의 차이 나는 반복은 일련의 흐름으로 나타난다. Deleuze는 동일성이 아닌 차이의 반복, 새로움의 흐름이 인간 삶의 참 모습이므로, 살아간다는 것은 차이를 만들어가는 일이고, 생명이란 차이를 만드는 능력이라고 본다(Colebrook, 2006). 따라서 **차이를 만들어가는 삶이란 끊임없이 새로운 배치에 수반되는 새로운 욕망을 생성**한다. 이런 맥락에서 보면 욕망은 '수목(tree type)형 체제'가 아니라 **'리좀(rhizome)형 체제'**의 것(Deleuze & Guattari, 2003)이다. 수목형 체제는 나무의 줄기-가지-잎과 같이 상하의 종적 위계질서만 있어, 줄기를 거치지 않고서는 나뭇가지와 가지가 연결되지 않으므로 체제 구성 요소 간 횡적 연결은 없으며, 중심으로 환원되는 획일성만 있다. 이에 비해 리좀형 체제는 중심과 주변의 구분이 없는 유동적이고 창의적인 관계를 가지는 이질적인 구성 요소들로 이루어져 있다. 이질적인 구성 요소들이 직접적이지만 가변적으로 이루어지는 관계 맺기, 시작도 끝도 없이 언제나 무한하게 진행과정 중인 관계 맺기, 외부에서 주어지는 규칙이 아니라 내재적이고 자율적으로 구성되는 규칙에 따라 이루어지는 관계를 갖는 체제가 리좀형 체제이다.

자유놀이에서 프로젝트에 이르기까지 **지식에는 안정적인 기초란 없기 때문에** 우리는 **발명하고 창조하고 실험**한다. 이것은 유목적으로 사고하는 방식 즉, **리좀적 사고**이다. 리좀적 사고는 그간 교육에서 흔히 자주 사용된 한 계단씩 올라가는 수목형 구조의 계단식 사고와는 다르다. 레지오 에밀리아 학교의 설립자였던 Malaguzzi는 레지오 에밀리아 교육에서 추구하는 지식은 '마치 엉켜 있는 스파게티와 같은 리좀적 사고'를 추구한다고 이야기하였다(Dahlberg & Moss, 2017). Dahlberg 또한 레지오 방식의 프로젝트를 '리좀적 사고'로 보았다. 기존의 교육에서 흔히 사용하던 수목형의 지식으로 이루어진 교육과정은 교사와 학습자를 길들여 타율적으로 주어지는 질서와 통제에 효율적으로 적응하게 하지만 리좀형의 교육내용과 교육과정 전개는 교사와 학습자로 하여금 획일성과 전체성으로부터 벗어나 **차이와 다양성을 인정하고 가능하게 하는 자유로운 사고를 존중하는 방식**이다(최명선, 2006).

교육과정을 통해 다루는 지식 내용은 유아들과 관련이 있어야 하며, 사회적 역할과 가치에 부합되어야 한다. 더 중요한 것은 유아들의 **놀이 욕망이 어떤 문제에 '가장 가까이 있느냐'**이다. 즉, **문제의 해결보다 '문제의 구성'에 초점**이 있다. 유아교육기관은 지식과 가치를 공동으로 만들어가는 장소이다. 교사가 지금 유아들이 생성해 가는 의미에 관심을 가지고 지원할 때 의미 있는 배움의 공동 구성이 이루어질 수 있다. 세상에서 일어나는 일들은 유아교육 기관에 영향을 미치며, 그와 반대로 기관 또한 세상에 영향을 준다. 교사들은 기관에서 하고 있는 놀이과정을 실제 세계와 연결시키고, 유아들의 생각, 말, 행동이 사회 속에 드러날 수 있도록 노력한다. 이처럼 프로젝트는 유아들이 놀이하는 일상 맥락의 문제에서 발현된다.

프로젝트는 유아들의 호기심 많은 마인드를 함께 따라가면서 놀이에서 발현되어 며칠간 또는 몇 달간 지속될 수 있다. 놀이를 통한 배움/학습인 프로젝트는 유아들이 흥미를 갖는 놀이가 여러 날 지속되거나 유아와 교사의 상호 협상과정을 통해 발현되고 프로젝트 내용이 리좀적으로 전개된다. 프로젝트의 본질 또한 실제의 재인이나 재현이 아니라 발명, 창조, 실험을 위한 **'낯설게 보기'**이다. 지식에는 안전하고 안정적인 기초라는 것은 없기 때문에 유아들은 놀이에 자발적, 지속적으로 몰입하여 발명하고, 창조하고, 실험한다. 이것은 사고를 비재현적이고 유목적으로 이해하는 방식, 즉 리좀적 사고를 뜻한다.

유아들이 몰입하여 지속되는 놀이가 프로젝트로 이어지지만 경우에 따라 학습의 잠재력이 많은 것으로 판단될 때, 교사의 개입과 지원이 가능하다. 프로젝트 과정에서 하위 주제가 발현되어 리좀적으로 전개될 수 있다.

놀이에서 교사는 유아가 지속적으로 새로운 경험을 창안해 가는 존재임을 믿고 유아와 함께 배우고 학습한다. 교사는 유아들의 놀이를 따라가면서 **교사 간 학습 공동체** 속에서 유아의 호기심과 놀이 욕망이 자연스럽게 배움으로 이어지도록 지원한다.

교사는 유아가 도전에 개방적이고, 또래와 협력할 수 있으며, 목표를 위해 의도한 것을 실행할 수 있는 자율적이고 유능하며 유연한 존재로 믿기 때문에 학습과정을 따라가면서 유아들의 즐거운 배움이 되는 놀이의 힘이 학습과정을 어떻게 지속시키는지 귀기울여 기록한다. 귀를 기울인다는 것은 타자에 대해 설명하고 정의를 내리고 평가하려는 욕구를 뛰어넘어야 하며 일어나고 있는 놀이와 배움에 대한 다양한 해석을 받아들여야만 가능하다. **유아의 경험에 끊임없는 실험과 기록화**를 토대로 교사 간 학습 공동체를 통해 학습의 잠재력을 반영하고 지원해 줄 수 있는 단서를 찾는다. 기록은 유아를 배움에 통합되고 몰입하게 하는 매개가 되고 학습과정을 지속시키는 수단이 된다. 학습 여정에서 만나는 교사와 유아를 비롯해 그리기, 놀이 도구, 교실 속 가구, OHP, 빛, 이야기, 노래, 걷기, 극놀이, 소리, 소음, 냄새 등 모든 물질과 자료들은 유아의 주체성을 통합하는 통로가 될 뿐 아니라 세상 그 자체의 주체성을 통합하는 통로 역할을 한다. 유아가 교실과 기관에서 마주치는 모든 것들은 하나의 세상이며, 유아는 나름의 속성과 힘을 지닌 세상을 여행하는 것이다.

유아는 우리가 무엇인가를 주어야 할 대상이 아니라 유아가 우리에게 줄 것이 너무나 많다고 생각한다면 교사, 교육과정, 교육제도의 역할에 변화가 필요함을 알게 된다. 교실에서 일어나는 흥미로운 **사건의 의미를 해석하기보다 새롭게 생성되는 의미(sense)에 주의를 기울인다.** 기록과 귀기울임을 토대로 교사는 학습의 잠재력을 발견하고 지원해 줄 수 있는 단서를 찾는다. 실험이 발생할 수 있는 과정에서 예측하지 못했던 복잡한 연결이 만들어질 수 있는 환경을 조성해 주는 것이 교사의 역할이다. 해결책을 찾기보다 유아와 교사가 **함께 문제를 고안해 내는 공간, 실험과 운동이 일어나는 예상치 못한 마주침의 공간을 만들고자 노력**한다. 마주침의 공간은 무언가를 조절, 재인, 판단하는 과정이 아니라 발견하고 생성하는 공간이다. 그러므로 학습에 있어서 성인의 역할은 최소화할 수 없으며 유아의 자발적 참여 또한 강조되므로 교사와 유아가 함께 놀이하며 배우는 순환적 과정 속에서 유아와 교사 모두 성장하고 발전한다.

우리는 '아동 중심적'을 표방하면서도 유아의 흥미에 매우 선별적으로 반응하며, 유아의 흥미와는 무관하게 진행되는 경우가 많다. '놀이의 교육과정 되기', '교육과정의 놀이 되기'의 순환과정에서 유아가 호기심과 관심을 가지고 몰입하는 대상이나 사건은 무엇이든 자유롭게 주도적으로 놀이로 하는 충분한 시간을 가짐으로써 유아들이 새로운 견지에서 자신의 관심사를 볼 수 있고 세상과 만나며 즐거운 배움으로 흘러간다.

> 유아들은 이전부터 교실에 있었던 앉은뱅이 라이트 테이블의 불편함에 대해 문제를 제기하여 우리가 사용하기에 편리하도록 만들어 나간 '라이트 테이블 고치기' 프로젝트가 발현되었다. 유아들의 대단한 몰입과 그에 따른 성취감은 잊을 수가 없다(10월, T유치원, L교사).
>
> 이제는 유아들이 어떤 놀이를 하는지 자세히 살펴봐요. 처음에는 블록을 무조건 키만큼 쌓다가, "키만큼이 얼마 만큼이지?" 라고 해서 프로젝트가 시작됐어요(11월, Y유치원, M교사).

상기한 교사들은 놀이에서의 관찰과 유아 교사 간, 유아 간 삶과 대화에서 유아들이 추구하는 의미를 프로젝트 발현의 시발점으로 생각한다. Bruner(1996)는 놀이는 유아의 직관에서 체계적인 사고의 뿌리를 발견하는 것이라 하였다. 유아들과 함께 놀이하는 일상에서 프로젝트가 발현된다. 놀이에서 발현된 교육과정, 놀이의 교육과정 되기이다. 프로젝트는 관계와 호혜적 상호작용 과정이 진행되면서 발현되므로 레지오 교사들은 놀이를 관계 형성의 중요한 매개물로 파악한다. 우리는 흔히 놀이를 '활동'이라 말해 왔다. 활동과 '경험'은 다르다. 경험에는 관계가 내재해 있다. 놀이 경험에는 유아 간 대화뿐 아니라 유아가 환경, 매체, 물질, 공간과 만들어가는 내부작용적 관계가 얽혀 있다. 교사는 유아들 경험의 **내부작용 관계에 귀기울여** 기록하고, 공동체에서 놀이 속 몸/물질 간 내부작용하는 백 가지 언어에 대해 탐색한다.

> 유아들이 뭐든 돌려요. 소꿉놀이 영역의 냄비 뚜껑, 장난감, 자기 몸, 쿠션까지 돌려요. 한 유아가 시작하면 모두 모여 방법을 토의해요… 여기서 팽이가 돌아가는 원리를 탐색하는 프로젝트를 시작했어요(Y어린이집, C교사).

다음에 소개하는 H유치원 5세반 '나눔 바자회' 프로젝트는 나눔 바자회에서 나눔을 경험한 유아들이 유치원 전체에 나눔을 실천하기 위해 다이소 놀이–나눔 바자회–바자회 기부금 전달, 나눔의 가치 이야기–나눔 퍼뜨리기–고마운 마음 나누기–힘 나누기–재능 나누기, 히어로놀이–히어로되기–히어로 공연하기, 사람들의 마음을 따뜻하게 밝혀 주는 벽화되기의 과정으로 놀이가 **리좀적으로 전개**되어 간다. 놀이 흐름을 도식하면 다음과 같다.

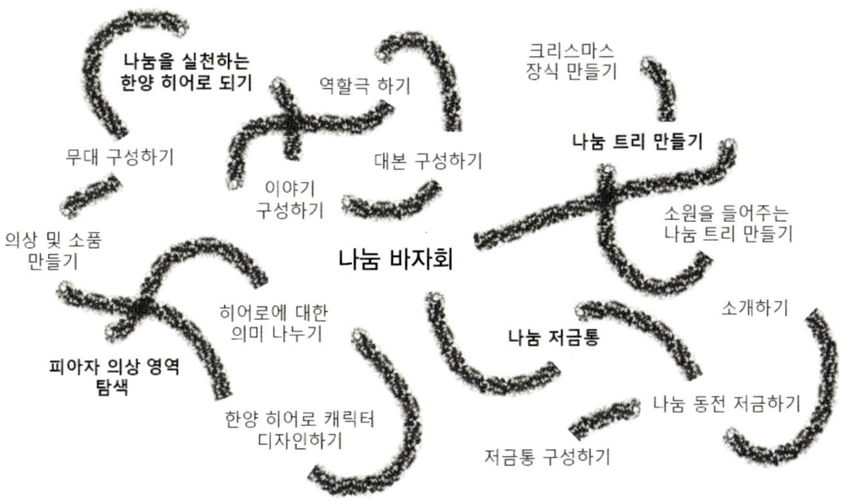

(나눔히어로놀이 리좀 도식, 5세 고운반)

나눔 바자회를 통한 나눔의 경험 의미 나누기

피아자 의상 영역 탐색

나눔을 실천하는 한양 히어로 되기

나눔 저금통

나눔 트리 만들기

우리가 실천한 나눔이 나무에
걸리니까 정말 뿌듯해!
다른 사람들도 이 나무를 보고
나눔을 실천하고 소원이
이루어졌으면 좋겠어!

3 사고의 가시화에서 낯설게 보기로

레지오 학교에서는 학습과정에서 유아가 자신의 사고를 가시화(可視化)하여 재고찰하고, 낯설게 보는 기회를 갖기 위해 그리기를 활용한다. 이러한 시상적 표상의 역할을 '학습을 위한 그리기(drawing to learn)'라고 하였다(Forman, 1993a). 이는 표현적·심미적 작품을 만들어 내기 위해 그림의 대칭, 윤곽, 색깔, 구조 등과 같은 디자인적 요소를 강조하는 '그리기를 위한 학습(learning to draw)'의 목적과는 다르며, 동일성을 재현하기 위한 표상과도 차이가 있다.

학습자가 대상물들 사이 또는 자신과 사람 간을 관계지어 사고하는 과정을 구성주의에서는 '반성적 추상'이라 한다. 이러한 반성적 추상과정을 거치면서 유아는 대상물 간의 작용, 인과 관계 등에 관한 지적 구조를 구성하게 된다. 이러한 과정은 유아가 자신에 대해 그리고 자신과 물리적·사회적 세계와의 관계에 대해 인류가 소중히 여기는 사회적 상징에 대해 점차 알게 되는 것을 말한다. 이러한 의식의 성장은 유아들이 그리기나 만들기 등의 자료를 사용하여 대상물이나 사건들을 표상하는 과정 중에 이루어진다.

이러한 **학습의 가시화(visible learning)에 내재된 지식 생산을 탈구조주의 시각으로 바라보면 물질이 가진 행위 주체성**은 물질, 담론, 사람 간 내부의 상호 관계, 상호 접속, 충돌과 회절의 파동 속에서 생산되는 현상에 초점을 맞추는 Lenz

Taguchi(2010:2018)의 **내부작용**적 관계로 볼 수 있다. 반성적 추상을 통한 학습은 지성의 명확한 이미지와 분명한 관념에 초점을 둔다는 점에서, 사물이나 사건에 대한 감각적 인상에서 그 우연한 마주침의 경험에서 나에게 폭력처럼 누설되고 강요되는 Deleuze(1997)가 말하는 진리의 경험과는 차이가 있다. 이 또한 유아의 놀이를 바라보는 **교사의 시각에 따라 재개념화** 될 것이다.

유아들의 그리기는 다음과 같이 학습에 활용될 수 있다.

첫째, 유아의 의미(sense)를 알 수 있다.

흔히, 프로젝트에서 다룰 주제에 대해 먼저 유아들이 알고 있는 것을 말로 자유롭게 이야기하게 한다. 그러나 유아들이 아는 바를 말로 표현하는 데는 많은 제한이 있다. 언어 발달이 미숙한 유아에게 있어서 그리기는 일차적 상징 체계가 되므로 그리기는 유아의 이론을 알게 한다. 유아가 일단 그림을 그려서 사고를 가시화하고 나면 그림은 사고를 볼 수 있는 '창문'의 역할을 한다. 유아가 이해하고 있는 것, 이해하지 못하는 것, 모호하게 알고 있는 것을 발견하고 알아낼 수 있다. 이는 유아 스스로 학습하고자 하는 동기를 부여한다. 이와 같이 그리기는 그리는 대상물에 대한 유아의 이론(theory of object)뿐만 아니라 학습하고자 하는 마인드에 대한 이론(theory of mind)을 유도해 낸다.

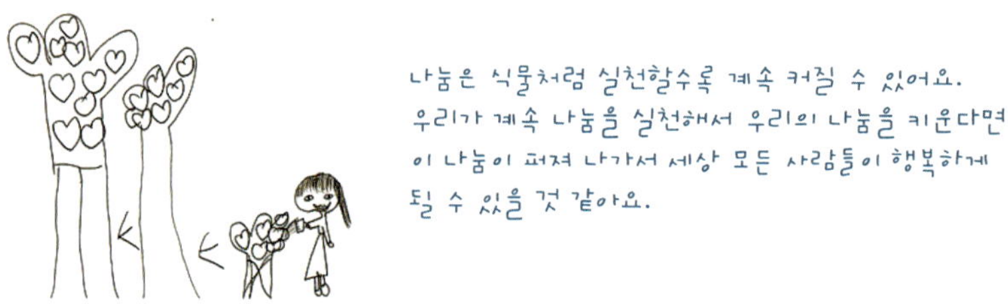

'나눔'의 가치를 탐색하면서 5세 유아들은 자신들이 텃밭에서 키운 식물에 대한 감응이 투사되어 **나눔은 식물이되고, 나무가 되고, 세상의 행복이 된다**고 느낀다.

H유치원 5세 파반 유아들은 소리관을 이동하며 소리를 전달하는 놀이 이후 소리 전달에 대한 자신의 이론을 다음과 같이 그림으로 가시화하였다.

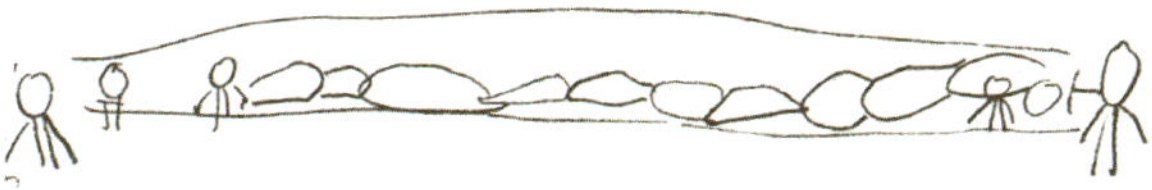

소리관을 이용해서도
소리를 길어지게 할 수 있어.
소리관 안에는 소리를 전달하는
작은 사람이 있어.
이 사람이 소리를 길~~게 끌고 가서
소리를 배달하는 거야.

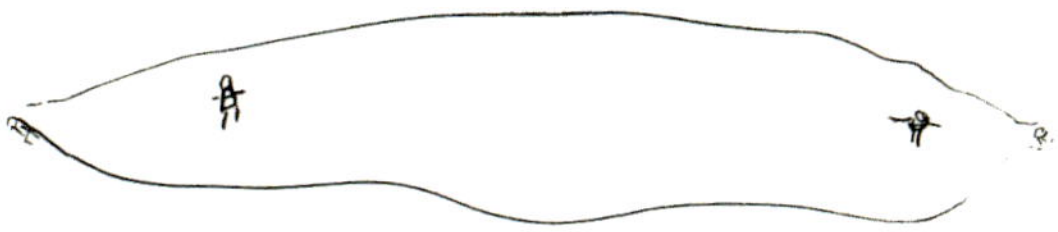

아니면 안에 작은 사람이
소리를 듣고 달려가서
소리를 배달하는 거 아닐까?

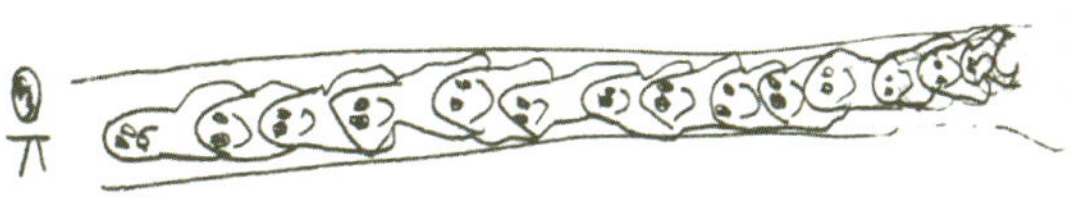

소리가 보이지는 않지만
유령처럼 손을 잡아서
길어져서 전달되는 거야.

소리가 소리관을 타고 가.
소리관 안에서 소리들이 손을 잡아서
소리가 길어지는 것 같아.

유아들은 소리가 관을 타고 전달되는 현상에 대해 다음과 같이 말한다. 소리관 안에는 소리를 전달하는 작은 사람이 있어. 이 사람이 소리를 길~~게 끌고 가서 소리를 배달하는 거야. 소리가 보이지는 않지만 유령처럼 손을 잡아서 길어져서 전달되는 거야. 그림은 유아가 가지고 있는 이론의 표현이고, 유아의 이론에는 유아의 **의미(sense)와 난센스(nonsense), 문제**가 드러난다. 이와 같이 언어만으로는 유아의 소리관과 소리관을 타고 전달되는 소리 간의 관계에 대해 유아가 가지고 있는 개념을 충분히 포착하기는 어렵다. 여기서 그림을 그리지 않았다면 표출될 수 없었던 유아의 난센스와 문제를 그리기를 통해 발견하고 이를 통해 '소리관이 소리를 배달한다'는 익숙한 이야기를 보다 발전된 배움의 기회로 활용할 수 있다.

Vygotsky의 관점에서 볼 때, 그림은 유아의 이해 정도를 파악할 수 있는 지표가 되므로 교사는 탐색 대상에 대한 유아들의 ZPD를 파악할 수 있다. 이를 통해 교사는 프로젝트의 맥락과 방향을 설정하고 적절하게 유아들의 배움을 지원해 줄 수 있다. 이같이 그리기는 교사가 유아를 이해하도록 돕고 유아와 교사가 문제에 직면하도록 한다.

둘째, 학습 내용을 탐색하기 위해 그린다.

그림을 그리는 과정에서 유아는 자신이 표상하는 현상이나 대상물에 포함되어 있는 의미를 재고하고 반성하는 메타-인지적 사고를 하므로 이는 문제 해결 상황이나 학습 경험을 심화시킨다. 유아들은 그림을 그리면서 자신이 알고 있는 것을 시각적으로 가시화하는 과정에서 반성적 사고를 하기 때문에 대상물에 대한 개념과 의미를 형성하게 된다. 또한 대상물이나 상황에 대한 자신의 아이디어를 가시화하여 외형적 기록을 남기게 되면 그 아이디어를 반성의 대상으로 다루어 관련 현상이나 대상물들을 고찰하여 **그 형태들 간의 관계성을 탐색**한다.

그리기를 위해 자세히 보고 관찰하기, 보고 그리기(Look and draw)는 대상물의 미세한 세부 내용에 주의를 기울이게 한다. 유아들의 표상적 그리기(representational drawing) 기술이 발달함에 따라, 자세히 보고 관찰하는 시간을 갖는 것은 유아가 대상물의 세부 사항을 흡수하여 가시화하는 데 도움이 된다.

교사와 유아는 과일과 채소들을 함께 보는 시간을 가졌을 뿐만 아니라, 잘라서 냄새를 맡는다. 그리고 그림에 필요하고 알맞은 색을 고르는 데 몰입한다. 아이들은 그림을 그리기 전에 여러 가지 녹색 채소와 보라색 채소들을 실험해 본다. 이러한 경험은 일상으로 이어진다. 유아들은 일상에서 부모와 쇼핑을 하거나 산책하거나 마실 것이 필요한 시간에 언제든 식료품 가게, 정원, 냉장고 등에서 그 안에 있는 모든 생물/무생물들에서 생김새, 색, 세부 사항들을 **자세히 관찰하고 발견하는 즐거움**을 갖는다. 우리의 의미 만들기와 학습하기는 우리 주변의 물질세계에 의존한다. 물질세계는 우리의 사고에 작용한다(Barad, 2007).

셋째, 사회적 상호작용을 위한 의사소통의 수단이 된다.

또래와의 사회적 상호작용이 활성화된 학습 환경에서 그리기는 사회적 상호작용과 소통의 수단이 된다. 유아들은 그리는 과정에서 사고를 소통하여 공유할 뿐 아니라 스스로 수정한다.

그림을 그린 후에 이루어지는 교사-유아 간 또는 유아들 간의 상호작용은 사회인지적 갈등을 경험하는 좋은 계기가 된다. 자신이 알고 있는 것을 그림으로 그리고, 그린 그림에 대해 말로 설명하는 과정에서 유아 스스로 이전 가설을 수정하고 이론을 발전시켜 나가거나 이후 학습에 대한 동기를 갖게 된다. 그림을 매개로 한 이러한 상호작용 기회는 유아 자신이 가지고 있는 이론을 스스로 발견하게 할 뿐 아니라 의미 있는 학습이 이루어지는 동인(動因)이 된다.

교사는 유아들이 그린 그림을 매개로 상호작용하게 함으로써 유아들 간 사회인지적 갈등을 경험하는 계기로 삼는다. 이는 학습에 대한 동기를 갖게 함을 알기 때문이다. 이와 같이 그리기는 대상에 대한 이론뿐 아니라 학습하고자 하는 마인드에 대한 이론까지 유도해 낸다.

넷째, 학습과정을 재방문하여 새로운 되기가 지속되게 한다.

학습과정에서 유아들이 그린 그림은 지속될 수 있으므로 **학습과정에 대한 구체적이고 가시적인 기억을 제공하는 기록**과 같은 역할을 한다. 교사들은 탐색과정에서 유아들이 그린 그림을 기록화하여 제시하고, 과정 경과에 따라 유아들이 이전 생각을 재방문해 볼 수 있도록 활용한다. 즉 유아들이 그린 그림을 기록하여 제시하고 학습과정이 경과된 후 이전 그림을 재방문(revisit)해 보도록 하면, 유아는 이전 경험과 새로운 경험과의 일관성·유사성·수정점 등을 발견하게 된다. 유아는 새로워진 관점에서 재방문하여 이전의 이해를 수정할 수 있는 기회를 갖게 된다. 이를 탈구조주의 관점에서 보면 기록 작업은 사진, 이미지, 관찰, 글 등을 사용하여 교육이라는 맥락 실제를 물질, 영토, 공간으로 창조하는 '기계로' 작동하는 장치이다. 따라서 기록 장치나 실제는 내부작용 행위를 가능하게 하는 생산자이며, 학습과 탈영토화, 새로운 되기 과정이 지속되도록 해 준다. 기계는 유기체, 질료, 인간 간 접속을 가능하게 하고 실험을 **생성하며, 지속할 수 있게 하는 운동이자 힘**이다(Taguchi, 2010:2018).

우리네 현장에서는 교사가 제시한 정해진 틀에 색칠하거나 모델을 제시하여 그대로 모방하는 활동을 권장하고 교사가 만들어 놓은 것과 유사하게 유아가 뭔가를 만들도록 재촉하는 경향이 있다. 이러한 경향은 유아가 어릴수록 더욱 가중된다. 이에 대항하여 유아의 독특성과 탐색에 가치를 두는 접근을 '학습을 위한 그리기'에서 볼 수 있다. 자신의 경험의 과정이나 생각을 그리도록 한다면 분명 동일한 결과물을 그려 내지는 않을 것이다.

레지오 에밀리아에서 교사들은 복제를 강요하지 않고, '삶으로부터 이끌어낼 수 있도록' 하는 기회를 제공함으로써 유아들이 몰입하여 관찰하는 힘을 갖게 한다. 디에나 학교의 '양귀비 탐색'에서 유아들에게 양귀비에 대한 자신의 아이디어를 첫 그리기 하도록 한다. 그런 다음 실제 양귀비 들판을 방문한다. 거기에서 유아들은 양귀비 꽃들을 자세히 관찰하도록 동기가 생성되며, 그 달라진 생각을 돌아와 그림으로 그리고 이전에 그렸던 그림과 비교한다. 이러한 과정은 유아들의 관찰하는 힘을 증진시키는 탐색의 과정이며, 세상의 아름다움을 인식할 수 있도록 한다.

이상과 같이 유아들은 예측하기 위해 그리고, 이해를 확인하기 위해 그리며, 그림을 그리면서 탐색한다. 또한 그린 그림은 상호작용의 수단이 되며, 이해를 반성하여 **익숙한 것을 낯설게 보는 학습의 과정**이 된다.

이처럼 레지오에서 유아의 그리기는 학습 대상에 대한 의미를 드러내고 소통하는 하나의 '시상적 말(graphic speech)'이다. 다시 말해 레지오의 학습에서는 교사가 직접 설명해 주지 않으면서 유아 스스로 자신의 사고를 가시화하여 익숙한 것을 낯설게 볼 수 있도록 한다. 학습이나 놀이과정에서 사고를 가시화한 유아의 그리기는 살아있으며, 그로부터 특정 사건에서 차이를 만드는 다원적 지식을 생성해 낼 수 있다.

일상을 살아가면서 어린이들도 이따금씩 '짜증나', '기분 나빠' 등의 부정적인 감정을 드러내기도 한다. G유치원 김 교사는 5세 유아들과 함께 '화'에 대한 생각을 이야기 나눈다. 화가 날 때 일상의 다양한 상황과 경험을 떠올려 보면서, 그러한 감정을 해소할 수 있는 각자의 방법을 찾아보기도 한다. 슬픔과 화 등의 좋지 않은 감정도 꼭 필요하며 숨기지 않고 드러내야 한다는 것, 그리고 내면에서 일어나는 수많은 감정을 느끼고 표현하고 해결하는 일이 자연스럽게 이루어져야 한다는 것을 조금씩 배워 가고 있는 듯하다.

기쁠 때 내 마음은 하트 모양,
별 모양, 동그라미 모양으로 변해.
기쁜 건 핑크색이야. 하얀색도 있고
황금색도 있고 무지개색도 있어.
기쁜 소리가 있다면 행복하고 신날 것 같아.

슬프면 마음이 화가 난 모습으로 변하고
웃고 있는 얼굴이 우는 얼굴로 변해.
슬프면 마음이 깨지고 검은색으로 변하고 그래.
그래서 그게 아파서 눈에서도 눈물이 나는 거야.
엄마가 돌아가시면 마음이 깨져.
막 가슴에서 지진이 일어나는
그런 막 울렁울렁하고 아픈 느낌이 나.

누가 나를 때리고 애기가 집안을 어지럽히면 화가 나!
동생을 안아 줬는데 내 머리를 당겨서 뽑을 때도 그래!
엄마한테 혼나고 아빠가 나랑 안 놀아주면 속상해!

엄마한테 말 할 거 있는데 엄마가 바쁘다고 할 때,
아빠가 넘어져서 두 번이나 다쳤을 때 너무 슬퍼!
슬픈 마음을 다시 기쁘게 만들 수 있는 방법은
뭐가 있을까?

슬픔이 필요한 이유와 이를 긍정적으로 해결할 수 있는 방법에 대해 유아들 스스로 생각해 보는 이러한 시간을 통해 마음이 조금 더 건강해지기를, 조금 더 단단해지기를, 나와 너 그리고 우리가 함께 **어우러져 살아가기에 좋은 가치로움에 대해 느끼게 되기**를 기대해 본다(G유치원, 5세).

4 상징화 주기에서 회절로

1. 상징화 주기(Cycles of symbolization)의 활용

레지오 교육자들은 학습과 발달의 과정을 기술하거나 계획할 때, 또는 교육에 대해 말할 때 직선적이기보다 나선형적인 방식으로 사고하는 특징이 있다. 프로젝트 또한 일련의 상징화 주기를 거치면서 나선형적으로 전개한다. 프로젝트가 전개되면서 유아의 관심과 교사의 판단에 따라 다양한 매체를 사용하여 한 가지 주제를 중심으로 관찰·재관찰하고, 고찰·재고찰하며, 일련의 경험을 방문·재방문해 나감에 따라 이전 이해와 경험을 깊이 있게 탐색·확장시켜 나가는 교육과정 운영 전략을 활용한다. 이를 '상징화 주기'라 한다. 유아와 교사는 그룹으로 탐색하고 토의하면서 다양한 매체를 사용하여 주제에 대해 나선형적으로 방문·재방문, 고찰·재고찰하는 상징화 주기를 거치면서 보다 몰입하는 학습을 추구한다.

탐색의 주기는 미리 정해 두는 것이 아니라 유아들의 흥미와 관심에 따라 자연스럽게 학습과정의 흐름을 따른다. 교사들은 발현 맥락과 유아의 욕망에 기초하여 전개 방향에 대한 융통성 있는 가설을 만들고 융통성 있는 계획을 한다. 이러한 일반적인 목표와 가설들은 교사의 경험과 개별 유아와 집단 유아의 역동성에 기초한다. 탐색이 전개되면서 탐색과정에 있는 유아들을 관찰하고 관찰한 바를 다른 교사들과 토론하고 해석하여 새로운 주기가 발현된다.

교사들은 새로운 주기에서 탐색과 학습을 지속하고 촉발할 수 있는 **기호를 발신**하는 매체와 공간을 만들고 **낯섦을 창안**한다. 매 주기 시작 시, 교사는 유아가 이전 탐색을 재고찰하고 새로운 주기의 질문과 의미를 명료화할 수 있도록 이전 주기의 경험 내용을 함께 재방문한 후 다음 주기가 발현된다.

주기 발현을 위해 교사들은 유아들의 학습을 심화할 수 있는 새로운 배움의 기회를 제공하기 위해 매번 유아들이 학습하고 행한 것의 의미를 함께 재고하고 협의한다. 교사 간에 이루어지는 이러한 '프로제타지오네'는 교육과정 발현을 위한 융통성 있는 계획을 의미하며, 진행되는 경험이나 탐색의 과정 속에서 지속적으로 구성되어지고 계속적인 대화를 통하여 적합하게 조정되어진다.

이러한 상징화 주기가 잘 나타나 있는 사례로 레지오의 '비 속의 도시' 프로젝트를 모델로 하여 미국의 에머스트(Amerest)에 있는 막스 미도우(Marks Meadow) 초등학교에서 5~7세의 4학급 전체 유아가 참여한 '눈 속의 도시' 장기 프로젝트(Edwards et al., 1993)를 들 수 있다. 이 프로젝트에서 전개된 상징화 주기는 『레지오 에밀리아 접근법 만나기와 적용하기』(김은희, 2011a)에서 이미 소개한 바 있다.

주기 1: 아는 것을 말로 표현하기(verbal outpouring)
주기 2: 첫 그리기와 토의(initial drawing & discussion)
주기 3: 가상해 보기(simulation)
주기 4: 그림을 통한 개념 정의(using the drawing as the referent)
주기 5: 실제 경험(the experience)
주기 6: 경험 후 그리기(the post-experience drawings)
주기 7: 확장(broadening)
주기 8: 심화(deepening)
주기 9: 발전된 확장과 심화(more broadening & deepening)

이상과 같은 상징화 주기는 프로젝트의 성격이나 유아 집단에 따라 다르게 발현된다. 일반적으로 사고를 자유롭게 하도록 탐색을 시작하는 것은 중요하다. 프로젝트는 전형적으로 주제에 대한 유아의 기억, 아이디어, **생각을 언어로 분출**하는 것으로 시작한다. 아는 것을 말로 표현하는 동안 이후 프로젝트에 대한 많은 가설이 나온다. 그런 다음 이전의 과정에서 나온 아이디어를 유아 스스로 확인하고, 다른 사람과 **소통하기 위해 그림으로 표현**한다. 그리기는 유아의 이해를 깊게 할 뿐만 아니라 이후 탐색을 계획하게 한다.

상징화 주기를 거치면서 이루어지는 **다양한 형태의 표상은 유아의 탐색과 조사를 위한 수단**이 된다. **말하기**는 유아가 이전 경험을 쉽게 기억하여 단어나 대화로 재생해 낼 수 있기 때문에 유아의 가설적 이론이 되고 프로젝트에서 다루어질 개념의 맥락과 동기로 역할한다. **그리기**는 사건의 세부 내용을 사고하고 관찰하여 복잡성을 표현해야 하기 때문에 유아의 탐색을 돕고, 또한 자신의 질문에 대한 이론을 표현해야 하기 때문에 조사의 과정이 되며, 유아와 교사로 하여금 주제에 대한 개념 이해 정도를 읽을 수 있게 하는 중요한 단서가 된다. **3차원적 구성하기나 만들기**는 유아의 아이디어를 기능적 맥락에서 사고하게 하므로 이론을 검증하게 한다. 유아가 자신의 이론에 대한 증거를 찾고 질문에 대한 답을 찾으며 호기심을 만족시키는 경험은 유아를 몰입하게 한다. 따라서 경험할 내용이나 대상에 대한 유아들의 이론을 가시화하여 가설을 세우는 과정은 **익숙한 것을 낯설게 보아 차이를 생성하는 경험**이 될 수 있다. **표상 후 유아 간 소집단 토의와 공유**는 유아로 하여금 자신의 이해에 대한 사고를 확인하고 사고를 깊게 하는 도전이 된다.

이상의 상징화 주기는 결국 특정 주제에 대한 개별 또는 집단 유아들의 지식 구성과 대화에 초점을 두는 '사회적 구성주의' 학습 방식임을 부인할 수 없다.

다음 E학교 실외 모래놀이 영역에서 4세 유아의 자연스럽게 발현된 **혼자놀이**에서도 내부작용하면서 회절되는 배움은 이루어진다. 어쩌면 다가오는 휴일 때문인지 아이들은 가족들을 위한 요리를 생각하고 있다. 파이, 케이크 또는 쿠키 등 모래 영역은 재료 혼합을 연습할 수 있는 완벽한 장소다. 포도나무에서 나온 노란 꽃과 땅에서 발견한 다양한 나뭇잎과 나뭇가지, 모래와 물을 사용하여 유아들은 다양한 요리법을 만든다. 서로 다른 크기의 용기에 재료를 결합하면서 유아들은 모래가 물과 다른 물질과 상호작용하는 방식을 탐구한다. 그들이 너무 많은 물을 사용한다면, 조리법은 수프처럼 부드럽다. 물이 충분하지 않으면 반죽하기가 힘들다. 모래 영역에서의 혼자놀이에서도 아이들은 반죽에 적합한 물과 모래의 비율과 양의 측정을 실험하고 물의 흡수와 건조, 물질 간의 상호작용 방식을 **실험하고 이론을 검증**한다.

2. 회절(回折, diffraction)

그간 사회적 구성주의 프로젝트 방식에 익숙해 있던 교사들은 상징화 주기를 거치면서 개별 유아의 **지식 구성 또는 대화에 초점**을 두어 귀기울여 왔다. 놀이를 '되기'의 경험으로 보고 유아와 세계 간 모든 존재의 '얽힌 되기' 내부작용을 중요하게 생각하는 교사는 지식 구성이나 대화가 아니라 배움이 일어나는 유아의 몸, 물질, 담론 간 '사이-내부에서' 발생하는 **학습 사건으로 초점을 이동**한다. 교사는 교실, 공간, 물질, 시간들이 어떻게 배치되어 있는지 민감하게 의식하며, 유아, 물질 사이에 어떤 종류의 내부작용에서 어떤 의미(sense), 문제, 사건이 발생하는지 파악한다.

문제의 해결책을 찾기보다 유아와 교사가 함께 문제를 고안/구성해 내는 공간, 실험과 운동이 일어나는 우연한 마주침의 공간은 재인이 아니라 발견하고 생성하는 공간이다. 탈구조주의자들은 이러한 마주침을 '회절' 방식으로 접근한다(Taguchi, 2010:2018; Davies, 2014:2017). 회절은 놀이과정에서 유아가 특정 상황, 문제, 물질, 대상과 우연히 **마주치면 매번 차이를 만들며 변형되며 흘러가는 변곡점**을 말한다. 돌과 내부작용하는 파도가 허물어지면서 다른 파도에, 또 그다음 파도에 끊임없이 지속되는 영향력을 행사하듯이(Taguchi, 2010:2018) 놀이가 어떻게 변화하며 흘러갈지 아무도 알 수 없다.

다음 E학교 4세 유아들은 아틀리에에서 꿈에 대해 이야기한다. 각자 꿈에 대해 이야기하였고 나이든 강아지 허니를 항상 가족으로 생각하는 시온은 자신이 아는 허니의 꿈에 대해 이야기한다.

시온은 우리 집에서 기르는 나이든 강아지 허니도 꿈을 꾼다고 이야기한다. 친구 라이언은 무슨 얘기야? 허니가 꿈을 꾼다고? 시온은 책상을 긁으면서, 고개를 끄덕인다. 응… 난 볼 수 있어. 교사는 허니 꿈을 볼 수 있다는 말이지? 시온은 허니랑 나는 다른 꿈을 꾼다고 말한다. 교사는 너는 무슨 꿈을 꾸고 허니는 무슨 꿈을 꾸는지 얘기해 줄 수 있는지 묻는다. 나는… 엘사(공주), 멀메이드(인어) 꿈을 꾸는데, 허니는 나와는 다른 행복한 꿈을 꿔. 그 꿈은… 나랑 껴안고 노는 꿈이야 라고 시온이 말한다. 교사는 허니가 그런 꿈을 꾸는지 어떻게 아는지 한번 그려보자고 제안하며 도화지를 내민다.

시온은 교사가 제시하는 종이에 그림을 그린다.

나는 자고 있고(그림), 눈을 감고 있는데, 허니(그림)가 짖을 때, 그 꿈이 조금씩 새어 나와.
꿈이 새어 나와서 여기… (그림) 자고 있는 내 눈으로 들어 와…

라이언은 걱정하며 눈으로 꿈이 들어오면, 아프지 않은지 묻는다. 시온은 다음과 같이 말한다.

나는 자고 있어서 아프지 않으니까 걱정하지 않아도 돼.
그리고, 허니는 나를 사랑하고, 나랑 노는 꿈을 꾸니까 행복해.

그러자 다른 친구들이 모두 저마다의 꿈 이야기를 들려준다.

나도 꿈이 눈으로 들어와. 레인보우 꿈이야. 그리고 레인보우는 금방 사라져…
내 동생 꿈도 내 눈으로 들어와 … 나도 꿈을 꿔…
그리고 눈으로 들어와서 볼 수 있어…

심지어 아이들은 모두 눈으로 들어와 알게 되는 여러 가지 꿈에 대해 말하였다. 그러자 한 아이가 무서운 꿈에 대해 이야기한다.

근데, 나는 무서운 꿈도 꿔…
나도 무서운 꿈을 꿔…
나도… 나도…

아이들은 너도 나도 자기가 꾸는 무서운 꿈에 대해 이야기하였다. 시온은 언젠가 가족과 함께한 여행지에서 사 온 '드림캐처'가 좋지 않은 나쁜 것들을 모두 가져가듯 나쁜 꿈을 가져갈 수도 있다고 하였다. 아이들은 드림캐처를 만들자는 누군가의 제안에 모두 동의하였다. 꿈 이야기와 함께 발현된 '드림' 그룹은 드림캐처를 만드는 방법에 대해 이야기 나누었다. 학교 실외 정원에 많이 자라고 있는 허브 잎과 꽃들을 수확하고, 삶아서 좋은 향이 나는 마법의 물을 만들기로 하였다. 마법의 물로 끈에 물을 들여 다양한 색깔의 물들인 끈을 만든 다음, 끈을 가득 달아 드림캐처를 만들기로 하였다. 그리고 이름을 '매직 스트링(마법의 끈)'으로 바꾸기로 하였다.

드림 그룹은 나쁜 꿈을 물리치기 위해 방에 걸어 놓을 '매직 스트링'을 만드는 작업을 시작한다. 천연 염색 그룹이 만든 견본 책자를 참고하여 허브 잎으로 다양한 색의 끈을 만들 계획을 세웠다. 아이들은 함께 허브를 수확하고 나뭇잎과 줄기를 추가하여 염료 냄비의 라벨을 함께 만들었다. 부엌에서 냄비를 가져다 허브 잎을 먼저 끓이고 끓여진 물에 리본과 끈을 추가하여 매직 스트링을 물들인다. 각자의 '매직 스트링'을 며칠 후, 완성하였다. 드림 그룹 아이들은 매직 스트링을 각자 집으로 가져가기로 합의하였다. 아이들은 이제 나쁜 꿈을 꾸지 않는다. 왜냐하면 매직 스트링이 침대에 걸려 있으니까.

아이들은 시온의 꿈 이야기와 마주한 놀이 사건에서 의미 있는 귀기울이기를 경험하였다. 시온이의 아픈 강아지 '허니'에 대한 연민이 담긴 꿈 이야기는 그리기의 물질적 행위와 상호작용적 담론들과 만나면서 꿈이 눈으로 들어와 볼 수 있게 된다는 난센스로 이제까지와는 다른 차이를 만들어 낸다. 아이들에게 감응되는 그러한 의미는 너도나도 저마다 다른 자신의 꿈 이야기를 반복하게 하면서 언제나 무의식 속에 문제로 남아 있던 아이들의 무서운 꿈, 나쁜 꿈은 그 모습을 드러낸다. 유아들 모두가 공감하는 공동의 문제를 해결할 수 있는 방법을 아이들은 창안하였다. 유아들이 새롭게 창안한 매직 스트링 만드는 과정은 유아들의 몸에 즐거움으로 스며들어, 몸이 가진 앎과 되기를 확장시키고, 그들의 공포스러운 문제까지 없애는 행복한 삶을 불러올 수 있었다. 몸, 실재, 사회적으로 구성된 담론이 상호 의존적인 관계 속에서 허니 꿈-나의 꿈-친구의 꿈-무서운 꿈-드림캐처 만들기-마법의 끈되기로 **회절하면서** 상호 지속적인 변형, 창안, 통합을 가져오는 **놀이 되기**이다.

시온은 허니는 늘 나를 사랑해, 허니는 늘 행복해, 나와 노는 것을 좋아하니까, 허니는 나와 노는 꿈을 꿔. 시온이의 꿈에 대한 이야기로 떠오르는 건, 아픈 허니에 대한 연민과 항상 자신과 놀기를 바라는 허니에 대한 사랑의 감정이다. 시온은 허니의 마음되기, 허니의 꿈되기, 자신의 꿈되기, 꿈을 이야기하는 장면에 빠져들어 몰입하면서 새로운 앎과 마주치는 배움을 경험하였다. 내부작용적이고 발현적인 주체는 귀기울여 듣고 감응하면서 변화하고 만들어가는 것에 함께 연루되는 **회절하는 과정**이다. 아이들에게 실제 세계의 삶의 경험인 현실과 자신의 무의식의 감정을 연결해 주는 의미 관계이고 내러티브적 사고이다. 늘 관계와 의미가 얽혀 있는 이야기가 있는 아이들 세계를 볼 수 있다. 심미적인 아이들, 아이들도 종종 나쁜 꿈을 꾼다. 나쁜 꿈은 아이들에게는 좋지 않은 경험이다. 나의 꿈이든 친구의 꿈이든 아이들이 만든 매직 스트링이 아이들의 나쁜 꿈을 가져간다면 그것으로 충분하다. 사실이든 사실이 아니든 아이들이 사는 '세계' 성인의 홈 패인 사고로는 예측하지 못하는 아이들의 한계 없는 노마드적 상상 속의 내뱉는 이야기. 아이들은 되기로서의 사고에 충실하고, 열중하며, 몰입함으로써 분열된 감성을 이어 주는 의미 관계적 대화를 나눈다.

이러한 과정에서 우리는 정체성으로서의 자아(self-as-identity)로부터 벗어나 **내부작용적인 되기**로 주체 경험이 변하게 된다. 다시 말해서, 자신의 의지, 의도, 반복으로부터 벗어나 동물과 온 지구를 포함하는 존재를 함께 생각하는 사고방식, 즉 **존재의 생성 가능성을 향해 나아가는 것**을 말한다.

교사가 흔히 중요하게 생각해 온 '의미(meaning)'의 대안으로 유아들이 지속적으로 만들어가는 사건 속 '의미(sense)'를 찾아내어 그것이 어떻게 난센스와 연계되어 있는지에 귀기울인다면 회절되는 놀이 속 유아들의 문제, 문화를 읽어 낼 수 있다. 아이들은 항상 지속적으로 의미를 만들어 내며 무언가를 추구하는 존재임을 인식하고 귀를 기울인다면 교사들은 아이들이 어떤 의미를 만들어 내고 있는지 찾아낼 수 있다(Olsson, 2009:2017).

어린이 나라로 여행을 떠난다면 기분이 어떨까?
너무 재미있을 것 같아. 어린이 나라에서 재미있게 놀고 싶어!
뭐하고?
음…. 무지개 그네도 타고, 연 날리는 것처럼 별 날리기도 하고 싶어!
그럼 난 별 비행기를 타고 날아 보고 싶어!
우리 같이 어린이 나라 놀이공원으로 놀러 가자~!!

5 다상징화에서 기호와의 마주침으로

1. 다상징화(Multi-symbolization)

매체는 매체마다 서로 다르게 내부작용하기 때문에 언어, 몸짓, 그리기, 만들기 등은 서로 다르게 경험을 조직하는 기능을 가진다(Werner & Kaplan, 1957:1963). 경험은 본질적으로 어떤 물질에 의해 매개되므로 사고는 물질과의 관계를 통한 표상으로 개념화되어진다. 서로 다른 매체는 유아에게 서로 다른 영향을 주기 때문에 매체는 내재하는 속성에 따라 경험을 형성하고, 경험은 매개되어지는 매체에 따라 형성된다(Barten & Franklin, 1978).

레지오 에밀리아 접근법을 소개하는 책자와 전람회의 '유아들의 수많은 언어(The hundred languages of children)'는 두 가지의 의미로 해석된다. 그 하나는 동일한 경험에서도 유아에 따라 다른 수없이 다양한 사고를 의미하며, 또 다른 해석은 프로젝트에서의 탐색에 사용되는 수많은 다양한 매체를 의미한다. 빌레타(Villeta) 유아 학교에서 수행된 '필드(field)' 프로젝트에서는 먼저 유아들이 학교 실외 정원에 대해 이야기하고, 기억한 것을 그림으로 그린 후 철사와 종이 등을 사용하여 거미, 새, 귀뚜라미 등의 모형 동물을 만들었다. 같은 학교에서 이와 연결된 '새들을 위한 놀이 공원(the amusement park for birds)' 프로젝트에서는 집단 유아들이 물레방아에 대해 아는 것을 토의하고, 그리고 종이, 점토, 나무, 철사 등으로 만들어 보는 다상징화 단계를 거치면서 물레방아의 작동에 대한 배움을 심화, 확장시켜 나갔다.

1.1 다상징화의 원리

교사들은 다양한 매체를 활용하지만 **매체의 서로 다른 다질성, 다층성**에 대해서는 고찰하지 않는 경향이 있다. 또한 다양한 매체를 접하지만 한 가지 주제를 깊이 있게 탐색하기 위해 다양한 매체의 서로 다른 특성을 나선적으로 활용하지는 않는다. 다양한 매체를 사용함으로써 유아의 표상에 영향을 주는 원리(Forman, 1994)를 『레지오 에밀리아 접근법의 적용과 변형 유아교육과정』(김은희, 2006)에서 다음과 같이 설명하였다.

첫째, 매체는 **변형을 산출해 낼 수 있는 서로 다른 가용성(affordances)**을 갖는다. 연령이 어릴수록 유아가 **매체의 서로 다른 가용성을 탐색하는 시간의 양을 늘린다.** 매체의 가용성에 대한 탐색은 매체가 표현할 수 있는 변형 가능성을 배우게 하므로 문제 해결을 위한 특별한 정위(定位, orientation)를 불러일으킨다.

블록은 쌓을 수 있고, 균형을 맞출 수 있고, 패턴에 따라 배열할 수 있다. 점토는 쉽게 조형할 수 있고, 형태를 창안할 수 있다. 동일한 블록이라도 블록의 형태에 따라 대비되는 가용성이 있다.

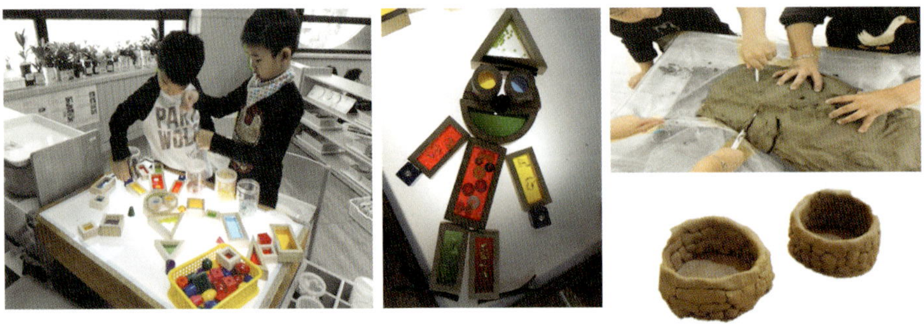

둘째, 상징의 양식(module)을 변화시킬 수 있는 매체의 변조성(變造性, modularity)은 서로 다르다. 예를 들어, 종이는 연필에 비해 변조적이다. 종이가 주어지면 유아들은 그림을 그려서 어떤 형태를 표현하려 한다. 종이를 작게 여러 조각으로 잘랐을 때는 잘라진 조각들을 배열하여 눈, 나뭇잎 등을 구성해 낼 수 있다.

셋째, 지속성(persistence)이란 시간의 경과에 따라 지속될 수 있는 가능성을 말한다. 3차원적 구성이나 그림은 지속되므로 반복하여 재방문, 반성할 수 있다. 이에 비해 몸짓이나 언어는 지속적이지 못하므로 순간 사라져 버린다.

넷째, 매체가 제공하는 피드백으로서 변화에 대한 반응성(react to change)이 서로 다르다. 변화에 반응적인 블록이나 점토, 만들기 등은 피드백을 주므로 이론을 검증하게 하고 유아 스스로 수정할 수 있다. 변화에 비반응적인 그리기는 피드백을 주지 않기 때문에 실수를 허용하여 유아가 아이디어를 적용하고 이론을 구축하게 한다.

다섯째, 매체 제시 순서는 학습에 영향을 줄 수 있다. 프로젝트 과정에서 '상징화 주기'의 순서는 정해진 것이 아니나 학습 상황에 다른 효과를 가져올 수 있다.

여섯째, 다른 매체를 활용함으로써 이전 표상을 수정할 수 있다. 매체에서 매체로 이행하여 경험하는 과정에서 유아들은 대상물이나 개념에 대한 기능적, 전문적 관점을 갖게 된다.

1.2 매체의 차원에 따른 역할

말하기, 그리기, 만들기와 같은 매체의 서로 다른 차원은 어떻게 서로 다른 마주침을 경험하게 하는지 그 매개적 역할을 살펴본다.

1.2.1 말하기

말하기는 **유아가 이전 경험을 쉽게 기억하게 하고 자유롭게 분출**해 낼 수 있게 한다. 사고를 자유롭게 제어할 수 있는 말의 힘은 사소한 것에서 깊이가 있는 것에 이르기까지 **유아가 통찰하는 것을 가능하게 하여 무한한 생각을 창안**할 수 있게 한다. 따라서 유아가 가설적 **이론을 구축하게 하는 좋은 매체**이며, 프로젝트의 맥락과 방향을 설정해 준다. 이는 말하기의 큰 장점이자 무한한 잠재력이다. 이러한 장점에도 불구하고 말하기는 그리기에 비해 **임의적(任意的)이므로 논리성이 결여**된다. 그러나 유아들이 표현하는 말에는 실제뿐만 아니라 이야기의 맥락과 일관성을 보충하기 위한 상상적 요소와 **난센스(nonsense)**가 다분히 포함된다. 난센스는 유아 나름의 **의미(sense)**를 갖기 때문에 가설적 이론이 되고, 이후 프로젝트에서 다루어질 맥락과 동기로 역할한다. 그러나 말하기는 그리기에 비해 일시적이므로 지속성이 부족하다. 매체로서 필요한 제약이 수반된다. 말하기는 지속적이지 못하고 순간 사라져 버리므로 재방문하여 재고찰할 수는 없다.

1.2.2 그리기

학습을 위한 그리기에서 논의한 바와 같이 그리기는 비반응적이며, 비구조화되어 있어서 다양하게 시도해 볼 수 있다. 따라서 유아가 자신의 **이해를 표현하고 이론을 계획할 수 있게 하는 좋은 매체**이다. 말하기는 프로젝트의 맥락과 동기를 설정해 주지만 그리기는 말하기의 모호한 부분을 보완하여 유아의 이론을 알 수 있게 만든다. 유아들이 이전 경험을 말로 표현하고 그림으로 표상한 후 설명을 덧붙임으로써 이전 가설을 수정하고 발전시킬 수 있다. 이와 같이 그리기와 말하기는 아이디어를 배열하고 적용해 나가면서 이론을 구축하게 하는 매개 역할을 하며, 유아 스스로 자신의 이해를 **낯설게 보도록 만든다.** 뿐만 아니라 그리기는 지속성을 가지고 있으므로 재방문하여 고찰하고 반성하는 수단으로 활용될 수 있다. 그러나 그리기는 디자인하기에는 적합하지만 기능적인 **맥락에서 사고할 수 없으며,** 그린 내용에 대한 피드백이 없기 때문에 **이론을 검증하기는 어렵다.** 그리기는 흔히 사물이 어떻게 보이는지 모양, 크기, 색깔 등에 초점을 둔다. 자동차 등의 3차원 모형을 만들기 위해 그릴 때도 그림은 만들 모형을 잘 표현했는가를 사고하게 할 것이다. 그림은 잘 작동할 수 있는지 혹은 작동 원리가 어떤지를 사고하기는 어렵다.

1.2.3 만들기

그리기와 칠하기 같은 2차원적 매체는 계획하고 디자인해 보면서 이론을 구축하는 반면, 점토, 철사, 스티로폼, 나무 등과 같은 3차원적 구성 매체는 마찰, 중력, 반동력 등의 자연 법칙에 따른 자발적인 **반응성을 갖고 있어서 만드는 과정에서 이론을 검증**할 수 있다. 그리기는 디자인에는 적합하지만 기능적으로 사고하기는 어렵다. 3차원적 만들기는 아이디어를 **기능적 맥락(functional context)에서 생각하도록 자극**한다. 동일한 3차원 구성물을 만들 때도 주어진 매체의 물리적 속성이나 가용성에 따라 서로 다른 표상적 편파성을 갖게 한다. 이상에서 살펴본 바와 같이 여러 가지 서로 다른 매체를 활용하여 한 가지 개념을 탐색하면 **유아들은 여러 가지 관점, 나아가 상반되는 관점까지도 통합**한다.

2. 기호와의 마주침을 통한 배움

그간 교사들은 생성보다는 재현에, 차이보다는 동일성을 강조하는 앎에 대한 경직된 접근을 볼 수 있었다. 인간을 놀이하는 존재로, 놀이를 유아의 본질로 보아 **놀이하는 유아의 행복한 삶 속에서 자율적인 배움,** 현재 우리가 살고 있는 세상의 가능성을 신뢰하도록 만드는 윤리, 새로운 변화의 가능성을 열고자 하는 교육자들은

'기호와의 마주침을 통한 배움'에 주목하고 있다.

Deleuze의 『프루스트와 기호들』, 『차이와 반복』에서는 세상에 존재하는 모든 물질, 대상, 존재는 기호를 방출한다고 하였다. Deleuze의 **기호는** 물질적인 세계와 소통하며 사유(思惟)를 자극하는 신호라는 점에서 **비언어적이고 비재현적**이다(Bogue, 2001; 김재춘, 2012 재인용).

배운다는 것은 필연적으로 기호들과 관계한다. **기호는 시간이 흐르는 동안 배워나가는 대상**이지 추상적인 지식의 대상이 아니다. 배운다는 것은 우선 어떤 물질, 대상, 존재를 마치 그것을 해독하고 해석해야 할 기호들을 방출하는 것처럼 여기는 것이다. 유아를 둘러싼 모든 세계는 기호를 품고 있다. 세계가 내뿜는 기호에 민감한 사람만이 기호를 포착하여 자신의 세계와 연결시켜 해석하고 배움을 지속한다. 한 번도 본 적이 없는 새로움의 차이를 만나게 되는 기쁨을 가질 수 있다.

일상에서 우리에게 **익숙했던 사물들이 낯설게 다가올 때 기호와의 만남이** 이루어진다. 이를 통해 새로운 지각과 사유를 발생시키며 우리를 다르게 구성할 수 있는 다양한 가능성을 제시한다. 기호는 내적인 이념 안에 '차이'를 함축하고 있어서, 우연 또는 차이를 담고 있는 기호에 직면할 때, 우리는 사유를 강요당한다. 기호에는 '마주침'과 '사유'가 본질이다. 따라서 Deleuze는 **배운다는 것은 어떤 기호와 부딪히는 마주침의 공간을 만들어가는 것**이라고 하였다(Deleuze, 1964:2004).

배움의 기호로서 예술은 의미들이 복잡하게 얽혀진 실타래 속에서 유일하게 아무에게도 소유되지 않았던 지식들을 생성하게 된다. 유아가 배움의 계기인 **기호를 포착하여 자신의 세계와 연결시켜 의미를 찾을 수 있도록 하는 것**은 교육에서 중요한 문제로 대두되어야 할 것이다. 잠재적 기호이며 의미인 배움은 무수히 복잡하고 다양한 요소들이 교차하며 발생한다. 매력적인 만들기 매체, 그림책, 교실 환경과 다양한 매체, 아름다운 음악 소리, 자연에서 우연히 마주한 곤충들, 스쳐 지나가는 일상의 소리와 움직임들, 후각을 자극하는 향기로운 냄새 등은 수없이 많은 마주침의 대상이 될 수 있다. 대상은 추상적이고 개념적인 대상이 아니라 마주침을 통하여 기호를 해독함으로써 **대상을 새롭게 감각하고 사유하는 대상**이 되어야 할 것이다. 유아들에게 매력적으로 다가오는 기호는 유아 자신에게 의미 있는 것을 발견하게 되고 일상에서 느껴보지 못한 다른 차원의 감각을 열어 진정한 배움의 의미를 스스로 맛보게 될 것이다(서민주, 임부연, 2017).

H유치원에서는 지하의 시청각실을 아틀리에로 바꿔 나갔다. 한 달여 만에 아틀리에는 틀을 잡았고, 교사가 '가르치지' 않아도 유아들이 다가와 경험을 통해 배울 수 있는 다양한 매체들이 아틀리에에 배치되어 갔다. 아틀리에는 매력적인 공간으로 변해 갔고 매체가 다 채워지기도 전에 아이들은 몸으로 감각으로 **기호와 마주치는 아틀리에 공간**을 넘나들기 시작하였다.

아틀리에에는 물감, 점토와 도구, 옷감, 철사, 자연물 등 유아들이 기호와의 우연한 마주침을 경험할 수 있는 매체들로 가득하다. 이곳에서 유아들의 몸, 손, 감각은 다양한 매체들과 합쳐지고 내부작용하면서 익숙한 것들을 낯설게 보며 차이를 생성한다. 유아들이 탐구하면서 다양한 언어를 통해 아이디어와 이론을 발달시키고 지각되고 회절되는 생각들을 드러내어 공유하며 구성해 가는 실험실이다. 서로 다른 아이디어를 나누고, 듣고, 확장하는 연구와 토론에서 발현되는 생각을 도구, 기술, 재료로 결합시켜 보는 즐거운 공간이다. 재미있는 상상을 다양한 매체로 구현해 가는 작업에 몰입할 수 있는 멋진 공간에서 유아들의 **문제는 지속적으로 구성되고 놀이는 확장**된다.

점토가 엄청 말랑말랑해~
차가워서 너무 시원해~
점토로 항아리를 만들자!

아틀리에에서는 다 만들 수 있어~
우리에게 꼭 필요한 표지판도
만들 수 있어!

아틀리에에서 각자의 관심이 서로 만나 발현된 공동의 목표는 개별적인 작업이 아닌 친구들과의 협업을 자극한다. 협업은 단순히 함께하는 것이 아니라 자신의 생각을 드러내고 타자의 관점을 수용하고 거기에 다양한 매체와 물질의 서로 다른 주체적 행위가 더해지면서 **끊임없이 '다르게 되기'**가 이루어진다.

몸은 차이적인 **감각**을 생성해 내는 터전이며, 아틀리에에서 물질과 재료들이 내뿜는 기호들과 유아들이 마주하면서 새로운 감각을 생성하고, 현존한 적이 없는 새로운 사유 방식과 새로운 표현 스타일을 창조해 나간다. 몸을 통해 흐르는 강도적 흐름 즉, 기호가 감각을 발생시키고 사유를 강요한다는 점에서 몸은 **사유를 촉발**한다.

추석을 맞으면서 T유치원 4세 조반의 3차원 구성놀이 영역은 '보름달 나라'로 꾸며지고 있다. 유니트 블록으로 놀이를 하던 아이들은 '보름달 나라까지 갈 수 있는 기찻길'을 만들고 싶다며 탈주선을 타기 시작했다. 처음에는 성준이, 승록이, 세진이로 시작되었지만 기찻길을 만드는 모습을 흥미롭게 지켜보던 주희, 승준이, 지태, 영규도 함께 놀이에 가담한다. 아이들은 어떻게 만들지 서로 이야기를 나누며 구성에 몰입하였고 다른 친구들이 다른 놀이를 하자고 불러도 들은 척도 않고 몰입하였다.

구성하고 있는 공간 밖에 정리 안 된 유니트 블록들을 보며 지태는 이렇게 어지럽혀져 있으면 다른 아이들이 부셔도 되는 건줄 알고 우리가 만든걸 부술것 같아 라고 말했다. 곧 승준이와 세진이는 널려져 있는 유니트 블록을 정리하기 시작했다.

정리 시간이 되자 아이들은 다른 친구들이 부술까 염려하며 글씨를 쓸 줄 아는 주희에게 부수지 마세요 라는 글씨를 종이에 써 달라고 부탁했다. 종이를 계단 의자에 붙이더니 지태는 조금 불안했는지 또 하나를 써 달라고 부탁했고 종이를 하나 더 붙였다. 그리고 말했다. 우리 내일 계속 만들자! 라는 말을 건네 친구들의 합의를 받아 내었다.

보름달 나라(4조)

책에서 본 달 모양처럼 울퉁불퉁하게 보름달이 만들어지고 지속적으로 아기 보름달되기, 별나라에서 놀러 온 별되기, 로케트되기, 비행접시되기 등이 만들어져 매달리며 달라나가 되어간다. 달나라가 그 모습을 드러내자 바닥에 있던 블록들은 열지어 달린다. 달나라까지 갈 수 있는 기차를 만들고, 철사로 철로를 만들고, 보름달 나라로 갈 수 있도록 차원을 변형하여 연결하였다. 그 길을 지나다니는 기차는 합의를 통해 투명하게 만들어졌다. 상상 속에서 어느새 투명기차를 탄 유아들은 기차 안에서 달나라를 보면 정말 신날 것 같아요 라고 외친다. (**달나라로 가는 기차 만들기**, T유치원 4세 조반, 3차원 구성놀이 영역)

몇 주 동안 보름달 나라 그룹은 **빛과 다양한 매체가 내뿜는 기호와 마주치면서 달나라로 가는 기차 이야기를 만들어간다.** 블록과 일상 재활용 매체, 투명 플라스틱 병 등을 오리고 구성하거나 매달면서 달되기, 우주되기, 비행접시되기가 이어진다. 유아들은 벽에 비춰진 그림자 이야기를 만들고, 변형하고, 통합하면서 우주공간으로 탈주한다. 유아들이 내부작용하면서 이어지는 신비하고 환상적인 달나라로 가는 기차에 대한 탐험은 천개의 고원을 이루며 지속된다. 빛이 멋진 그림자를 만들어 내는 3차원 구성놀이 공간에, 아틀리에에서 마주친 다양한 모양과 크기를 가진 재활용 매체들로 아이들은 기차, 보름달, **우주를 향해 각자의 방식대로 회절하고 합치면서 서로 다르게 또는 합하여 우주를 창안하고 만들어간다.**

투명 기차는 아이들에게 가장 인기 있어 관심을 끌었다. 투명한 패트를 기차 형태로 길게 이어 붙이고 보름달까지 연결하면서 투명한 기차가 빛과 만나면 어떻게 우주 공간에 투사되는지 확인하고 재구성하였다. 보름달 나라 그룹은 빛과 그림자를 사용하여 시시각각 천변만화하는 우주 공간의 이야기를 써 내려갔다. 끝이 없는 리좀적 넝쿨처럼, **매체의 예측할 수 없는 변조성은 유아의 더 깊은 탐험과 보다 정교한 스토리텔링에 영감**을 준다. 우리는 어떤 다양한 매체가 이야기의 다른 부분을 어떻게 변형시킬지 궁금하다.

유아들은 스스로 동기를 가지고 놀이를 시작할 때, 개인 또는 집단으로 놀이에 몰입한다. 놀이과정에는 **공동의 목표를 향한 계획, 구성, 협의, 수정, 재구성의 과정이 연속적으로 전개**된다. 시간과 매체가 지원될 때 아이들은 탐색과 표현을 반복하면서 몇 날 며칠 정해진 일과와 놀이 시간을 넘나들며 자신들의 상상을 현실로 불러온다. 이러한 과정에서 **놀이에 참여하는 집단의 유아들은 규칙을 정하여 실천하고 역할을 나누어 작업**한다. 교사의 도움이 필요한 경우 자발적으로 도움을 요청하고 자신들의 방식으로 놀이에 적용한다. 이러한 교실에서 유아들은 규제와 협력, 규칙을 스스로 만들고 지키면서 문제를 구성하고 해결하면서 그들만의 놀이문화를 만들어간다. 유아들이 어떤 문제를 만들고 어떻게 문제를 해결하고 표현할지는 교사는 물론 놀이에 참여하는 유아들도 알지 못한다. 다만 **유아들이 맺어 가는 유아 간, 물질 및 공간과의 관계의 내용과 의미에 귀기울이면서 경험을 따라가고 지원하는 것이 교사의 역할**이리라.

에어백으로 물을 막아 주는 물총!

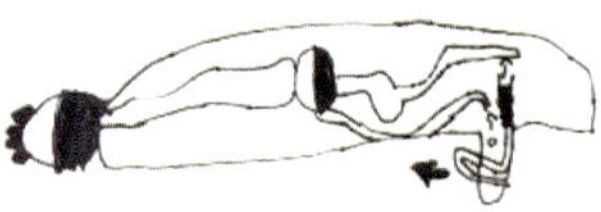

얼음이 나오는
얼음 물총이야~

페트병으로 만드는 물총이야~

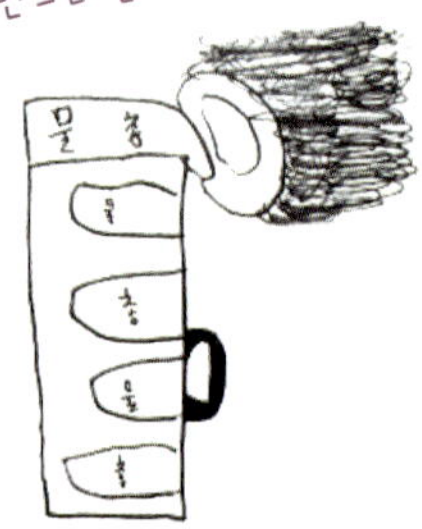

스프링처럼 물이 나가서
스프링 물총이에요!

6 상호작용에서 낯선 질문으로

1. 사회적 상호작용

사회적 구성주의 교육에서는 교사는 **유아들 간의 갈등을 발전적 토의나 새로운 학습의 계기로 활용**한다. 또래 간뿐 아니라 유아와 성인 간 그리고 환경적 맥락과의 사회적 상호작용이 이루어질 수 있는 학습 상황을 포착한다.

유아들은 또래 간 상호작용에 참여하여 상징적, 언어적 의사소통을 통해 서로 간 불일치와 일치를 경험하고, 협상해 나가는 과정에서 자신에 대한 정체감을 강화하고 개인과 또래 집단의 자율성을 증진시키며 학교에 대한 자신감과 소속감을 갖는다.

교사는 유아의 말, 몸짓, 표상과정을 관찰하여 적절한 질문과 피드백을 통해 지원함으로써 유아의 학습 동기와 흥미를 자극하고 발견이 최대화되도록 개별 또는 집단으로 중재한다.

교사는 유아가 흥미를 갖는 놀이나 하고 있는 놀이 자체에 관심을 갖고 상호작용하고자 노력한다. 뿐만 아니라 교사 또한 **놀이의 일원으로 공동의 관심사에 전념**한다. 유아의 제안이나 질문을 경청하고 유아의 생각을 알고자 하며, 제안은 하되 지나치게 도와주거나 개입하지 않는다.

결국 교사의 중심 역할은 유아들 간의 대화, **공동 작업, 이론의 공동 구성을 자극하고 지원**하는 데에 있다. 이를 위해 레지오 학교 교사들은 유아의 성장해 온 역사를 중시하며 유아·교사·부모 간의 강하고 **지속적인 관계**와 가정과 같은 분위기를 중요하게 생각하기 때문에 3년간 동료 교사와 함께 한 반을 맡아 운영한다. 유아와 부모에 대한 지속적인 상호 관계를 형성함으로써 교사는 새로운 적응의 시기를 줄이고 일정 기간 내에 일정한 교육의 목표를 달성해야 하는 초조감 없이 안정감 있게 학급을 운영하며, 장기 프로젝트 또한 수행해 나갈 수 있다.

레지오 학교에서는 교사 간 뿐만 아니라 교육 조종관, 아틀리에리스타, 그 외 학교의 전 직원이 함께 교수학습의 문제와 책임을 공유한다. 레지오의 교사들은 끊임없는 실험과 기록화를 수행함으로써 **정기적인 교사 간 공동체**를 통해 그때그때 유아의 잠재력을 학습에 반영하고 이후 학습의 방향을 협의하고 지원해 나간다. 이러한 과정에서 교사 자신도 발전한다고 믿는다. 사회적 상호작용과 관계를 중시하는 이러한 레지오의 학교들을 Katz(1993)는 '대가족 모델', '가족 모델'이라 하였다.

진정한 의미의 상호작용은 한 가지 주제를 가지고 유아들이 공동의 목표를 향해 문제를 공유하고 해결을 위해 협의하고 **논의하는 과정에서** 문제를 인식하고 조정하면서 **타협안(negotiation)을 도출**하는 상호작용을 말한다.

● 교사 중심적인 상호작용 유형

유아는 언제나 교사를 향해 말하고 교사는 항상 유아의 말에 피드백을 주므로 유아 간의 의사소통이 부족한 수동적인 상호작용이다.

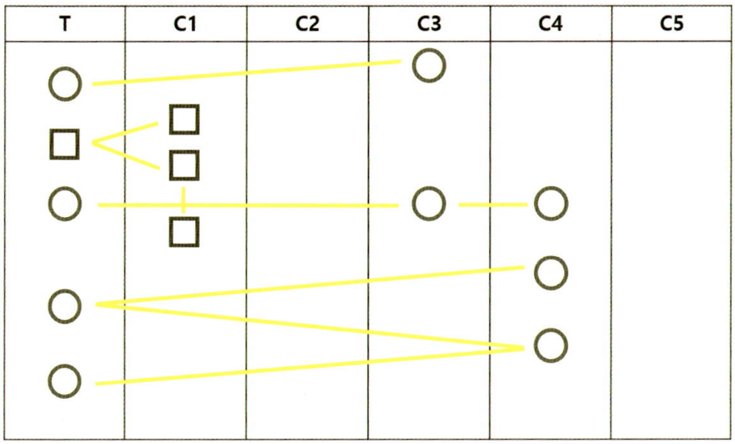

● 유아 간의 산발적인 상호작용 유형

유아들에게서 많은 주제가 산발적으로 발현되지만 내용 전개가 부족하다.

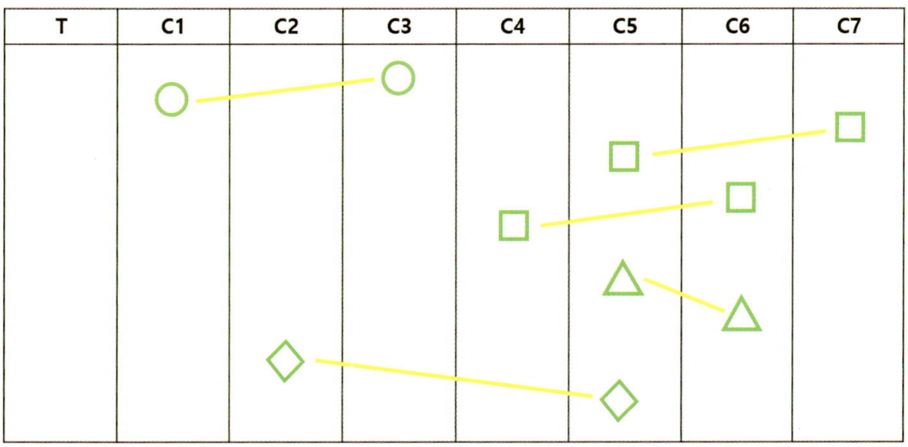

● 협의, 논의가 내재된 진정한 상호작용 유형(negotiation)

유아들 간에 공동의 문제를 해결하기 위해 협의하고 논의해 나가는 과정에서 타협안을 도출하게 되는 진정한 상호작용이다.

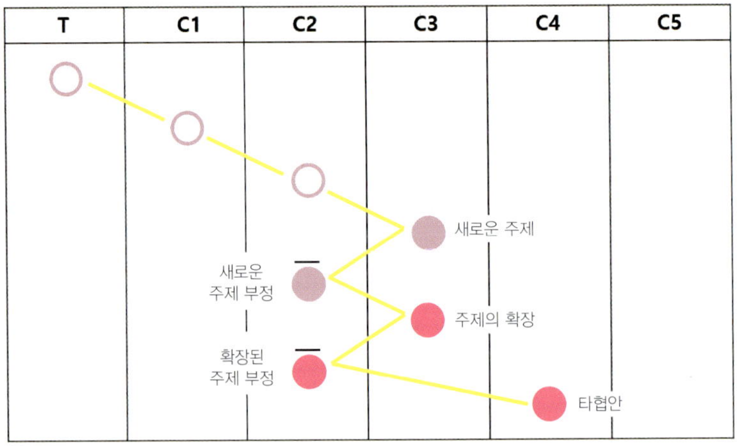

현장 교사들은 기존의 틀을 벗어나는 데 어려움을 느끼기도 하지만 자신과 유아들의 변화를 발견해 나감을 알 수 있다.

> 여태까지는 제가 유아들에게 지식을 전달해 주었잖아요. 갈등을 많이 느꼈거든요… 이야기 대형을 바꿨어요. 반원에서 원형으로… 처음에는 유아들도 의아해 했어요. 일단 대형의 변화를 가지면서 "나는…" 이라는 표현을 써서 친구들한테 말하도록 하였어요. 몇 번 했더니 생각보다 빨리 상호작용이 되었어요. 질문이 많은 유아들을 중심으로 지금은 상호작용 부분에서 자랑스러워요. 제가 물어보고 싶은 질문을 유아들이 해요. 그런데도 제가 막 나서고 싶은 충동을 많이 느껴요(T교사).

T교사는 달라지는 자신과 유아의 변화를 보여 주었다. **진정한 의미의 상호작용이란** 교사 중심적인 탐구 형태가 아니라 **유아들 간 공동의 문제를 향한 협의와 논의가 이루어지면서 타협점을 도출하게 되는 농구 형태**이다. 사회적 상호작용 시, 참여자 간의 충분한 공유 의미, 간주관성이 확립될 때 의사소통은 활성화된다. 일단 유아들이 진정한 상호작용을 경험하고 나면 협의하는 방법을 학습하게 된다. 교사는 이러한 이해를 가지고 유아들의 잠재력을 믿고 기다릴 줄도 알며 개입하여 피드백을

하되, 문제를 해결해 주거나 답을 주기보다는 유아의 생각을 밖으로 끌어내도록 유도함으로써 진정한 상호작용이 이루어지도록 지원해 나감을 알 수 있다.

교사들은 계획한 학습 내용을 전달하기보다 유아들이 또래, 매체, 환경과 상호작용하면서 각자의 의미를 더하며 함께 이론을 만들어가도록 지원한다. 유아들 간의 상호작용 가능성, 프로젝트의 적용 가능성 등은 흔히 발달이론가들이 말하는 연령에 따른 일반적 발달 수준으로 결정되는 것은 아닌 것 같다. 오히려 **유능하고 유연하며 자율적인 유아의 능력에 대한 교사의 신념과 이해**가 있을 때 가능하다. 교사들은 놀이가 프로젝트로 되고, 프로젝트가 놀이로 흐르는 교육과정을 현장에 적용하면서 쉽게 이러한 개념들에 접근하며 의식하지 못하는 사이에 적절한 지원을 해 나가고 있음을 볼 수 있다.

교사의 가치관이나 학습 이론에 따라 교사와 유아 간 대화의 내용은 달라진다. 진정한 유아의 생각을 토대로 이루어지는 대화는 새로운 정보를 계속적으로 제시하는 형태의 행동주의 대화 방식이나 강화를 위한 칭찬과 인정을 지속적으로 주는 성숙주의 대화 형태와도 다르며 유아에게 갈등을 갖게 함으로써 스스로 조정점을 찾도록 하는 구성주의 대화 유형과는 차이가 있다. **유아의 생각에서 타협점이 도출되는 언어적 상호작용의 특징**은 대략 다음의 흐름을 따른다.

- 유아의 말에 정보를 더해 주거나 갈등을 제기하기보다는 유아가 자유롭게 이야기하도록 한다.
- 유아가 관심을 갖거나 초점을 두는 바 또는 이전 경험을 알아내기 위해 유아의 생각을 자유롭게 분출하도록 한다.
- 유아가 관심을 갖는 현재 상황이나 관찰한 바를 믿고 그 토대 위에 낯선 질문을 던진다. 소위 'Believe & Doubt' 방식이다.
- 유아의 생각을 자유롭게 분출하도록 한 후 학습의 잠재력이 풍부한 방향으로 탐색의 맥락을 만들어간다.
- 학급 유아들이 집단으로서 청중으로 역할을 하므로 공동의 문제를 학급에서 의사소통하고 관심을 보이는 유아들이 탐색 집단을 형성한다.
- 항상 유아들이 놀이 흔적을 따라가면서 기록하고 소통할 수 있도록 가시화한다.

E학교 5세반 유아들은 반성적 모임 시간에 교실 한가운데 모여서 현재 달팽이 그룹들이 탐색하고 있는 달팽이에 3세 동생들이 관심을 보이는 문제에 대해 달팽이가 누구의 것인지 협의한다. 다음의 협의 과정을 거치면서 유아들은 결국 달팽이 그룹을 없애기로 하였다.

1. T 우리 달팽이들에 대해서 문제가 하나 있는데, 그건 그게 누구 거냐는 거야.
2. R 그건 모두의 것이지.
3. E **아니야, 그건 그것들을 발견한 아이들 거야.**
4. H **그건 달팽이 그룹에 속한 거야.**
5. J **그건 그들을 돌보는 모두에게 속한 거야.**
6. C **그건 모두의 것이야.**
7. C **그런데 1반이랑 2반은 아니야.**

…… 중략 ……

53. R **학년이 끝날 때, 모두가 달팽이를 집에 가져가야 해.**
54. T 만약 **학년 말에 5마리 달팽이 밖에 없으면,** 그럼 어떻게 돼?
55. C 내가 생각한 것은...우리가 처음 **달팽이 넣었던 조그만 박스들 기억나?** 우리가 잡았을 때마다 박스 중 하나에 넣었는데 달팽이들이 나오지 못하게 아래로 향해서.
56. N **만약에 우리가 자연으로 달팽이를 가져다 주기 원한다면,** 네가 발견했다 해도 네가 가지길 원하지 않고, **자연으로 돌려주고 싶다면, 그럼 그것을 자연에 돌려줄 수 있어.** 넌 그냥 어떤 곳에다 그것을 두면, 달팽이는 자기 집으로 기어갈 수 있을 거야.
57. Z **너희들 사람들이 엄마가 있는 것처럼 달팽이도 엄마가 있는 거 알아? 엄마들은 그 아이들을 찾을 거야. 그리고 네가 그들을 데려가면, 그건 야외에 사는 벌레들을 훔치는 게 되는 거지.** 단지 펫스토어에서 가지고 싶은 어떤 것을 발견한 거라면, 넌 그 동물을 사고 집에 데려갈 수 있어. 그러나 **자연에 있는 어떤 것을 가져갈 수는 없어. 그것은(달팽이) 그것(자연)이 집이니까.**
58. T **그럴 수 없다고?**
59. N **자연 도둑질인 거야.**
60. E 응, 자연을 훔치는 거라 불리는 거고, **그건 세상을 돕지 않고, 세상을 더 나쁘게 만들어.**
61. C 자연을 훔치면 감옥에 가게 될거야.
62. J 그럼 만약 **그게 자연 도둑질이라면 우리는 왜 달팽이 그룹을 하고 달팽이를 찾으려고 하는 거야?** 왜 심지어 그걸 발견하려고 하는 거야?
63. T 잭 질문에 대답할 수 있겠어 졸라야? 잭이 너한테 질문을 한 건데? 넌 그게 훔치는 거라고 했고, 잭은 만약 그게 훔치는 거라면 달팽이 그룹을 왜 만들었냐고 묻네.
64. Z **달팽이 그룹을 만드는 게 좋은 생각이 아니야.**
65. C **좋은 생각이야.**
66. J 그럼 왜 진짜 달팽이 그룹을 만들었어? 만약 그게 자연 훔치기라면 우리는 왜 심지어 그걸 만든 거야?
67. N 그럼, 넌 그것을 만든 사람한테 물어봐야 돼. 다른 사람한테 물어본 게 아니라 **달팽이 그룹을 하기 원한 사람에게 물어봐야 해.**

68. Z 왜냐면 만약 자연을 훔치는 거라면, 달팽이는 집이 그리울 거고, 엄마와 함께할 수 없어. 그건 나빠. 왜냐면 엄마를 그리워할 거거든. 그리고 그럼 행복하지 않을 거고 엄마한테 돌아가길 원할 거야. 그리고 그럼 넌 달팽이를 가질 수 없게 돼. 그게 내가 그것이 좋지 않은 아이디어라고 말한 이유야.
69. J 오케이 그럼 이런 질문조차 안 하게 될 거야. 왜냐면 달팽이 그룹을 더 이상 하지 않으니까.
70. T 너희는 우리가 달팽이 그룹을 가져야 될 것 같아, 아니면 가지지 말아야 될 것 같아?
71. G 안 가져야 돼.
72. T 난 홉한테 물었어. 왜냐면 홉이 손들었거든.
73. H 그럼 달팽이 그룹을 못해. 왜냐면 달팽이 그룹이 있으면 우린 아기 달팽이를 데려올 수가 있는데 그럼 더 많은 아기 달팽이가 엄마들로부터 태어나야 돼. 그럼 그게 계속 되어야만 해. 그리고 그럼 달팽이들은 계속 태어나야 될 거고. 왜냐면 우리가 아기 달팽이를 계속 훔치니까. 그리고 아기 달팽이를 훔치는 건 좋지 않아.
74. E 그리고 아빠 달팽이, 엄마 달팽이, 아기 달팽이, 모든 달팽이들이 슬퍼질 거야.
75. H 특히 아기 달팽이. 특히.
76. K 만약 네가 아기 달팽이를 데려오면 넌 그 아이를 아프게 하는 거고 그건 나빠.
77. N 근데 만약 네가 그들 부모를 데려오면, 부모들이 아기를 돌볼 수 없게 돼.

(달팽이 그룹 반성 모임, E학교 5세 놀이나눔 시간)

2. 기호의 발신과 낯섦의 창조

우리의 학교교육은 미리 준비된 교수 설계에 따라 정답을 찾는 방식으로 이루어지고 있다는 점에서 재현의 교육으로부터 그리 멀리 벗어나지 못했다. 그러나 Deleuze는 배움을 **'기호와의 우연한 마주침'** 또는 **'차이 생성에의 몰입'**으로 정의함으로써 차이를 생성하는 창조의 교육론을 제안한다. 놀이하는 유아들과 상호작용하는 교사의 역할은 크게 두 가지로 정리할 수 있다. 첫째는 기호의 발신이며, 두 번째는 낯섦의 창조이다.

2.1 기호의 발신

'학습자와 함께 배우는' 교사는 학습자에게 다질적인 기호를 발신한다. 이 '기호의 발신'이 Deleuze의 가르침 행위의 핵심이다. Deleuze에 따르면, 기호는 '다질성'을 함축하고 있다(Deleuze, 1968:2004). 기호의 다질성으로 인해 기호와의 마주침에 응답하는 행위는 결코 동일할 수가 없다. 교사는 학습자와 함께 배우면서 **다질적인 '기**

호를 발신'한다. 바로 여기에 가르침의 의의가 있다. 교사는 학습자보다 모호한 기호를 훨씬 예민하게 수신하고, 다질적인 의미로 풍요롭게 표현할 수 있다. 기호의 해석과 표현의 역량, 배움의 역량이 학습자보다 높기 때문에 차이 있는 이념에 잠입하는 역량 역시 학습자보다 많다. **교사는 배움의 이념에 매우 깊게 잠입해 다양한 특이성을 합성하고 다채로운 문제-장을 생성**할 수 있다. 좋은 교사는 스스로 '기호와의 마주침' 또는 '차이 생성에의 잠입'이라는 배움의 행위를 보다 적극적이고 강렬하게 실천할 수 있는 역량을 지니는 사람이다.

교사가 학습자와 함께 배우는 행위와 기호의 발신은 어떤 관계를 맺는가? 교사가 수행하는 강도 높은 배움 운동에 포함된 기존 앎의 와해와 차이 생성의 반복은 학습자에게 '기호'로 다가온다. 학습자는 함께하는 교사의 행위를 기호로 수신한다. 학습자는 다질적인 의미를 지닌 교사의 특정한 행위를 동일하게 재현하거나 모방할 수 없으므로, '특정한 운동을 창시'하면서 기호에 응답한다(Deleuze, 1968:2004). 교사의 급진적이고 자유로운 와해와 생성의 운동을 기호로 수신한 학습자는 그 기호를 자신의 배움, 즉 차이 생성을 위한 자양분으로 삼는다. **학습자와 함께하는 교사의 배움 행위가 학습자에게 기호로 다가와 새로운 배움을 촉발**시킨다. 이런 점에서 교사의 배움은 학습자에게 가르침의 행위에 해당한다. 이런 맥락에서 Deleuze에게 교사의 배움 경험은 곧 학습자들에게 가르침의 경험이다(Bogue, 2008).

요컨대, Deleuze에게 가르침이란 배움을 함께하는 학습자에게 기호를 발신하는 행위다. 또한 기존의 앎, 관점, 인식 능력을 와해시킬 수 있는 낯섦, 곧 차이를 생성하는 행위다. 가르침은 학습자와 함께 배움을 실천하는 교사가 낯섦을 창조하여 학습자에게 이를 강한 기호로 발신하는 행위이다. 이렇게 볼 때 가르침은 배움과 다른 별개의 행위라기보다는 배움이라는 차이 생성 행위를 더욱 강도 높고 적극적으로 실천하는 것이다.

2.2 낯섦의 창조

Deleuze적 의미에서 성공적인 교육법 내지 교수법은 교사가 학습자와 배움이라는 차이 생성 행위를 함께 실천하면서 상투적이고 온건한 재현의 길로 빠지지 않고 차이와 우연, 생성이 야생적으로 요동치는 이념의 장으로 '보다 깊숙이', '보다 강렬하게', '보다 용감하게' 빠져드는 것이라고 할 수 있다.

Deleuze적 의미에서 '좋은' 교수법은 학습자로 하여금 차이 생성의 한가운데로 더 적극적으로 빠져들 수 있도록 강렬하고도 낯선 문제-장을 형성해 주는 것이다.

즉, 학습자가 기존의 방식으로 재인 가능한, 현실화된 앎, 관점, 인식 능력을 보다 철저하게 와해하도록 해 주는 것이 바로 좋은 가르침이다. 또한 학습자로 하여금 차이 생성의 세계를 경험하고, 보다 강도 높게 차이를 표현하도록 하여, 보다 강렬하게 새로움을 생성하도록 하는 것이 Deleuze적 의미에서 좋은 가르침이라고 할 수 있다.

유아가 아이디어를 드러내게 하는 중요한 기제는 유아가 가지고 있는 발달적 차원의 기술적 문제이기보다는 유아가 감응하고 사유할 수 밖에 없는 **마주침과 낯섦을 주는 맥락적 단서** 즉, 교사가 제시하는 매체나 상호작용의 조건이다.

유아가 무엇을 가시화할지 차이를 생성하는 **교사의 낯선질문**도 중요하다. “자전거를 그려 보자.”, “사람이 자전거를 탔을 때 어떻게 움직이는지 그려 보자.”, “모르는 동생이 알 수 있도록 그려 보자.” 등의 낯선 질문은 유아의 차이 나는 탐색을 불러올 수 있다. 다음의 G교사와 V교사는 **교사의 매체 제시 조건**이 유아의 자유로운 탐색을 격려할 때, 유아들은 놀이에서 새로운 매체 활용 방식을 창안하고 놀이 안에서 다른 친구들에게도 전해져 물든다고 말한다. 다양한 재질, 형식, 모양을 가진 종이 매체를 제공하거나 다양한 방법으로 생각을 드러내도록 제시한다면 유아들은 자료를 배열하고 조직하는 방식을 학습한다. 이는 아래의 사례에서 볼 수 있다.

그림으로 표현하는 방법을 몇 번 제시해 주면 다른 경우에도 생각을 하면서 그릴 뿐 아니라 큰 종이, 작은 종이를 달라고 하거나 칸을 나누고 순서를 정해서 그릴 줄을 알아요. 아이들이 자기 생각을 체계적으로 표현하는 방법을 알아 가는 것 같아요(G교사).

읽긴 하는데 쓰지 못하는 아이가 있었어요. 다람쥐가 얼마나 자는지 좋아하는 기호를 사용하여 그리자고 했더니 동그라미를 15개 그렸어요. 밤은 별, 낮은 새를 그려서 표현하고, 동그라미를 둘로 나누어 밤을 검정색으로 표현하였어요(V교사).

유아들은 세상의 많은 것들에 대해 여전히 발견하고, 알아내고, 탐구하고 있는 과정 속에 있는 것이 어린 시절의 많은 즐거움 중 하나이다. 유아들은 함께 모여서 세계에 대한 자신들의 관찰을 토론할 때, 각자의 개인적인 배움의 의미를 깊게 하고 이론을 함께 만들어간다. 각자의 서로 다른 의미의 조각들을 모아 세상의 좀 더 완벽한 그림을 만든다.

우리 교실에는 구성놀이 영역에 헬멧이 충분하지 않기 때문에 동생들 반에서 가지고 있는 헬멧을 빌려야 한다. 그러나 3세 반 선생님은 동생들도 놀이에서 헬멧을 써야 하기 때문에 놀이가 끝나면 반드시 돌려 달라고 요청했다. 우리 교실은 모든 유아들이 쓸 수 있는 충분한 헬멧을 가지고 있지 않다는 것을 깨달으면서, 교실에 헬멧을 더 살 것을 제안하였다. 교사들은 물건을 사기 위해서는 돈이 필요하다고 하였고, 학교에 새로운 헬멧을 살 돈이 무제한 있는 것은 아니라고 이야기하였다. 그 지점에서 유아들은 **돈이 어디에서 오는지** 생각해 보았다.

시온 : 우리는 돈을 살 수 있어.
교사1 : 돈을 산다고? 어떻게 돈을 살 수 있을까?
로버트 : 그냥 돈 가게에 가서 살 수 있어요.
아리아 : 잠깐, 잠깐, 잠깐. 어른들이 일하러 가서 돈을 사면 그러면 더 많은 돈을 가지고 돈을 더 벌 수 있고 돈이 은행에 들어가거나 작은 컵에 넣을 수도 있고 작은 라인이 있는 곳에 돈을 던져 넣을 수도 있고 바닥에 작은 동그라미에 돈을 던져 넣고 나서 얼마나 많은 돈이 있는지 볼 수도 있어.
교사2 : 집에 돼지 저금통이나 돈 있는 사람 있어? 너희가 가지고 있는 돈은 어디에 보관하니?
그레이스 : 내 앞치마 주머니에 안전하게 보관해.
교사2 : 그러나 그 돈은 어디에서 왔어? 그 돈이 어디서 났니?
그레이스 : 음, 생일 가게에서 왔어. 내 생일 선물처럼.
교사2 : 조이, 집에 돈이 있다고 했잖아. 돈 어디서 났니?
조이 : 가게에서 돈을 다 가져왔어.
교사2 : 가게에서 돈을 받았단 말이니? 왜 그들은 너에게 그것을 주었을까?
조이 : 그들은 내 돈을 모두 엄마의 지갑에 줬어.
교사2 : 말로, 너도 집에 돈이 있니? 너는 어디에 돈을 보관하니?
말로 : 나는 내 돈을 위층에 두고 문이 잠겨 있어서 아기가 그것을 갖지 못해.
교사2 : 그리고 그 돈은 어디에서 갖게 됐니?
말로 : 우리 아빠가 가지고 있었다고 생각해.
에단 : **우리 아빠가 동전 몇 개를 가지고 일을 하러 갔었고 동전 몇 개를 가지고 집으로 돌아왔어.**

(돈-돈-돈, 재원과 그것의 출처에 대해 생각하기, E학교 4세)

7 공유하며 만들어가는 놀이

1. 공유하며 놀이 계획하기

놀이중심교육에서 교사가 놀이를 자율적으로 계획하는 방법에는 여러가지가 있겠지만, 어제의 놀이를 공유하면서 오늘의 놀이를 유아주도로 계획할 수 있다. 아침마다 교사는 놀이 회상시간을 갖는다. 놀이 전 회상하는 시간에 벽면에 부착된 모니터를 통해 교사가 준비한 어제 했던 놀이 기록 장면들을 보면서 유아들은 어제 놀이를 떠올리며 오늘할 새로운 놀이에 대한 생각과 아이디어를 계획한다.

어제 무슨 놀이했었지?
창문에 그림 그려 붙였어. 나는 오늘도 이어그림 그릴 거야…
라이트테이블에 음악이 나올 수 있게 해달라고 했지?
음악 듣고 그림으로 그려보면 재미있겠다…
수놀이에 줄자로 고은이에게 까지 가기로 했어. 고은아 우리가 간다~~~~!
어제, 이 글자 퀴즈 누가 만들었지? 맞춰볼까? 오늘 더 많이 만들거야…
구성놀이에서 투호놀이할거야… 팽이놀이 함께하자!!

놀이 회상시간이 끝난 후, 유아들이 자유롭게 놀이를 선택하도록 교사는 놀이 공간을 외치며 출발신호를 보낸다. 유아들은 자신이 하고싶은 놀이를 자유롭게 선택하여 이동한다.

창문에 이어 그림그리기 출발~
라이트테이블 출발~
창문에 이어 그림그리기 출발~
라이트테이블 출발~
수놀이, 줄자 만들기 출발~
메시지 언어놀이, 글자퀴즈 만들기 출발~
민속놀이 출발~

이러한 회상시간을 준비하는 것은 교사에게 쉽지 않은 하루 일과 중 하나이다. 하지만 이전의 놀이 평가와 계획은 놀이를 단순히 나열하여 이야기 나누는 것에 그쳐서 다음 놀이를 어떻게 이어가야 할지 교사도 유아도 생각할 기회가 적었다. 유아 각자의 독특한 놀이 흐름이 드러나지 않고 놀이가 임의적으로 계획될 수 밖에 없었다. 그러나 놀이 회상시간을 가지면 굳이 교사가 놀이를 계획하지 않아도 유아들은 놀이를 회상하면서 각자의 놀이 욕망에 따라 선택하여 자연스럽게 놀이가 흘러간다. 놀이를 만들어가는 유아의 주도적인 모습이 연속적으로 읽혀진다. 놀이 나눔 속에서 다음 놀이를 계획하는 순환적 과정을 거치기 때문에 교사주도의 계획이 아니라 유아중심의 자발적인 놀이가 이어진다.

놀이를 회상하고 선택한 유아들이 각자 선택한 놀이공간으로 흩어져 놀이하는 동안 교사는 유아들의 놀이를 관찰하고 기록한다. 놀이 흔적을 따라가는 수평적 공간 기록을 통해 교실의 다양한 공간에서 일어나는 놀이를 한눈에 볼 수 있다. 교사의 눈에 띄는 한가지 놀이에만 집중하여 기록하는 것이 아니라 교실에서 이루어지는 전체 놀이를 골고루 관찰하고 기록할 수 있는 장치가 된다. 공간별 놀이하는 유아의 놀이 내용과 내부작용 및 흐름을 기록하다보면 기록하는 교사는 오늘 의미 있었던 놀이가 왜 일어나게 되었는지 어떤 방향으로 흘러가고 있는지, 어떤 지원을 하면 더 풍성한 놀이가 될지 지원을 고민하는 시간을 가지게 된다. 교사가 포착하는 기록영상이나 내용은 다음놀이를 만들어가는 평가나 계획시간에 놀이 공유를 위해 사용될 것이다. 이러한 과정을 반복하면서 교사 또한 놀이에 대한 이해가 높아지고, 놀이 경험을 통한 유아의 자연스러운 배움을 읽을 수 있게 된다.

유아의 놀이에 흔적을 따라가는 기록은 흔히 교사 주도로 계획, 실행, 평가하는 활동계획을 하지 않아도 유아의 놀이를 따라가며 놀이의 흐름과 상호작용을 알 수 있으며, 놀이의 전체과정을 들여다 볼 수 있다. 따라서 사후에 배움을 분석하고 지원하는데 유용하다. 기록은 매일 유아의 다채로운 놀이를 드러내므로 놀이와 경험을 연결하여 볼 수 있어서 교사의 놀이 평가와 지원을 체계적으로 할 수 있는 협의와 연구자료가 된다. 이렇듯 기록은 미리 계획하는 활동에서 벗어나 놀이를 자율적으로 계획하고 지원하는 교사의 실행역량 함양을 위해 필요하다. 유아에게 놀이의 자유를 준다는 것은 교사가 놀이를 기록하면서 적절한 지원을 고민하고 실천하는 것을 의미한다. 자유놀이 시간 동안 교사는 유아와 함께 놀이하며 유아로부터 배우고, 필요한 경우 상호작용하며 지원한다.

놀이가 끝나면 유아들은 함께 모여 놀이 경험을 나눈다. 이때 교사는 오늘 일어난 놀이 사건과 경험에 대한 기록을 준비한다. 기록 영상은 자발적인 공유를 불러온다. 오늘의 놀이를 평가하며 우연하게 일어난 사건과 경험 속에서 자연스럽게 배우는 유아들을 발견할 수 있다. 놀이 공유와 평가는 자연스럽게 다음 놀이 계획으로 이어진다.

창문에 붙일 그림 그리면서 번지지 않게 뒤집어서 색칠했어… 좋은 생각이야.
라이트테이블에서 음악듣고 그리면서 바다가 생각났어… 둥둥 떠있는 것 같았어….
나도 그런 느낌이 나는지 들어봐야 겠다….
줄자 오늘 474까지 만들었어… 동생반 앞까지 갔어….
고은이에게 까지 가려면 얼마나 더 필요한지 알아봐야겠어….
글자 퀴즈 맞춰 봐… 내일 또 만들자!
출발선을 놓고 투호놀이 했어. 더 어렵게 해보자!
팽이가 계단 틈으로 자꾸 빠져요… 원장님 방으로 네 번이나 들어갔어….
우리 경기장을 만들면 어떨까요??

2. 공유하며 놀이 지원하기

5세반 김 교사는 학기가 시작된 3월 중순부터 며칠간 교실 구성놀이가 정체되어 활성화되지 않음을 발견한다. 교사는 구성놀이 영역 유아들의 놀이가 시작되기 전 놀이 공유, 놀이 시간 중의 기록, 놀이 후 놀이 공유 기록의 분석을 통해, 기록에 대한 해석을 토대로 빛 아틀리에를 방문하였다. 빛 아틀리에 방문 후, 교실의 구성놀이에는 빛이 더해지면서 변형되어 갔다. 변형된 교실 구성놀이는 다시 유아와 나누는 순환이 이루어진다.

2.1 공유하며 놀이 시작하기

교사는 재기록을 하면서 구성놀이 영역에서 여러 갈래의 드러나는 유아들의 놀이 흔적을 읽는다. 기록에서 볼 수 있듯이 자발적인 참여와 흥미로운 이야기가 동반되며 발전한 모습이 느껴지긴 하였지만, **교사는 놀이 직전과 직후에 지속적으로 충분한 이야기를 나누고 시작하여야 할 것 같다고 생각한다.**

T : 얘들아, 우리 주차 타워가 무너졌는데, 너희가 오늘 빛 공간에 무얼 만들면 좋을까?
민준 : 산을 만들래요!
T : 왜?
민준 : 사람들이 산에 많이 올라오니까요!
현우 : 화산이면 좋겠다!
서은 : 우와. 재밌을 거 같아요.
민준 : 공룡들이 많이 오게?
T : 화산에 공룡들이? 어? 근데 화산이면 사람들이 많이 올 수 있을까?
현우 : 아니, 나는 백두산 말한 거예요!
T : 아~ 쉬고 있는 화산을 말하는 거야?
현우 : 네!
T : 그럼 산은 어떻게 만들어야 해? 백두산은?
현우 : 높~이 완전 높이 해야 해요. 우리 유치원보다 높이! 버스 100대를 놔도 10대보다 더 높아요!!
민준 : 근데 (블록을) 맞을 거 같은데. 높으면?
T : 그렇지, 저번에도 무너져서 다칠뻔 했었잖아. 그럼 어떻게 해야 할까?
현우 : 그럼 조심해서 천~천히 쌓아요.
세윤 : 응! 천천히 꾸준히~
지인 : 헬멧을 쓰면 돼요!
T : 그러네, 그런데 오늘 당장은 헬멧이 없으니….
세윤 : (종이) 벽돌 블록으로 하면 돼죠!
서운 : 맞아도 안 아픈 블록으로요.
준호 : 맞아. 위에서 떨어지면 아프니까.
현우 : 맨 위에는 가벼운 블록을 쌓아요!
세윤 : 아래는 나무 블록으로 하고~
진우 : 맨 위에는 빨간 걸로 만들어요! 화산이니까.

2.2 놀이 흔적 따라가며 기록하기

놀이 전 구성놀이에서 무엇을 구성할 것인지 공유한 후, **유아들은 즐겁게 혼자 또는 함께 '화산', '백두산 화산' '호수', '불가사리' 등을 재미있게 구성한다. 놀이하며**

유아들은 자신들의 구성에 대해 이야기한다. 교사는 다른 영역에서 놀이하고 있는 교실 유아들의 놀이를 돌아보면서 **놀이에 개입하기보다 유아들의 놀이에 귀기울이고 기록한다.**

아이들은 확실히 나눈 이야기를 토대로 놀이에 적용하는 모습을 보였고, 더욱 구체적이고 재미있는 놀이 진행을 보인다.

안에서 쉬고 있는 화산

현우 : 화산 올릴 차례예요~ 모두 뜨거우니까 조심해!
민준 : 그럼 떨어질 것 같아.
은재 : 양동이는 왜 올리는 거야?
현우 : 백두산 화산은 안에서 쉬고 있어~

호수

민준: 호수에는 불가사리가 살아~
서현: 세모를 합쳐서 별모양 불가사리를 만들었어.

길

민준: 이건 길이야. 여기 사람들이 올라가는 거야!

한참 동안 다양한 부분들을 추가하여 구성놀이를 하던 아이들은 다른 영역을 둘러보다 정리를 위해 돌아온 교사에게 아이들은 다시 새로운 이야기를 들려준다.

2.3 생성 관점의 의미 만들기(sense-making)

아직 아이들이 구성물을 OHP, 스크린 등 빛과 그림자와 함께 연계하여 넓게 시선을 옮기지 못하는 경우가 많다. 차차 시선이 확장되어 가고 있지만 조금은 시간이 필요한 부분들이 있다. 구성물을 구성하는 데에 더 비중을 두는 경우가 많기 때문이다. 그러나 조금씩 그림자의 모양이나 색을 OHP에 함께 표현하며 이야기에 적용시켜 가는 모습을 발견한다. 우리가 구성할 실제 쌓아 올리거나 구성할 수 없는 모양, 공중에 띄우거나 배경 부분을 OHP에 올린 그림자로 표현하기도 한다.

해당 기록에는 없지만 예를 들어,

빨간색 빛 그림자가 나타나는 매체를 올려놓고,
아침이에요. 해가 떴어~
그 자리에 반달 모양 스펀지로 바꿔 두며,
이제 달이 떴어요. 밤이 됐어!

이러한 모습을 미루어 보았을 때, 이후 아이들이 구성물 그림자 형태만 확인하는 것이 아니라, **매체의 특성(뚫림/막힘), 투사를 통한 발견(투과/불투과) 등** 빛에 대한 다채로운 이야기와 함께 나아갈 수 있을 것이라 기대한다. 공간 구성 이야기와 더불어 **빛 그림자를 더욱 활용해 놀이에 깊이를 더할 수 있도록** 지하 빛과 소리 아틀리에 공간을 활용하여 이야기를 연장시키는 기회를 많이 제공하면 좋을 것 같다. 교실 공간으로 협소하거나 **필요시에 빛 아틀리에 공간을 새롭게 활용하여 긍정적인 자극을 줄 수 있어야겠다.**

분석 및 평가

재기록을 하다보니, 오늘 빛 공간 구성에서는 여러 갈래의 이야기가 표출되었다. 자발적인 참여와 흥미로운 이야기가 동반되는 부분에서도 며칠 만에 **아이들이 발전한 모습**이 느껴졌다. 아이들은 지속적으로 놀이 직전과 직후에 충분한 이야기를 나누고 시작하여야 할 것 같다. 우선, 오늘 놀이에서 크게 **네 가지 부분에 의미를 발견**했다(표시에 따른 해석).

① **언더라인** : 아이들은 고운 햇살반의 빛 공간에 구성하고자 하는 구성물은 주로 사람들이 모이길 바라고 있다. 따라서 사람들이 많이 모이기 위한 곳, 또 사람들을 위한 곳, 사람들이 즐겁고 편한 공간들을 생각하면서 구성한다.

② **적색** : 앞선 이야기 과정에서 화산에 대한 특징을 나누었다. 이 나눔을 토대로 아이들은 블록을 구성하고 그에 따라 계획한 높이나 색, 그 생김새나 위치 등을 선정한다. 내용을 적용하여 구체적인 구성을 만든다. 이를 통해 아이들과의 대그룹 이야기 나누기, 놀이 공유 시간이 얼마나 아이들에게 자극과 영향을 주는지 확인할 수 있었다.

③ **청색** : 아이들이 놀이 계획에 대해 이야기하던 중, 아이들은 스스로 문제점을 지적하고, 그에 대한 해결책을 모색한다. 이 또한 함께 고민하여 여러 가지 방법을 의논하고, 고안한 방법들을 구성하는 과정에 적용한다. 교사는 매번 사사로운 문제에 대해 "선생님!" 하며 바로 선생님을 찾기 바빴던 아이들이 자신들의 힘으로 문제를 찾고, 협력하여 문제를 해결해 나가는 시행착오 과정이 시작된 것에 큰 의미를 둔다. 앞으로 놀이 속에서 수많은 문제에 부딪히고, 주체적으로 고민하며, 함께 시행착오 과정을 즐기는 아이들이 되기를 기대하는 바이다.

④ **녹색** : 아직 아이들이 구성물을 OHP, 스크린 등 빛과 그림자와 함께 연계하여 넓게(3차원으로) 시선을 옮기지 못하는 경우가 많다. 차차 시선이 확장되어 가고 있지만 조금은 시간이 필요한 부분들이 있다. 구성물을 구성하는 데에 더 비중을 두는 경우가 많기 때문이다. 그러나 조금씩 그림자의 모양이나 색을 OHP에 함께 표현하며 이야기에 적용시켜 가는 모습을 발견한다.

(H유치원 5세 고반)

교사는 오늘 놀이에서 크게 다음과 같은 네 가지 부분의 의미를 발견한다. 김 교사가 유아들의 놀이에서 발견한 네 가지는 ① **언더라인** ② **적색** ③ **청색** ④ **녹색**과 같다. 교사의 놀이 전, 놀이 시간, 놀이 후 기록에도 다음과 같이 네 가지로 표시되어 있다. ① 아이들의 구성물은 주로 사람들이 모이길 바라고 있다. ② 놀이 나눔을 토대로 아이들은 구성하고 계획하며 내용을 적용하여 구체적인 구성을 한다. ③ 매번 사사로운 문제에 대해 "선생님!"하며 교사를 찾기 바빴던 아이들이 자신들의 힘으로 문제를 찾고, 협력하여 해결해 나가는 과정이 시작된 것에 의미를 둔다. ④ 아이들은 구성물을 OHP, 스크린, 빛과 그림자와 연계하여 넓게 시선을 옮기지 못한다. 구성물을 구성하는 데에만 비중을 두는 경우가 많다.

아직 유아들은 구성물을 OHP, 스크린 등 빛과 그림자와 함께 연계하여 3차원적 공간 구성으로 시선을 옮기지 못하고 그저 모양과 색을 고려하여 OHP의 스테이지에 구성하고 있다. 교사는 유아들이 구성물의 형태뿐 아니라, 매체의 뚫림/막힘의 특성, 빛의 투과/불투과 등 빛을 활용하여 3차원적으로 공간을 활용한다면 구성에 다채로운 이야기가 더해질 수 있을 것으로 기대한다. 하여 교실의 구성놀이 영역은 협소하고 밝아서 지하의 빛놀이 공간을 새롭게 활용하여 긍정적인 자극을 주어야겠다고 생각한다.

2.4 공동체를 통한 놀이 확장

놀이 기록이 주관적이듯 놀이와 기록을 분석하고 평가하는 의미 만들기도 교사마다 상이하다. 교실 맥락의 실천과 해석을 나누는 교사 공동체 속에서 타자의 관점을 끌어들여 지원에 대한 더나은 새로운 이론을 협의할 수 있다.

빛 놀이방에서 지원된 놀이는 다음과 같이 진행되었다. 유아들이 처음에는 어두운 공간에서 놀이를 하는 것에 어색해 했다. 따라서 교사는 유아들이 쉽게 놀이에 다가갈 수 있도록 도왔다. 덕분에 유아들은 새로운 환경에 금방 적응해 빛을 활용한 놀이를 해 나갔다.

하지만 놀이를 하다 보니 정리가 되지 않은 영역에서 유아가 어려움을 느꼈으며 이에 대해 유아들이 스스로 정리할 수 있는 방법을 함께 이야기 나누었고, 매체의 성질에 따라 분류하여 정리할 수 있었다. 놀이를 하면서 구성하는 동안 무너짐이라는 문제점이 발생하였는데 교실에서 놀이를 하면서 깨닫거나 알게 된 경험을 토대로 친구들과 협의해 문제를 해결해 나가는 모습을 보였다.

또한, 유아들이 교실에서 구성놀이를 할 때 그림자를 보지 않고 구성해 빛이 투과되는 부분을 놓치거나 높이를 신경 쓰지 않고 멋있게 구성하는 것에 국한되었다. 하지만 오늘 놀이에서 확인할 수 있듯이 아이들은 **놀이를 되돌아보는 시간을 통해 자신들의 문제점을 파악하고 다음 놀이에 보완하는 모습**을 보였다.

스스로 해결하며 놀이를 이어 나가는 유아들을 보고 점차 놀이에 대한 유아들 방식의 연구가 이루어지고 있음을 볼 수 있었다. 앞으로도 교사는 유아들이 놀이 속에서 어떤 문제를 겪고 해결해 나가는지 기록할 것이고, 유아들이 도움을 필요로 할 때 또는 교사의 지원이 필요하다고 인식할 때 유아들과 함께 동료 교사들과 함께 고민하고 문제를 해결할 수 있는 더 나은 방안을 찾고 지원할 것이다.

3. 놀이를 공유하며 다음 놀이를 만들어가기

하루를 마무리 하는 학급 모임에서 아이들은 '규칙'에 대한 이야기를 나누었다. 3개 반이 함께 사용하는 학교 정원에 피어나는 꽃들 중 마음껏 사용해도 되는 흰 꽃과 특별한 경우에만 사용하기로 약속한 노란색 꽃이 있다. 최근 노란색 꽃이 사용하기로 약속한 날짜보다 많이 사라졌기 때문이다.

교사 : 다들 우리가 약속한 꽃 사용 규칙에 대해서 알고 있지?
아이들 : 하얀 꽃은 마음껏 사용해도 되지만 노란 꽃은 약속된 경우에만 사용해.
교사 : 그런데 최근에 노란 꽃이 많이 사라진 것 같아. 혹시 흰 꽃을 사용해야 되는 경우에 실수로 노란 꽃을 사용한 친구가 있었던 걸까?
(모두 말을 선뜻 꺼내지 못함)
선 : **나는 노란 꽃 사용한 적 있어.**
교사 : 아, 그러면 (말을 자르며)
선 : **하지만 난 사용하면 안 된다는 것을 알고 있었는데 너무 사용하고 싶어서 나도 모르게 꺾었어. 앞으론 두 번 다시 꺾지 않을 거야.**
교사 : 아 그렇구나, 그래 맞아 나도 가끔은 알고 있는데도 규칙을 어기게 되는 경우가 있어. 왜 그런 걸까?
아이들 : 왜냐하면 너무나 하고 싶기 때문이야.
선 : **가끔은 그저 규칙을 순간 잊어버리기도 해.**
교사 : 맞아, 우리가 알고 있는 규칙을 가끔 기억하지 못할 때가 있어. 그럼 늘 규칙을 기억하기 위해서는 어떻게 해야 할까?
아이들 : **표지판을 만들어야 해. 사람들이 모두 알아볼 수 있도록.**

(**가끔은 규칙을 잊어버리기도 해**, E학교 4세, 하루를 마무리하는 평가 시간)

그 후 아이들은 어떠한 형식으로 어디에 어떤 표지판을 만들어 걸어 둘 수 있는지에 대해 논의하고 표지판을 제작했다. 교육은 영유아 스스로 실재를 구성하도록 지원하는 것이다. 유아들 스스로 도구를 사용하여 의미를 만들어, 영유아 자신이 발견하는 세계에 적응하도록 돕고, 세계를 변화시키는 과정을 지원한다.

4. 놀이 공유에 대한 교사 이야기

연구자는 교사와의 개별 면담을 통해 교사의 놀이 공유와 놀이 개입에 대한 교사의 생각을 들어 보았다.

아이들을 데리고 왜 빛 놀이방으로 내려가셨나요?

우리 반에서 빛놀이도 할 수 있고 구성놀이를 할 수 있지만 아이들은 바닥을 보고 놀이하면서 공간을 이용하거나 빛을 활용하지 못하는 것이 안타까웠어요. 빛 놀이터는 지하이기 때문에 아이들이 빛을 더 강렬하게 만날 수 있을 것이고 더 넓은 공간에서 전체 유아가 놀 수 있을 것이라고 생각했어요. 공간 구성 이야기와 더불어 빛 그림자를 더욱 활용해 놀이에 깊이를 더할 수 있도록 지하 빛, 소리 아틀리에 공간을 활용하여 이야기를 연장시키는 기회를 많이 제공하면 좋을 것 같아요. 교실 공간이 협소하거나 필요시에 빛 아틀리에 **공간을 새롭게 활용하여 긍정적인 자극**을 줄 수 있어야겠다고 생각했어요.

항상 적절한 놀이 지원이나 개입의 시점이 있나요? 어떤 때 놀이를 지원하나요?

놀이 개입은 놀이 상황이나 놀이에 따라 다른 것 같아요. 공간이 되었든, 자료가 되었든 유아들의 문제 제기나 물음이 있을 때 또는 놀이가 정체되거나 지루할 때 공유하여 사고를 확장시킬 수 있다는 가능성이 보일 때, 놀이의 막힘이 오래 지속되었을 때, 자극이 놀이 확장의 찰나라고 생각할 때 말로 설명할 수 없지만 느낌이 올 때가 있잖아요. **다양하게 뻗어나갈 수 있다는 느낌이 올 때.**

아이들이 놀이하고 있는 상황에서도 놀이에 대해 개입을 하나요?

뜬금없이 개입하기보다는 **놀이 구성원의 일원으로 개입하여** 질문하고자 노력하는 편입니다.

놀이에 대한 공유 모임은 어떻게, 왜 하나요?

넘어갈 때도 있지만 매일 대략 10분 정도 하는 편이에요. **사전·사후 놀이 공유는 매번 하는 편**인데요. 왜냐하면 전날 이슈에 대해 **나눔을 하고 회상을 하고 가야 다음 날 심화 확장이 되므로** 짧게라도 회상을 하는 편이에요.

자유놀이 후 어떤 방법으로 놀이 공유 모임을 가지나요?

놀이에서 이어진 내용이나 새롭게 발견된 내용을 카메라로 찍고 **SD카드를 컴퓨터에 꽂아 영상이나 사진으로 공유하는 방식을 활용**하면 놀이에 참여하지 않았던 다른 아이들도 새로운 놀이를 공유할 수 있어서 모두 참여할 수 있는 기회를 가지는 것 같아요.

교실에서 놀이에 참여하지 않거나 배회하는 아이들에게는 어떻게 하나요?

정말 감사하게도 우리 교실에는 그런 아이들이 없는 것 같은데요. 그 이유는 3월 중순 학기초부터 **놀이를 공유하는 습관**을 가지면서 놀이 공유가 자연스럽게 이루어지고 물론 그날의 관심이나 컨디션에 따라 놀이 공유에 참여하지 않는 아이들도 있지만 **아이들은 말하지 않더라도 경청하고 있으며, 경청하지 않아도 다 듣고 알고 있는 것** 같아요.

왜 그 교실에서 아이들이 놀이에 자발적으로 잘 참여한다고 생각하시나요?

다양한 놀이 공간이 준비되고, 한 놀이 공간에서도 자발적으로 참여하여 서로 다른 놀이가 이루어지고, 그때그때 관심사나 놀이 사건들이 지속되고… **놀이를 공유하고 나눔으로써 즐겁고 재미있으니까** 그렇다고 생각해요. 예를 들어, **책에 대한 아이들의 관심을 공유하고 나눔으로써 출판사나 책방 등으로 확장돼요.**

현재 교실에서 이루어지는 놀이 중심의 교육이 이전 교수학습 방법과 어떻게 다른가요?

이전에는 프로젝트 중심이어서 언제나 더 중요한 것, 더 의미로운 것을 찾아야 했기 때문에 일상에 귀기울이기가 어려웠어요. 초점이 유아 중심에 있는 것이 아니라 프로젝트를 위한 놀이, 프로젝트를 위한 기록, 기록을 위한 기록을 했던 것 같아요. **놀이 중심 교육은 결국 유아 중심이 되는 것 같아요.**

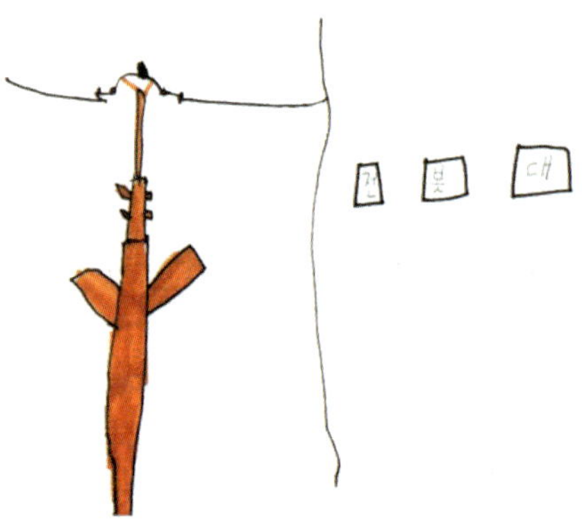

8 놀이의 예술 되기

Deleuze(1968:2004)는 『차이와 반복』에서 일상의 삶이 표준화되고 천편일률화 될수록 예술을 삶 가운데로 더욱 철저하게 끌어들여야 한다고 말한다. **예술이 지닌 차이 생성의 역량**을 일상적인 삶 속에 흐르게 함으로써, 생성의 힘을 잃고 퇴색되어 가는 우리 삶 속에 특이성의 빛깔들을 다시금 영롱하게 닦아 낼 수 있기 때문이다. Deleuze(1964:1997)는 『프루스트와 기호들』에서 예술을 통해 드러나는 본질은 차이, 궁극적이고 절대적인 차이라 하였다. 존재를 구성하고 우리가 그 존재에 대해 사유하고 이해할 수 있도록 해 주는 것이 차이이다. 우리는 예술을 통해서만 우리 자신으로부터 벗어날 수 있으며, 우리가 보고 있는 세계와는 다른, 타자의 눈에 비친 세계에 관해서 알 수 있다고 하였다. 배움의 기호로서 예술은 분리 불가성의 의미들이 복잡하게 얽혀진 실타래 속에서 유일하게 아직 아무에게도 한 번도 소유되지 않았던 지식들을 생성하게 된다. 배움의 계기인 기호를 포착하여 자신의 세계와 연결시켜 의미를 찾을 수 있도록 하는 것은 교육에서 중요한 문제로 대두되어야 할 것이다.

예술은 상투적이고 홈 패인 방식을 배제하고, 절대적이고 궁극적인 차이의 표현을 추구한다. 예술은 예술의 기호가 감싸고 있던 본질, 즉 차이를 영원히 반복하여 펼쳐 보이면서 차이를 드러내는 활동이다. 예술가는 지극히 민감한 감각으로 세계에 부유하는 미세한 차이들, 미미하면서도 고유한 특이성들을 포착하고 예술로 표현해 낸다. 따라서 예술가는 반복하기 때문에 결코 늙지 않는다(Deleuze, 1964:1997). 왜냐하면 반복이란 차이의 힘이며, 마찬가지로 차이란 반복의 힘이기 때문이다. 예술가와 마찬가지로, 배우는 자는 예술적 본질을 실현하고자 노력하기 때문에 판에 박히고 상투적인 사유와 행동에서 벗어나 차이 생성의 세계를 영원히 반복하여 추구하는 배움에 몰두해야 한다. 바로 이처럼 차이 생성을 영원히 반복하는 삶이 우리가 긍정하는 삶이다. 차이 생성을 무한히 반복하는 **예술적 삶은 바로 배움의 삶이라는 점에서 교육적 삶**이라고 볼 수 있다(김재춘, 2012). 유아들에게 놀이는 삶이다. 놀이한다는 것이 곧 예술하는 것이다. 그것이 곧 유아들의 삶이 아닐까?

5세 고반 유아들은 추운 겨울날 따뜻한 봄을 기다리는 마음으로, 바자회를 통해 감응된 '나눔'의 가치를 실천하는 예술가의 마음으로 동생들과 다른 반에 기쁨과 즐거움을 나누기 위해 함께하는 공간에 벽화를 드리운다.

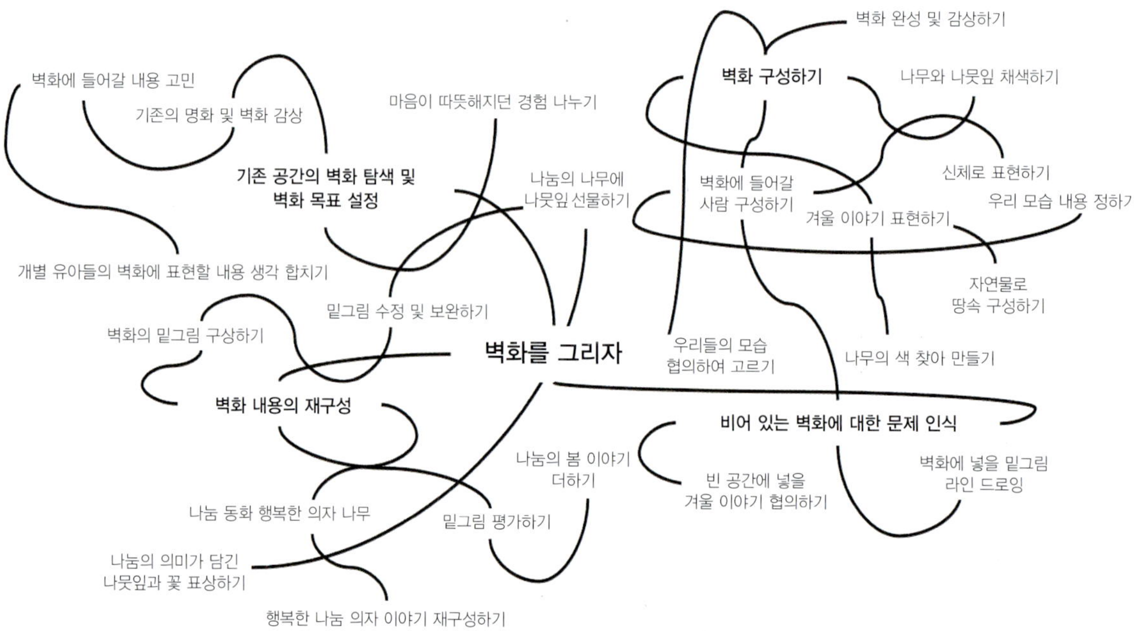

(따뜻한 봄을 기다리는 겨울 이야기 벽화 만들기, H유치원 5세 고반)

우리들의 나눔, 다시 벽공간의 따뜻함으로…

여기 봐 유치원에 벽화가 걸려있어. 이렇게 재능을 나눌 수도 있어

우리의 재능을 나눈다면 사람들에게 따뜻한 마음을 나눠 줄 수 있을 거야

우리는 그림을 모두 다 그릴 수 있으니까 우리가 그림을 그려서 따뜻한 마음을 나눠줄 수 있을 거야

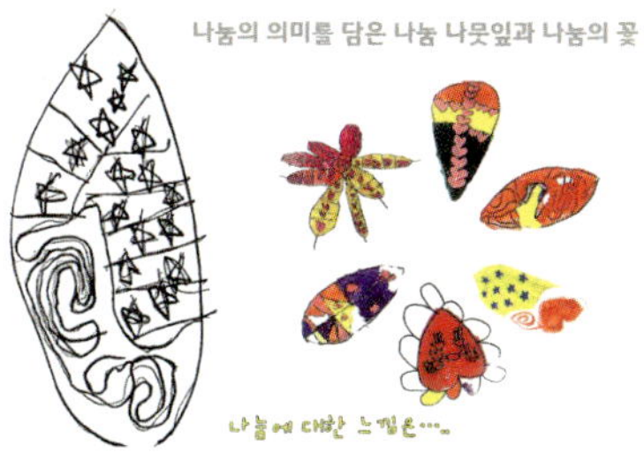

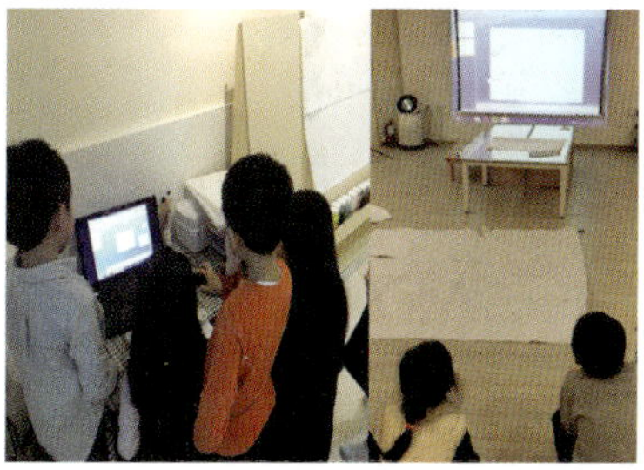

따뜻한 봄을 기다리는 겨울 이야기 밑그림 그리기

아크릴 물감으로 칠하기

우리 몸을 이용해 벽화의 사람 표현하기

우리를 그림 속으로 배치하기

자연스럽게 흙으로 채색하기

참고 문헌

곽향림, 최성운 (2016). 구성주의교사의 변화와 성장 들여다보기. 구성주의유아교육연구, 3(1), 25-53.

교육부 (2017). 제4주기 유치원 평가 중앙연수. 세종: 교육부.

교육부, 보건복지부 (2019). 2019 개정 누리과정 확정·발표. 2019. 07. 19. 보도자료.

교육부, 보건복지부(2019b). 2019 개정 누리과정 해설서.

교육부, 보건복지부(2019c). 2019 개정 누리과정 『놀이이해자료』.

교육부, 보건복지부(2020). 2019 개정 누리과정 놀이운영사례집 『만들어가는 놀이중심 유아교육』.

권영임 (2009). 유아를 위한 지속가능발전교육 방안연구. 생태유아교육연구, 8(2). 211-230.

김대현, 김석우, 김영환, 김정섭, 박수홍, 변영계, 안경식, 이상수, 유순화, 주철안, 한대동 (2008). 교육과 교육학. 서울: 학지사.

김비아 (2007). 들뢰즈·가타리의 '되기'의 정치학이 지닌 교육적 함의. 영남대학교 석사학위논문.

김비아 (2013). 들뢰즈 기호론의 교육학적 해석. 영남대학교 박사학위논문.

김상봉 (2007). 서로 주체성의 이념. 서울: 길

김양은, 임수진, 김지영 (2009). 광고제작을 통한 유아들의 미디어 이해과정에 대한 질적 고찰. 한국방송학보, 23(6), 47-86.

김영채 (2001). 학습심리학. 서울: 박영사.

김영천 (2012). 교육과정 이론화: 역사적/동시대적 탐구. 서울: 아카데미프레스.

김은희 (2004). 사회적 구성주의 패러다임의 학습공동체 실천을 통한 기관 수준의 유아교육과정 변형에 관한 연구. 유아교육연구, 24(4), 161-198.

김은희 (2006). 레지오 에밀리아 접근법의 적용과 변형 유아교육과정: 함께 반성하고 지원하며 배우기. 서울: 창지사.

김은희 (2007). 자연과 빛이 있는 생각하는 공간 만들기 : 레지오 환경원리의 적용. 서울: 창지사.

김은희 (2008). 관계의 렌즈로 들여다보기: 유아관계의 의미탐색. 유아교육학논집, 12(6), 345-376.

김은희 (2009). 관계의 렌즈로 들여다보기를 통한 교사의 사고 변화. 변형영유아교육연구, 3(1), 5-36.

김은희 (2011a). 레지오 에밀리아 접근법 만나기와 적용하기. 서울: 창지사.
김은희 (2011b). 유치원 교실에서 기록의 의미 알아가기: 3세반 두 교사의 기록 공유 내러티브를 중심으로. 한국영유아교원교육학회, 15(1), 67-98.
김은희 (2012). 민주주의 교육 실천으로서 기록의 의미: 4세반 두 교사의 기록 공유 내러티브를 중심으로. 유아교육학논집, 16(6), 485-510.
김은희 (2013). 표상하고 소통하는 유아교육을 위한 기록의 활용. 유아교육학논집, 17(6), 207-233.
김은희 (2014). 놀이와 유아교육의 진정한 어울림을 소망하며: 유아 놀이의 본질 탐색에 대한 토론. 한국영유아교원교육학회 추계학술대회 자료집.
김은희 (2017). 교육실습학기 교사론 수업에서 예비유아교사의 수업과 실습관련 내러티브 경험의 의미담색. 열린유아교육연구, 22(1), 59-93.
김은희, 김경철, 홍순옥, 임영심, 정수경 (2007). 유아교육기관에서 공동체적 부모참여의 발달과 교육적 의미. 변형영유아교육연구, 1(1), 29-44.
김재인 (2013). 들뢰즈의 미학에서 "감각들의 블록(un bloc de sensations)"으로서의 예술작품. 미학 第76집. pp. 39-72.
김재춘 (2010). Deleuze의 되기·생성의 교육(학)적 해석. 교육원리연구, 15(1), 1-38.
김재춘 (2012). 들뢰즈의 '기호와의 마주침을 통한 배움'의 교육적 의미 탐색. 교육원리연구, 17(1), 65-87.
김재춘, 김비아 (2012). 들뢰즈의 기호론에 따른 문학교육 방법 탐색. 인문연구, 17(1), 149-188.
김재춘, 배지현 (2016). 들뢰즈와 교육: 차이생성의 배움론. 서울: 학이시습.
김정원 (2016). 유아 숲 활동에서 자유놀이의 교육적 의미에 관한 문화 기술적 연구. 한양대학교 대학원 석사학위논문.
김정원, 최소린 (2016). 지속가능발전교육 수업에서 표출된 예비유아교사의 지속가능발전 교육에 대한 인 식 연구. 유아교육학논집, 20(5), 59-80.
김지은, 엄정애 (2014). 만 5세 유아를 위한 지역사회 참여 활동의 효과적인 운영에 관한 실행연구. 교과교육학연구, 18(1), 113-139.
김진숙 (2016). 제4차 산업혁명과 교육의 역할. 월간교육. 2016년 7월호.
김춘화 (2005). 유아의 놀이에 대한 현상학적 접근: 놀이 속의 말·몸짓·상상을 중심으로. 대구대학교 박사학위논문.
김혜선 (2002). 프로젝트 수행을 위한 교사와 또래들간의 협력적 상호작용: scaffolding을 중심으로 익숙한 것을 새롭게 보기. 레지오 에밀리아 국제학술대회, 178-206.

김혜진 (2019). 놀이가 예술 되기. '색'. 한국영유아교원교육학회 춘계학술대회 자료집.

김희연, 정선아 (2006). 어린이의 삶의 관점에서 본 유아보육, 교육과정의 본질: '발달'과 '교과'에 대한 재해석을 중심으로. 유아교육연구, 26(5), 355–376.

목영해 (2010). 들뢰즈의 유목주의와 그 교육적 함의. 교육철학, 48, 49–67.

박선혜, 박은혜 (2014). 국가수준 유치원 교육과정에 나타난 '놀이'의 텍스트 연결망 분석. 육아정책연구, 8(1), 181–210.

박은혜, 박세령 (2014). 유아기 지속가능발전교육 학습모형을 활용한 생물다양성교육의 과정과 의미. 교과 교육학연구, 18(1), 1–26.

박찬옥, 이한영, 이은영, 최순덕 (2015). 전문기관에 위탁운영 중인 직장어린이집의 보육프로그램 운영 현황과 요구. 유아교육학논집, 19(1), 107–133.

박태윤, 성정희 (2006). 지속가능발전교육을 위한 교사 지침서. 서울: 유네스코한국위원회 유엔지속가능발전교육 통영센터(통영RCE).

박형주 (2017). 4차 산업혁명 시대의 인재상. 4차 산업혁명 시대와 유아교육. 한국영유아교원교육학회 춘계학술대회 자료집. pp. 13–46.

반미령, 이경화 (2018). 초록반 아이들의 놀이–되기: 나무동산에서 펼쳐지는 놀이의 의미 해석. 열린유아교육연구, 23(3), 283–303.

방인옥, 박찬옥, 이기현, 김은희 (2013). 유아교육과정(증보). 파주: 정민사.

배지현 (2012). 들뢰즈 철학에서의 '배움'의 의미 탐색. 영남대학교 박사학위논문.

백종현 (2015). 인간 개념의 혼란과 포스트휴머니즘 문제. 철학사상, 58, 127–153.

서민주, 임부연 (2017). 들뢰즈의 프루스트 기호론에 기초한 유아예술교사의 역할. 학습자중심교과교육연구, 17(17), 793–813.

서영숙 (1998). 레지오 에밀리아 접근법의 특징과 한국 영·유아교육/보육에의 시사점. 열린유아교육연구. 3(1), 53–82.

서혜전, 신호정 (2011). 유아를 위한 박물관연계 지역문화교육프로그램 개발과 적용. 생태유아교육연구. 10(2), 155–190.

손영수 (2001). 유아생활세계에서의 놀이와 사고에 대한 해석학적 이해. 교육인류학연구, 4(1), 103–132.

송혜린, 노상우 (2014). 노마디즘에 나타난 '감응'의 교육. 교육철학연구, 36(4), 143–164.

신미숙 (2015). 유아를 위한 지역사회자원 활용 지속가능발전교육 프로그램 개발 및 적용효과. 중앙대학교대학원 박사학위논문.

신승환 (2019). 포스트산업시대와 포스트휴머니즘. 서울: K/Mooc.

신은수, 박은혜 (2012). 지속가능 발전 교육을 위한 유아교육과정의 재방향 설정. 육아지원연구, 7(1), 27–49.

오길영 (2005). 들뢰즈를 어떻게 이용할 것인가-유목주의와 자원주의에 관한 몇 가지 문제 제기. 비평과이론, 10(2), 145-172.

유승희 (2002). 초등교실에서 놀이수업의 접근 방안. 초등교육연구, 15(2), 283-314.

유혜령 (2001). 유아의 역할놀이 경험 양식과 그 교육적 의미: 현상학적 이해. 유아교육연구, 21(3), 55-79.

유혜령 (2004). 유아의 역할놀이에 나타난 모방과 창조의 미학. 유아교육연구, 24(3), 277-303.

유혜령 (2018). 놀이와 배움의 관계 새롭게 보기: 표상을 넘어 사건으로. 한국어린이교육문화비평학회 2018년도 연차학술대회 자료집.

유혜령 (2020). 놀이와 배움의 관계 탐색. 한국유아교육학회 추계학술대회자료집.

이경민 (2017). 새로운 시대 인재상의 유아교육적 함의: 4차 산업혁명 시대와 행복교육에서 추구하는 역량의 담론을 중심으로. 유아교육연구, 37(3), 137-156.

이경화 (2014). 국가수준 영유아교육기관평가의 평가지표에 대한 비판적 탐색. 한국교육, 41(2), 107-137.

이기숙 (2013). 유아교육과정(5판). 파주: 교문사.

이선경, Ralph Levinson (2018). 학교에서의 지속가능발전교육과 융복합교육의 통합 전략 탐색 연구. 환경 교육, 31(2), 83-99.

이영자, 진규철 (2000). 교육사회학. 서울: 학문사.

이주호 (2016). 교육개혁의 의제와 실천: 한국교육의 과거 20년과 미래 20년, 박세일·이주호·김태완 편. 한국교육의 미래전략. 한반도선진화재단. 2016년.

이주호 (2017). 제4차 산업혁명에 대응한 교육 대전환. 선진화 정책시리즈, 2, 158-189.

이진경 (2002). 노마디즘2. 서울: 휴머니스트.

이택룡(2002). 지역사회복지론. 파주: 양서원.

임부연 (2018). 학교에서 놀이교육의 현황과 과제. 이슈페이퍼, 2018년 9호.

임부연, 김은영 (2018). 누리과정개정 정책연구. 한국영유아보육학회·한국열린유아교육학회 추계통합학술대회 자료집.

임부연, 오정희, 최남정 (2008). 비구조적인 자유놀이시간에 유아들이 보여주는 '진짜 재미있는 놀이'에 관한 현상학적 연구. 유아교육연구, 28(1), 185-209.

전가일 (2015). 동네 놀이터의 특징과 의미에 관한 현상학적 연구. 유아교육연구, 35(3), 337-363.

전가일 (2018). 한 호주 놀이터의 물질성을 통해 본 놀이의 의미에 대한 포토에세이 연구. 교육인류학연구, 21(4), 121-166.

정미라, 이희선, 노은호 (2004). 유아교육기관의 지역사회 문화교육 실시 현황과 교사의 인식. 유아교육 연구, 24(1), 241-258.

정선아 (2012). 가상놀이의 즉흥성에 관한 연구: '궁전놀이'의 사례를 중심으로. 유아교육연구, 30(1), 421-446.

정선아 (2016). '어린이는 놀이로 세상을 배운다'에 대한 비판적 성찰: '세계-내-존재'와 '세계-의-존재' 관점에서. 어린이교육비평, 6(1), 5-21.

정선아, 김희연 (2011). 국가수준 유치원 교육과정 '교수,학습 방법'의 개정 방향 -유치원의 고유성과 초등학교와의 연계 강화를 위한-. 유아교육연구, 31(1), 289-307.

정수현 (2003). 교육공동체 개념에 근거한 학교평가의 방향 탐색. 교육행정학연구, 21(2), 205-257.

지옥정 (2011). '지속가능성을 위한 위한 유아교육' 사례로서의 '무심천 프로젝트'에 나타난 유아들의 지역사회 참여 내용 분석. 열린유아교육연구, 16(6), 363-382.

지옥정 (2013). 지속가능발전교육을 위한 '공원 프로젝트' 중 유아들의 공원에 대한 인식 변화 분석. 어린이미디어연구, 12(3), 373-396.

진동섭 (2008). 영·유아 보육 교사의 인간관계, 효율적인 학급운영을 위한 인간관계 맺기. 한국영유아교원교육학회 2008년 추계학술대회논문집, 13-26.

최기영, 우수영, 양진희, 이학선, 이인원 (2008). 유아사회교육. 파주: 교문사.

최명선 (2006). Deleuze와 Guattari의 지식론에 대한 교육학적 고찰-'수목적 지식'과 '리좀적 지식'을 중심으로. 교육학연구, 44(2), 161-185.

Bandura, A. (1971). *Social learning theory.* Morristown, NJ: General Learning Press.

Barad, K. (1998). 'Getting real: technoscientific practices and the materialization of reality', *Difference: A Journal of Feminist Cultural Studies, 10*(2): 87-126.

Barad, K. (2007). *Meeting the Universe Halfway: Quantum physics and the entanglement of matter and meaning.* Durham, NC: Duke University Press.

Barten, S. S., & Franklin, M. B. (Eds.) (1978). *Developmental processes : Heinz werner's selected writings.* New York: International Universities Press.

Bersani, C., & Jarjoura, D. (2002). Developing a sense of "We" in parent/teacher relationships. In V.R. Fu., A.J. Stremmel. & L.T. Hill. (Eds.), *Teaching and learning.* Upper Saddle River, NJ: Merrill.

Beyer, L. E., & Apple, M. W. (1988). Values and politics in the curriculum. In L. E. Beyer & M. W. Apple (Eds.), *The curriculum: Problems, politics, and possibilities.* Albany, NY; State University of New York Press.

Bion, W. (1961). *Experiences in groups.* New York: Basic Books.

Blanck, G. (1990). Vygotsky The man and his cause. In L. Moll (Ed.). *Vygotsky and education.* Cambridge: Cambridge University Press.

Bodrova, E., & Leong, D. (1996). Tools of the mind: *The Vygotskian approach to early childhood education.* Englewood Cliffs, NJ: Prentice-Hall.

Bogue, R. (2001). Word, imageand sound: The non-representational semiotics of Gilles Deleuze. In G. Genosko(ed.), Deleuze and Guattari: Critical assessment of leading philosophers, Vil.I.

Bogue, R. (2008). Search, swing and see: Deleuze's apprenticeship in signs and pedagogy of images. *Nomadic education: Variations on a theme by Deleuze and Guattari.* Sense Publishers, Rotterdam.

Bowlby, J. (1969). *Attachment and loss. vol. 1: Attachment.* New York: Basic Books.

Bredekamp, S., Coople, C., & Neuman, S. B. (2000). *Learning to Read and Write: Developmentally Appropriate Practices for Young Children* (NAEYC series #161). National Association for the Education of Young Children.

Bronfenbrenner, V. (1995). Ecological Systems Theory. In R. Valsa (Ed.), *Annals of Child Development.* Greenwich, CT: JAI Press, Inc. Vol. 6, 187-249.

Brundtland, G. (1987). *UN Brundtland commission report. Our common future.* UK, London: Oxford University Press.

Bruner, J. S. (1962). *The process of education.* Cambridge, MA: Harvard University Press.

Bruner, J. S. (1996). *The culture of education.* London, England: Harvard University Press.

Buber, M. (1965). *The Knowledge of man.* New York: Harper Collins.

Caiman, C., & Lundegard, I. (2014). Pre-school children's agency in learning for sustainable development. *Environmental Education Research, 20*(4), 437-459.

Cannella, G. S. (2002). 유아교육이론 해체하기: 비판적 접근. (유혜령 역). 서울: 창지사. (원본 1997년).

Colebrook, C. (2002). *Gilles Deleuze.* London and New York: Routeledge.

Colebrook, C. (2006). *Deleuze: A Guide for the Perplexed.* London and New York: Continuum.

Dahlberg, G. (2003). 'Pedagogy as a loci of an encounter', in M. Bloch, K. Holmlund, I. Moqvist and T. Popkewitz (eds) Governing Children, Families and Education: Restructuring the Welfare State, New York: Palgrave McMillan.

Dahlberg, G., & Lenz Taguchi, H. (1994). *Forskola och skola: Omm tva skilda traditioner och om visionen om en motesplats* [Preschool and school: Two different traditions and the vision of a meeting-place]. Stockholm: HLS Forlag.

Dahlberg, G., Moss, P., & Pence. A. (1999). *Beyond quality in early childhood education and care: Postmodern perspectives.* London, England: Falmer Press.

Dahlberg, G., Moss, P., & Pence. A. (2007). *Beyond Quality in Early Childhood Education and Care: Postmodern Perspectives,* 2nd edn. London: Falmer Press.

Dahlberg, G., & Moss, P. (2005). *Ethics and Politics in Early Childhood Education.* Oxfordshire: Routeledge Falmer.

Dahlberg, G., & Moss, P. (2017). Introduction. In L. M. Osson (2017). 들뢰즈와 가타리를 통해 유아교육 읽기: 운동과 실험 (이연선, 이경화, 손유진, 김영연 역). 서울: 살림터. (원본 2009년).

Davies, B. (2010). "The implications for qualitative research methodology of the struggle between the individualized subject of phenomenology and the emergent multiplicities of the poststructuralist subject: The problem of agency.". *Reconceptualizing Education Research Methodology 1*(1): 54-68.

Davies, B. (2017). 어린이에게 귀기울이기: '이기'와 '되기' (변윤희, 유혜령, 윤은주, 이경화, 이연선, 임부연 역). 서울: 창지사. (원본 2014년).

Deleuze, G., & Guattari, F. (1994). *What is Philosophy?* New York: Columbia University Press.

Deleuze, G., & Guattari, F. (1999). *A Thousand Plateaus Capitalism and Schizophrenia.* London: Athlone Press.

Deleuze, G. & Guattari,F.(2003). 천개의 고원 (김재인 역). 서울 새물결. (원본 1980년).

Deleuze, G. & Parnet, C. (1987). *Dial ogues.* New York: Columbia University Press.

Deleuze, G. (1994). *Difference and Repetition,* trans. Paul Patton, London: Athlone Press.

Deleuze, G. (1997). 프루스트와 기호들 (서동욱·이충민 역). 서울: 민음사. (원본 1964년).

Deleuze, G. (2001). 니체와 철학 (이경신 역). 서울: 민음사. (원본 1962년).

Deleuze, G. (2004). 차이와 반복 (김상환 역). 서울: 민음사. (원본 1968년).

Deleuze, G. (2008). 감각의 논리 (하태환 역). 서울: 민음사. (원본 1981년).

DeVries, R., & Kohlberg, L. (1987). *Constructivist early education: Overview and comparison with other programs.* New York: Longman.

Dewey, J. (1933). *How we think: A restantement of the relation of reflective thinking to the educative process.* Boston: Heath. (Originally published in 1910).

Dewey, J. (1934). *Art as experience.* New York: Capricorn.

Dewey, J. (1936). The social significance of academic freedom. *The Social Frontier, 2*(6), 165–166.

Dewey, J. (1938). *Experience and education.* John Dewey: The later works. Vol.13. Carbondale and Edwardsvill: Southern Illinois University Press.

Dewey, J. (1966). *Democracy and education.* New York: The Free Press. (Original work published 1916).

Dewey, J. (1969). *Education and experience.* Toronto, Ontario: The Macmillan Company. (Original work published 1938).

Dewey, J. (1998). *Experience and education*: the 60th anniversary edition. West lafayette, IN: Kappa Delta Pi. (Original Work published 1938).

Edwards, C. P. (2004). Caregiving through a relationships lens. In J. Hendrick (Ed.), *Next steps toward teaching the Reggio way: Accepting the challenge to change* (2nd ed.). NJ: Pearson Education, Inc.

Edwards, C. P., & Raikes, H. (2002). Extending the dance: Relationship–based approaches to infant/toddler care and education. *Young Children, 57*(4), 10–17.

Edwards, C., Gandini, L. & Forman, G (1993). The Hundred Languages of Childre: *The Reggio Emilia Approach-Advanced Reflections.* 2nd ed. Greenwich, Conn.: Ablex.

Edwards, C., Gandini, L., & Forman, G. (1998). *The hundred languages of children: The Reggio Emilia approach advanced reflections.* Greenwich, CT: Ablex Publishing.

Eisner, E. W. (1994). *The educational imagination: On the design and evaluation of school programs.* (3rd ed.) Upper Saddle River, NJ: Merrill/Prentice Hall.

Engdahl, I., & Rabussicova, M. (2010). Children's voice about the state of the earth and sustainable development. *International Journal of Early Childhood, 43*(2), 153–176.

Erikson, E. (1964). *Insight and responsibility: Lectures on the ethical implications of psychoanalytic insight.* New York: W. W. Norton.

Erikson, E. (1968). *Identity, youth, and crisis.* New York: W. W. Norton.

ETRI (2015). ECOsight 3.0: 미래사회 전망. Insight Report 2015–01.

Fink, E. (1946). "Nietzsches Metaphysik der Spiel", in: Bezeichnung Welt denken: Annährung an die Kosmologie. *The Cambridge Law J ournal, 9*(3), 375–375.

Fogel, A. (1993). *Developing through relationships: Origins of communication, self, and culture.* Chicago: University of Chicago Press.

Forman, G. (1993a). The constructivist perspective. In J. L. Roopnairine & J. E. Johnson (Eds.), *Approaches to early childhood education.* Columbus, OH: Merrill.

Forman, G. (1993b). Multiple symbolization in the long jump project. In C. P. Edwards, L. L. Gandini & G. E. Forman (Eds.), *The hundred languages of children: The Reggio Emilia approach to early childhood education.* (pp. 171–188). Norwood, New Jersey: Ablex Publishing Co.

Forman, G. (1994). Different media, different languages. In L. Katz & B. Cesarone (eds.), *Reflection on the Reggio Emilia approach.* University of Illinois, Urbana: Eric/EECE.

Forman, G., & Fosnot, C. T. (1982). The use of Piaget's constructivism in early childhood education programs. In B. Spod다 (Eds.), *Handbook of research in early childhood education.* NY: Macmillan.

Forman, G., & Fyfe, B. (1998). Negotiated learning through design, documentation, and discourse. In C. P. Edwards, L. Gandini, & G. Forman(Eds.), *The hundred languages of children; The Reggio Emilia approach advanced reflections. Greenwich,* CT: Ablex Publishing.

Franklin, M. B. (1973). Non–verbal representation in young children: A cognitive perspective. *Young Children, 29*(1), 33–53.

Fraser, S., & Gestwicki, C. (2000). *Authentic childhood: Exploring Reggio Emilia in the classroom.* Delmar co.

Fraser, S., & Gestwicki, C. (2003). 진정한 유아기: 레지오 에밀리아의 현장 적용 (김은희, 고문숙, 정정희 역). 서울: 정민사. (원본 2002년).

Freeman, D. (1998). *Doing teacher research: From inquiry to understanding. Cambridge,* MA: Heinle and Heinle.

Freud, S. (1969). *An outline of psycho-analysis.* J. Strachley translated. New York: W. W. Norton.

Frey, C. B., & Osborne, M. (2013). "The Future of Employment: How Susceptable Are Jobs to Computerization?" Oxford Martin School, University of Oxford.

Friere, P. (1970). *Pedagogy of the oppressed.* New York: Seabury.

Fu, V. R., Stremmel, A. J., & Hill, L. T. (2006). 가르치기와 배우기: 레지오 에밀리아 접근법의 협력적 탐구 (김은희 외 관계에 기초한 변형영유아교육학회 연구공동체 역). 서울: 창지사. (원본 2002년).

Fullan, M., & Langworthy, M. (2014). *A Rich Seam: How New Pedagogies Find Deep Learning,* London: Pearson.

Fyfe, B., Hovey, S. M., & Strange, J. (2004). Thinking with parents about learning.

In J. Hendrick (Eds.), *Next steps toward teaching the Reggio way.* (pp. 96–105). Upper Saddle River: Pearson.

Gadamer, H .G. (1997). Reflections on my philosophical journey. *The Philosophy of Hans-Georg Gadamer, Library of Living Philosophers, 24,* 3–63.

Gadamer, H. G. (1996). *Trust and method.* Cambridge: The MIT Press.

Gandini, L. (2001). Reggio Emilia: Experiencing life in an infant–toddler center, an interview with Cristina Bondavalli. In L. Gandini & C. P. Edwards (Eds.), *Banbini: The Italian approach to infant/toddler care.* New York: Teachers College Press.

Gandini, L., & Goldhaber, J. (2001). Two reflections about documentation. In L. Gandini & C. P. Edwards (Eds.), *Bambini: The Italian approach to infant/toddler care.* New York: Teachers College Press.

Gestwicki, C. L. (2006). *Developmentally Appropriate Practices: Curriculum and development in Early Education.* 3rd edn. New York: Delmar Learning.

Gilligan, C. (1982). *In a different voice.* Cambridge, Mass: Harvard University Press.

Gilligan, C. (1990). Teaching Shakespeare's sister: Notes from the underground of female adolescence. In C. Gilligan, N. P. Lyons, & T. J. Hammer (Eds.), *Making connections.* Cambridge, Mass: Harvard University Press.

Giudici, C., Rinaldi, C., & M. Krechevsky. (2001). *Making learning visible: Children as individual and group learners.* Reggio Emilia, Italy: Reggio Children, s.r.l.

Goldhaber, J., & Smith, D. (2002). The development of documentation strategies to support teacher reflection, inquiry, and collaboration. In V. R. Fu, V. R. Stremmel. & L. T. Hill (Eds.), *Teaching and learning.* NJ: Merrill.

Golomb, C. (1973). Children's representation of human figure: The effects of models, media, and instruction. *Genetic Psychology Monographs, 87,* 197–251.

Goodman, N. (1978). *Ways of Worldmaking.* Indianapolis: Hachett.

Goodnow, J. J. (1972). Rules, representation, rituals and tricks of the trade: Social and informational aspects to cognitive and representational development. In, S. Farnham–Diggory (Ed.), *Information processing in children.* NY: Academic.

Gorden, A. M. & Williams–Browne, K. W. (2000). Begging & beyond. Albany, NY: Delmar.

Guntrip, H. (1971). *Psychoanalytic theory, therapy, and the self.* New York: Basic Books.

Habermas, J. (1971). *Knowledge and human interests.* Boston: Beacon Press.

Haigh, K. (2004). Creating, encouraging, and supporting relationships at chicago commons child development program. In J. Hendrick (Eds.), *Next steps toward teaching the Reggio way.* Upper saddle river, NJ: Pearson.

Hall, K., Horgan, M., Ridgway, A., Murphy, R., Cunneen, M., & Cunningham, D. (2010). *Loris Malaguzzi and Reggio Emilia Experience.* New York: Continuuim.

Hart, R. A. (1992). Innocenti essaya 4: children's participation-from tokenism to citizenship. UNICEF International Child Development Center. http://www.unicef-irc.org/publications/100에서 2010년 10월 24일 인출.

Hart, R. A. (1997). *Children's participation: the theory and practice of involving young citizens in community development and environmental care.* London: Earthscan Publication Ltd.

Henderson, J. G. (2016). 반성적인 가르치기: 탐구를 통한 전문적 예술 (김은희 역). 서울: 정민사. (원본 2001년).

Henderson, J. G., & Hawthorne, R. D. (2000). *Transformative curriculum leadership.* Upper Saddle River, NJ: Prentice-Hall.

Hendrick, J. (2006). 레지오 방식의 가르치기: 변화를 위한 도전 받아들이기 (임영심, 김은희, 홍순옥 역). 서울: 정민사. (원본 2004년).

HerBrechter, S. (2012). 포스트휴머니즘 인간 이후의 인간에 관한 문화철학적 담론. (김연순, 김응준 역). 서울: 성균관대학교출판부. (원본 2009년).

Hilgard, E. R. (1966). *Theories of Learning* (2nd ed.). N.Y. : Appleton Century Crafts.

Hill, L. T. (2002). A journey to recast the Reggio Emilia approach for a middle school: A pedagogy of relationships and hope. In V. R. Fu, A. J. Stremmel, & L. T. Hill (Eds.), *Teaching and learning.* (pp 83-108). NJ: Merrill.

Huizinga, J. (1993). 호모 루덴스. (김윤수 역). 서울: 까치. (원본 1955년).

Josselson, R. (1996). *The space between us: Exploring the dimensions of human relationships.* Newbury Park, CA: SAGE Publication, Inc.

Kamii, C., & DeVries, R. (1993). *Physical knowledge in preschool education: Implications of Piaget's theory.* New York: Teachers College Press. (Original work published 1978).

Katz, L. G. (1993). What can we learn from Reggio Emilia? In Edwards, C. L., Gandini, L. L. & Forman, G. G. (Eds.), *The hundred languages of children: The Reggio Emilia appreach to early childhood education,* (pp. 19-40). Norwood, N.J: Ablex Publishing Co.

Katz, L. G. (1994). Images from the world: Study seminar on the experience of the municipal infant-toddler centers and preprimary schools of Reggio Emilia, Italy.

In Katz, L. G. & Cesarone, B. (Eds.), *Reflection on the Reggio Emilia approach.* ERIC/EECE: A Monograph Series, No. 6.

Krechevsky, M. (2001). Form, function, and understanding in learning groups: Propositons from the Reggio classrooms. In C. Giudici, C. Rinaldi, & M. Krechevsky. (Eds.), *Making learning visible: children as individual and group learners* (pp. 246-271.). Reggio Emilia, Italy: Reggio Children, s.r.l.

Lenz Taguchi, H. (2018). 들뢰즈와 내부작용 유아교육: 이론과 실제 구분 넘어서기 (신은미, 안효진, 유혜령, 윤은주, 이진희, 임부연, 전가일, 한선아, 변윤희 역). 서울: 창지사. (원본 2010년).

Malaguzzi, L. (1993). For an education based on relationships. *Young Children, 49*(1), 9-12.

Malaguzzi, L. (1998). Hi story idea, and basic philosophy: An interview with Lella Gandini. In C. Edwards, L. Gandini, & G. Forman (Eds.), *The hundred language of children: The Reggio Emilia approach-advanced reflections* (2nd ed.). Greenwich, CT: Ablex Publishing Co.

Mezirow, J. (1991). *Transformative dimensions of adult learning.* San Francisco: Jossey-Bass.

Mezirow, J. (1996). Contemporary paradigms of learning. *Adult Education Quartely, 46*(3), 158-172.

Mezirow, J. (2003). Transformative learning as discourse. *Journal of Transformative Education, 1*(1), 58-63. San Francisco, CA: Jossey-Bass.

Miller, J. B. (1988). Connections, disconnections, and violations. Work in progress. *Wellesley, MA: Stone Center for Developmental Services and Studies.*

Mills, G. E. (2003). *Action research: A guide for the teacher researcher.* NJ: Prentice Hall.

Moll, L. C. (1990). (Eds.), *Vygotsky and education: Instruction implications and applications of sociohistorical psychology.* Cambridge University Press.

Moran, M. J. (1998). *The project approach framework for teacher education : A case for collaborative learning and reflective practice.* In C. Edwards, L. Gandini & G. Forman (Eds.).

Morgan, C. T., & King, R. A. (1966). *Instruction to Pstchology* (3rd ed.). N.Y.: McGraw-Hill.

Noddings, N. (1984). *Caring.* Berkeley: University of California Press.

OECD (2006). *Starting Strong II.* UNESCO.

OECD (2018). The future of education and skills_education 2030.

Oken-Wright, P., & Gravett, M. (2002). Big ideas and the essence of intent. In V. R.

Fu, A. J. Stremmel & L. T. Hill. (Eds.), *Teaching and learning.* NJ: Merrill.

Olsen, D. (1970). *Cognitive development: The Child's acquisition of diagonality.* N.Y.: Academic.

Olsson, L. M. (2017). 들뢰즈와 가타리를 통해 유아교육 읽기: 운동과 실험 (이연선, 이경화, 손유진, 김영연 역). 서울: 살림터. (원본 2009년).

Palsha, S. (2002). An outstanding education for all children: Learning from Reggio Emilia's approach to inclusion. In V. R. Fu, A. J. Stremmel, & L. T. Hill (Eds.), *Teachinh and learning.* (pp. 109–134). NJ: Merrill.

Parten, M. B. (1932). Social participation among preschool children. *Journal of Abnormal and Psychology, 27,* 243–269.

Philips, L. G. (2010). Social justice storytelling and young children's citizenship, *Discourse: studies in the cultural politics of educations, 31*(3), 363–376.

Piaget, J. (1969). *Mechanisms of perception.* New York: Basic Books. (Original work published 1961).

Piaget, J. (1973). Piaget takes a teacher's look. *Learning.* October, 21–27.

Piaget, J. (1983). *Play, dream, and imitation in childhood.* New York: Norton.

Pinar, W. (1975). Currere: Toward reconceptualization, *in Curriculum Theorizing: The reconceptualists by William Pinar* (ed.), California: McCutchan Publishing Corporation.

Pinar, W. (2001). 교육과정 담론의 새 지평[*Understanding curriculum*] (김복영 역). 서울: 원미사. (원본 1995년).

Reggio Children (2001). *Making Learning Visible: Children as Individual and Group Learners.* Municipality of Reggio Emilia, Italy: Reggio Childrem.

Reggio Children. (1995). *Tenderness: The story of Laura and Daniele.* Municipality of Reggio Emilia–Infant–Toddler Centers and Preschools, Italy.

Rinaldi, C. (1998). Projected curriculum constructed through documentation–Progettazione. In C. Edwards, L, Gandini, & G. Forman (Eds.), *The hundred languages of children: The Reggio Emilia approach-advanced reflections* (2nd ed.). Greenwich, CT: Ablex Publishing Co.

Rinaldi, C. (2001). Introductions. In project zero/reggio children (Eds.), *Making learning visible.* (pp. 28–31) Reggio Emilia, Italy: Reggio Children.

Rinaldi, C. (2001a). Reggio Emilia: The image of the child and the child's environment as a fundamental principle. In L. Gandini & C. P. Edwards (Eds.), *Banbini: The Italian approach to infant-toddler care.* New York: Teachers College Press.

Rinaldi, C. (2001b). Infant-toddler centers and preschools as places of culture. In Project Zero/Reggio Children (Eds.), *Making learning visible: Children as individual and group learners.* Reggio Emilia, Italy: Reggio Children.

Rinaldi, C. (2006). *In Dialogue with Reggio Emilia: Listening, Researching and Learning.* London: Routledge.

Robinson, L., & Vaealiki, S., (2010). Ethics and pedagogy at the heart of early childhood education for sustainability. In J. M. Davis(ed). *Young Children and the environment: Early eudcation for sustainability.* (pp. 154-181). NY: Cambridge University Press.

Rogoff, B. (1990). *Apprenticeship in thinking: Cognitive development in social context.* New York: Oxford University Press.

Schön, D. (1983). *The reflective practitioner: How professional think in action.* New York: Basic Books.

Schwab, K. (2016). 클라우스 슈밥의 제4차 산업혁명 (송경진 역). 서울: 새로운현재. (원본 2016년).

Seidel, S. (2001). Understanding documentation starts at home. In C. Giudici, C. Rinaldi, & M. Krechevsky. (Eds.), *Making learning visible: children as individual and group learners.* (pp. 304-311.). Reggio Emilia, Italy: Reggio Children, s.r.l.

Sellers, M. (2018). 어린이의 교육과정 되기: 들뢰즈, 테 파리키와 교육과정에 대한 이해 (손유진, 안효진, 유혜령, 윤은주, 이경화, 이연선, 이진희, 임부연, 전가일, 한선아 역). 서울: 창지사. (원본 2013년).

Shafer, A. (2002). Ordinary moments, extraordinary possibilities. In Victoria R. Fu, Andrew J. Stremmel, & Lynn T. Hill. (Eds.). Teaching and learning: Collaborative exploration of the Reggio Emilia approach. 김은희 외 역(2006). 가르치기와 배우기: 레지오 에밀리아 접근법의 협력적 탐구. (원본 2002년).

Shier, H. (2001). Pathways to participation: openings, opportunities and obligations. *Children and society, 10,* 107-117.

Siraj-Blatchford, J., Smith, K. C., & Pramling-Samuelsson, I. P. (2012). 유아를 위한 지속가능발전교육 (박은혜, 신은수 역). 서울: 이화여자대학교출판부. (원본 2010년).

Smilansky, S. (1968). *The effects of sociodramatic play on disadvantaged preschool children.* New York: Wiley.

Stephenson, P., Gourley, S., & Miles, G. (2004). *Child participation.* Tearfund:

Teddington.

Stremmel, A. J., Fu, V. R., & Hill, L. T. (2002). The transformation of self in early childhood teacher education: Connections to the Reggio Emilia approach. In V. R. Fu, A. J. Stremmel & L. T. Hill (Eds.), *Teaching and learning.* (pp. 135-146). NJ: Merrill.

Stringer, E. T. (1996). *Action research: A handbook for practitioners.* Thousand oaks, CA: Sage.

Surrey, J. L. (1987). *Relationship and empowerment.* Work in progress. Wellesley, MA: Stone Center for Developmental Services and Studies.

Tegano, D. W. (2002). Passion and the art of teaching. In V. R. Fu, A. J. Stremmel & L. T. Hill (Eds.), *Teaching and learning.* (pp.135-146). NJ: Merrill.

Thompson, R. A. (1998). Early sociopersonality development. In W. Damon & N. Eisenberg (Eds.), *Handbook of child psychology: Social, emotional, and personality development* (5th ed.), 3. New York: John Wiley.

UN (2015). The Future We Want. United Nations.

UNESCO (2005). *United nations of education for sustainable development. 2005-2014. Draft international implementation scheme.* New York: UNESCO.

UNESCO (2008). *The contribution of early childhood education to a sustainable society.* Paris: UNESCO.

UNESCO (2012). UNESCO world conference on education for sustainable development: Learning today for a sustainable future. *Journal of Education for Sustainable Development, 6* (2), 291-292.

UNESCO (2014). UNESCO Roadmap for Implementing the Global Action Programme on Education for Sustainable Development. UNESCO.

UNESCO (2015). Education for sustainable development. Retrieved October 19, 2016, from en.unesco.org/themes/education-sustainable-development.

Van Manen, M. (1977). Linking ways of knowing with ways of being practical. *Curriculum inquiry, 6*(3), 205-228.

Varela, F. J., Thompson, E., & Rosch, E. (1993). *Embodied Mind: Cognitive Science and Human Experience.* Cambridge, MA: MIT Press.

Vecchi, V. (2009). The exhibit seen as a tool for professional development and documentation. *Innovations in early education: The International Reggio exchange, 16*(1), 4-9.

Villani, A., & Sasso, R. (2012). 들뢰즈 개념어 사전 (신지영 역). 서울: 갈무리. (원본

2003년).

Vygotsky, L. S. (1978). *Mind in society: The development of higher psychological processes.* Harvard University Press.

Weiss, R. S. (1982). Attachment in adult life. in C. M. Parkes & J. Stevenson-Hinde (Eds.), *The place of attachment in human behavior.* New York: Basic Books.

Werner, H., & Kaplan, B. (1957). Symbolic mediation and the organization of thought: An experimental approach by means of the line schematazation technique. *Journal of Psychology, 43,* 3-25.

Werner, H., & Kaplan, B. (1963). *Symbol formation.* New York: Wiley.

Wertsch, J. V. (Ed.) (1985a). *Culture, communication, and cognition: Vygotskian perspectives.* London: Cambridge University Press.

Wertsch, J. V. (Ed.) (1985b). *Vygotsky and the social formation of mind.* Cambridge, MA: Harvard University Press.

Wertsch, J. V. (Ed.) (1990). The voice of rationality in a sociocultural approach to mind. In, L. C. Moll (Eds.).

Williams, J. (2008). *Gilles Deleuze's Logic of Sense: A Critical Introduction and Guide.* Edinburgh: Edinburgh University Press.

Winnicott, D. (1965). *The maturational process and the facilitating environment.* New York: Basic Books.

Winnicott, D. (1971). *Playing and reality.* New York: Tavistock Publications.

저자 소개

김은희

약력

- 중앙대학교 사범대학 유아교육학과 학사
- 중앙대학교 대학원 유아교육학과 아동발달 및 상담 전공 석사
- 중앙대학교 대학원 유아교육학과 유아교육과정 및 교수법 전공 박사
- 한양여자대학교 부속유치원 원장
- 2019 개정 누리과정 『놀이이해자료』 공동 연구
- 2019 개정 누리과정 놀이운영사례집 『만들어가는 놀이중심 유아교육』 책임 연구
- 현) 한양여자대학교 유아교육학과 교수

대표 저서

- 『반성적 가르치기: 탐구를 통한 전문적 예술』(역). 정민사. 2016.
- 『레지오 에밀리아 접근법 만나기와 적용하기』. 창지사. 2011.
- 『레지오의 삶과 실천』(공역). 창지사. 2008.
- 『자연과 빛이 있는 생각하는 공간 만들기: 레지오 환경 원리의 적용』. 창지사. 2007.
- 『유아 교육과 아틀리에』(공역). 정민사. 2007.
- 『레지오 에밀리아 접근법의 적용과 변형 유아교육과정: 함께 반성하고 지원하며 배우기』. 창지사. 2006.
- 『레지오 방식의 가르치기: 변화를 위한 도전 받아들이기』(공역). 정민사. 2006.
- 『가르치기와 배우기: 레지오 에밀리아 접근법의 협력적 탐구』(공역). 창지사. 2006.
- 『진정한 유아기: 레지오 에밀리아의 현장 적용』(공역). 정민사. 2003.
- 『유아교육과정』(공저). 정민사. 1999. 외

제2판

놀이 되기의 영유아교수학습

관계와 귀기울임으로 만들어가기

초 판 1쇄 발행 2019년 9월 6일
초 판 2쇄 발행 2020년 9월 7일
제2판 2쇄 발행 2024년 1월 12일

지 은 이 | 김은희
펴 낸 이 | 김기섭
편 집 인 | 이윤희
펴 낸 곳 | 창지사 www.changjisa.com
08589 서울시 금천구 가산디지털 1로 83 파트너스타워 1차 9층
전화 (02)719-2211~3
팩스 (02)701-9386
등 록 | 1977년 4월 28일 · 제1-421호

ISBN 978-89-426-1400-4 (93370)

값 25,000원